中国期货业发展报告

（2013年度）

CHINA FUTURES INDUSTRY ANNUAL REPORT (2013)

■中国期货业协会 编

中国金融出版社

责任编辑：张智慧　王雪珂
责任校对：李俊英
责任印制：程　颖

图书在版编目（CIP）数据

中国期货业发展报告．2013 年度（Zhongguo Qihuoye Fazhan Baogao. 2013 Niandu）/中国期货业协会编．—北京：中国金融出版社，2014. 7
ISBN 978－7－5049－7593－5

Ⅰ．①中…　Ⅱ．①中…　Ⅲ．①期货市场—经济发展—研究报告—中国—2013
Ⅳ．①F832. 5

中国版本图书馆 CIP 数据核字（2014）第 151877 号

出版发行　中国金融出版社
社址　北京市丰台区益泽路 2 号
市场开发部　（010）63266347，63805472，63439533（传真）
网 上 书 店　http://www. chinafph. com
（010）63286832，63365686（传真）
读者服务部　（010）66070833，62568380
邮编　100071
经销　新华书店
印刷　保利达印务有限公司
尺寸　185 毫米×260 毫米
印张　25. 25
字数　520 千
版次　2014 年 7 月第 1 版
印次　2014 年 7 月第 1 次印刷
定价　46. 00 元
ISBN 978－7－5049－7593－5/F. 7153

《中国期货业发展报告(2013年度)》
编 委 会

#《中国期货业发展报告(2013 年度)》
编　写　组

组　长: 张宜生

副组长: 王春卿

成　员(按姓名拼音排序):

安　青　　包佳敏　　陈大鹏　　陈　洁

陈静怡　　程南雁　　成　瑶　　丛小虎

董晓春　　符文翔　　海　洋　　韩梦婷

韩　韬　　侯　屾　　侯雪峰　　计玉华

李　莉　　李　杏　　连向庆　　刘　畅

刘高奎　　刘华军　　刘　涛　　刘铁斌

刘忠会　　卢京艳　　米　盈　　潘赛赛

钱耿樑　　邱菡仪　　盛　瑶　　师翼飞

苏　涛　　万继峰　　王东远　　王　伟

吴亚军　　吴晓倩　　邢远东　　许国新

杨　楠　　于　江　　张　栋　　张宏民

赵春晖　　赵兴娟

前　言

中国期货业协会会长　刘志超

2013年是中国期货市场加速创新发展的一年，期货市场规模继续增长，质量和结构日益优化，法制化、市场化和国际化的发展方向进一步明确。《期货法》立法加快推进，将为我国期货行业的进一步发展提供基础制度性保障。国债期货以及铁矿石、动力煤等大宗资源性商品相继上市，使期货市场品种数量增至40个，期货市场进行风险管理、服务国民经济的能力进一步进升。期货公司资产管理业务和风险管理服务子公司试点，增强了期货公司服务实体经济的手段和创新能力。连续交易为代表的交易制度创新，使国内期货市场与国际期货市场互动联系更加紧密。上海国际能源交易平台的筹建，使我国期货市场向国际化方向迈出了坚实的步伐。

为不断总结我国期货市场发展的经验，分析和认识期货市场发展的基本特征和主要变化，把握期货市场发展的内在规律，中国期货业协会组织相关专家编写了《中国期货业发展报告（2013年度）》（以下简称《2013年发展报告》）。

《2013年发展报告》在继承前六期发展报告经验的基础上，对发展报告的编写工作进行了认真反思和总结，并作出了两点改变。一是对书名进行适当调整，改为《中国期货业发展报告（2013年度）》。这样，书名中的年份与当期内容形成对照关系，既方便读者查阅，也与证监会出版物的命名方式一致。二是适当压缩各章节字数，全书正文由以往的30万字提炼为现在的25万字左右，从而使报告更加简洁。

《2013年发展报告》全面客观地记录和描述了2013年我国期货行业的发展状况。全书共由五个部分、两个专题和一个附录组成。

第一部分是总报告，概述了2013年中国期货行业发展的宏观环境和形势，回顾了2013年中国期货行业发展的基本状况，使读者可以对过去一年期货行业的发展状况有一个比较全面的了解。

第二部分分类别、分品种对2013年我国期货市场上市品种的运行状况、影响因素、功能发挥情况进行了描述。

第三部分介绍了2013年我国期货中介机构的发展状况，包括期货公司经营情况、财务状况、从业人员情况以及期货公司风险控制及内控制度建设情况。

第四部分介绍了2013年我国期货市场法制与监管工作情况以及中国期货业协会、各地方期货业协会和期货交易所等自律组织的发展状况。

第五部分从交易所、期货公司等不同角度介绍了2013年我国期货业信息技术发展状况。

专题一介绍了2013年全球期货市场和其他衍生品场内、场外市场的交易概况及金融市场的监管概况以及全球投资者的发展概况。

专题二介绍了全球期货资产管理行业和监管的概况和我国期货资产管理业务的发展情况，并从监管主体、监管对象和监管方式三个方面提出了相应的政策建议。

附录部分收录了2013年的期货市场大事记、上市品种、市场成交情况、经营机构基本情况、自律组织名录、全球期货和期权合约排行、交易所排行、中英期货词汇对照表等资料。

为了保证《2013年发展报告》的客观与严谨，我们在编写过程中，始终坚持以下四项原则。

一是以高度的行业责任感和历史使命感对待报告的编写工作。始终站在行业发展的高度，对市场发展中出现的一些重要问题进行客观、准确的回顾和总结。

二是既全面准确，又重点突出。本报告在反映期货行业发展全貌的基础上，重点突出当年期货行业的重大事件、重大变化，体现出市场发展的时代特点和发展方向。

三是本报告引用的数据务求准确，避免主观臆断，尽量使用第一手数据，客观描述和分析行业发展状况。

四是注重报告的资料性，尽可能提供能够反映期货市场运行情况的各种数据资料，记录期货行业重大事件、重大变化的过程。

《2013 年发展报告》的出版，得到了中国证监会领导以及广大会员单位的大力支持，凝聚了中国期货业协会以及编写组专家的智慧和心血。我们深知，《2013 年发展报告》肯定还存在许多不完善和不尽如人意的地方，我们真诚地希望业内专家和广大读者提出宝贵的意见和建议，我们将在今后的报告编写中加以吸收和改进。

2014 年 7 月

目　　录

第一部分

2013年中国期货业发展总报告

第一节 2013年宏观环境与中国期货市场

一、世界经济金融发展形势

（一）世界主要经济体经济运行概况

2013年是全球经济增长缓慢的一年。在度过欧债危机最艰难的时刻之后，全球经济在2013年逐步走出衰退，复苏步伐日渐明晰，但国家和区域之间呈现分化态势。表现在：美国经济依旧是全球经济的领头羊，带领全球经济复苏；欧元区危机态势趋缓，虽然问题没有得到根本解决，但较2012年有明显进展；新兴市场国家出于自身经济结构改革的目的，有意识地放慢了经济发展步伐，同时美联储退出量化宽松的预期也对新兴市场国家造成了资金流出的冲击。2013年世界经济增长动力不足的主要原因：包括欧盟国家和美国在内的发达国家依然陷入经济衰退的困境之中，不过情况已经有所好转，因此联合国对今后两年世界经济作出了相对乐观的评估。

从经济总量来看，据国际货币基金组织2014年1月数据，按照购买力平价法GDP汇总，2013年全球经济增长3.0%，同比放缓0.1个百分点；据世界银行2014年1月数据，按汇率法GDP汇总，2013年全球经济增长2.4%，同比放缓0.1个百分点。2013年，美国经济增长1.9%，同比放缓0.9个百分点。日本经济增长1.6%，同比加快0.2个百分点。据英国共识公司2014年1月数据，2013年欧元区经济下降0.4%，降幅比2012年扩大0.2个百分点；俄罗斯、印度和南非经济分别增长 1.6%、4.7% 和 1.9%，增速分别比 2012 年放缓 1.9 个、0.3 个和 0.6 个百分点。巴西经济增长 2.4%，同比加快 1.4 个百分点（见图 1－1－1）。

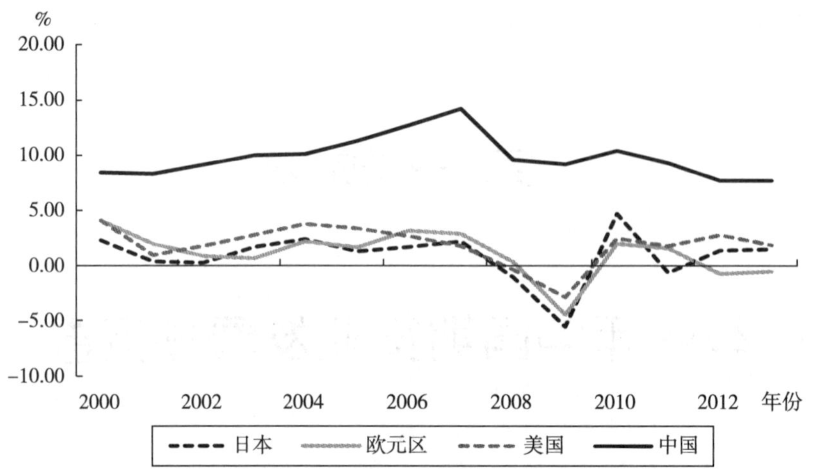

注：数据截止到 2013 年 12 月。

资料来源：wind 资讯，中国期货业协会相关资料。

图 1－1－1　2000—2013 年全球主要经济体 GDP 同比

1. 美国经济稳健复苏

经过几年的调整，美国经济已经进入相对稳定的状态，无论是去杠杆的进程还是房地产去库存的进程都基本已经完成，美国经济的周期性规律正在显现，美国经济已经具备了稳步发展的前提。从基本面来看，包括就业、房地产、制造业、消费在内的一系列美国经济数据都表现出平稳回升的趋势。美国经济仍旧是全球经济复苏的领头羊，复苏的趋势持续稳健。

美国商务部公布的数据显示，美国经济继 2013 年第三季度创下两年来最快增速后，第四季度实际国内生产总值（GDP）按年率计算增长 3.2%，这是美国经济连续第 11 个季度保持增长。总体上看，随着财政拖累效应减退，美国经济增速还将加快。

2013 年 12 月，美国制造业活动保持扩张势头，且扩张速度加快。12 月制造业就业指数和新订单指数均创下逾两年来新高：美国 12 月 ISM 制造业采购经理人指数（PMI）为 57.0，预期为 57.0。分项数据显示，美国 12 月 ISM 新订单指数为 64.2，为 2010 年 4 月以来最高；产出指数为 62.2；就业指数为 56.9，为 2011 年 6 月以来最高。而 12 月 Markit 制造业采购经理人指数（PMI）终值为 55.0，也创 11 个月以来最高。强劲的制造业对美国经济起到了坚实的提振作用。随着制造业一步走强以及企业信心的提振，加上政策不确定性的逐渐消退，美国私人企业投资仍有进一步增长空间。

美国 2013 年 12 月 CPI 同比涨幅升至 1.5%，创 6 个月以来新高，CPI 环比涨幅

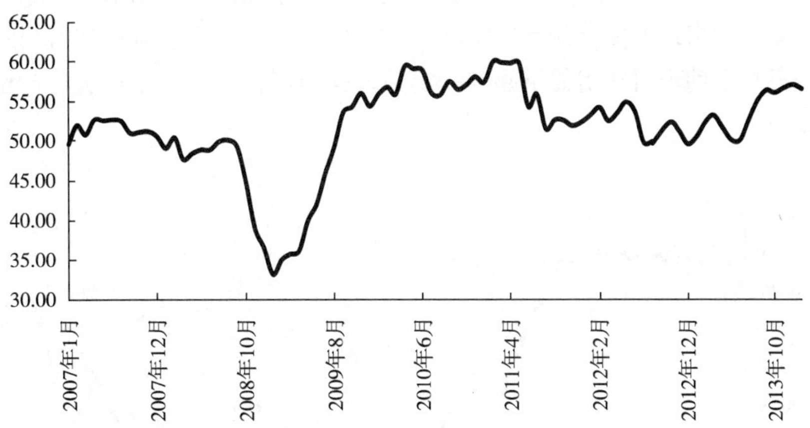

注：数据截止到2013年12月。

资料来源：wind资讯，中国期货业协会相关资料。

图1-1-2 2007—2013年美国ISM制造业表现情况

也由11月的0上升至0.3%。核心CPI环比涨幅由11月的0.2%微降至0.1%，同比涨幅持平于11月的1.7%，仍低于美联储2%的通胀目标。尽管如此，美国通胀数据依旧释放了积极的信号，进一步消除了美国经济可能通缩的风险，这也是美联储继续执行其退出QE策略的基本保障。

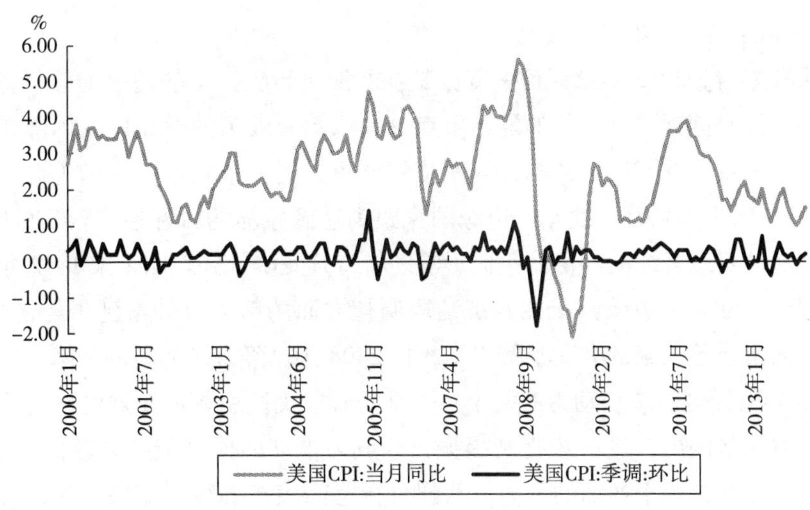

注：数据截止到2013年12月。

资料来源：wind资讯，中国期货业协会相关资料。

图1-1-3 2000—2013年美国CPI基本表现

美国房地产市场表现积极。美国2013年新屋销售为42.8万户，创2008年以来最高；其中，9—10 月的新屋销售情况，是自 2008 年经济衰退以来表现最为强劲的两个月。就美国房地产复苏的情况来看，由美联储退出宽松刺激措施所引致的贷款利率上升只在短期内对购房需求起到一定的抑制作用，但没有影响房地产市场整体的复苏步伐。

注：数据截止到 2013 年 12 月。

资料来源：wind 资讯，中国期货业协会相关资料。

图 1－1－4　2000—2013 年美国房地产市场情况

2. 欧元区经济逐步走出衰退

从目前来看，2013 年欧元区的复苏是在欧洲央行支撑下的勉强平静，背后仍存有新旧各类风险因素。欧元区的复苏重点是其风险和政策的变化以及内部各经济体之间的分化表现。欧元区的结构性问题依然严重，复苏前景依然充满不确定性。从赤字占 GDP 的比例来看，欧元区边缘国家距离达到减赤的目标还有很长的路要走，而这种拖后的财政紧缩对经济的负面影响还将持续发酵，并影响未来 1 ~2 年欧元区的经济复苏。欧元区边缘国家在经济结构调整方面的努力也冲击到了经济的复苏，如希腊、西班牙等国家的名义工资水平相比 2008 年已经有了明显的下降。

2013 年欧元区的增长动力有两个：一是随着以美国引领的全球经济复苏前景不断好转，欧元区的出口进一步得到提振，这成为推动欧元区继续复苏的重要力量。在货币政策方面，鉴于通缩的压力，欧洲央行已经表态要继续宽松下去，再加上美联储开始了回收流动性的逐步削减量化宽松的行动，这使欧元对美元汇率呈现走弱趋势，这有助于欧元区的出口增长。二是财政紧缩力度的减弱有助于欧元区经济的持续回升。从数据上来看，欧元区财政赤字占 GDP 的比重没有发生大的变化，这暗示欧元区的紧缩力度将继续减弱。

欧元区 12 月综合 PMI 终值为 52. 1，创 3 个月以来新高，2013 年第四季度的

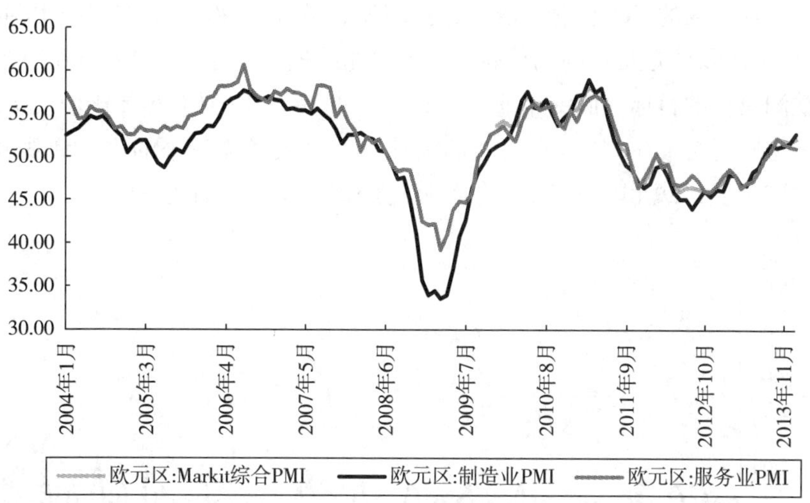

注：数据截止到2013年12月。

资料来源：wind资讯，中国期货业协会相关资料。

图1-1-5　2004—2013年欧元区PMI表现

PMI是两年半以来最好的季度数据，分项数据表明欧元区经济复苏势头较好。就业岗位结束了持续两年减少的状况，就业分项指数首次站到50之上，新订单创2011年以来最快增速。虽然欧元区经济复苏态势整体呈现出积极的迹象，但仍表现出一定的不均衡性。核心国德国的经济表现一直是一枝独秀，且是带动欧元区经济最重要的力量，而其他国家的经济复苏则不甚理想。

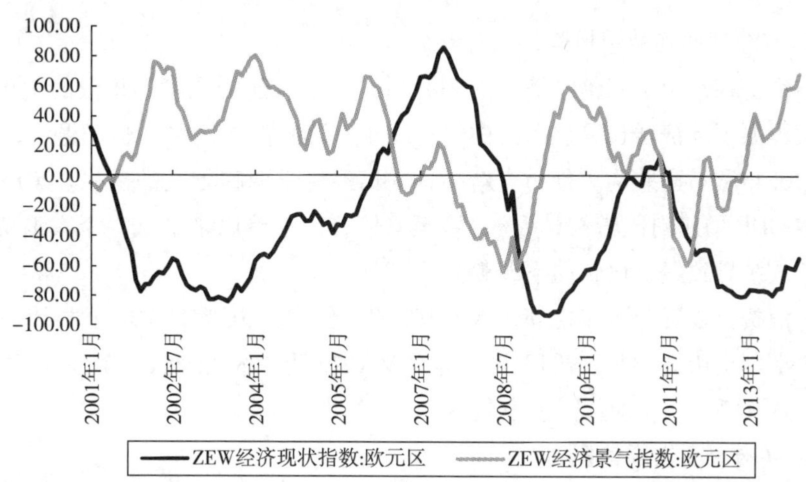

注：数据截止到2013年12月。

资料来源：wind资讯，中国期货业协会相关资料。

图1-1-6　2001—2013年欧元区景气指数情况

但是，欧元区的CPI显著下滑。数据表明，欧元区2013年12月CPI同比增长0.8%，与预期和早先发布的初值保持一致，相较于11月的0.9%有所下滑，进一步远离欧洲央行的目标，而一年前这个数字为2.2%。12月CPI环比增长0.3%，核心CPI终值同比增长0.7%。在高企的失业率、财政紧缩带来的内需疲弱和收入增长乏力的作用下，欧元区通胀水平下滑使得经济有陷入通缩的风险。

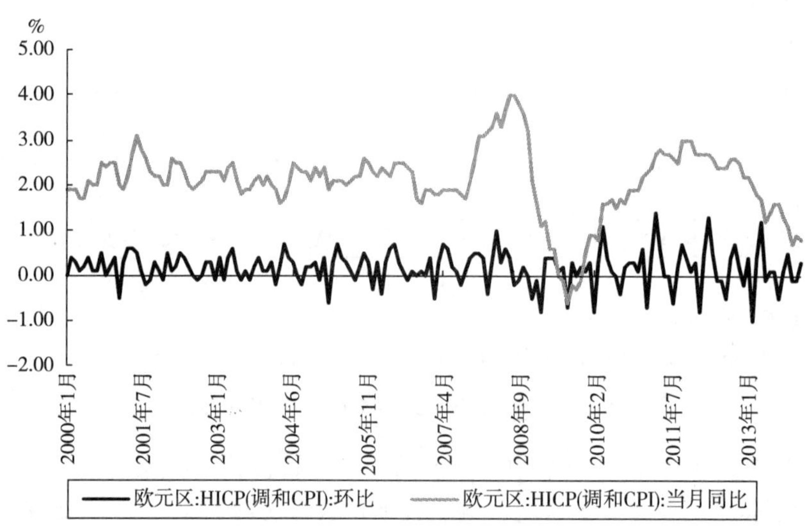

注：数据截止到2013年12月。

资料来源：wind资讯，中国期货业协会相关资料。

图1－1－7　2000—2013年欧元区CPI表现

3. 日本经济面临减速风险

日本经济在经历了安倍经济学的刺激后，面临减速的风险。积极的货币政策和财政政策提振了经济增长，但经济中仍存在很多不易解决的结构性问题。2013年日本公共债务与贸易逆差均再创历史新高，安倍经济学面临更大的挑战。2013年第四季度日本GDP增速同比增长0.7%，跌至安倍晋三上台以来最低，个人消费和资本支出增长放缓导致经济增长向下调整。

除了消费、投资与出口之外，政府支出影响有限，因为日本的公共债务在2013年年底再次创出历史新高。2013年日本名义GDP为478万日元，其债务占GDP的比例仍高达212%，在发达国家中最高。

4. 新兴国家面临调整压力

自2013年5月起，新兴市场一直受到美联储退出量化宽松货币政策所导致市场预期变化的影响。对美国和欧洲复苏的乐观情绪以及对货币政策环境收紧的预期，促使投资者将资金转移到发达市场。股票和货币市场的下跌、经济问题的深层次呈现、政局动荡的风险制约，加剧了抛售新兴市场资产的行为。

中国经济在2013年经历了前热后冷。决策层在经济结构调整与保持经济增速之间不断权衡。从年中开始一直到10月，中国经济的反弹比较迅猛，这是在决策层的经济刺激措施及货币宽松支持下的经济阶段性反弹；而随着调结构再次被放到更重要的位置上来，经济又出现了温和下滑。整体来看，2013年的中国经济保持了较为温和的发展。

（二）世界金融市场概况

1. 美股表现强劲

2013年是美股市场的丰收年——美股三大指数表现均创下自金融危机以来的最佳，标普500与道琼斯工业指数更是频频创出历史新高。2013年，道琼斯、标普和纳斯达克三大股指分别上涨26.5%、29.6%和38.3%，分别创1995年、1997年和2009年以来的最大年度涨幅。究其原因，可能是多种因素综合作用的结果，但最关键的因素仍是受到美联储量化宽松货币政策的影响。

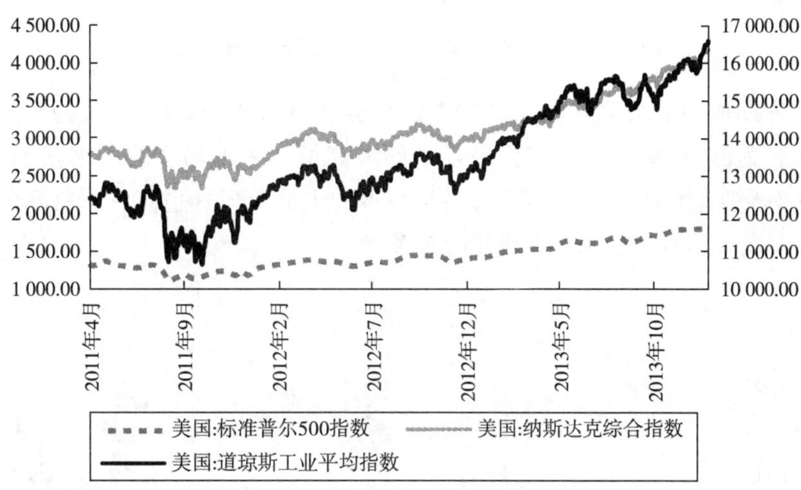

注：数据截止到2013年12月。

资料来源：wind资讯，中国期货业协会相关资料。

图1－1－8　2011—2013年美国主要股市表现情况

2013年欧洲股市的表现丝毫不逊于美国，其中德国DAX指数上涨了24.65%，瑞典OMXSPI指数上涨了22.12%，法国巴黎CAC40指数上涨了15.8%，而伦敦富时100指数和意大利MIB指数的涨幅也都超过10%；即使是在欧债危机的发源地希腊，其股市也上涨了27%。

2. 主要国家国债收益率与利率水平逐步上行

2013年中国经济与金融市场最重要事件之一就是利率的上升，银行间固定利率10年期国债到期收益率在2013年11月20日升至4.7222%，为2005年3月以来的最高点，在2013年一年里则飙升132个基点。除了国债市场，其他市场的利率也均有所攀升，如货币市场的银行间回购利率在2013年6月20日达到有史以来最高值，

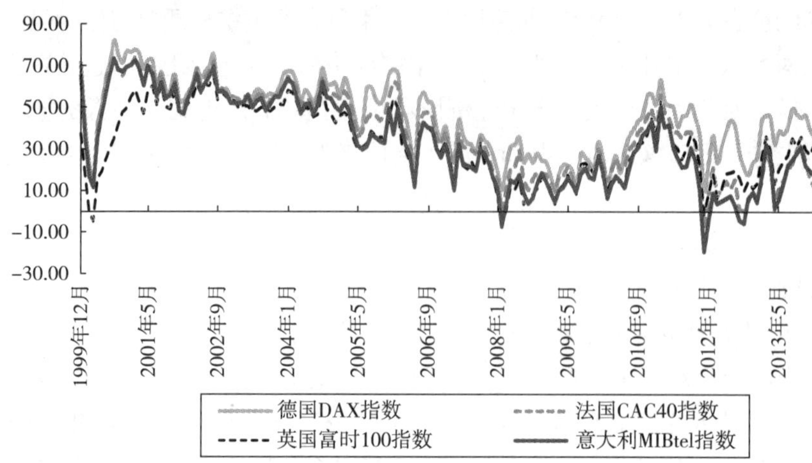

注：数据截止到2013年12月。

资料来源：wind资讯，中国期货业协会相关资料。

图1-1-9　1999—2013年欧洲主要股市表现情况

12月银行间回购利率又急剧上升。AAA级债券在2013年12月31日的到期收益率达6.12%，为截至2013年底有记录以来的最高值。在市场和改革因素的推动下，国债收益率及其他利率的上升意味着借贷成本的上升，但这也意味着资本的市场定价的程度在提高，有利于利率市场化的改革。

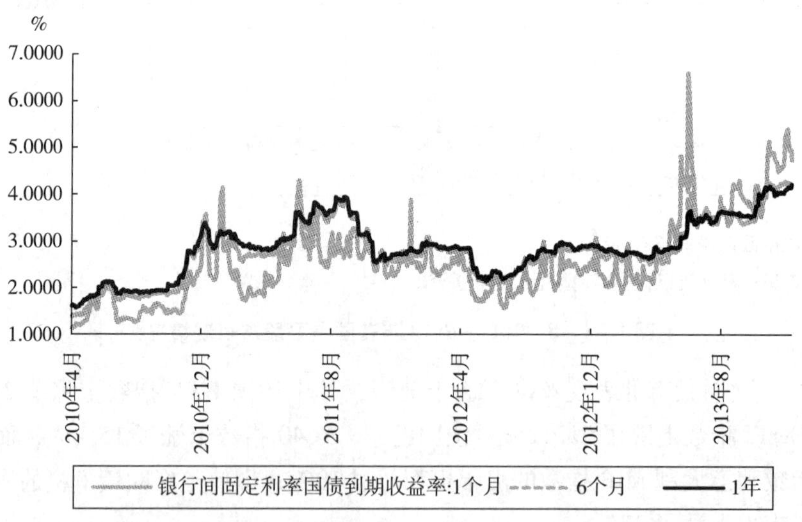

注：数据截止到2013年12月。

资料来源：wind资讯，中国期货业协会相关资料。

图1-1-10　2010—2013年中国银行间固定利率国债到期收益率

对于欧美国家来说，随着经济的复苏，市场避险情绪有所下降，同时美联储退出量化宽松的预期及其日渐清晰的思路导致美元汇率不断走高，国债价格出现下降进而国债收益率出现走高趋势。在 12 月美联储的议息决议公布后，美国 10 年期国债利率上涨到 2. 886% 。

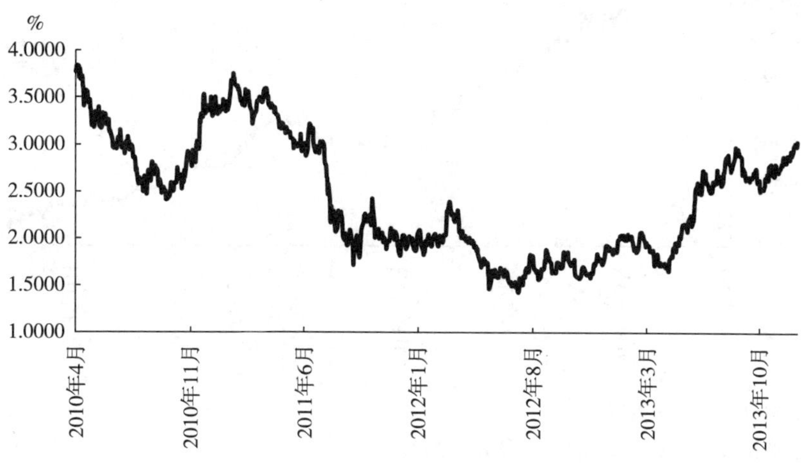

注：数据截止到 2013 年 12 月。

资料来源：wind 资讯，中国期货业协会相关资料。

图 1 －1 －11　2010—2013 年美国 10 年期国债收益率

从 2013 年 5 月开始，全球债券市场收益率波动较为明显，这主要是受到美联储退出量化宽松货币政策的影响，而全球担忧的焦点也由欧美国家转回新兴市场国家。在中长期内，世界利率将上升到更高水平。广大的新兴国家，作为较小的开放经济体，不论自身经济处于何种状况，都要接受一个逐步升高的世界利率水平，过高的利率所引发的产出和福利的损失，以及经济、金融、社会的不稳定都在逐渐显现。

3. 各国货币汇率逐步走软

随着美联储退出量化宽松货币政策的影响及新兴市场国家经济增长前景不确定性的逐步显现，全球新兴市场普遍出现新一轮大规模资本流出，并带动多个主要新兴市场国家的货币走向贬值。但是，人民币汇率在 2013 年延续着不断升值的步伐。2013 年全年，人民币汇率中间价已经累计 41 次创新高，上涨 1 984 个基点，升值幅度几乎是 2012 年的 3 倍。

（三）世界主要经济体货币政策概况

2013 年，全球各主要经济体在货币政策方面的举措出现分化现象。具体地，美、欧、日为主的发达国家仍以宽松货币政策为主基调，新兴市场发展中国家则不同程度地开始了货币紧缩政策。

美联储在 2013 年将量化宽松政策一以贯之。虽然随着美国经济复苏的不断好转，市场判断美联储可能在 9 月退出资产购买或者缩减其规模，新兴市场国家的资本流出也不断加剧。整个 2013 年，美国的货币政策仍旧是以宽松为主，这也为美国经济复苏奠定了较好的基础。欧元区的货币政策在 2013 年与美国步伐保持一致，以

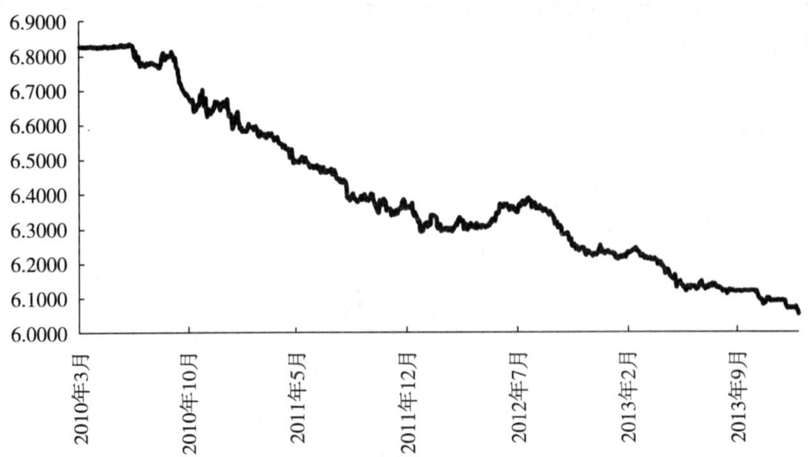

注：数据截止到2013年12月。

资料来源：wind资讯，中国期货业协会相关资料。

图1-1-12　2010—2013年人民币汇率走势

宽松为主基调，这暂时将欧元区内部深层次的各类矛盾掩盖了下去，使欧元区经济没有再出现大的风波和问题。

2013年4月4日，日本央行宣布推出新的量化宽松货币政策，但这难以从根本上解决自身存在的结构性问题，日本人口老龄化、国内消费不足、对外出口增长乏力等多方面因素无法给日本经济带来持续增长动力，并大大抵消了量化宽松货币政策的拉动作用，日本QE政策的作用不断削弱。

2013年新兴市场国家普遍受到通货膨胀的困扰，货币政策方面以紧为主。通胀的上升迫使巴西央行自4月以来连续6次加息以期将通胀率拉回至其目标区间的中值4.5%。巴西央行11月27日宣布将基准利率从9.5%调高至10.0%，以应对国内高企的通胀水平。印度同样面临货币贬值和通胀加剧的问题。

（四）宏观环境对期货市场的影响

1. 欧盟市场改革影响深远

欧洲国家2013年对证券市场展开了2008年国际金融危机以来最大力度的改革。欧盟达成协议将对大宗商品投机和高频股票交易实施限制，其修订了欧盟金融工具市场法规（MiFID），旨在克服各国市场分割、解决场外衍生品缺乏监管问题，并跟上交易技术的发展步伐，以增加市场的透明度和稳定性。三年漫长的谈判在2013年基本接近尾声①。

这一系列干涉措施是第一次对高频交易进行遏制、对大宗商品仓位施加限制、

① 欧盟成员国和欧洲议会于2014年1月14日通过法案，就改革协议达成一致，该法案将于2016年底实施。

对“黑池”(Dark Pools)[①] 等新生交易形式进行监管。该法案对在所谓“黑池”平台能匿名进行多少股票交易设定了限制。该协议对大宗商品交易引入仓位控制规则，欧盟希望以此打压致使食物和油价飙升的投机行为。欧盟的最新法规还将推出新的交易平台，被称作 OTF(Organised Trading Facility)，用于交易债券以及来自 640 万亿美元场外衍生品市场的合约，以提高透明度和保留记录。

由于在大宗商品方面出现了仓位控制的规则，这必然将对后续的大宗商品市场交易产生直接的影响。

2. 美国量化宽松退出预期加大市场压力

2013 年，美联储的资产削减购买方案已经成为全球流动性变化的一个拐点。美元重新获得全球资金的青睐，持续震荡走强，而新兴市场国家的流动性再次受到冲击。不过，在新兴市场经济体内部，各个国家受到的美联储削减资产购买规模预期的冲击也有所差异，例如，东南亚印度、印度尼西亚等国不仅存在政府赤字和贸易赤字，同时对国际资本管制更松，所以这些国家受到美联储 QE 退出的影响更大一些。整体来看，美国量化宽松的退出预期通过影响美元的走势及全球流动性的走向，影响到了全球期货市场。

二、中国经济运行情况回顾

(一) 整体经济运行保持平稳

1. “三驾马车”表现分化

从全年数据来看，2013 年中国 GDP 比上年增长 7.7%，虽然为 14 年来最低，但仍达到了年初设定的 7.5% 的目标。细分来看，2013 年三大产业的分项数据与往年比发生了一些变化，值得注意的是，第三产业从总量到增速都开始全面超越第二产业，其占 GDP 的比重在 2013 年提高到 46.1%，首次超过了第二产业，数据暗示着消费对国民经济的贡献度不断被重视。随着 2013 年下半年企业利润增长的回升，在居民收入预期增长及基数效应的影响下，消费对经济增长的贡献有所增大。

2013 年中国全年固定资产投资(不含农户)436 528 亿元，比上年名义增长 19.6%。其中，国有及国有控股投资 144 056 亿元，增长 16.3%；民间投资 274 794 亿元，增长 23.1%，占全部投资的比重为 63%。尽管 2013 年投资对 GDP 的贡献超过消费，但其实这是自 2002 年以来中国固定资产投资增速首次低于 20%。投资的主要构成项呈现分化格局，其中工业和制造业投资均不及 19.6%，房地产投资和基础设施建设投资则超过这一数据。其中，2013 年房地产全年开发投资同比增长 19.8%，增速比 2012 年同期增加 3.6 个百分点，这主要是受到 2012 年以来市场持续回暖影响，市场信心较强，房地产行业投资增速较长时间保持在较为合理的范围内，房企销售数据也出现明显上涨。

---

① “黑池”是机构交易的平台，在交易完成之后，交易价格才公开。

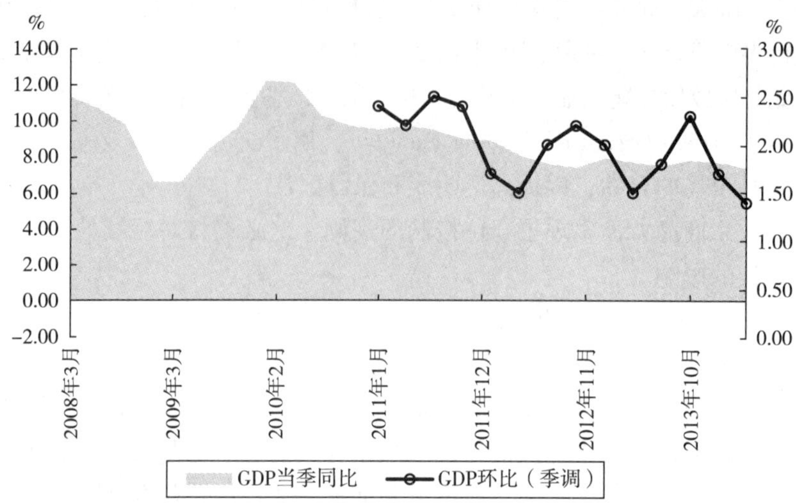

注：数据截止到2013年12月。

资料来源：wind资讯，中国期货业协会相关资料。

图1-1-13　2008—2013年中国GDP同比及环比表现

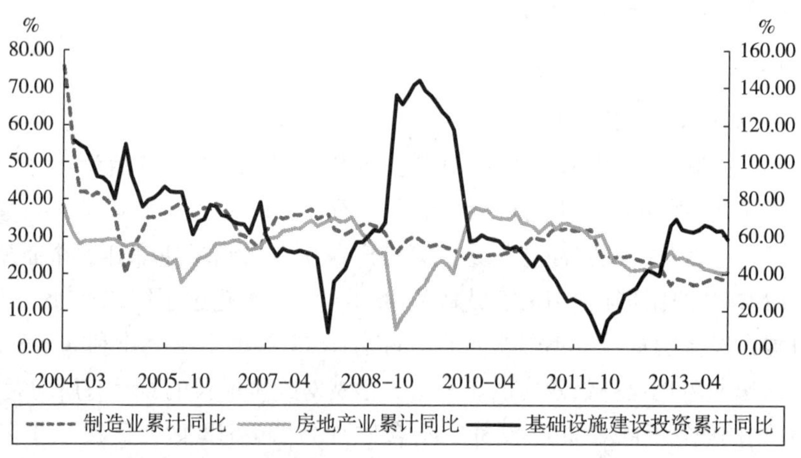

注：数据截止到2013年12月。

资料来源：wind资讯，中国期货业协会相关资料。

图1-1-14　2004—2013年中国固定资产投资情况

海关总署数据显示，2013年12月中国进口总值1 821亿美元，同比增长8.3%；出口总值2 077亿美元，同比增长4.3%，12月进出口总值3 898亿美元，同比增长6.2%，12月中国贸易顺差为256亿美元。从12月的贸易数据来看，欧美国家经济复苏对中国对外出口的拉动作用大大降低，与此同时，东盟等国家的出口受益于欧美经济复苏的影响却较为明显。表现在中国传统的劳动密集型出口行业如服装、箱包、家具等的市场份额，在不断受到迎头赶上的新兴国家和地区如东盟、墨西哥等

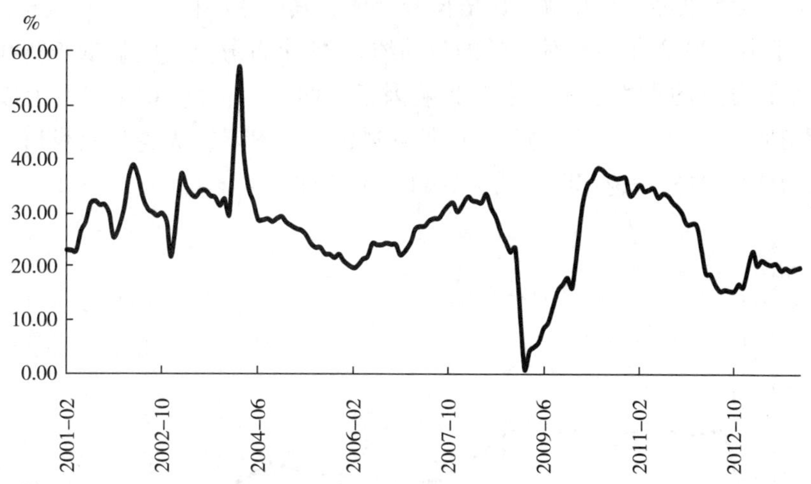

注：数据截止到 2013 年 12 月。

资料来源：wind 资讯，中国期货业协会相关资料。

图 1-1-15　2001—2013 年中国房地产开发投资情况

的挤压。这说明，在劳动力成本、资本成本、土地价格等成本因素不断提高的背景下，中国在传统的出口领域已不再占据优势，中国对外贸易面临着自身结构性调整的发展需要，迫切需要向高附加值类的产业产品转型。不过，从 12 月机电产品、自动设备等产品出口的相关数据来看，情况并不乐观，中国出口转型的迹象也并不明显。

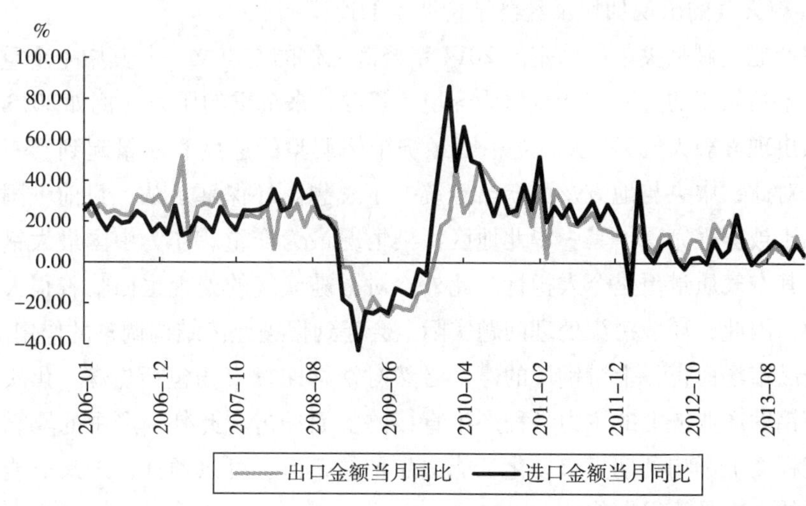

注：数据截止到 2013 年 12 月。

资料来源：wind 资讯，中国期货业协会相关资料。

图 1-1-16　2006—2013 年中国进出口情况

12月社会消费品零售总额同比增长13.6%，其中地产相关零售以及可选消费等出现明显下滑。2013年消费对增长的拉动约3.85个百分点，明显低于2000—2012年4.55个百分点的平均水平。主要影响因素有两个：一是2013年大力度的“反腐”，反对吃喝浪费；二是居民收入增长减速，数据显示，无论是农村居民还是城镇居民，其收入真实增速都明显低于2011—2012年。

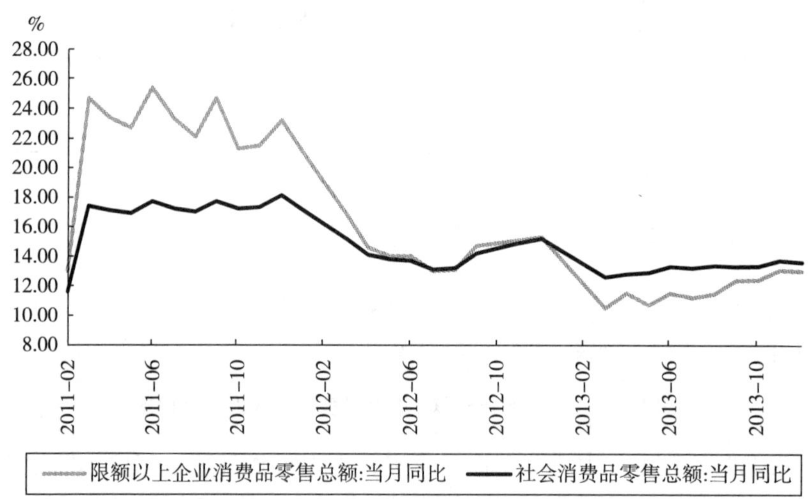

注：数据截止到2013年12月。

资料来源：wind资讯，中国期货业协会相关资料。

图1－1－17　2011—2013年中国社会消费情况

2. 雾霾天气的出现加快了经济结构调整的速度

化解产能过剩是决策层确定的2014年经济工作的重点之一，其中一个重要的原因在于，不断累积的过剩产能日益为环境和资源带来沉重的压力（例如2013年全国各地不断出现雾霾天气），从而对中国经济结构调整的速度和质量起到了一定的倒逼作用。对此，中央与地方及民众已经统一了思想。环保部承认，目前中国约七分之一的国土被雾霾笼罩，其中华北地区污染情况最为严重。作为中国最大钢铁大省的河北，其空气质量更是令人担忧。此外，对雾霾天气的处理也面临着很大的国际舆论压力。因此，环境污染处理问题实际上会起到促进经济结构调整的作用。

就商品市场而言，上游钢厂的停产必然对钢材期货市场包括焦煤、焦炭、钢材和矿石等钢铁产业链上的主力品种产生直接的负面冲击。此外，严重的雾霾天气也会在一定程度上影响到期货市场化工能源品种的上市。可以预计，未来节能环保型期货品种的上市是值得期待的。

（二）中国经济增速放缓遏制需求

作为世界上重要的大宗商品出口国和进口国，中国需求的变化对大宗商品市场的走势具有举足轻重的影响。基于中国主动进行经济结构转型调整的经济放缓会进一步促进相关商品市场相关品种去产能去库存，再加上欧美经济不断去金融化，这些因素都会对商品市场的运行及表现产生一定的影响。

经历了高速发展的 10 年之后，中国经济积累的各种结构性问题需要在接下来不短的时间里集中解决，以便为中长期的发展奠定良性基础。这样，通过经济结构的深化调整，在实体经济去产能去库存的同时虚拟经济去杠杆，改变以往高储蓄、高投资、高出口、高信贷和低消费的经济发展模式，提高经济发展效率和质量，既是必然的选择，也必将给经济带来阵痛，因此，无论决策层还是民众，都将适应经济增速不断下台阶的常态化。

随着中国经济结构调整的持续进行，经济增速下滑的同时也伴随着对大宗商品需求的持续减弱，这对未来大宗商品市场的表现会产生较显著的影响。例如，中国政府对产能过剩等问题的治理，集中在水泥、钢铁、玻璃等领域，受到实际需求和产量缩减等因素的影响，商品市场相关品种板块的表现也会发生相应变化。

（三）上海自贸区对期货市场发展的深层次促进

2013 年，在上海自贸区挂牌当日，中国证监会公布了《资本市场支持促进中国（上海）自由贸易试验区若干政策措施》，提出将深化资本市场改革，扩大对外开放，加大对自贸区建设的金融支持力度。期货行业内备受关注的原油期货市场建设、证券期货市场开放以及场外市场建设均有提及。这意味着中国期货市场的对外开放将迈出实质性一步。

具体措施包括以下几个方面。

1. 同意上海期货交易所（以下简称上期所，SHFE）在自贸区内筹建上海国际能源交易中心股份有限公司，具体承担推进国际原油期货平台筹建工作。依托这一平台，全面引入境外投资者参与境内期货交易。以此为契机，扩大中国期货市场对外开放程度。

2. 支持自贸区内符合一定条件的单位和个人按照规定双向投资于境内外证券期货市场。区内金融机构和企业可按照规定进入上海地区的证券和期货交易所进行投资和交易；在区内就业并符合条件的境外个人可按规定在区内证券期货经营机构开立非居民个人境内投资专户，开展境内证券期货投资；允许符合条件的区内金融机构和企业按照规定开展境外证券期货投资；在区内就业并符合条件的个人可按规定开展境外证券期货投资。

3. 区内企业的境外母公司可按规定在境内市场发行人民币债券。根据市场需要，探索在区内开展国际金融资产交易等。

4. 支持证券期货经营机构在区内注册成立专业子公司①。

5. 支持区内证券期货经营机构开展面向境内客户的大宗商品和金融衍生品的柜

① 截至本书成稿，海通期货、宏源期货、广发期货、申万期货和华安基金等机构已经完成设立风险管理子公司和资产管理子公司。

台交易。

下一步，将进一步研究细化相关政策措施，抓紧制定实施细则，加强对相关试点工作的监测和管理，及时总结试点经验，稳步推进资本市场改革开放，发挥资本市场服务经济转型的积极作用，更好地服务于上海自贸区国家战略。

以上海自贸区为催化剂的金融改革必将推动期货市场新一轮改革的重启，这将主要体现在现有政策和制度安排方面的大幅度快速突破，从而为期货市场带来更多对外开放和国际化的机遇。在此背景下，诸多的制度安排和政策突破都将不断解冻，包括投资者主体资格、开户方式及管理、代理通道、结算规则、交割制度、套期保值管理、资金监管、账户管理、税收管理、风险控制等制度安排，都将被赋予新发展平台下新的含义和广度。

例如，上海自贸区的建立将为境外投资者参与国内期货交易时遇到的交割等问题提供解决出口。对一些未完税的进口商品，企业将可以直接通过自贸区内的外资银行办理仓单质押。随着税收、外汇管理、进出口报关管理等各项配套政策的转变，从改善大宗商品的现货交易、银行质押融资和保险等配套服务的目的出发，上海自贸区有望在不久的将来设立面向国际的大宗商品交易平台和商品期货的交割仓库。这些无疑都将促进我国期货市场的对外开放。另外，资本账户的放开和人民币汇率的开放等重大战略性决策的节奏也必将加快。

此外，上海自贸区内人民币汇率将会大幅度双向波动，这使得无论国外企业还是国内企业都需要规避相应的市场风险，这也意味着未来有推出人民币期货合约的需求。此外，更为灵活地规避风险的方式——期权的推出也是大势所趋。同时，上海自贸区也为中国建立多层次期货衍生品市场提供路径支持。多层次的衍生品市场将是一个以净价交易、保税交割、多币种结算为重点方向的国际化商品期货交易市场。上海国际能源交易中心的筹建将是朝着这个方向迈出的重要一步。多层次的衍生品市场还将覆盖利率产品、离岸人民币外汇期货市场等。

第二节　中国期货业发展的基本情况

2013 年，中国期货市场在品种数量、行业结构、期货公司业务范围和监管理念等层面均实现了突破，市场规模及影响力显著提高。2013 年相继上市了焦煤、动力煤、石油沥青、铁矿石、鸡蛋、粳稻、纤维板、胶合板 8 个商品期货品种和国债期货 1 个金融期货品种，至此，国内期货品种增加至 40 个。期货品种已经从单一品种发展到产业链上下游，进一步拓展了服务实体经济的深度和广度。2013 年，我国所面临的宏观经济局势依然错综复杂，正经历经济结构转型的关键期，政府投资增速放缓，下游需求减弱，大宗商品整体处于弱势下跌的格局。产业链相关企业利用期货市场规避风险的意识显著增强，期货市场套期保值、价格发现的功能得到了进一步发挥。受中国经济结构调整和经济周期性波动的影响，2013 年国内股市整体处于震荡调整期，投资者参与股指期货的意愿明显上升。同时，受贵金属期货连续交易的推出和全球经济政策预期变化对贵金属价格的影响，黄金、白银期货成为期市明星品种，避险、套利和投机交易均出现大幅提升。此外，螺纹钢、粕类、玻璃等品种表现也很抢眼。

一、期货市场规模及国际影响力显著提升

（一）2013 年中国期货市场发展规模

2013 年，新品种的不断推出使产业链品种不断丰富和完善，给企业利用期货市场套期保值和风险管理带来了很多便利条件。同时，经济运行的弱势格局给相关产业链企业的生产经营带来了不利影响，积极运用期货市场进行价格风险管理受到了更多企业的重视；另一方面，在制度和业务创新方面也取得了很大进展，期货市场的发展得到了国务院和证监会等政府及监管部门的大力支持，期货公司资产管理业务和风险管理子公司业务逐步展开，期货市场监管制度和自律制度的完善和创新发展也拓展了期货市场的参与者层次，丰富了期货市场的投资者结构，推进了期货市场基本功能的进一步发挥。贵金属与基本金属夜盘连续交易的开展为相关企业和投资者减少了隔夜持仓的风险，期货市场规避风险的功能得到大幅提高。在以上因素的共同作用下，我国期货市场在 2013 年实现了成交量和成交额的大幅增长。

根据中国期货业协会的数据统计，2013 年我国期货市场交易规模实现了 40% 以上的增速，成交额与成交量同比都有了大幅的提高，1—12 月全国期货市场累计成交量为 2 061 77. 3 万手，累计成交额为 2 674 739. 52 亿元，同比分别增长 42. 15% 和 56. 30%（见图 1 - 2 - 1），均创下 1993 年我国期货市场成立以来的历史新高。1993—2013 年中国期货市场成交情况见图 1 - 2 - 2。

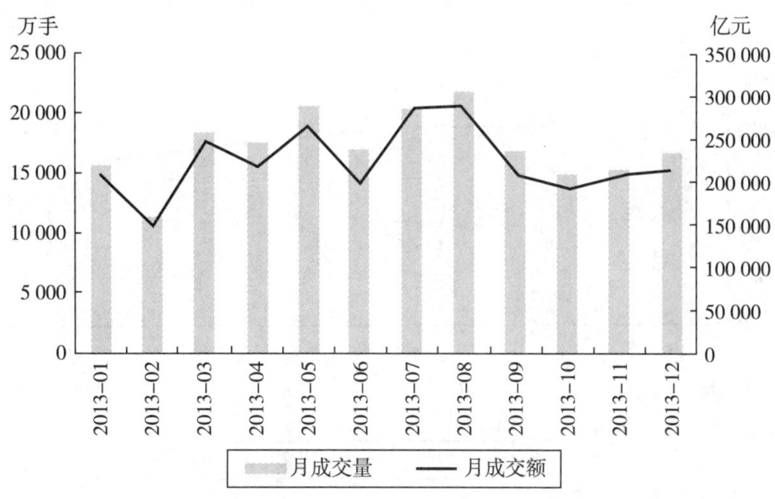

资料来源：中国期货业协会相关资料。

图 1 - 2 - 1　2013 年中国期货市场月度成交情况

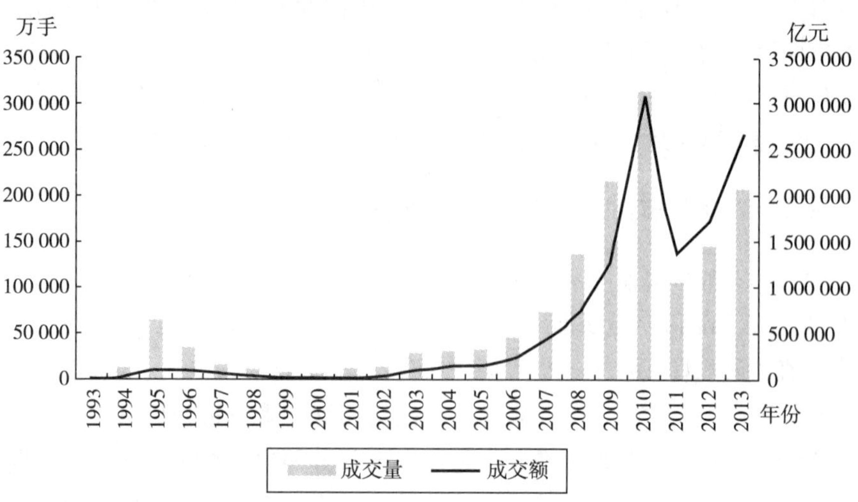

资料来源：中国期货业协会相关资料。

图1-2-2　1993—2013年中国期货市场成交情况

从各品种的成交量来看，排在前六位的分别是螺纹钢（29 372.89万手）、豆粕（26 535.76万手）、沪深300股指（19 322.05万手）、玻璃（18 610.49万手）、白银（17 322.26万手）和菜籽粕（16 010.04万手），分别占全国期货市场总成交量的14.25%、9.39%、9.37%、9.03%、8.40%、7.77%。从成交量同比增幅来看，排在前六位的分别是菜籽粕（37 909.90%）、玻璃（1 053.29%）、油菜籽（755.48%）、白银（714.59%）、焦炭（250.31%）、黄金（239.51%）。从成交金

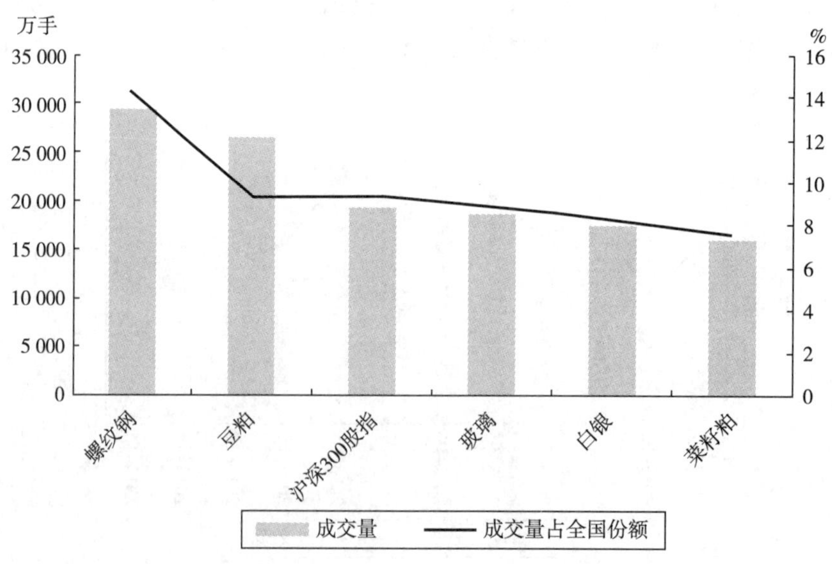

资料来源：中国期货业协会相关资料。

图1-2-3　2013年成交量排名前六位期货品种的成交情况

额来看，排在前六位的分别是焦炭、铜、天然橡胶、白银、螺纹钢和豆粕，分别占全国期货市场总成交金额的6.89%、6.26%、5.43%、4.32%、4.09%和3.31%。

从国内四大交易所的整体成交情况来看，三大商品期货交易所和中国金融期货交易所（以下简称中金所，CFFEX）的成交量和成交额均实现了较大增长。其中，中金所成交金额排名第一位，成交量和成交额同比增幅最大，分别达84.22%和85.92%。见表1－2－1。

表1－2－1　　2013年国内四家期货交易所成交同比变化

交易所名称	2013年占全国期货市场比重（%）		较2012年增长幅度（%）	
	成交量	成交额	成交量	成交额
上海期货交易所	31.16	22.59	75.86	35.47
郑州商品交易所	25.48	7.07	51.36	8.84
大连商品交易所	33.98	17.63	10.66	41.51
中国金融期货交易所	9.39	52.72	84.22	85.92

资料来源：中国期货业协会相关资料。

上期所2013年全年累计成交量为64 247.4万手，占全国期货市场成交量的31.16%，同比增长75.86%；全年累计成交额为604 167.73亿元，同比增长35.47%。

郑州商品交易所（以下简称郑商所，ZCE）2013年全年累计成交量为52 524.9万手，占全国期货市场成交量的25.48%，同比增长51.36%；全年累计成交额为188 978.31亿元，同比增长8.84%。

大连商品交易所（以下简称大商所，DCE）2013年全年累计成交量为70 050.1万手，占全国期货市场成交量的33.98%，同比增长10.66%；全年累计成交额为471 527.27亿元，同比增长41.51%。

中金所2013年累计成交量为19 354.9万手，占全国市场的9.39%，同比增长84.22%；全年累计成交额为1 410 066.21亿元，同比增长85.92%。

（二）2013年中国期货市场的国际影响力显著增强

2013年，我国期货市场在国际市场上的影响力得以继续提升。从成交量的国际排名来看，2013年大商所、上期所、郑商所、中金所在全球场内衍生品交易所中分别排在第11位、第12位、第13位、第19位。大商所排名与2012年保持不变，上期所和郑商所排名较2012年上升一位，而中金所的排名较2012年的第24位上升了6位，呈现了较大增长。

在巩固全球最大商品期货交易市场（见表1－2－2）、第一大农产品期货交易市场（见表1－2－3）以及保持螺纹钢、银、铜、黄金等金属期货较高国际影响力（见表1－2－4）的基础上，2013年新上市的动力煤期货首次跻身能源期货第20位（见表1－2－5），同时金融期货的国际地位继续实现较快上升，进入全球股指期货排名前 10 位行列（见表 1－2－6）。在成交量前 20 名的农产品期货和期权合约中，大商所的豆粕、豆油、棕榈油、玉米、黄大豆 1 号分列全球第 1 位、第 3 位、第 4 位、第 15 位、第 19 位。郑商所的菜粕、白糖、菜籽油分别列第 2 位、第 6 位、第 17 位。上期所的天然橡胶列第 5 位。在金属期货和期权合约的成交量排名中，上期所的螺纹钢依然排名第 1 位，白银期货由 2012 年的第 14 位大幅跃升至第 2 位，铜期货维持在第 3 位，黄金期货跃升至第 12 位，而 2012 年排名第 15 位的锌期货则继续下滑至第 20 位以外。

表 1－2－2　　2013 年中国各期货交易所成交量全球排名　　单位：手

排名	交易所	2012 年	2013 年	同比增长（%）
11	大连商品交易所	633 042 976	700 500 777	10. 7
12	上海期货交易所	365 329 379	642 473 980	75. 9
13	郑州商品交易所	347 091 533	525 299 023	51. 3
19	中国金融期货交易所	105 061 825	193 549 311	84. 2

资料来源：美国期货业协会（FIA）相关资料。

表 1－2－3　　2013 年中国天然橡胶期货品种成交量全球排名　　单位：手

排名	品种名称及隶属交易所	2012 年	2013 年	同比增长（%）
1	豆粕期货，DCE	325 876 653	265 357 592	－18. 6
2	菜粕期货，ZCE	421 207	160 100 378	N/A
3	豆油期货，DCE	68 858 554	96 334 673	39. 9
4	棕榈油期货，DCE	43 310 013	82 495 230	90. 5
5	天然橡胶期货，SHFE	75 176 266	72 438 058	－3. 6
6	白糖期货，ZCE	148 290 190	69 794 046	－52. 9
15	玉米期货，DCE	37 824 356	13 313 633	－64. 8
17	菜籽油期货，ZCE	2 021	11 853 858	N/A
19	黄大豆 1 号期货，DCE	45 475 425	10 993 500	－75. 8

资料来源：美国期货业协会（FIA）相关资料。

表 1－2－4　　2013 年中国金属期货品种成交量全球排名　　单位：手

排名	品种名称及隶属交易所	2012 年	2013 年	同比增长（%）
1	螺纹钢期货，SHFE	180 562 480	293 728 929	62. 7
2	银期货，SHFE	21 264 954	173 222 611	714. 6
3	铜期货，SHFE	57 284 835	64 295 856	12. 2
12	黄金期货，SHFE	5 916 745	20 087 824	239. 5

资料来源：美国期货业协会（FIA）相关资料。

表 1-2-5　　2013 年中国能源期货品种成交量全球排名　　单位：手

排名	品种名称及隶属交易所	2012 年	2013 年	同比增长（%）
20	动力煤期货，ZCE	N/A	4 357 384	N/A

资料来源：美国期货业协会（FIA）相关资料。

表 1-2-6　　2013 年中国金融期货品种成交量全球排名　　单位：手

排名	品种名称及隶属交易所	2012 年	2013 年	同比增长（%）
10	沪深 300 指数期货，CFFEX	105 061 825	193 220 516	83.91

资料来源：美国期货业协会（FIA）相关资料。

二、期货品种发展状况

（一）农产品期货发展状况

2013 年，农产品期货价格大多呈现出弱势下行的格局，同时继续出现一定程度的分化。菜籽油、豆油、棕榈油因库存高企和消费疲软继续大幅下挫，全年累计跌幅分别达 27.99%、20.29%、13.43%。豆粕、菜粕因饲料水产养殖需求保持稳定增长、现货坚挺以及油厂挺价等利多因素而小幅收涨。白糖期货价格因国内外巨大的价差，印度、巴西及中国丰产等利空因素也出现大幅下挫，跌幅达 13.49%。棉花则因国家以 20 400 元/吨的价格无限量收储政策托市，市场流通量明显下降，价格则保持相对稳定。谷物价格的变化也仍然表现为政策市特征，波动整体波澜不惊。

2013 年，我国农产品期货品种累计成交量为 72 984.79 万手，累计成交金额为 31.74 万亿元，分别占全国期货市场的 35.40% 和 11.88%。农产品成交量所占比重较 2012 年微幅增长，成交金额所占比重则下滑 11.59%。从具体品种来看，玉米、黄大豆 1 号、黄大豆 2 号、1 号棉、早籼稻、普通白小麦、优质强筋小麦、白糖的成交量和成交额下滑明显（见表 1-2-7）。

表 1-2-7　　2013 年农产品期货品种成交同比变化

品种	2013 年成交量（万手）	2012 年成交量（万手）	同比增减（%）	占总成交量比例（%）	2013 年成交额（亿元）	2012 年成交额（亿元）	同比增减（%）	占总成交金额比例（%）
玉米	1 331.36	3 782.44	-64.80	0.65	3 174.63	9 059.27	-64.96	0.12
黄大豆 1 号	1 099.35	4 547.54	-75.83	0.53	5 062.50	21 451.63	-76.40	0.19
黄大豆 2 号	0.72	1.04	-30.42	0.00	3.06	4.94	-38.07	0.00
豆粕	26 535.76	32 587.67	-18.57	12.87	88 418.63	115 866.82	-23.69	3.31
豆油	9 633.47	6 885.86	39.90	4.67	72 191.89	64 307.44	12.26	2.70

续表

品种	2013 年成交量（万手）	2012 年成交量（万手）	同比增减（%）	占总成交量比例（%）	2013 年成交额（亿元）	2012 年成交额（亿元）	同比增减（%）	占总成交金额比例（%）
棕榈油	8 249.52	4 331.00	90.48	4.00	50 846.34	32 414.47	56.86	1.90
鸡蛋	195.13	N/A	N/A	0.09	798.38	N/A	N/A	0.03
纤维板	237.48	N/A	N/A	0.12	874.01	N/A	N/A	0.03
胶合板	198.81	N/A	N/A	0.10	1 305.14	N/A	N/A	0.05
1 号棉	745.21	2 101.64	-64.54	0.36	7 405.90	20 927.96	-64.61	0.28
早籼稻	87.29	383.83	-77.26	0.04	354.28	1 043.99	-66.07	0.01
普通白小麦	0.19	0.63	-69.75	0.00	2.35	7.12	-67.06	0.00
优质强筋小麦	290.34	2 580.21	-88.75	0.14	1 293.12	6 535.23	-80.21	0.05
菜籽油	1 269.99	624.86	103.24	0.62	9 551.82	3 187.29	199.68	0.36
油菜籽	117.27	13.71	755.48	0.06	633.59	72.30	776.33	0.02
菜籽粕	16 010.04	42.12	37 909.90	7.77	39 194.20	99.96	39 111.84	1.47
白糖	6 978.81	14 827.80	-52.93	3.38	36 305.78	84 087.50	-56.82	1.36
粳稻	4.05	N/A	N/A	0.00	24.83	N/A	N/A	0.00
合计	72 984.79	72 710.35	0.377	35.40	317 440.45	359 065.92	-11.59	11.88

注：鸡蛋、纤维板、胶合板、粳稻为 2013 年新上市品种。

资料来源：中国期货业协会相关资料。

2013 年，新上市的农产品品种包括鸡蛋（11 月 8 日上市）、纤维板（12 月 6 日上市）、胶合板（12 月 6 日上市）、粳稻（11 月 18 日上市）四个品种，分别占农产品期货成交量的 0.27%、0.32%、0.27% 和 0.006%，占期货市场总成交量的 0.09%、0.12%、0.10% 和 0.002%。

（二）金属类期货发展状况

金属类期货品种包括有色金属、黑色金属和贵金属。2013 年有色金属市场延续了 2012 年窄幅波动的特征，价格重心整体下移，但跌幅不超过 10%，其中沪铜指数跌幅 9.51%，锌、铝波动幅度则更小。融资关联与长单限制上海保税铜库存外流，导致铜现货升水，以及实际供应压力相对有限，从而限制了铜期货价格的跌幅。受钢铁行业产能过剩影响，2012 年，钢材期货价格经历了较大幅度的下跌，2013 年跌幅也大幅缩小至 10% 以内。受美联储逐步退出量化宽松货币政策的预期打压，金银价格出现了大幅下跌，黄金和白银跌幅分别达到 70.36% 和 35.89%。黄金和白银也成为明星品种，成交量大幅上升，尤其是夜盘连续交易制度启动以来，市场参与度得到了更大增强。

2013 年，我国金属类期货品种累计成交量为 56 690.07 万手，累计成交额为 45.75 万亿元，同比呈现大幅增长，累计成交量和成交额分别占当年全国期货市场的 27.5% 和 17.11%。2013 年金属类期货成交情况见表 1－2－8。

表 1－2－8　　2013 年金属类期货品种成交同比变化

品种	2013 年成交量（万手）	2012 年成交量（万手）	同比增减（%）	占总成交量比例（%）	2013 年成交额（亿元）	2012 年成交额（亿元）	同比增减（%）	占总成交金额比例（%）
铜	6 429.59	5 728.48	12.24	3.12	167 323.62	163 744.71	2.19	6.26
铝	330.56	394.27	－16.16	0.16	2 407.32	3 094.90	－22.22	0.09
锌	1 208.32	2 110.09	－42.74	0.59	9 040.92	16 131.88	－43.96	0.34
铅	17.28	6.86	151.67	0.01	246.28	265.01	－7.07	0.01
螺纹钢	29 372.89	18 056.25	62.67	14.25	109 407.13	67 385.62	62.36	4.09
线材	0.39	0.27	42.14	0.00	1.46	1.06	37.05	0.00
黄金	2 008.78	591.67	239.51	0.97	53 545.31	20 182.19	165.31	2.00
白银	17 322.26	2 126.50	714.59	8.40	115 554.86	20 654.30	459.47	4.32
合计	56 690.07	29 014.39	95.39	27.5	457 526.90	291 459.67	56.98	17.11

资料来源：中国期货业协会相关资料。

（三）能源、化工类期货发展状况

2013 年，除甲醇、聚乙烯、动力煤外，能源、化工类期货品种价格基本呈现弱势下行的走势，不同品种间波动幅度有分化。天然橡胶跌幅最大，达 31.38%；PTA、玻璃、PVC 跌幅分别为 13.22%、5.79% 和 2.98%。聚乙烯小幅收涨。甲醇则经历了“过山车”行情，极差达到近 900 元，全年上涨 9.60%。受钢铁控制产能影响，焦炭延续 2012 年跌势，跌幅达 19.74%，新上市的焦煤、铁矿石及石油沥青收盘价较上市首日开盘价分别下跌 22.55%、6.88% 和 6.22%。动力煤较开盘价逆势上涨 7.89%。

2013 年，能源、化工类期货品种累计成交量为 57 147.55 万手，累计成交额为 48.97 万亿元，分别占全国期货市场的 27.72% 和 18.31%。

2013 年，新上市的能源、化工品种包括焦煤（3 月 22 日上市）、动力煤（9 月 26 日上市）、石油沥青（10 月 9 日上市）和铁矿石（10 月 18 日上市）四个品种，分别占能源、化工类期货成交量的 5.99%、0.76%、0.55% 和 0.38%，占期货市场总成交量的 1.66%、0.21%、0.15% 和 0.11%。2013 年能源、化工类期货成交情况见表 1－2－9。

表 1－2－9　　2013 年能源、化工类期货品种成交同比变化

品种	2013 年成交量（万手）	2012 年成交量（万手）	同比增减（%）	占总成交量比例（%）	2013 年成交额（亿元）	2012 年成交额（亿元）	同比增减（%）	占总成交金额比例（%）
天然橡胶	7 243.81	7 517.63	－3.64	3.51	145 267.78	154 493.48	－5.97	5.43
燃料油	0.10	0.91	－88.62	0.00	2.51	23.71	－89.41	0.00
PTA	7 625.77	12 124.56	－37.10	3.70	30 318.66	47 972.94	－36.80	1.13
LLDPE	7 214.21	7 187.15	0.38	3.50	38 648.32	36 425.50	6.10	1.44
PVC	178.72	690.02	－74.10	0.09	593.21	2 332.40	－74.57	0.02
甲醇	349.76	379.74	－7.89	0.17	5 551.77	5 384.98	3.10	0.21
焦炭	11 530.66	3 291.59	250.31	5.59	184 249.76	51 348.71	258.82	6.89
玻璃	18 610.49	1 613.69	1 053.29	9.03	53 390.93	4 295.48	1 142.96	2.00
焦煤	3 425.96	N/A	N/A	1.66	23 317.07	N/A	N/A	0.87
动力煤	435.72	N/A	N/A	0.21	4 951.12	N/A	N/A	0.19
石油沥青	313.43	N/A	N/A	0.15	1 370.53	N/A	N/A	0.05
铁矿石	218.92	N/A	N/A	0.11	2 044.32	N/A	N/A	0.08
合计	57 147.55	32 805.29	74.20	27.72	489 705.98	302 277.20	62.00	18.31

注：焦煤、动力煤、石油沥青、铁矿石为 2013 年新上市品种。

资料来源：中国期货业协会相关资料。

（四）金融期货发展状况

2013 年是沪深 300 指数期货正式挂牌交易的第 4 年，市场活跃度继续大幅提高，成交规模保持上升，但受中国宏观经济增速放缓及企业盈利能力下降等利空因素拖累，价格继续震荡下行。沪深 300 指数期货 1—12 月总成交量为 19 322.05 万手，占全国期货市场总成交量的 9.37%，同比大幅增长 83.91%，总成交金额为 140.7 万亿元，占全国期货市场总成交额的 52.7%，同比增长 85.52%，充分彰显金融期货的发展潜力。

2013 年 9 月 6 日，国债期货上市交易，2013 年成交量为 32.88 万手，成交金额为 3 063.89 亿元，分别占金融期货累计成交量和成交额的 0.17% 和 0.22%。2013 年金融期货累计成交量为 19 354.93 万手，占全国市场的 9.39%，同比增长 84.22%。

2013 年主要金融期货成交情况见表 1－2－10。

表1－2－10　　2013年金融期货品种成交同比变化

品种	2013年成交量（万手）	2012年成交量（万手）	同比增减（%）	占总成交量比例（%）	2013年成交额（亿元）	2012年成交额（亿元）	同比增减（%）	占总成交金额比例（%）
沪深300指数	19 322.05	10 506.18	83.91	9.37	1 407 002.32	758 406.78	85.52	52.60
5年期国债	32.88	N/A	N/A	0.02	3 063.89	N/A	N/A	0.11
合计	19 354.93	10 506.18	84.22	9.39	1 410 066.21	758 406.78	85.92	52.71

注：5年期国债为2013年新上市品种。

资料来源：中国期货业协会相关资料。

三、期货中介机构发展状况

2013年，以期货公司为代表的中介机构在期货业创新步伐加快、新品种上市速度提升、期货市场活跃度显著回升的背景下，实现稳步较快发展。根据中国期货业协会的数据统计，2013年我国期货市场交易规模实现了40%以上的增速，成交额与成交量同比都有了大幅的提高，然而全国期货公司手续费收入合计124.85亿元，较上年微增0.99%；净利润合计35.55亿元，较上年微降0.62%。期货公司并购重组、资产管理和风险管理子公司等创新业务的开展均成为2013年期货中介机构的重大创新工作。整体来看，期货公司的手续费收入仍占主要收入，期货公司经纪业务手续费竞争已趋白热化，导致了期货行业增量不增收的现状。A类期货公司由于保证金规模大，利息净收入超过经纪业务手续费收入，在经纪业务竞争激烈的背景下，A类公司通过扩大客户规模，提升利息净收入来追求规模收益，进而确立自身的行业优势地位。

（一）中介机构基本发展状况

截至2013年末，我国持续经营的期货公司共156家，其中，证券公司参股控股期货公司71家。全国期货营业部共1 469家，较2012年底增加了76家。全国期货公司总资产为2 569.07亿元（含客户资产），较2012年增长10.83%；净资产为522.14亿元，净资本为439.37亿元，分别较2012年增长了14.29%和5.18%。国内客户整体交易规模再创新高，代理成交量为20.58亿手，同比增长41.93%；代理成交额为267.06亿元，同比增长56.07%。从保证金分布情况看，行业领先期货公司吸纳客户保证金的能力进一步增强，客户保证金规模在20亿元以上的期货公司达到27家，保证金规模占比超过60%。23家A类期货公司客户保证金合计为1 074.33亿元，较2012年的943.60亿元增长13.85%，高于行业整体保证金规模增长水平。A类期货公司客户保证金规模占市场总额比例进一步扩大，达到54.04%，平均客户保证金近50亿元，进一步拉大了与B类公司之间的差距。A类期货公司在行业中优势地位明显，C类和D类期货公司客户保证金规模进一步萎缩，各类别期货公司经纪业务发展分化严重。

（二）期货市场及中介机构竞争状况

期货公司营业部数量增速明显放缓，手续费率大幅下降，期货公司经营分化日趋严重，期货公司并购重组提速，期货行业市场集中度稳步提升。从各类期货公司的注册资本、客户保证金、营业收入、代理成交额和净利润等指标的平均值看，A类期货公司在行业中占据绝对优势。A类期货公司的平均注册资本为7.37亿元，是B类期货公司的3.2倍，是C类公司的7.3倍，A类期货公司大多具有券商背景或现货背景，其凭借自身的资本实力和资源优势进行业务扩张。从各项指标看，四类期货公司之间的差距已经十分明显，C类和D类期货公司的经营状况大多不容乐观。

2013年，期货公司的盈利能力继续出现加速分化。2013年期货行业全年实现营业利润46.53亿元，较2012年的46.02亿元增长1.11%；净利润35.55亿元，较2012年的35.77亿元下降0.62%。全国156家期货公司中有124家盈利，31家亏损。与2012年相比，盈利期货公司的数量在减少，但盈利的金额在增加，永安期货、中信期货、中粮期货、银河期货、中国国际期货、国泰君安期货、广发期货、华泰长城期货、海通期货和国信期货这10家期货公司净利润超过亿元，上述10家期货公司净利润合计至少12.4亿元，占2013年全国期货公司净利润总额35.55亿元的34%以上。这表明行业领先期货公司的盈利能力在进一步提升。与此同时，亏损期货公司的数量和亏损金额在逐步扩大。

（三）期货中介机构创新发展状况

2013年，期货公司创新业务步伐加快，投资咨询、资产管理、风险管理服务等创新业务推出以后，对整个期货行业的发展产生了重大影响。盈利模式将更趋多元化。原本期货公司仅能通过单一的通道业务模式，收取手续费和利息，现在期货公司既可以为客户提供资产管理、风控服务、仓单服务、咨询服务等，还可以通过风险管理服务子公司进行套利交易、仓单买卖、合作套保等；服务客户方式的多元化几乎可以满足客户的全方位、个性化需求。随着创新业务的发展，期货公司将逐步摆脱单一的手续费竞争，呈现“百花齐放、百家争鸣”的态势，形成具有自己专业优势和服务特色的期货公司。

2013年，期货公司境外分支机构业务稳步发展，截至2013年末，6家香港子公司资产合计超过40亿港元，累计盈利1.04亿港元。资产管理业务稳步发展，截至2013年末，共有29家期货公司获得资产管理业务资格，23家期货公司资产管理业务实现收入，收入总计为1 470.02万元。但投资咨询业务发展相对缓慢，截至2013年末，共有93家期货公司获得期货投资咨询业务资格，47家期货公司投资咨询业务实现收入，收入总计为5 847.29万元。1 000万元及以上收入规模的期货公司仅有1家，多数期货公司的投资咨询业务收入集中在10万元至50万元。期货投资咨询业务自2011年推出以来，发展速度相对缓慢，还不能成为期货公司的重要收入来源。

四、期货市场投资者状况

从客户数来看，2013 年法人客户数和个人客户数分别为 2.07 万户和 75.17 万户，较 2012 年增幅分别达 4.02% 和 7.8%。法人客户数占客户总数的比例略有下降，由 2012 年的 2.85% 微降至 2013 年的 2.68%。

从成交量来看，2013 年法人客户和个人客户成交量分别为 37 164.99 万手和 371 965.38 万手，较 2012 年增幅分别达 38.11% 和 41.54%。法人客户成交量占总成交量的比例略有下降，由 2012 年的 9.29% 微降至 2013 年的 9.08%。

从成交额来看，2013 年法人客户和个人客户成交额分别为 407 990.80 亿元和 4 904 255.10 亿元，较 2012 年增幅分别达 65.73% 和 54.65%。法人客户成交额占总成交额的比例由 2012 年的 7.20% 小幅上升至 7.68%。

从年末持仓量来看，2013 年法人客户和个人客户年末持仓量分别为 502.78 万手和 945.22 万手，较 2012 年增幅分别达 49.74% 和 57.90%。法人客户年末持仓量的比例由 2012 年的 35.93% 小幅下降至 34.72%。

2013 年期货市场投资者结构变化详见表 1-2-11。

表 1-2-11　　2013 年投资者结构变化

年份	法人客户数（万户）	个人客户数（万人）	法人客户成交量（万手）	个人客户成交量（万手）	法人客户成交额（亿元）	个人客户成交额（亿元）	法人客户年末持仓量（万手）	个人客户年末持仓量（万手）
2009	2.86	88.76	18 661.10	196 091.89	118 290	1 182 160	411.47	448.08
2010	3.54	117.82	26 292.50	286 378.17	215 770	2 869 850	307.66	329.86
2011	4.08	137.06	20 454.14	178 412.56	210 506	2 416 945	328.97	374.80
2012	1.99	69.74	26 910.32	262 797.66	246 171	3 171 107	335.76	598.61
2013	2.07	75.17	37 164.99	371 965.38	407 990.80	4 904 255.10	502.78	945.22

注：2012 年，中国期货保证金监控中心对所有期货行业开户客户进行了规范，建立了休眠账户管理制度，因此，2012 年之后的数据，仅统计了当年有效客户的数量。

资料来源：中国期货保证金监控中心相关资料。

五、期货业信息技术发展状况

（一）交易所信息技术发展概况

三大商品期货交易所和中金所在系统建设、运维管理、安全管理以及技术服务与支持等方面，均实现了稳健发展。

系统建设方面，上期所推进了更新一代交易系统（NGES 2.0）建设工作，启动了网络规划咨询项目，推出了贵金属和有色金属的连续交易；郑商所发展了支持期权业务功能，并设计开发了第五期交易系统，同时对现有系统进行了升级；大商所主要对业务技术系统进行了发展，提升了核心系统容量性能、系统监控精确度、自动化运维水平，并完成了行业自动化测试平台 ATF 二期建设，同时整合了数据资源，优化了数据备份，此外，还推进了新一代交易系统（NGTS）；中金所主要进行了灾备中心建设以及国债期货上市技术准备。

运维管理方面，四大交易所均加强了运维管理，确保系统安全稳定运行。上期所完善了内部管理制度及标准化管理体系，通过 ISO 27001 管理体系认证。郑商所通过了 ISO 20000 认证，实现了同城灾备中心交易系统切换运行，提升了运维管理水平。大商所提高了软件开发管理质量，推进了信息技术标准体系优化工作，完善了灾备中心建设和应急保障工作。中金所推进分级保障体系精益化，打造自动化流程管理平台，致力提高安全运维效率。立足交易所未来“多中心、多产品”的发展态势，基于系统变更多、运维保障压力大的实际情况，深入推进精益化分级保障体系建设，积极探索服务梳理、流程定制以及服务标准化三步走的流程能力建设模式。

安全管理方面，上期所加强了日常技术检查，确保信息安全，完善了技术系统建设，提高了信息安全保障能力。郑商所进行了交易系统内部和全市场测试、应急演练，并对仓库管理系统的 VPN 安全接入进行了改造。大商所主要表现在：①信息安全检查工作；②开展风险评估工作，落实风险整改工作；③完成等级保护测评工作；④开展信息安全保密管理工作；⑤落实应急演练工作，完善应急保障体系。中金所完善了信息安全管理体系，通过了 ISO/IEC 27001 认证以及实施信息安全管理体系咨询项目。

技术服务与支持方面，上期所主要协助了证联网建设以及行业的相关工作。郑商所在对会员单位的技术服务、远程席位审批系统开发以及网站系统建设等方面做了很多工作。大商所则提升会员托管中心服务能力和保障水平，并对会员单位进行了技术培训和协助。中金所积极开展新业务分析和新技术预研，集中技术骨干成立专门工作小组，对新一代业务系统建设工作进行规划和准备。

（二）期货公司信息技术发展概况

2013 年，期货公司在基础设施建设、核心系统建设、信息技术管理、信息安全保障等方面都得到稳步发展和推进。

2013 年，中国期货业协会组织开展了 20 家期货公司信息技术升级检查和 30 家期货公司技术等级持续达标情况抽查工作。2013 年 11 月，现场检查、审核和评审工作顺利结束，共 44 家期货公司通过检查和抽查，达到相应等级要求，6 家期货公司未达到相应技术等级要求。截至 2013 年底，达到《期货公司信息技术管理指引》3 类及以上要求的共计 60 家，占比 38.2%，较 2012 年增加 27.7%，较 2010 年底增加 215.8%，2 类和 1 类的达标公司均有所减少，较 2012 年分别减少 11.3% 和 33.3%。就期货公司整体技术水平而言，技术实力明显增强，3 类公司占比越来越大，有效地保障了期货市场总体安全平稳运行。

（三）保证金监控中心信息技术发展概况

保证金监控中心信息技术发展主要体现在：①期货市场运行监测监控二期技术系统建设；②国债期货相关开户的技术工作；③原油期货业务相关技术工作；④资产管理业务相关系统建设工作；⑤连续交易制度下保证金监控系统改造和上线；⑥开展期权业务相关技术工作；⑦行业身份证验证系统相关工作。

（四）中国期货业协会信息技术概况

技术管理方面，推进并完善了综合信息管理系统建设以及信息技术境内外培训工作。

行业支持与服务方面，主要体现在：①组织编写《期货公司运维管理实践案例》；②组织修订《期货公司信息技术管理指引》；③期货公司信息技术评级检查工作；④修订证券期货科学技术奖励管理办法。

第三节　中国期货业政府监管与行业自律状况

一、监管工作概况

（一）期货交易所监管概况

2013 年，我国期货市场监管不断得到强化，相关法规制度不断健全，期货法也在酝酿出台，整体市场机制不断完善，这些都是期货市场平稳运行的有力保障和基础。整个期货市场在 2013 年的监管主要可以体现在以下几个方面。

战略性期货品种取得新突破。制定了实物交割制度和以风险控制为核心的规则体系，建立了国债期货跨部委协调机制和监管协作机制，平稳推出国债期货。积极研发并顺利推出全球首个实物交割的铁矿石期货，并已成为全球最活跃的铁矿石衍生品市场。上市了焦煤、动力煤期货，为增强企业抗风险能力，缓解煤电联动压力提供了风险管理平台。扎实开展原油期货市场建设，在上海自贸区内成立了上海国际能源交易中心，承担国际原油期货交易平台的筹建工作。上市了石油沥青等期货品种。加强对碳交易试点市场的调研和引导。推进多层次商品市场体系建设。深入开展期权和商品指数等新工具的研发工作。

市场监管制度改革释放活力。一是黄金、白银、铜、铝、锌、铅等期货品种开展了连续交易试点，适应了企业和投资者的避险需要。其中，白银期货市场规模已跃居全球第一位。二是推动套利、限仓、保证金等市场制度改革，提升交易的便捷性。配合做好“光大 8 · 16”突发事件处置工作，制定期货市场重大交易异常标准及相应的信息披露制度、应急处置规则。三是加大监管执法力度，全年共查处异常交易 1 225 起，协助稽查、公安部门查处期货市场对敲转移他人资金案件共 4 起，涉案金额800余万元。配合处罚委有关期货市场操纵案件的认定处罚工作。四是推动保证金监控中心体制改革，完善法人治理结构，以保障其能够有效履职，充分发挥功能。

法规规则体系日益完善。一是开展期货法立法工作，推动期货法列入十二届全国人大二类立法项目，修改期货市场相关法规。二是下放存管银行的审批权至期货交易所，落实行政许可取消后的配套监管工作，指导期货交易所制定《指定存管银行管理办法》。三是组织完成2012年期货品种功能发挥评估工作，适应相关现货行业发展变化的需要，完成铜、黄金、黄大豆1号、焦炭等14个期货品种合约规则修订工作。四是对18省市的清理整顿工作进行验收，配合参与指导部分省市清理整顿工作。与商务部、人民银行联合发布《商品现货市场交易管理办法（试行)》。五是配合有关政府、部门查处、打击非法期货交易，出具非法期货认定意见8件。

服务“三农”渠道和机制进一步拓展。主动贴近“三农”需求，成功上市了鸡蛋、粳稻、胶合板、纤维板等宜农品种，填补了林木和畜牧类鲜活产品领域的空白，进一步拓展了农产品定价和服务体系。深化了和农业部、保监会、农发行、世界银行等国内外机构的合作，提升涉农主体管理风险的能力。积极推动期货订单农业试点，探索市场化管理“三农”风险的新机制，推广期货市场服务“三农”的典型模式，开展系统化、多层次的期货市场知识培训和信息服务，促进现代农业发展。

（二）期货中介经营机构监管概况

2013年，中国证监会坚持“市场化、法治化、国际化”的改革导向，切实履行“两维护、一促进”的根本职能，不断推进基础性制度建设，加强持续监管，积极推动期货公司开展创新业务活动，稳步推进期货行业对外开放，期货公司总体运营平稳，合规管理水平进一步提升，服务实体经济能力不断加强，期货中介经营机构监管情况主要如下。

进一步完善期货行业监管法规制度体系。如修订《期货公司管理办法》、期货公司净资本监管制度及制定完善监管工作规范等。

进一步取消和下放行政许可项目。在2012年清理行政许可项目的基础上，2013年研究提出了2013—2015年拟进一步取消的审批项目。同时，完善了已取消许可事项的后续管理及衔接方案。

加强事中事后监管，促进期货公司合规运营。具体工作包括，扎实做好期货公司日常监管工作、完成2013年期货公司分类评价工作、加强期货公司信息技术监管、稳妥推进期货公司风险处置及持续做好投资者保护和教育等工作。

大力推动行业创新发展，提高服务实体经济能力。具体工作包括：推动期货公司资产管理业务、推动期货公司风险管理服务子公司业务试点、支持期货公司开展连续交易、推动期货公司开展基金销售业务，以及支持期货公司发行上市和并购重组等工作。

稳步推进期货行业对外开放。将外资参股期货公司的有关内容纳入修订的《期货公司管理办法》，允许外资直接参股期货公司，明确了相关法规要求。同时，在前期研究论证和沟通协调的基础上，继续推动期货公司境外期货经纪业务试点筹备工作，进一步完善了《境内企业从事境外期货交易试行办法》、《期货公司境外期货经纪业务试行办法》草案。

（三）保证金监控中心监管概况

2013 年，中国期货保证金监控中心不断完善各项基础性工作，全面提升服务意识和工作水平，着力推进各项重点工作，进一步巩固和提升了监控中心在服务监管、服务市场方面的职能和作用。

一是全面做好统一开户工作，满足各项新业务开户需要。严格落实实名制、一户一码、市场禁入和适当性等制度，持续开展日常开户检查验证工作的同时，升级改造统一开户系统，满足特殊单位客户开户和资产管理业务开户需要。

二是严格做好资金监控工作，为市场创新奠定基础。针对连续交易、原油、商品期权和个股期权等市场创新业务，研究制定资金监控方案，升级改造资金监控系统。

三是全力做好市场运行监测监控工作，不断提升市场监控工作的针对性。“期货市场运行监测监控二期系统”已于2013 年5 月正式投入使用。依托该系统，保证金监控中心加强了对市场的监测分析，研究总结市场运行规律，协助证监会和各期货交易所及时发现和报告市场风险隐患，有效预警防范市场风险，为监管部门预防和处置市场风险提供有力支持。

四是强化分析研究，为监管部门制定监管政策和配合推进市场创新提供支持。例如，大力开展商品指数编制工作，进一步发挥监控中心的期货市场数据优势，履行好社会公益职能。在期货一部的统一协调和各期货交易所的大力支持下，期货保证金监控中心已正式发布了“监控中心中国商品综合指数”，并编制完成“中国农产品期货指数”。

五是提升服务意识和服务能力，为市场主体提供优质服务。应市场需求，将投资者查询系统的查询期限从两个月延长至六个月。将资管业务开户纳入统一开户系统，提高全市场资管业务开户效率。与期货业协会配合建立期货公司从业人员开户情况核查机制。

六是继续做好北亚期货风险处置，保障投资者合法权益。继续管好用好保障基金；此外，向监管部门反映期货公司诉求，与会期货一部、期货二部和财政部金融司沟通，结合目前市场状况，建议减收或暂停收取期货投资者保障基金。

二、自律管理概况

（一）交易所自律管理工作

2013 年全国各期货交易所有序运行，交易规模明显提升。交易所在品种创新、政策规则完善及行业自律管理等相关工作方面也都进行了卓有成效的工作。

一是期货交易所高度重视并有效平衡好老品种维护与新品种上市之间的关系，不断深化和拓展服务国民经济的广度和深度。成功推出连续交易、全面优化和完善交易机制，并努力做精做深现有品种、继续推进产品系列化和多样化。

二是在制度创新方面推出创新激励计划。鼓励会员积极开展业务产品、风险管理和技术服务等方面的创新工作，共同推动期货市场和期货行业的可持续发展。不断优化交易制度和规则体系，完善产品序列和合约设置，提高期货交易的运行效率和价格影响力，促进市场功能充分发挥。

三是信息技术创新与发展。面对大数据时代的大机遇，期货交易所进一步加大信息技术投入和创新，保持业务系统技术领先，探索促进期货行业与互联网金融有机融合，通过强大的IT技术和信息化建设，全面支持交易所整体发展战略。

四是期货交易所自律管理较为有效。包括做好日常风控管理、优化市场监管机制、加强系统运维建设及强化舆情信息监测等。

（二）协会自律管理

2013年，中国期货业协会（以下简称协会）围绕期货市场改革发展大局，立足“自律、服务、传导”职能，从行业创新、会员服务、自律管理、人才培养、投资者教育、信息技术等方面，开展了富有成效的工作。

一是以引导会员服务实体经济为重点，积极推动了期货业创新发展。例如，积极审慎开展期货公司风险管理服务子公司试点评估备案工作，制定了20余项内部制度和流程，组织开展了2次评估会议，受理和审核了32家公司提交的备案申请。2013年共有20家公司完成了备案，18家完成了工商注册，14家开立了期货交易账户。

二是以强化监督检查为重点，深入开展期货业自律管理。例如，开展了居间人管理调研，形成了《期货居间人自律管理思路汇报材料》，组织证监会相关部门召开了协调会议，推动居间人规范管理。

三是以培养市场急需的专业人才为重点，大力开展了分层次分类别的境内外培训。例如，与美国、加拿大和德国相关机构建立了长期合作机制，完成了期货公司高管研修班、首席风险官研修班和利率及衍生品专业人才研修班等五期境外培训，累计200多名高管、首席风险官和专业人才接受了培训。

四是以促进期货市场功能发挥为重点，着力开展了投资者教育和保护。例如，开展了“期货牵手产企报告会”，分别在贵州、安徽、广西、天津等地，联合当地政府、金融办、交易所、大型国企等进行了巡讲，促进企业对期货市场的了解。

五是以安全稳定运行为重点，扎实推进了期货业信息技术建设。例如，受证监会委托，完成了《证券期货科学技术奖励管理办法》的修订工作，协助中国证券业协会开展了2013年科技奖评选工作。

六是以促进对外开放为重点，全面推动期货业的交流与合作。例如，成功举办了“第九届中国（深圳）国际期货大会”和“第七届中国（杭州）期货分析师论坛”，积极促进境内外、业内外的深入交流。

七是以明确定位和改进作风为重点，切实加强了协会自身建设。例如，成立了协会改革发展课题组，深入研究分析了美国 NFA、中证协等相关行业协会发展的经验，起草了协会五年发展规划，进一步明确了协会改革发展的方向。

三、期货行业监管法规制度体系的完善

（一）修订《期货公司管理办法》

为落实《期货交易管理条例》的修订及行政审批项目的调整，进一步促进期货行业改革开放和创新发展，2012 年底正式启动《期货公司管理办法》的修订工作。修订的指导思想是简政放权、转变职能，放松管制、加强监管，预留空间、创新发展。修订的重点包括减少行政审批，降低准入门槛；扩大对外开放，明确期货公司引进境外股东和设立境外机构的规则；适当充实期货业务规则，完善对各项业务的监管要求；完善监管制度，着力维护投资者合法权益；鼓励市场创新，促进机构多元化发展和功能监管等方面。截至 2013 年底，《期货公司管理办法》修订草案已基本完成。

（二）修订期货公司净资本监管制度

2012 年，中国证监会对期货公司净资本监管制度进行了修订，并于 2013 年 2 月 21 日发布了《期货公司风险监管指标管理办法》及《关于期货公司风险资本准备计算标准的规定》。修订后的净资本监管制度于 2013 年 7 月 1 日起正式实施。

（三）制定完善监管工作规范

结合期货公司监管工作实践及行业现状，研究制定了《期货公司现场检查工作指引（试行）》，指导派出机构做好现场检查工作；全面梳理适用于期货经营机构的监管措施，制定出台《期货经营机构监督管理措施实施工作指导意见》，完善行政监管措施实施程序。

（四）进一步取消和下放行政许可项目

在 2012 年清理行政许可项目的基础上，研究提出了 2013—2015 年拟进一步取消的审批项目。除只保留个别项目外，其余绝大部分项目将被分批取消。同时，完善了已取消许可事项的后续管理及衔接方案。发布《关于进一步规范期货营业部设立有关问题的规定》，降低营业部的准入门槛，简化营业部设立的审批程序。

第四节　2013 年中国期货业创新发展情况

一、交易所创新步伐加快

2013 年，交易所创新步伐明显加快，不断深化和拓展服务国民经济的广度和深度，包括但不限于以下范畴。一是新品种上市步伐加快，2013 年相继上市了焦煤、

动力煤、石油沥青、铁矿石、鸡蛋、粳稻、纤维板、胶合板8个商品期货品种和国债期货1个金融期货品种，至此，国内期货市场上市品种数量增至40个，大大拓宽了期货市场服务国民经济的领域。二是全面优化和完善交易制度，降低交易成本。修订和制定了包括《期货交易风险控制管理办法》、《套期保值管理办法》、《期货交易细则》、《期货结算细则》和《套利交易管理办法》等业务细则，调降临近交割月保证金标准，减少保证金和限仓标准调整梯度，放宽会员持仓限制，降低了市场交易成本，更加方便产业客户参与。此外，3家商品期货交易所推出的套利交易管理办法，因为只单向收取大边保证金，为产业客户、机构客户、普通投资者都提供了参与的便利条件，有利于市场流动性的提高以及价格发现功能的更好实现。三是积极加快新品种的研发，进一步拓展服务实体经济领域。

（一）新品种上市步伐加快，填补市场空白

一是国债期货作为国际上成熟、简单和广泛使用的利率衍生产品和风险管理工具，对于我国债券市场的发展与完善，尤其具有积极意义。首先，能够为债券市场及整个经济体提供低成本的利率风险管理工具，增强实体经济抵御利率波动风险的能力。其次，有助于完善债券体系，促进债券市场发展。最后，推进债券市场统一互联。国债期货作为横跨交易所市场和银行间市场的衍生品，能促进交易所和银行间债券市场协调发展。投资者通过国债期货和现货两个市场进行风险管理和套利操作，加强了期、现货市场间的联系，有利于消除同一券种在两个债券市场上的定价差异。通过市场化手段促进两个债券市场的统一和互联互通，提高债券市场的定价效率。同时，跨市场操作机制会吸引众多投资者参与，通过国债期货的实物交割机制，推动债券在两个分割的市场间流动，增进交易所与银行间市场的统一和互联互通，促进债券市场的长期稳定发展。

二是焦煤、铁矿石、动力煤等新品种成功上市，进一步完善了黑色金属产业链，为产业链上中下游企业参与套利与套保，提供了便利条件，对于规避生产经营风险，具有重要的现实意义。而动力煤期货的上市，对促进煤炭中远期价格体系的建设意义重大。

三是鸡蛋以及纤维板、胶合板期货分别填补了国内畜牧和林木期货产品的空白。而石油沥青和粳稻期货也分别对完善石油化工和水稻产业链具有重要的意义。

（二）全面优化和完善交易制度，更好服务实体经济

各交易所修订和制定了《期货交易风险控制管理办法》、《套期保值管理办法》、《期货交易细则》、《期货结算细则》和《套利交易管理办法》等业务细则，调降临近交割月保证金标准，减少保证金和限仓标准调整梯度，放宽会员持仓限制，降低了市场交易成本，更加方便产业客户参与。

为规范套利交易行为，促进期货市场的规范发展，三家商品交易所分别根据《大连商品交易所交易规则》、《郑州商品交易所交易规则》、《上海期货交易所交易规则》制定了套利交易管理办法，单向大边保证金制度正式付诸实施。此举创造性

地把国际通用的标准化投资组合风险分析系统（SPAN）保证金计算方法和国内期市的实际情况结合起来，为我国期市保证金制度同国际接轨和竞争力提升打下了良好的基础。

金、银等六大金属期货品种引进连续交易制度。2013 年 7 月 5 日 21 时，上期所黄金、白银期货连续交易率先上线。12 月 20 日，连续交易推广至铜、铝、锌、铅等期货品种上。连续交易制度的推出，不仅是顺应实体经济国际化的现实需求，也是提升期货市场运行效率、促进市场功能发挥的重大创新举措。国内其他交易所也在积极筹划推出上市品种的连续交易。

二、中介机构创新业务稳步发展

2013 年，一方面，期货公司投资咨询、资产管理、风险管理子公司等创新业务拓宽发展空间，成为期货公司新的利润增长点和核心竞争力。另一方面，期货公司增资扩股、兼并重组、做大做强。其中中国期货公司“走出去”海外并购迈出重要一步，广发期货有限公司的全资子公司广发期货（香港）有限公司与法国外贸银行（Natixis S. A.）签署了收购其直接持有的 NCM 期货公司 100% 股权的协议。从国内情况来看，长江期货有限公司吸收合并湘财祈年期货经纪有限公司；弘业期货股份有限公司吸收合并华证期货有限公司；方正证券股份有限公司收购北京中期期货有限公司，北京中期期货有限公司与方正期货有限公司合并，成立方正中期期货有限公司；山西证券股份有限公司收购格林期货有限公司，格林期货有限公司吸收合并大华期货有限公司，成立格林大华期货有限公司。另外，期货公司获得基金代销资格。中国证监会对《证券投资基金销售管理办法》进行了修改，新办法扩大了基金销售机构类型，允许期货公司进入基金销售领域。

（一）资管业务发展概况

截至 2013 年底，全国共有 29 家期货公司取得资产管理业务资格，其中 28 家公司已正式开展期货资产管理业务，国内期货公司资管业务账户共计 280 户。第一批 18 家获期货资管牌照的期货公司发行期货资管产品规模 18.8 亿元。按期货市场保证金 2 200 亿元的总量计，期货资管的规模占市场的 0.85%。其中，8 家期货公司资管产品规模在亿元以上（包括 1 亿元）。业务模式以一对一模式为主，因此发展规模受到一定程度的限制。目前，阳光化的期货资管业务开展路径有期货公司资管、基金专户、信托和券商等资管渠道。与基金专户业务迅猛发展形成鲜明对比的是，期货公司资产管理业务增长相对缓慢。

（二）风险管理服务子公司创新业务发展情况

2013 年 3 月 19 日，中期协公布了首批 8 家完成开展风险管理服务子公司业务试点备案的期货公司，截至 2013 年末，共有 23 家期货公司参加中国期货业协会组织的风险管理服务子公司业务试点方案专业评估会议，20 家期货公司在协会完成开展风险管理服务子公司（以下简称子公司）业务试点的备案工作，19 家子公司完成工商注册，18 家子公司在期货交易所开立期货交易账户，17 家子公司开展了具体的试点业务。这标志着继经纪、投资咨询、资产管理业务之后，期货公司又一支柱业务进入实际运营阶段，市场服务能力进一步提高，收入渠道进一步拓宽。目前不少期货公司该项业务已经开始盈利。

三、其他创新情况

（一）上海国际能源交易中心成功落户中国（上海）自由贸易试验区，并承担推进国际原油期货平台筹建工作

2013 年 9 月 27 日，中国（上海）自由贸易试验区正式揭牌。当日，证监会公布《资本市场支持促进中国（上海）自由贸易试验区若干政策措施》，国际原油期货平台建设、证券期货市场双向开放以及场外衍生品市场建设在列。11 月 22 日，上海国际能源交易中心股份有限公司在上海自贸区正式挂牌，标志着国际原油期货平台筹建迈出关键一步。另外，多家期货公司已经在上海自贸区设立或者申请设立风险管理子公司或期货营业部。

（二）期货公司获基金代销资格

2013 年，中国证监会对《证券投资基金销售管理办法》进行了修改，新办法扩大了基金销售机构类型，允许期货公司进入基金销售领域。截至 2013 年末，中信建投期货有限公司和中国国际期货有限公司两家期货公司获取了基金代销资格。

（三）六大期权产品仿真交易接连被推出

2013 年 10 月以来，郑商所、大商所、中金所、上期所、上证所面向全市场先后推出了白糖期货期权、豆粕期货期权、沪深 300 指数期权、铜期货期权和黄金期货期权、个股期权的仿真交易。期权筹备工作推进速度加快。①

---

① 截至本书成稿，四家期交所已就期权相关交易规则等达成共识，统一了期权合约文本格式，并对做市商制度进行了研究，其中郑商所已在期权仿真交易中引入了做市商制度。

第二部分

2013年中国期货市场品种运行报告

第一节　农产品类期货品种运行报告

2013年，我国农产品期货品种累计成交量为72 984.78万手，累计成交金额为31.74万亿元，分别占当年全国期货市场的35.40%和11.87%。

2013年，农产品期货品种价格大多呈现出弱势下行的格局，同时也继续出现一定程度的分化。其中油脂三类即菜籽油、豆油、棕榈油跌幅分别为27.99%、20.29%、13.43%，白糖下跌13.49%，棉花保持相对稳定，谷物整体价格波动波澜不惊，豆粕、菜粕则小幅收涨。

一、大豆期货运行报告

2013年，大连商品交易所（DCE）黄大豆1号品种年初开盘4 728元/吨，年末收盘4 326元/吨，全年价格下跌402元/吨，跌幅为8.50%。市场交投方面，交易量、交易额较上年下降约75%，年末持仓量略有下降，交割量大幅下跌。总体来看，市场运行平稳，未出现重大风险事件。

（一）交易情况

2013年黄大豆1号期货成交1 099.35万手，成交金额5 062.49亿元，分别较上年同期下降75.83%、76.40%；年末持仓量10.29万手，较上年同期下降52.06%。

2013年黄大豆1号期货月度交易情况见表2－1－1，2011—2013年黄大豆1号期货年度交易情况见表2－1－2。

表 2-1-1　　2013 年黄大豆 1 号期货月度交易情况

月度	成交量（万手）	同比变化（%）	成交金额（亿元）	同比变化（%）	月末持仓量（万手）	同比变化（%）
1 月	100.34	79.11	480.91	98.40	17.61	-9.13
2 月	70.34	-38.89	338.47	-50.71	15.93	-24.57
3 月	112.69	-37.07	538.68	-33.40	17.08	-27.60
4 月	119.04	-33.94	568.09	-32.54	18.56	-24.46
5 月	80.68	-59.06	382.12	-56.17	15.38	-43.83
6 月	38.21	-83.20	179.92	-82.18	12.40	-42.67
7 月	122.39	-87.95	543.11	-88.67	17.30	-30.35
8 月	226.38	-61.83	1 004.69	-64.50	12.79	-48.22
9 月	57.53	-86.03	261.11	-87.07	8.23	-61.45
10 月	49.76	-86.81	227.17	-87.41	8.49	-63.56
11 月	50.58	-94.35	225.13	-94.76	8.43	-71.72
12 月	71.38	-72.59	313.09	-74.84	10.29	-52.07
总计	1 099.32	-75.83	5 062.49	-76.40	—	—

数据来源：大连商品交易所相关资料。

表 2-1-2　　2011—2013 年黄大豆 1 号期货年度交易情况

年度	成交量（万手）	同比变化（%）	成交金额（亿元）	同比变化（%）	年末持仓量（万手）	同比变化（%）
2011	2 523.93	-32.5	11 365.19	-26.32	23.98	4.51
2012	4 547.54	80.18	21 451.67	88.75	21.47	-10.49
2013	1 099.35	-75.83	5 062.49	-76.40	10.29	-52.07

数据来源：大连商品交易所相关资料。

受我国大豆对外依存度高、国家临时收储的影响，2009 年以来，除 2012 年外，国内黄大豆 1 号期货成交量、成交金额持续下降，持仓量稳中有降。2011—2013 年内外盘大豆期货交易情况比较见表 2-1-3。

表 2-1-3　　2011—2013 年黄大豆 1 号期货内外盘交易情况比较

年度	成交量（万手）		成交金额（亿元）		年末持仓量（万手）	
	DCE	CBOT	DCE	CBOT	DCE	CBOT
2011	2 523.93	2 046.01	11 365.19	—	23.98	20.32
2012	4 547.54	5 200.70	21 451.67	—	21.47	54.63
2013	1 099.35	4 481.83	5 062.49	—	10.29	57.23

数据来源：大连商品交易所、wind 相关资料。

（二）交割情况

2013 年黄大豆 1 号期货交割仓库共 12 家，10 家位于大连地区，2 家位于哈尔滨地区，并多位于铁路站台附近，便于铁路运输；黄大豆 2 号期货交割仓库共 8 家，其中大连 4 家、青岛 1 家、日照 2 家、南通 1 家，交割库围绕港口布局，便于船舶水路运输。

2013 年，黄大豆 1 号期货交割总量 6 100 手，交割金额 2.85 亿元，分别较上年下跌 78.35%、76.37%；黄大豆 2 号期货无交割。

2013 年黄大豆 1 号期货月度交割情况见表 2－1－4，2011—2013 年黄大豆 1 号期货年度交割情况见表 2－1－5，2013 年黄大豆 1 号期货月度注册、注销仓单量比较见图 2－1－1。

表 2－1－4　　2013 年黄大豆 1 号期货月度交割情况

月度	交割量（手）	同比变化（%）	交割金额（亿元）	同比变化（%）
1 月	1 888	－88.79	0.87	－87.43
3 月	65	－73.68	0.03	－70.00
5 月	3 184	－50.75	1.52	－45.91
7 月	411	351.65	0.19	375.00
9 月	538	－87.54	0.24	－88.52
11 月	14	－93.17	0.01	－88.89
总计	6 100	－78.35	2.86	－76.29

数据来源：大连商品交易所相关资料。

表 2－1－5　　2011—2013 年黄大豆 1 号期货年度交割情况

年度	交割量（手）	同比变化（%）	交割金额（亿元）	同比变化（%）
2011	26 421	102.80	10.84	118.11
2012	28 173	6.63	12.06	11.21
2013	6 100	－78.35	2.86	－76.29

数据来源：大连商品交易所相关资料。

（三）价格走势

1. 总体价格走势

2013 年黄大豆 1 号期货年初开盘 4 728 元/吨（1 月 4 日），最高价 4 906 元/吨（2 月 22 日），最低价 4 255 元/吨（7 月 31 日），年末收盘 4 326 元/吨（12 月 31 日）。全年下跌 402 元/吨，跌幅为 8.5%。

2013 年，我国大豆现货价格年初报价 4 720 元/吨（1 月 4 日），最高价 4 820 元/吨（2 月 20 日至 3 月 12 日），最低价 4 200 元/吨（8 月 30 日至 9 月 26 日），年末报价 4 580 元/吨。全年下跌 140 元/吨，跌幅 2.97%。

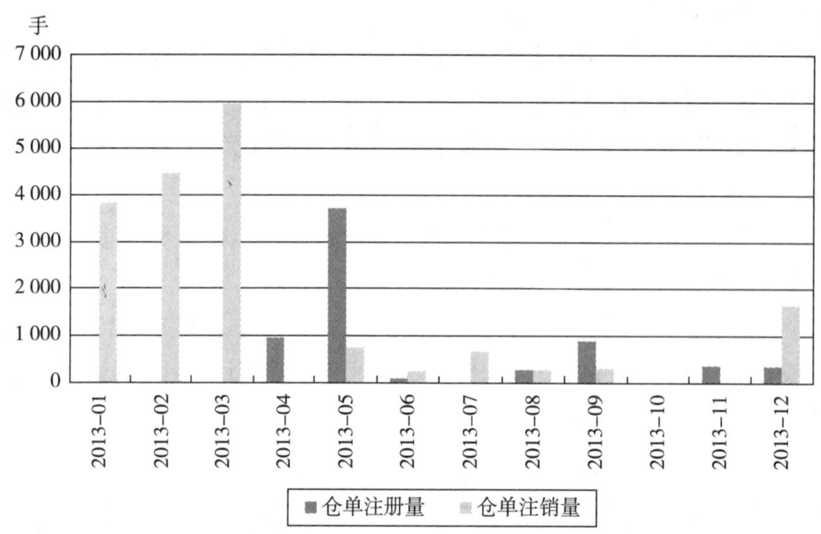

数据来源：大连商品交易所相关资料。

图 2-1-1　2013 年黄大豆 1 号期货月度注册、注销仓单量比较

2013 年，CBOT 大豆期货年初开盘 1 412 美分/蒲式耳（1 月 2 日），最高价 1 468.3 美分/蒲式耳（2 月 4 日），最低价 1 168.4 美分/蒲式耳（8 月 7 日），年末收盘价 1 263.2 美分/蒲式耳（12 月 31 日）。全年下跌 148.8 美分/蒲式耳，跌幅 10.54%。

2013 年大豆期货内外盘和现货市场价格比较见图 2-1-2。

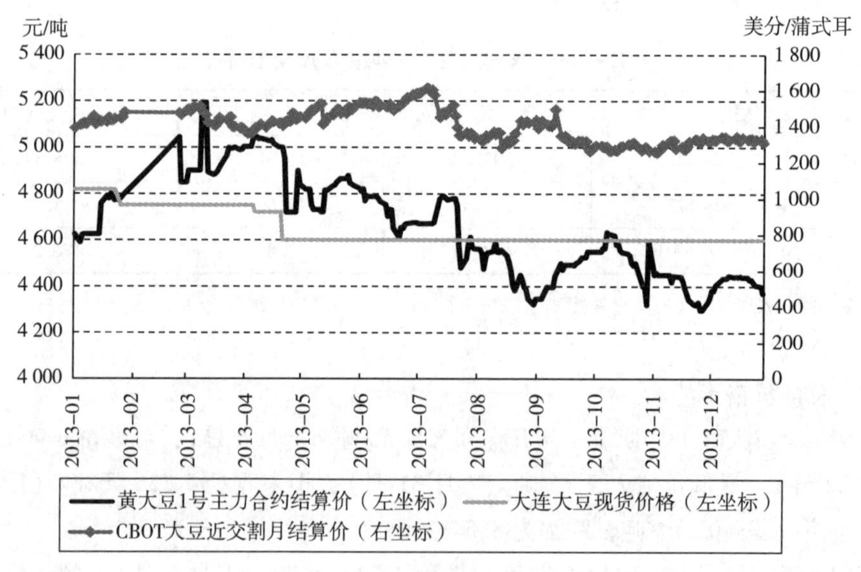

数据来源：大连商品交易所、文华财经、wind 资讯相关资料。

图 2-1-2　2013 年大豆期货内外盘和现货市场价格比较

2. 涨跌停板次数及其对市场的影响

2013 年黄大豆 1 号期货 a1311、a1405 和 a1401 各在 7 月 26 日触及 1 次跌停板。

3. 价格相关性分析

2013 年黄大豆 1 号期货内外盘和现货市场价格主要显性指标见表 2－1－6，2013 年黄大豆 1 号期货内外盘和现货市场价格相关性见表 2－1－7。

表 2－1－6　　2013 年黄大豆 1 号期货内外盘和现货市场价格主要显性指标

市场分类	绝对指标（美分/蒲式耳、元/吨）					相对指标（%）	
	最高价	最低价	平均价	标准差	极差	离散率	波幅率
大连商品交易所连续价格	5 047	4 299	4 671.47	202.75	748	4.34	16.01
芝加哥期货交易所连续价格	1 564.50	1 193.50	1 387.84	82.18	371	5.92	26.73
大连现货市场价格	4 820	4 200	4 548.73	167.90	620	3.69	13.63

数据来源：大连商品交易所数据整合平台相关资料。

表 2－1－7　　2013 年黄大豆 1 号期货内外盘和现货市场价格相关性

价格选择	相关系数
大连商品交易所连续价格与芝加哥交易所连续价格	0.66
大连商品交易所连续价格与现货市场价格	0.63

数据来源：大连商品交易所数据整合平台相关资料。

（四）市场重大变化及政策调整

1. 市场重大变化情况

2013 年市场未出现重大风险事件，大连商品交易所根据风险管理需要，在部分节假日期间对保证金及涨跌停板作出相应调整。根据交割需求对仓库进行了调整。

2. 政策调整情况

（1）2013 年 1 月 31 日，大连商品交易所发布通知，自 2013 年 2 月 7 日结算时起，黄大豆 1 号、黄大豆 2 号最低交易保证金标准调整为 8%，涨跌停板幅度调整为 6%；2013 年 2 月 18 日恢复交易后，自各品种持仓量最大的两个合约未同时出现涨跌停板单边无连续报价的第一个交易日结算时起，黄大豆 1 号、黄大豆 2 号合约最低交易保证金标准恢复至 5%，涨跌停板幅度恢复至 4%。对同时满足《大连商品交易所风险管理办法》有关调整交易保证金标准和涨跌停板幅度的合约，其交易保证金标准和涨跌停板幅度按照规定数值中较大值执行。

（2）2013 年 3 月 26 日，大连商品交易所发布通知，自 2013 年 4 月 2 日结算时起，黄大豆 1 号、黄大豆 2 号最低交易保证金标准调整至 6%，涨跌停板幅度调整至 5%。2013 年 4 月 8 日恢复交易后，黄大豆 1 号、黄大豆 2 号自持仓量最大的两个合约未同时出现涨跌停板单边无连续报价的第一个交易日结算时起，最低交易保证金标准恢复至5%，涨跌停板幅度恢复至4%。对同时满足《大连商品交易所风险管理办法》有关调整交易保证金标准和涨跌停板幅度的合约，其交易保证金标准和涨跌停板幅度按照规定数值中较大值执行。

（3）2013年4月18日，大连商品交易所发布通知，自2013年4月25日结算时起，黄大豆1号、黄大豆2号合约最低交易保证金标准调整至6%，涨跌停板幅度调整至5%。2013年5月2日恢复交易后，自各品种持仓量最大的两个合约未同时出现涨跌停板单边无连续报价的第一个交易日结算时起，各品种最低交易保证金标准恢复至5%，涨跌停板幅度恢复至4%。对同时满足《大连商品交易所风险管理办法》有关调整交易保证金标准和涨跌停板幅度的合约，其交易保证金标准和涨跌停板幅度按照规定数值中较大值执行。

（4）2013年4月30日，大连商品交易所发布通知，自2013年6月6日结算时起，黄大豆1号、黄大豆2号合约最低交易保证金标准调整至6%，涨跌停板幅度调整至5%。2013年6月13日恢复交易后，自各品种持仓量最大的两个合约未同时出现涨跌停板单边无连续报价的第一个交易日结算时起，各品种最低交易保证金标准恢复至5%，涨跌停板幅度恢复至4%。对同时满足《大连商品交易所风险管理办法》有关调整交易保证金标准和涨跌停板幅度的合约，其交易保证金标准和涨跌停板幅度按照规定数值中较大值执行。

（5）2013年9月10日，大连商品交易所发布通知，自2013年9月17日（星期二）结算时起，黄大豆1号、黄大豆2号最低交易保证金标准调整至6%，涨跌停板幅度调整至5%；2013年9月23日（星期一）恢复交易后，自各品种持仓量最大的两个合约未同时出现涨跌停板单边无连续报价的第一个交易日结算时起，各品种最低交易保证金标准恢复至5%，涨跌停板幅度恢复至4%。自2013年9月27日结算时起，黄大豆1号、黄大豆2号合约最低交易保证金标准调整至8%，涨跌停板幅度调整至6%。2013年10月8日恢复交易后，自各品种持仓量最大的两个合约未同时出现涨跌停板单边无连续报价的第一个交易日结算时起，各品种最低交易保证金标准恢复至5%，涨跌停板幅度恢复至4%。对同时满足《大连商品交易所风险管理办法》有关调整交易保证金标准和涨跌停板幅度的合约，其交易保证金标准和涨跌停板幅度按照规定数值中较大值执行。

3. 合约制度的修订和完善情况

（1）2013年1月29日，大连商品交易所发布通知，为降低交易成本，提高近月合约流动性，进一步促进期货市场服务实体经济功能的发挥，经理事会审议通过，并报告中国证监会，对《大连商品交易所风险管理办法》进行了修改，主要包括放宽部分品种随持仓量加收保证金的持仓量基数，调整各品种随持仓量梯度加收保证金比例；简化随时间梯度加收保证金的梯度设置，降低临近交割月保证金水平；简化限仓梯度，延长一般月份限仓适用时间。现将规则修正案予以发布，修改后的规则自2013年1月31日结算时开始施行。

（2）2013 年 3 月 25 日，大连商品交易所发布通知，增设中央储备粮哈尔滨直属库、益海嘉里（哈尔滨）粮油食品工业有限公司为非基准指定交割仓库，与基准指定交割仓库的升贴水为 -150 元/吨；增设九三集团哈尔滨大豆制品有限公司为备用库。请此次增设的指定交割仓库、备用库自通知之日起，按《大连商品交易所指定交割仓库管理办法》的规定办理相关手续，做好开展交割业务准备。

（3）2013 年 4 月 18 日，大连商品交易所发布通知，自即日起，增设中国检验认证集团检验有限公司、中国商业联合会饲料质量监督检测中心（哈尔滨）为黄大豆 1 号质检机构。

（4）2013 年 10 月 17 日，大连商品交易所发布通知，自即日起，对黄大豆 1 号指定交割仓库进行调整，取消大连经济技术开发区湾港储运有限公司、大连港集团有限公司指定交割仓库资格。设立大连港股份有限公司为基准指定交割仓库。

（5）2013 年 10 月 24 日，大连商品交易所发布通知，黄大豆 1 号包装物麻袋价格确定为 4.5 元/条。麻袋费用结算按《大连商品交易所交割细则》有关规定执行。本规定自 2014 年 2 月第一个交易日开始实施。

二、豆粕期货运行报告

2013 年，大连商品交易所（DCE）豆粕期货价格呈现震荡运行，行情变化比较平稳，并未出现大起大落。2013 年，豆粕品种年初开盘 3 236 元/吨，年末收盘 3 305 元/吨，全年价格上涨 69 元/吨，涨幅 2.13%，期间价格波动幅度比较平稳，最高价达到 3 621 元/吨。总体来看，全年价格波动相对平稳，市场运行稳定，未出现重大风险事件。

（一）交易情况

2013 年全年，DCE 豆粕期货成交量 26 535.76 万手，同比减少 18.57%；成交金额 88 418.63 亿元，同比减少 23.69%；年末持仓 137.11 万手，同比增加 68.56%。其中，成交量最高为 3 月的 2 711.91 万手，最低为 12 月的 1 662.43 万手；月末持仓最大为 10 月的 183.04 万手，最小为 1 月的 98.36 万手。

2013 年豆粕期货月度交易情况见表 2-1-8，2011—2013 年豆粕期货年度交易情况见表 2-1-9。

表 2-1-8　　2013 年豆粕期货月度交易情况

月度	成交量（万手）	同比变化（%）	成交金额（亿元）	同比变化（%）	月末持仓量（万手）	同比变化（%）
1 月	1 776.86	816.81	5 898.56	938.11	98.36	142.68
2 月	2 002.37	328.87	6 830.38	380.78	113.86	120.87
3 月	2 711.91	177.71	9 121.32	191.20	124.95	82.44
4 月	2 318.44	63.21	7 291.33	52.78	115.87	5.25

续表

月度	成交量（万手）	同比变化（%）	成交金额（亿元）	同比变化（%）	月末持仓量（万手）	同比变化（%）
5月	2 357.41	-21.04	7 550.74	-21.43	144.37	47.50
6月	2 498.76	-6.21	8 258.19	-6.00	124.68	4.46
7月	2 491.86	-65.23	8 083.94	-69.07	137.24	-18.13
8月	2 386.55	-55.82	7 964.78	-61.73	124.45	-32.11
9月	2 471.18	-26.05	8 759.75	-33.45	159.59	22.72
10月	2 160.71	-8.99	7 435.12	-13.89	183.04	28.61
11月	1 697.32	-48.63	5 659.59	-48.87	172.55	36.09
12月	1 662.43	-27.47	5 564.98	-28.30	137.11	68.56
总计	26 535.80	-18.57	88 418.68	-23.68	—	—

数据来源：大连商品交易所相关资料。

表2-1-9　　2011—2013年豆粕期货年度交易情况

年度	成交量（万手）	同比变化（%）	成交金额（亿元）	同比变化（%）	年末持仓量（万手）	同比变化（%）
2011	5 017.04	-60.05	16 267.91	-57.91	42.06	-18.12
2012	32 587.67	549.54	115 866.86	612.24	81.34	93.37
2013	26 535.76	-18.57	88 418.68	-23.69	137.11	68.56

数据来源：大连商品交易所相关资料。

表2-1-10　　2011—2013年豆粕期货内外盘交易情况比较

年度	成交量（万手）		成交金额（亿元）		年末持仓量（万手）	
	DCE	CBOT	DCE	CBOT	DCE	CBOT
2011	5 017.04	5 147.74	16 267.91	—	42.06	19.45
2012	32 587.67	1 825.84	115 866.86	—	81.34	21.23
2013	26 535.76	2 023.72	88 418.68	—	137.11	26.10

数据来源：大连商品交易所相关资料。

（二）交割情况

截至2013年底，DCE豆粕期货交割仓库共19家，其中，天津市1家，山东省3家，江苏省8家，广东省7家。

2013年，DCE豆粕期货交割总量13 916手折合139 160吨，同比增加1 129.33%，交割金额5.42亿元，同比增加1 053.19%。其中，9月交割量最大，为8 930手折合89 300吨。这主要由于2012年豆粕交割量和交割金额下滑较大。

2013年豆粕期货月度交割情况见表2-1-11，2011—2013年豆粕期货年度交割情况见表2-1-12，2013年豆粕期货月度注册、注销仓单量比较见图2-1-3。

表 2-1-11　　2013 年豆粕期货月度交割情况

月度	交割量（手）	同比变化（%）	交割金额（亿元）	同比变化（%）
1月	0	-100	0	-100
2月	0	—	0	—
3月	0	-100	0	-100
4月	0	—	0	—
5月	4 006	1 389.22	1.49	1 555.56
6月	0	—	0	—
7月	137	104.48	0.05	150
8月	1	—	0.00037	—
9月	8 930	1 036.13	3.70	927.78
10月	0	—	0	—
11月	372	—	0.15	—
12月	470	—	0.19	—
总计	13 916	1 129.33	5.58	1 053.76

数据来源：大连商品交易所相关资料。

表 2-1-12　　2011—2013 年豆粕期货年度交割情况

年度	交割量（手）	同比变化（%）	交割金额（亿元）	同比变化（%）
2011	9 325	54.15	2.79	50.92
2012	1 132	-87.86	0.47	-83.01
2013	13 916	1 129.33	5.58	1 053.76

数据来源：大连商品交易所相关资料。

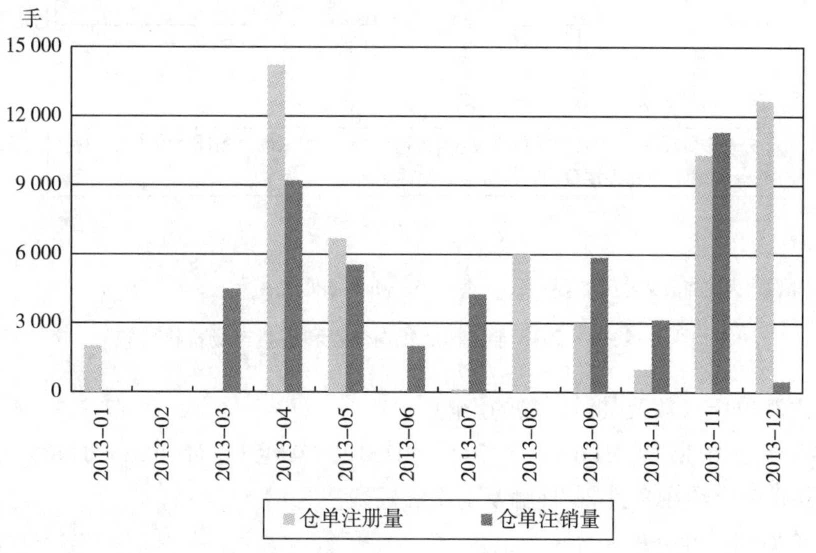

数据来源：大连商品交易所相关资料。

图 2-1-3　2013 年豆粕期货月度注册、注销仓单量比较

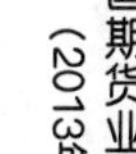

（三）价格走势

1. 总体价格走势

2013 年，DCE 豆粕主力连续合约年初开盘价 3 236 元/吨（1 月 4 日），最高价 3 621 元/吨（9 月 13 日），最低价 3 056 元/吨（4 月 25 日），最大价差 565 元/吨，年末收盘价 3 305 元/吨（12 月 31 日）。全年上涨 69 元/吨，涨幅 2.13%。

2013 年，江苏南通地区现货价格年初报价 3 850 元/吨（1 月 4 日），最高价 4 480 元/吨（10 月 11 日），最低价 3 760 元/吨（8 月 7 日），年末报价 3 900 元/吨。全年上涨 50 元/吨，涨幅 1.30%。

2013 年，芝加哥期货交易所（CBOT）豆粕连续合约年初开盘价 413 美元/短吨（1 月 2 日），最高价 445.90 美元/短吨（9 月 13 日），最低价 351.20 美元/短吨（8 月 6 日），最大价差 94.70 美元/短吨，年末收盘价 407.70 美元/短吨（12 月 31 日）。全年下跌 5.30 美元/短吨，跌幅 1.28%。

2013 年豆粕期货内外盘和现货市场价格比较见图 2－1－4。

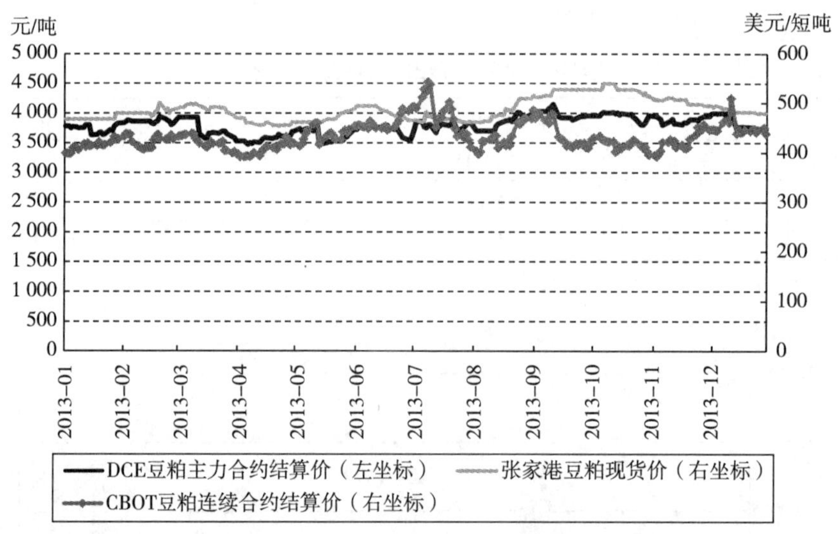

数据来源：大连商品交易所相关资料、文华财经、wind 资讯。

图 2－1－4 2013 年豆粕期货内外盘和现货市场价格比较

2. 涨跌停板次数及其对市场的影响

2013 年豆粕期货 M1309，M1311，M1312，M1401，M1403，M1405，M1407，M1408 共 8 个合约在 8 月 26 日触及 1 次涨停版。

3. 价格相关性分析

2013 年豆粕期货内外盘和现货市场价格主要显性指标见表 2－1－13，2013 年豆粕期货内外盘和现货市场价格相关性见表 2－1－14。

表 2-1-13　2013 年豆粕期货内外盘和现货市场价格主要显性指标

市场分类	绝对指标（美元/短吨、元/吨）					相对指标（%）	
	最高价	最低价	平均价	标准差	极差	离散率	波幅率
DCE 交易所连续价格	4 091	3 472	3 772	141.05	547	3.74	14.50
CBOT 交易所连续价格	445.9	351.2	435	27.55	151.3	6.33	34.78
豆粕现货市场价格	4 480	3 760	4 074	191.17	314	4.69	7.71

数据来源：wind 资讯。

表 2-1-14　2013 年豆粕期货内外盘和现货市场价格相关性

价格选择	相关系数
CBOT 交易所连续价格与 DCE 交易所连续价格	0.909
DCE 交易所连续价格与现货市场价格	0.966
CBOT 交易所连续价格与现货市场价格	0.959

数据来源：wind 资讯。

（四）市场重大变化及政策调整

1. 市场重大变化情况

2013 年市场未出现重大风险事件，大连商品交易所根据风险管理需要，在部分节假日期间对保证金及涨跌停板作出相应调整，根据交割需求对仓库进行了调整。

2. 政策调整情况

（1）2013 年 1 月 31 日，大连商品交易所发布通知，自 2013 年 2 月 7 日结算时起，豆粕最低交易保证金标准调整为 10%，涨跌停板幅度调整为 8%；2013 年 2 月 18 日恢复交易后，自各品种持仓量最大的两个合约未同时出现涨跌停板单边无连续报价的第一个交易日结算时起，豆粕合约最低交易保证金标准恢复至 5%，涨跌停板幅度恢复至 4%。对同时满足《大连商品交易所风险管理办法》有关调整交易保证金标准和涨跌停板幅度的合约，其交易保证金标准和涨跌停板幅度按照规定数值中较大值执行。

（2）2013 年 3 月 26 日，大连商品交易所发布通知，自 2013 年 4 月 2 日结算时起，豆粕最低交易保证金标准调整至 6%，涨跌停板幅度调整至 5%。2013 年 4 月 8 日恢复交易后，豆粕自持仓量最大的两个合约未同时出现涨跌停板单边无连续报价的第一个交易日结算时起，最低交易保证金标准恢复至 5%，涨跌停板幅度恢复至 4%。对同时满足《大连商品交易所风险管理办法》有关调整交易保证金标准和涨跌停板幅度的合约，其交易保证金标准和涨跌停板幅度按照规定数值中较大值执行。

（3）2013 年 4 月 18 日，大连商品交易所发布通知，自 2013 年 4 月 25 日结算时起，豆粕合约最低交易保证金标准调整至 6%，涨跌停板幅度调整至 5%。2013 年 5 月 2 日恢复交易后，自各品种持仓量最大的两个合约未同时出现涨跌停板单边无连续报价的第一个交易日结算时起，各品种最低交易保证金标准恢复至5%，涨跌停板幅度恢复至4%。对同时满足《大连商品交易所风险管理办法》有关调整交易保证金标准和涨跌停板幅度的合约，其交易保证金标准和涨跌停板幅度按照规定数值中较大值执行。

（4）2013年4月30日，大连商品交易所发布通知，自2013年6月6日结算时起，豆粕合约最低交易保证金标准调整至6%，涨跌停板幅度调整至5%。2013年6月13日恢复交易后，自各品种持仓量最大的两个合约未同时出现涨跌停板单边无连续报价的第一个交易日结算时起，各品种最低交易保证金标准恢复至5%，涨跌停板幅度恢复至4%。对同时满足《大连商品交易所风险管理办法》有关调整交易保证金标准和涨跌停板幅度的合约，其交易保证金标准和涨跌停板幅度按照规定数值中较大值执行。

（5）2013年9月10日，大连商品交易所发布通知，自2013年9月17日（星期二）结算时起，豆粕最低交易保证金标准调整至6%，涨跌停板幅度调整至5%；2013年9月23日（星期一）恢复交易后，自各品种持仓量最大的两个合约未同时出现涨跌停板单边无连续报价的第一个交易日结算时起，各品种最低交易保证金标准恢复至5%，涨跌停板幅度恢复至4%。自2013年9月27日结算时起，豆粕最低交易保证金标准调整至8%，涨跌停板幅度调整至6%。2013年10月8日恢复交易后，自各品种持仓量最大的两个合约未同时出现涨跌停板单边无连续报价的第一个交易日结算时起，各品种最低交易保证金标准恢复至5%，涨跌停板幅度恢复至4%。对同时满足《大连商品交易所风险管理办法》有关调整交易保证金标准和涨跌停板幅度的合约，其交易保证金标准和涨跌停板幅度按照规定数值中较大值执行。

3. 合约制度的修订和完善情况

（1）2013年1月29日，大连商品交易所发布通知，为降低交易成本，提高近月合约流动性，进一步促进期货市场服务实体经济功能的发挥，经理事会审议通过，并报告中国证监会，对《大连商品交易所风险管理办法》进行了修改，主要包括放宽部分品种随持仓量加收保证金的持仓量基数，调整各品种随持仓量梯度加收保证金比例；简化随时间梯度加收保证金的梯度设置，降低临近交割月保证金水平；简化限仓梯度，延长一般月份限仓适用时间。现将规则修正案予以发布，修改后的规则自2013年1月31日结算时开始施行。

（2）2013年12月2日，大连商品交易所发布通知，为促进豆粕期货市场功能有效发挥，推动饲料企业利用豆粕期货市场套期保值，为买方客户提供便利的交割服务，进一步降低交割成本，经过深入调研，并借鉴国内外仓单串换实践经验，推出了豆粕集团内厂库仓单串换方案。

三、豆油期货运行报告

2013年，大连商品交易所（DCE）豆油期货价格呈现持续下降走势。全年交易相对平稳，未出现大起大落行情。2013 年国内外豆油价格均出现较大幅度下跌，期现货价格跌幅均在 20% 以上，波幅国内低于外盘。

（一）交易情况

2013 年全年，DCE 豆油期货成交量 9 633.47 万手，同比增加 39.90%；成交金额 72 194.90 亿元，同比增加 12.26%；年末持仓 56.22 万手，同比增加 51.39%。其中，成交量最高为 5 月的 1 097.07 万手，最低为 2 月的 394.83 万手；月末持仓最大为 11 月的 61.17 万手，最小为 1 月的 38.99 万手。

2013 年豆油期货月度交易情况见表 2－1－15，2011—2013 年豆油期货年度交易情况见表 2－1－16。

表 2－1－15　　2013 年豆油期货月度交易情况

月度	成交量（万手）	同比变化（%）	成交金额（亿元）	同比变化（%）	月末持仓量（万手）	同比变化（%）
1 月	626.68	253.60	5 446.24	240.74	38.99	42.08
2 月	394.83	19.39	3 393.14	10.45	43.80	63.89
3 月	701.03	44.42	5 713.84	22.83	44.82	59.40
4 月	708.64	54.66	5 424.66	19.11	48.97	52.07
5 月	1 097.07	84.50	8 205.9	45.97	46.00	47.50
6 月	786.66	37.28	5 876.64	10.51	41.81	22.80
7 月	924.34	32.69	6 670.51	－1.00	48.56	57.85
8 月	953.53	45.78	6 805.51	6.72	50.87	39.21
9 月	759.11	3.47	5 443.36	－24.75	50.37	50.05
10 月	852.10	43.37	6 079.79	11.68	60.25	55.94
11 月	974.22	4.53	7 056.30	－11.90	61.17	49.76
12 月	855.25	30.38	6 076.05	6.79	56.22	51.39
总计	9 633.47	39.90	72 194.90	12.26	—	—

数据来源：大连商品交易所相关资料。

表 2－1－16　　2011—2013 年豆油期货年度交易情况

年度	成交量（万手）	同比变化（%）	成交金额（亿元）	同比变化（%）	年末持仓量（万手）	同比变化（%）
2011	5 801.26	－36.53	57 775.73	－25.70	30.51	18.76
2012	6 885.86	18.70	64 307.52	11.31	37.13	21.72
2013	9 633.47	39.90	72 194.90	12.26	56.22	51.39

数据来源：大连商品交易所相关资料。

表 2-1-17　　2011—2013 年豆油期货内外盘交易情况比较

年度	成交量（万手）		成交金额（亿元）		年末持仓量（万手）	
	DCE	CBOT	DCE	CBOT	DCE	CBOT
2011	5 801. 26	8 132. 49	57 775. 73	—	30. 51	27. 32
2012	6 885. 86	2 778. 09	64 307. 52	—	37. 13	30. 55
2013	9 633. 47	2 291. 19	72 194. 90	—	56. 22	33. 30

数据来源：大连商品交易所相关资料。

（二）交割情况

截至 2013 年底，DCE 豆油期货交割仓库共 20 家，其中，天津市 5 家，河北省 2 家，山东省 5 家，江苏省 7 家，浙江省 1 家。

2013 年，DCE 豆油期货交割总量 8 262 手折合 82 620 吨，同比减少 44. 48%，交割金额 5. 94 亿元，同比减少 56. 99%。其中，5 月交割量最大，为 5 492 手折合 54 920 吨。

2013 年豆油期货月度交割情况见表 2-1-18，2011—2013 年豆油期货年度交割情况见表 2-1-19，2013 年豆油期货月度注册、注销仓单量比较见图 2-1-5。

表 2-1-18　　2013 年豆油期货月度交割情况

月度	交割量（手）	同比变化（%）	交割金额（亿元）	同比变化（%）
1 月	410	-94. 59	0. 35	-94. 75
2 月	0	—	0. 00	—
3 月	0	-100. 00	0. 00	-100. 00
4 月	0	—	0. 00	—
5 月	5 492	90. 83	3. 94	40. 21
6 月	0	—	0. 00	—
7 月	1	—	0. 00068	—
8 月	20	—	0. 01	—
9 月	2 312	-47. 53	1. 62	-62. 50
10 月	0	—	0. 00	—
11 月	5	150. 00	0. 003	76. 47
12 月	22	633. 33	0. 016	700. 00
总计	8 262	-44. 48	5. 94	-56. 99

数据来源：大连商品交易所相关资料。

表 2-1-19　　2011—2013 年豆油期货年度交割情况

年度	交割量（手）	同比变化（%）	交割金额（亿元）	同比变化（%）
2011	9 358	-33.28	9.43	-10.98
2012	14 882	59.03	13.82	46.64
2013	8 262	-44.48	5.94	-56.99

数据来源：大连商品交易所相关资料。

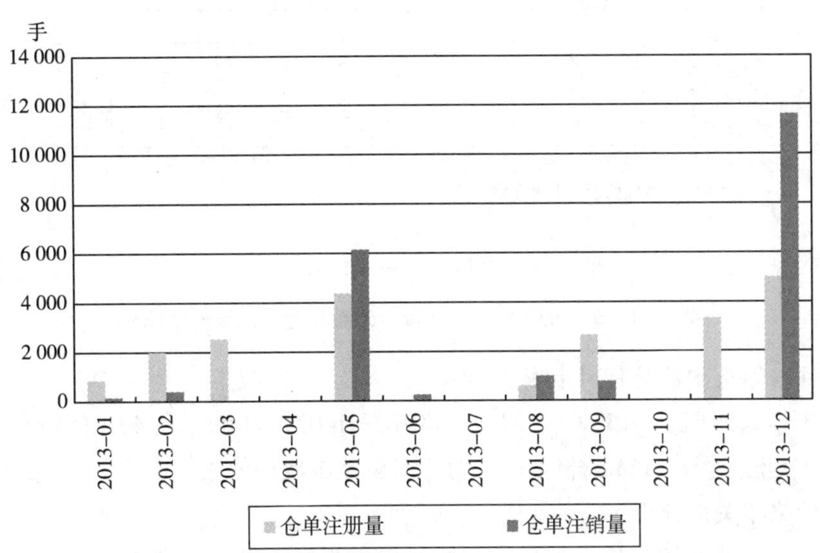

图 2-1-5　2013 年豆油期货月度注册、注销仓单量比较

（三）价格走势

1. 总体价格走势

2013 年，DCE 豆油主力连续合约年初开盘价 8 691 元/吨（1 月 4 日），最高价 8 878 元/吨（2 月 4 日），最低价 6 878 元/吨（8 月 8 日），最大价差 2 000 元/吨，年末收盘价 6 862 元/吨（12 月 31 日）。全年下跌 1 829 元/吨，跌幅 21.04%。

2013 年，南通豆油现货价格年初报价 8750 元/吨（1 月 4 日），最高价 8 750 元/吨（1 月 4 日），最低价 6 700 元/吨（8 月 12 日），年末报价 7 000 元/吨。全年下跌 1 750 元/吨，跌幅 20%。

2013 年，芝加哥期货交易所（CBOT）豆油连续合约年初开盘价 51.54 美分/磅（1 月 2 日），最高价 53.76 美分/磅（2 月 1 日），最低价 39.46 美分/磅（10 月 2 日），最大价差 14.3 美分/磅，年末收盘价 39.37 美分/磅（12 月 31 日）。全年下跌 12.17 美分/磅，跌幅 23.61%。

2013 年豆油期货内外盘和现货市场价格比较见图 2-1-6。

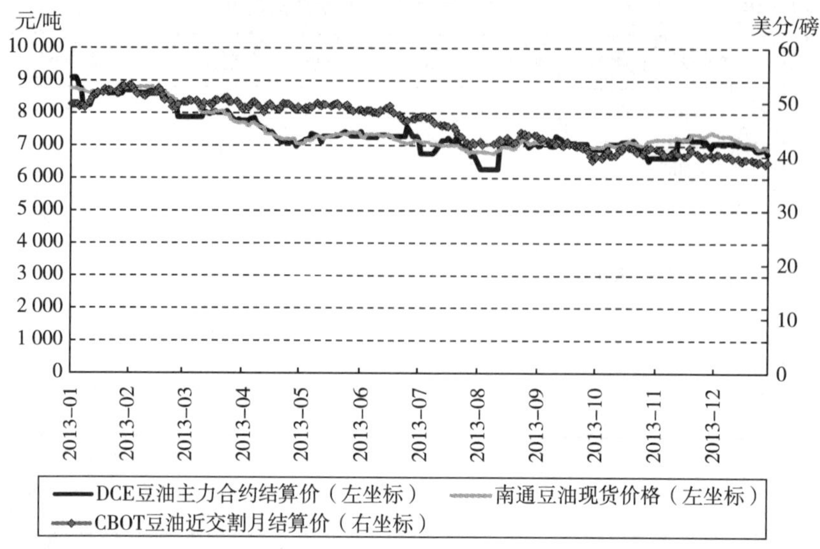

数据来源：大连商品交易所相关资料、文华财经、wind 资讯。

图 2－1－6　2013 年豆油期货内外盘和现货市场价格比较

2. 涨跌停板次数及其对市场的影响

2013 年豆油期货 y1309，y1312，y1401，y1403，y1405，y1407 合约在 8 月 26 日触及 1 次涨停板，y1312 合约在 11 月 1 日触及 1 次涨停板。

3. 价格相关性分析

2013 年豆油期货内外盘和现货市场价格主要显性指标见表 2－1－20，2013 年豆油期现内外盘和现货市场价格相关性见表 2－1－21。

表 2－1－20　　2013 年豆油期货内外盘和现货市场价格主要显性指标

市场分类	绝对指标（美分/磅、元/吨）					相对指标（%）	
	最高价	最低价	平均价	标准差	极差	离散率	波幅率
DCE 交易所连续价格	8 698	6 526	7 320	500.34	2 172	6.83	29.67
CBOT 交易所连续价格	53.76	39.46	45.53	5.84	14.3	12.83	31.41
南通现货市场价格	8 750	6 700	7 480	622.68	2 050	8.32	27.41

数据来源：wind 资讯。

表 2－1－21　　2013 年豆油期现内外盘和现货市场价格相关性

价格选择	相关系数
CBOT 交易所连续价格与 DCE 交易所连续价格	0.863
DCE 交易所连续价格与现货市场价格	0.988
CBOT 交易所连续价格与现货市场价格	0.843

数据来源：wind 资讯。

（四）市场重大变化及政策调整

1. 市场重大变化情况

2013 年市场未出现重大风险事件，大连商品交易所根据风险管理需要，在部分节假日期间对保证金及涨跌停板作出相应调整。根据交割需求对仓库进行了调整。

2. 政策调整情况

（1）2013 年 1 月 31 日，大连商品交易所发布通知，自 2013 年 2 月 7 日结算时起，豆油最低交易保证金标准调整为 8%，涨跌停板幅度调整为 6%；2013 年 2 月 18 日恢复交易后，自各品种持仓量最大的两个合约未同时出现涨跌停板单边无连续报价的第一个交易日结算时起，豆油合约最低交易保证金标准恢复至 5%，涨跌停板幅度恢复至 4%。对同时满足《大连商品交易所风险管理办法》有关调整交易保证金标准和涨跌停板幅度的合约，其交易保证金标准和涨跌停板幅度按照规定数值中较大值执行。

（2）2013 年 3 月 26 日，大连商品交易所发布通知，自 2013 年 4 月 2 日结算时起，豆油最低交易保证金标准调整至 6%，涨跌停板幅度调整至 5%。2013 年 4 月 8 日恢复交易后，豆油自持仓量最大的两个合约未同时出现涨跌停板单边无连续报价的第一个交易日结算时起，最低交易保证金标准恢复至 5%，涨跌停板幅度恢复至 4%。对同时满足《大连商品交易所风险管理办法》有关调整交易保证金标准和涨跌停板幅度的合约，其交易保证金标准和涨跌停板幅度按照规定数值中较大值执行。

（3）2013 年 4 月 18 日，大连商品交易所发布通知，自 2013 年 4 月 25 日结算时起，豆油合约最低交易保证金标准调整至 6%，涨跌停板幅度调整至 5%。2013 年 5 月 2 日恢复交易后，自各品种持仓量最大的两个合约未同时出现涨跌停板单边无连续报价的第一个交易日结算时起，各品种最低交易保证金标准恢复至 5%，涨跌停板幅度恢复至 4%。对同时满足《大连商品交易所风险管理办法》有关调整交易保证金标准和涨跌停板幅度的合约，其交易保证金标准和涨跌停板幅度按照规定数值中较大值执行。

（4）2013 年 4 月 30 日，大连商品交易所发布通知，自 2013 年 6 月 6 日结算时起，豆油合约最低交易保证金标准调整至 6%，涨跌停板幅度调整至 5%。2013 年 6 月 13 日恢复交易后，自各品种持仓量最大的两个合约未同时出现涨跌停板单边无连续报价的第一个交易日结算时起，各品种最低交易保证金标准恢复至 5%，涨跌停板幅度恢复至 4%。对同时满足《大连商品交易所风险管理办法》有关调整交易保证金标准和涨跌停板幅度的合约，其交易保证金标准和涨跌停板幅度按照规定数值中较大值执行。

（5）2013 年 9 月 10 日，大连商品交易所发布通知，自 2013 年 9 月 17 日（星期二）结算时起，豆油最低交易保证金标准调整至 6%，涨跌停板幅度调整至 5%；2013 年 9 月 23 日（星期一）恢复交易后，自各品种持仓量最大的两个合约未同时出现涨跌停板单边无连续报价的第一个交易日结算时起，各品种最低交易保证金标准恢复至5%，涨跌停板幅度恢复至4%。自2013年9月27日结算时起，豆油最低交易保证金标准调整至8%，涨跌停板幅度调整至6%。2013年10月8日恢复交易后，自各品种持仓量最大的两个合约未同时出现涨跌停板单边无连续报价的第一个交易日结算时起，各品种最低交易保证金标准恢复至5%，涨跌停板幅度恢复至4%。对同时满足《大连商品交易所风险管理办法》有关调整交易保证金标准和涨跌停板幅度的合约，其交易保证金标准和涨跌停板幅度按照规定数值中较大值执行。

3. 合约制度的修订和完善情况

（1）2013年1月29日，大连商品交易所发布通知，为降低交易成本，提高近月合约流动性，进一步促进期货市场服务实体经济功能的发挥，经理事会审议通过，并报告中国证监会，对《大连商品交易所风险管理办法》进行了修改，主要包括放宽部分品种随持仓量加收保证金的持仓量基数，调整各品种随持仓量梯度加收保证金比例；简化随时间梯度加收保证金的梯度设置，降低临近交割月保证金水平；简化限仓梯度，延长一般月份限仓适用时间。现将规则修正案予以发布，修改后的规则自2013年1月31日结算时开始施行。

（2）2013年6月14日，大连商品交易所发布通知，取消宁波正大粮油实业有限公司、中粮北海粮油工业（天津）有限公司的豆油指定交割仓库资格，增设中粮佳悦（天津）有限公司为豆油非基准指定交割仓库，与基准指定交割仓库的升贴水为0元/吨。

四、玉米期货运行报告

2013年，大连商品交易所（DCE）玉米品种年初开盘2 441元/吨，年末收盘2 346元/吨，全年期货价格下跌96元/吨，跌幅3.93%。市场交投方面，玉米品种交易量、交易额较上年减少约65%，年末持仓量较上年增加约8%，交割量较上年增加约139%。总体来看，全年市场运行平稳，未出现重大风险事件。

（一）交易情况

2013年，玉米期货成交量1 331.37万手，同比减少64.80%；成交金额3 174.64亿元，同比减少64.96%；年末持仓量23.89万手，同比增加7.97%。

2013年玉米期货月度交易情况见表2－1－22，2011—2013年玉米期货年度交易情况见表2－1－23。

表2－1－22　　2013年玉米期货月度交易情况

月度	成交量（万手）	同比变化（%）	成交金额（亿元）	同比变化（%）	月末持仓量（万手）	同比变化（%）
1月	91.75	-0.57	224.83	6.09	23.50	-23.03
2月	70.93	-68.30	172.77	-67.52	29.06	-27.22

续表

月度	成交量（万手）	同比变化（%）	成交金额（亿元）	同比变化（%）	月末持仓量（万手）	同比变化（%）
3 月	93.22	-83.89	226.69	-84.00	26.10	-36.66
4 月	203.42	-26.99	487.81	-27.53	42.58	-10.90
5 月	163.05	-67.95	393.58	-67.16	41.48	-40.31
6 月	85.70	-80.84	205.78	-80.46	39.37	-31.90
7 月	147.34	-66.13	350.29	-66.38	41.75	26.27
8 月	155.59	-68.15	363.13	-69.26	37.32	14.43
9 月	84.81	-63.22	197.91	-63.85	28.79	14.44
10 月	76.80	-53.17	179.44	-54.03	25.06	-13.64
11 月	78.97	-63.28	185.40	-64.33	20.49	-12.52
12 月	79.79	-33.51	187.08	-36.34	23.89	7.97
总计	1 331.36	-64.80	3 174.67	-64.96	—	—

数据来源：大连商品交易所相关资料。

表 2-1-23　　2011—2013 年玉米期货年度交易情况

年度	成交量（万手）	同比变化（%）	成交金额（亿元）	同比变化（%）	年末持仓量（万手）	同比变化（%）
2011	2 684.97	-25.42	6 304.50	-17.95	30.58	19.38
2012	3 782.44	40.87	9 059.30	43.70	22.12	-27.65
2013	1 331.36	-64.80	3 174.67	-64.96	23.89	7.97

数据来源：大连商品交易所相关资料。

表 2-1-24　　2011—2013 年内外盘玉米期货交易情况比较

年度	成交量（万手）		成交金额（亿元）		年末持仓量（万手）	
	DCE	CBOT	DCE	CBOT	DCE	CBOT
2011	2 684.97	6 773.20	6 304.50	—	30.58	108.40
2012	3 782.44	7 321.46	9 059.30	—	22.12	112.71
2013	1 331.36	6 252.96	3 174.67	—	23.89	120.20

数据来源：大连商品交易所相关资料、汇易网、文华财经。

（二）交割情况

2013 年大连商品交易所玉米期货交割仓库共 8 家，大连 5 家、锦州 2 家、鲅鱼圈 1 家，多位于铁路站台附近或港口，便于铁路及船舶水路运输。

2013 年大连商品交易所玉米期货交割量 75 684 手，交割金额 18.24 亿元。

2013 年玉米期货月度交割情况见表 2-1-25，2011—2013 年玉米期货年度交割情况见表 2-1-26，2013 年玉米期货月度注册、注销仓单量比较见图 2-1-7。

表 2-1-25　　2013 年玉米期货月度交割情况

合约	交割量（手）	同比变化（%）	交割金额（亿元）	同比变化（%）
c1301	8 330	67.34	1.94	72.91
c1305	11 654	16.08	2.73	11.86
c1307	171	108.54	0.04	102.30
c1309	55 529	235.60	13.53	228.47
总计	75 684	139.04	18.24	136.88

数据来源：大连商品交易所相关资料。

表 2-1-26　　2011—2013 年玉米期货年度交割情况

年度	交割量（手）	同比变化（%）	交割金额（亿元）	同比变化（%）
2011	49 474	1 024.92	11.44	1 208.94
2012	31 661	-36.00	7.70	-32.75
2013	75 684	139.04	18.24	136.88

数据来源：大连商品交易所相关资料。

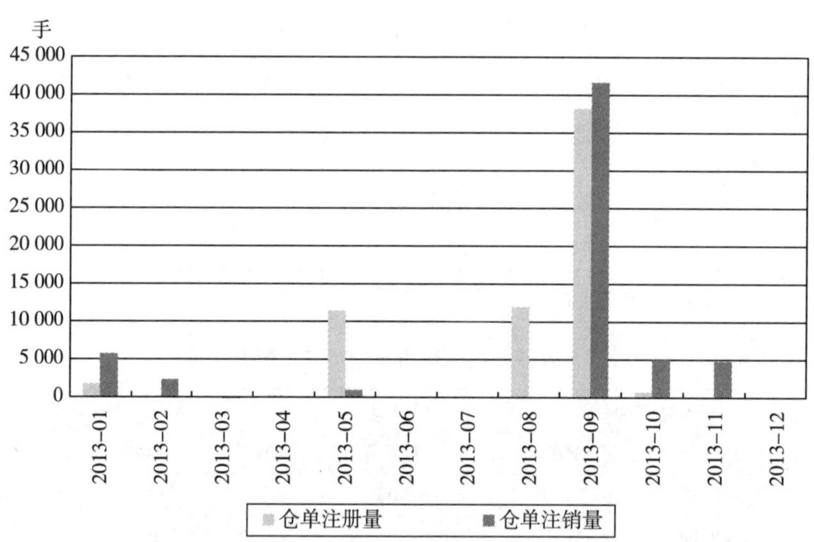

图 2-1-7　2013 年玉米期货月度注册、注销仓单量比较

（三）价格走势

1. 总体价格走势

2013 年玉米期货以 2 441 元/吨开盘（1 月 4 日），最高价 2 477 元/吨（1 月 9 日），最低价 2 309 元/吨（9 月 30 日），年末收盘 2 346 元/吨（12 月 31 日），全年期货价格下跌 96 元/吨，跌幅为 3.93%。

2013 年，国内玉米现货年初报价 2 420 元/吨（1 月 4 日），最高价 2 440 元/吨（1 月 9 日至 1 月 14 日），最低价 2 300 元/吨（4 月 24 日至 26 日、5 月 2 日、11 月

1 日等)，年末报价 2 310 元/吨，全年现货价格下跌 110 元/吨，跌幅 4.55%。

2013 年，CBOT 玉米以 686.2 美分/蒲式耳开盘（1 月 2 日），最高价 709.6 美分/蒲式耳（2 月 1 日），最低价 420 美分/蒲式耳（11 月 19 日），年末 430 美分/蒲式耳，全年价格下跌 248.2 美分/蒲式耳，跌幅 36.59%。

2013 年玉米期货内外盘和现货市场价格比较见图 2－1－8。

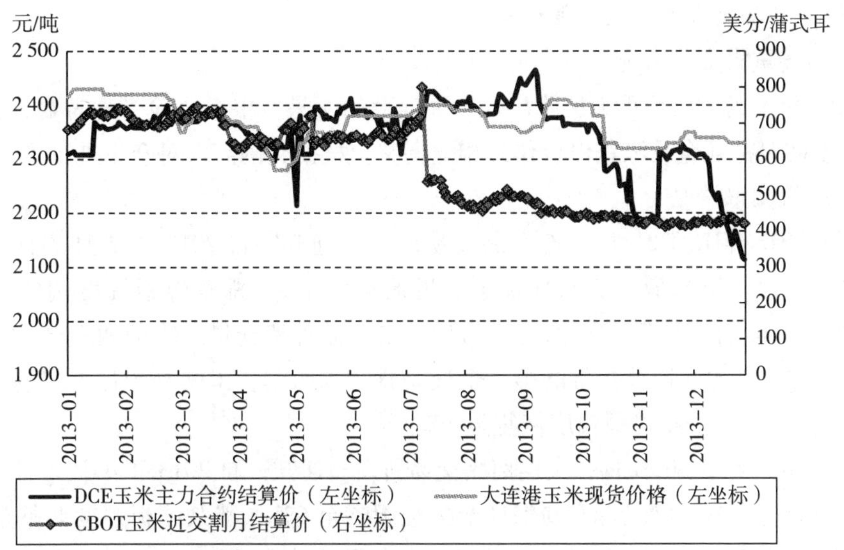

数据来源：大连商品交易所相关资料、文华财经、wind 资讯。

图 2－1－8　2013 年玉米期货内外盘和现货市场价格比较

2. 涨跌停板次数及其对市场的影响

2013 年玉米期货未触及跌停板和涨停板。

3. 价格相关性分析

2013 年玉米期货内外盘和现货市场价格主要显性指标见表 2－1－27，2013 年玉米期货内外盘和现货市场价格相关性见表 2－1－28。

表 2－1－27　　2013 年玉米期货内外盘和现货市场价格主要显性指标

市场分类	绝对指标（美分/蒲式耳、元/吨）					相对指标（%）	
	最高价	最低价	平均价	标准差	极差	离散率	波幅率
大连商品交易所连续价格	2 436	2 111	2 354.42	57.13	325	2.43	13.80
芝加哥期货交易所连续价格	740.50	412	572.07	115.51	328.5	20.19	57.42
大连现货市场价格	2 440	2 300	2 363.63	37.06	140	1.57	5.92

数据来源：大连商品交易所数据整合平台。

表 2-1-28　2013 年玉米期货内外盘和现货市场价格相关性

价格选择	相关系数
大连商品交易所连续价格与芝加哥期货交易所连续价格	0.40
大连商品交易所连续价格与现货市场价格	0.60

数据来源：大连商品交易所数据整合平台。

（四）市场重大变化及政策调整

1. 市场重大变化情况

2013 年市场未出现重大风险事件，大连商品交易所根据风险管理需要，在部分节假日期间对保证金及涨跌停板作出相应调整。根据交割需求对仓库进行了调整。

2. 政策调整情况

（1）2013 年 1 月 31 日大连商品交易所发布通知，自 2013 年 2 月 7 日（星期四）结算时起，玉米最低交易保证金标准调整为 8%，涨跌停板幅度调整为 6%。2013 年 2 月 18 日（星期一）恢复交易后，自各品种持仓量最大的两个合约未同时出现涨跌停板单边无连续报价的第一个交易日结算时起，玉米合约最低交易保证金标准恢复至 5%，涨跌停板幅度恢复至 4%。

（2）2013 年 3 月 26 日，大连商品交易所发布通知，自 2013 年 4 月 2 日（星期二）结算时起，各品种最低交易保证金标准调整至 6%，涨跌停板幅度调整至 5%。2013 年 4 月 8 日（星期一）恢复交易后，各品种自持仓量最大的两个合约未同时出现涨跌停板单边无连续报价的第一个交易日结算时起，最低交易保证金标准恢复至 5%，涨跌停板幅度恢复至 4%。

（3）2013 年 4 月 18 日，大连商品交易所发布通知，自 2013 年 4 月 25 日（星期四）结算时起，玉米合约最低交易保证金标准调整至 6%，涨跌停板幅度调整至 5%。2013 年 5 月 2 日（星期四）恢复交易后，玉米品种持仓量最大的两个合约未同时出现涨跌停板单边无连续报价的第一个交易日结算时起，最低交易保证金标准恢复至 5%，涨跌停板幅度恢复至 4%。

（4）2013 年 5 月 30 日，大连商品交易所发布通知，自 2013 年 6 月 6 日（星期四）结算时起，玉米合约最低交易保证金标准调整至 6%，涨跌停板幅度调整至 5%。2013 年 6 月 13 日（星期四）恢复交易后，玉米品种持仓量最大的两个合约未同时出现涨跌停板单边无连续报价的第一个交易日结算时起，最低交易保证金标准恢复至 5%，涨跌停板幅度恢复至 4%。

（5）2013 年 9 月 10 日，大连商品交易所发布通知，自 2013 年 9 月 17 日（星期二）结算时起，玉米合约最低交易保证金标准调整至 6%，涨跌停板幅度调整至 5%。2013 年 9 月 23 日（星期一）恢复交易后，玉米品种持仓量最大的两个合约未同时出现涨跌停板单边无连续报价的第一个交易日结算时起，最低交易保证金标准恢复至 5%，涨跌停板幅度恢复至 4%。

自2013年9月27日（星期五）结算时起，玉米合约最低交易保证金标准调整至8%，涨跌停板幅度调整至6%。2013年10月8日（星期二）恢复交易后，玉米品种持仓量最大的两个合约未同时出现涨跌停板单边无连续报价的第一个交易日结算时起，最低交易保证金标准恢复至5%，涨跌停板幅度恢复至4%。

（6）2013年12月24日，大连商品交易所发布通知，2014年元旦休市期间（2014年1月1日），各合约的最低交易保证金标准和涨跌停板幅度保持不变。

3. 合约制度的修订和完善情况

（1）2013年1月29日，大连商品交易所发布通知，对《大连商品交易所风险管理办法》进行了修改，主要包括：放宽部分品种随持仓量加收保证金的持仓量基数，调整各品种随持仓量梯度加收保证金比例；简化随时间梯度加收保证金的梯度设置，降低临近交割月保证金水平；简化限仓梯度，延长一般月份限仓适用时间。现将规则修正案予以发布，修改后的规则自2013年1月31日结算时开始施行。涉及玉米相关规则的条款为《大连商品交易所风险管理办法修正案》第五条、第六条、第二十六条。

（2）2013年7月29日，大连商品交易所发布通知，对《大连商品交易所风险管理办法》中限仓管理有关规定进行了修改。修改内容主要包括各品种合约的单边持仓量达到一定规模起，对期货公司会员按单边持仓量的一定比例确定限仓数额；当各品种合约的单边持仓量小于或等于一定规模时，期货公司会员持仓不受限制；期货公司会员超仓不强平。修改后的规则自2013年8月5日结算时开始施行。

（3）2013年10月17日，大连商品交易所发布通知，调整玉米指定交割仓库：取消大连经济技术开发区湾港储运有限公司、大连金禾仓储有限公司、锦州中孚仓储有限公司、大连港集团有限公司指定交割仓库资格。设立大连港股份有限公司为基准指定交割仓库。取消锦州港股份有限公司的锦州良丰物流有限公司（以下简称良丰库区）存货地点。设立锦州天利粮贸有限公司（以下简称天利库区）为锦州港股份有限公司存货地点，设立大连良运集团储运有限公司（以下简称良运库区）为大连吴家国家粮食储备库有限公司存货地点。

（4）2013年12月10日，大连商品交易所发布通知，为进一步贴近现货，提升期货市场服务实体经济的能力，对《大连商品交易所交割细则》附件11《大连商品交易所玉米交割质量标准》进行了修改，提高了标准品和替代品的容重指标以及替代品的容重、生霉粒贴水额度。现将规则修正案予以发布，修改后的规则自C1501合约开始施行。

2014年11月最后一个工作日之前，已有玉米标准仓单全部予以注销。客户可于C1411合约最后交割日后第一个工作日起，按照新交割质量标准，办理交割预报、质量检验，2014年12月第一个工作日起，可以申请注册新标准仓单。

五、棕榈油期货运行报告

2013年，大连商品交易所（DCE）棕榈油期货价格震荡运行，呈现持续下降趋势。棕榈油国内外价格走势略有差异，BMD棕榈油年末价格较年初上涨8%，国内棕榈油期现货价格则分别下跌10%和6%。

（一）交易情况

2013年全年，DCE棕榈油期货成交量8 249.52万手，同比增加90.48%；成交金额50 846.35亿元，同比增加56.86%；年末持仓28.61万手，同比减少26.29%。其中，成交量最高为11月的981.44万手，最低为2月的451.38万手；月末持仓最大为10月的46.91万手，最小为12月的28.61万手。

2013年棕榈油期货月度交易情况见表2－1－29，2011—2013年棕榈油期货年度交易情况见表2－1－30。

表2－1－29　　2013年棕榈油期货月度交易情况

月度	成交量（万手）	同比变化（%）	成交金额（亿元）	同比变化（%）	月末持仓量（万手）	同比变化（%）
1月	730.94	1 035.90	5 064.96	876.81	41.50	231.66
2月	451.38	298.79	3 128.62	235.09	42.31	203.35
3月	635.20	221.07	4 082.51	140.70	36.92	201.13
4月	574.87	244.15	3 538.06	138.89	34.65	163.38
5月	793.49	229.07	4 833.76	144.54	46.76	280.98
6月	683.82	105.48	4 189.63	60.57	41.53	142.53
7月	597.21	75.29	3 399.13	23.80	41.93	216.79
8月	600.68	59.34	3 351.12	11.89	38.45	117.71
9月	479.99	20.17	2 618.57	－14.56	39.33	89.55
10月	766.78	55.72	4 584.24	32.61	46.91	44.29
11月	981.44	22.64	6 167.43	15.24	36.17	25.32
12月	953.71	18.49	5 843.36	5.62	28.61	－26.29
总计	8 249.52	90.48	50 846.35	56.86	—	—

数据来源：大连商品交易所相关资料。

表2－1－30　　2011—2013年棕榈油期货年度交易情况

年度	成交量（万手）	同比变化（%）	成交金额（亿元）	同比变化（%）	年末持仓量（万手）	同比变化（%）
2011	5 801.26	－36.53	57 775.73	－25.70	30.51	18.76
2012	6 885.86	18.70	64 307.52	11.31	37.13	21.72
2013	8 249.52	90.48	50 846.35	56.86	28.61	－26.29

数据来源：大连商品交易所相关资料。

表 2-1-31　　2011—2013 年棕榈油期货内外盘交易情况比较

年度	成交量（万手）		成交金额（亿元）		年末持仓量（万手）	
	DCE	BMD	DCE	BMD	DCE	BMD
2011	5 801. 26	290. 45	57 775. 73	—	30. 51	27. 32
2012	6 885. 86	372. 07	64 307. 52	—	37. 13	30. 55
2013	8 249. 52	381. 97	50 846. 35	—	28. 61	15. 2

数据来源：大连商品交易所相关资料。

（二）交割情况

截至 2013 年底，DCE 棕榈油期货交割仓库共 21 家，其中，天津市 5 家，江苏省 8 家，上海市 1 家，浙江省 1 家，广东省 6 家。

2013 年，DCE 棕榈油期货交割总量 16 004 手折合 160 040 吨，同比增加 151. 20%，交割金额 9. 10 亿元，同比增加 83. 99%。其中，5 月交割量最大，为 5 868 手折合 58 680 吨。

2013 年棕榈油期货月度交割情况见表 2-1-32，2011—2013 年棕榈油期货年度交割情况见表 2-1-33，2013 年棕榈油期货月度注册、注销仓单量比较见图 2-1-9。

表 2-1-32　　2013 年棕榈油期货月度交割情况

月度	交割量（手）	同比变化（%）	交割金额（亿元）	同比变化（%）
1 月	4 564	147. 64	2. 83	100. 71
2 月	27	200	0. 02	100
3 月	45	542. 86	0. 03	200
4 月	0	—	0	—
5 月	5 868	151. 85	3. 22	69. 47
6 月	0	—	0	—
7 月	0	—	0	—
8 月	0	-100	0	
9 月	5 000	129. 46	2. 72	64. 85
10 月	500	—	0. 28	—
11 月	0	—	0	—
12 月	0	—	0	—
总计	16 004	151. 20	9. 10	83. 99

表 2－1－33　　2011—2013 年棕榈油期货年度交割情况

年度	交割量（手）	同比变化（%）	交割金额（亿元）	同比变化（%）
2011	3 923	－22.44	3.54	0.03
2012	6 371	62.40	4.97	40.61
2013	16 004	151.20	9.10	83.99

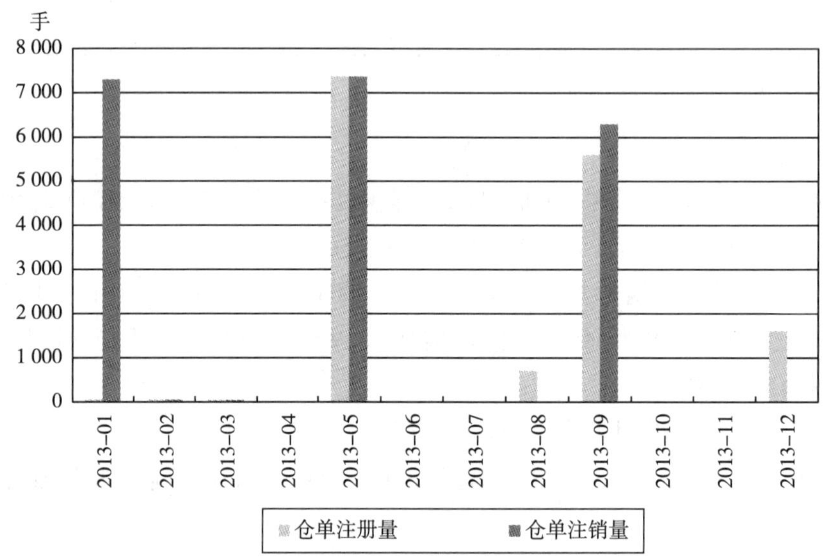

图 2－1－9　2013 年棕榈油期货月度注册、注销仓单量比较

（三）价格走势

1. 总体价格走势

2013 年，DCE 棕榈油主力连续合约年初开盘价 6 995 元/吨（1 月 4 日），最高价 7 101 元/吨（1 月 4 日），最低价 5 328 元/吨（7 月 30 日），最大价差 1 773 元/吨，年末收盘价 6 032 元/吨（12 月 31 日）。全年下跌 963 元/吨，跌幅 13.77%。

2013 年，广州黄埔港棕榈油现货价格年初报价 6 250 元/吨（1 月 4 日），最高价 6 400 元/吨（2 月 20 日），最低价 5 350 元/吨（9 月 17 日），年末报价 5 850 元/吨。全年下跌 400 元/吨，跌幅 6.4%。

2013 年，马来西亚衍生品交易所（BMD）棕榈油连续合约年初开盘价 2 499 令吉/吨（1 月 2 日），最高价 2 677 令吉/吨（11 月 22 日），最低价 2 155 令吉/吨（7 月 30 日），最大价差 522 令吉/吨，年末收盘价 2 644 令吉/吨（12 月 31 日）。全年上涨 145 令吉/吨，涨幅 5.80%。

2013 年棕榈油期货内外盘和现货市场价格比较见图 2－1－10。

2. 涨跌停板次数及其对市场的影响

2013 年棕榈油期货 p1304，p1307 p1311，p1312，p1401，p1402，p1405 共 7 个合约累计触及涨跌停板 28 次。

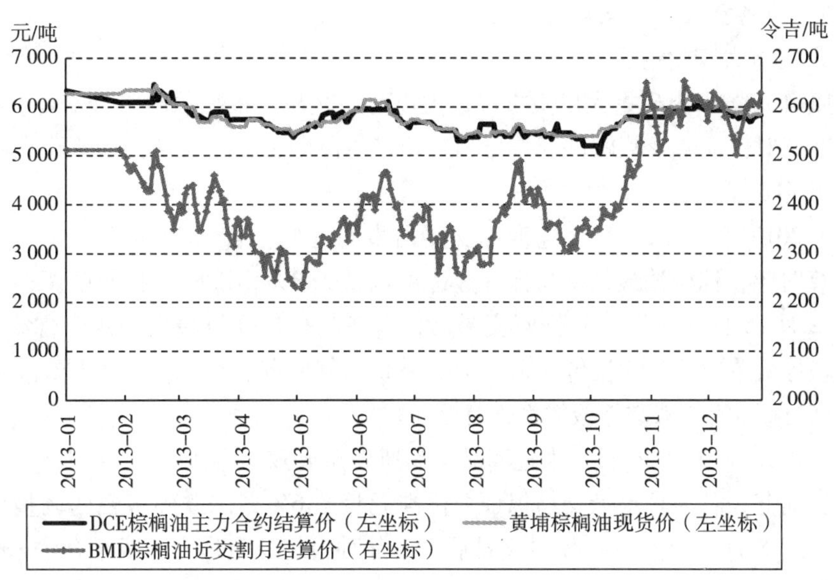

数据来源：大连商品交易所相关资料、文华财经、wind 资讯。

图 2-1-10　2013 年棕榈油期货内外盘和现货市场价格比较

3. 价格相关性分析

2013 年棕榈油期货内外盘和现货市场价格主要显性指标见表 2-1-34，2013 年棕榈油期货内外盘和现货市场价格相关性见表 2-1-35。

表 2-1-34　2013 年棕榈油期货内外盘和现货市场价格主要显性指标

市场分类	绝对指标（美分/蒲式耳、元/吨）					相对指标（%）	
	最高价	最低价	平均价	标准差	极差	离散率	波幅率
DCE 交易所连续价格	6 450	5 300	5 824	283.93	1 150	4.88	19.75
BMD 交易所连续价格	2 677	2 155	2 408	105.91	269	4.40	11.17
现货市场价格	6 400	5 350	5 766	272.90	1 050	4.73	18.21

数据来源：wind 资讯。

表 2-1-35　2013 年棕榈油期货内外盘和现货市场价格相关性

价格选择	相关系数
DCE 交易所连续价格与 BMD 交易所连续价格	0.744
DCE 交易所连续价格与现货市场价格	0.926
BMD 交易所连续价格与现货市场价格	0.669

数据来源：wind 资讯。

（四）市场重大变化及政策调整

1. 市场重大变化情况

2013 年市场未出现重大风险事件，大连商品交易所根据风险管理需要，在部分节假日期间对保证金及涨跌停板作出相应调整。根据交割需求对仓库进行了调整。

2. 政策调整情况

（1）2013 年 1 月 31 日大连商品交易所发布通知，自 2013 年 2 月 7 日（星期四）结算时起，棕榈油最低交易保证金标准调整为 8%，涨跌停板幅度调整为 6%。2013 年 2 月 18 日（星期一）恢复交易后，自各品种持仓量最大的两个合约未同时出现涨跌停板单边无连续报价的第一个交易日结算时起，棕榈油合约最低交易保证金标准恢复至 5%，涨跌停板幅度恢复至 4%。

（2）2013 年 3 月 26 日，大连商品交易所发布通知，自 2013 年 4 月 2 日（星期二）结算时起，各品种最低交易保证金标准调整至 6%，涨跌停板幅度调整至 5%。2013 年 4 月 8 日（星期一）恢复交易后，各品种自持仓量最大的两个合约未同时出现涨跌停板单边无连续报价的第一个交易日结算时起，最低交易保证金标准恢复至 5%，涨跌停板幅度恢复至 4%。

（3）2013 年 4 月 18 日，大连商品交易所发布通知，自 2013 年 4 月 25 日（星期四）结算时起，棕榈油合约最低交易保证金标准调整至 6%，涨跌停板幅度调整至 5%。2013 年 5 月 2 日（星期四）恢复交易后，棕榈油品种持仓量最大的两个合约未同时出现涨跌停板单边无连续报价的第一个交易日结算时起，最低交易保证金标准恢复至 5%，涨跌停板幅度恢复至 4%。

（4）2013 年 5 月 30 日，大连商品交易所发布通知，自 2013 年 6 月 6 日（星期四）结算时起，棕榈油合约最低交易保证金标准调整至 6%，涨跌停板幅度调整至 5%。2013 年 6 月 13 日（星期四）恢复交易后，棕榈油品种持仓量最大的两个合约未同时出现涨跌停板单边无连续报价的第一个交易日结算时起，最低交易保证金标准恢复至 5%，涨跌停板幅度恢复至 4%。

（5）2013 年 9 月 10 日，大连商品交易所发布通知，自 2013 年 9 月 17 日（星期二）结算时起，棕榈油合约最低交易保证金标准调整至 6%，涨跌停板幅度调整至 5%。2013 年 9 月 23 日（星期一）恢复交易后，棕榈油品种持仓量最大的两个合约未同时出现涨跌停板单边无连续报价的第一个交易日结算时起，最低交易保证金标准恢复至 5%，涨跌停板幅度恢复至 4%。

自 2013 年 9 月 27 日（星期五）结算时起，棕榈油合约最低交易保证金标准调整至 8%，涨跌停板幅度调整至 6%。2013 年 10 月 8 日（星期二）恢复交易后，棕榈油品种持仓量最大的两个合约未同时出现涨跌停板单边无连续报价的第一个交易日结算时起，最低交易保证金标准恢复至 5%，涨跌停板幅度恢复至 4%。

3. 合约制度的修订和完善情况

（1）2013 年 1 月 29 日，大连商品交易所发布通知，对《大连商品交易所风险管理办法》进行了修改，主要包括放宽部分品种随持仓量加收保证金的持仓量基数，调整各品种随持仓量梯度加收保证金比例；简化随时间梯度加收保证金的梯度设置，降低临近交割月保证金水平；简化限仓梯度，延长一般月份限仓适用时间。现将规则修正案予以发布，修改后的规则自2013年1月31日结算时开始施行。

（2）2013年7月29日，大连商品交易所发布通知，对《大连商品交易所风险管理办法》中限仓管理有关规定进行了修改。修改内容主要包括各品种合约的单边持仓量达到一定规模起，对期货公司会员按单边持仓量的一定比例确定限仓数额；当各品种合约的单边持仓量小于或等于一定规模时，期货公司会员持仓不受限制；期货公司会员超仓不强平。修改后的规则自2013年8月5日结算时开始施行。

（3）2013年6月14日，大连商品交易所发布通知，取消中储粮油脂（张家港）有限公司的棕榈油指定交割仓库资格，取消中粮北海粮油工业（天津）有限公司的棕榈油备用交割仓库资格。

六、小麦期货运行报告

2013年，郑州商品交易所（ZCE）优质强筋小麦期货（以下简称强麦）价格震荡上扬，成交量、持仓量明显下滑；普通小麦期货（以下简称普麦）价格震荡上涨，成交量、持仓量持续低迷。主要是因为小麦收获期突遇大雨袭击，小麦质量受损，市场担忧高品质小麦供应量不足，使小麦价格水涨船高。

（一）交易情况

2013年全年，ZCE优质强筋小麦期货（WS + WH）成交量290.77万手，同比减少88.73%；成交金额1 294.18亿元，同比减少80.20%；年末持仓8.04万手，同比减少48.63%。其中，成交量最高为1月的59.18万手，最低为4月的11.55万手；月末持仓最大为1月的10.48万手，最小为4月的2.56万手。

ZCE普通小麦期货（PM）成交量1 894手，同比减少69.75%；成交金额23 425万元，同比减少67.10%；年末持仓35手，同比减少7.89%。其中，成交量最高为6月的224手，最低为11月的44手；月末持仓最大为6月的99手，最小为9月、11月、12月的35手。

2013年强麦、普麦期货月度交易情况见表2-1-36、表2-1-37；2011—2013年强麦、普麦期货年度交易情况见表2-1-38、表2-1-39。

表2-1-36　　2013年强麦期货（WS + WH）月度交易情况

月度	成交量（万手）	同比变化（%）	成交金额（亿元）	同比变化（%）	月末持仓量（万手）	同比变化（%）
1月	59.18	33.09	157.24	44.90	10.48	-10.50
2月	26.87	-84.75	74.48	-83.47	8.12	-61.77
3月	23.51	-93.76	74.51	-92.50	4.80	-77.57

续表

月度	成交量（万手）	同比变化（%）	成交金额（亿元）	同比变化（%）	月末持仓量（万手）	同比变化（%）
4月	11.55	-93.30	47.97	-89.16	2.56	-89.65
5月	11.66	-94.94	59.23	-89.47	2.70	-90.54
6月	21.16	-95.06	112.78	-89.49	4.14	-87.73
7月	22.81	-94.55	125.41	-88.07	4.77	-84.94
8月	19.86	-90.90	108.21	-80.25	4.85	-85.32
9月	26.15	-85.37	147.36	-67.71	4.43	-80.11
10月	30.14	-74.80	80.65	-73.16	5.37	-76.19
11月	14.20	-90.45	134.14	-63.94	6.99	-59.78
12月	23.68	-65.79	172.21	-2.65	8.04	-48.63
总计	290.77	-88.73	1 294.18	-80.20	—	—

注：强麦期货合约自2012年7月起，交易代码WS修改为WH，合约大小由10吨修改为20吨。WS到2013年5月全部退市。

数据来源：郑州商品交易所相关资料。

表2-1-37　　2013年普麦期货（PM）月度交易情况

月度	成交量（万手）	同比变化（%）	成交金额（亿元）	同比变化（%）	月末持仓量（万手）	同比变化（%）
1月	220	587.50	2 687	661.19	58	152.17
2月	96	-81.89	1 178	-79.86	52	-84.62
3月	205	-81.36	2 487	-79.86	53	-87.07
4月	118	-66.48	1 409	-65.08	41	-90.40
5月	189	-58.91	2 262	-55.81	88	-79.20
6月	224	-45.37	2 708	-40.80	99	-79.71
7月	215	-88.21	2 656	-87.26	94	-75.20
8月	155	-70.31	1 920	-68.02	67	-77.67
9月	154	-63.59	1 967	-59.66	35	-71.77
10月	211	-18.22	2 757	-8.83	38	-63.11
11月	44	-81.89	573	-79.99	35	20.69
12月	63	-41.67	824	-37.10	35	-7.89
总计	1 894	-69.75	23 425	-67.10	—	—

注：普麦（PM）合约从2012年1月开始上市交易，每手50吨。

数据来源：郑州商品交易所相关资料。

表 2-1-38　　2011—2013 年强麦期货（WS+WH）年度交易情况

年度	成交量（万手）	同比变化（%）	成交金额（亿元）	同比变化（%）	年末持仓量（万手）	同比变化（%）
2011	791.17	36.30	2 237.91	49.43	8.31	65.24
2012	2 579.64	226.05	6 530.86	191.83	15.15	82.25
2013	290.77	-88.73	1 294.18	-80.20	8.04	-48.63

数据来源：郑州商品交易所相关资料。

表 2-1-39　　2012—2013 年普麦期货（PM）年度交易情况

年度	成交量（万手）	同比变化（%）	成交金额（亿元）	同比变化（%）	年末持仓量（万手）	同比变化（%）
2012	0.63	—	7.12	—	—	—
2013	0.19	-69.75	2.34	-67.10	0.004	-7.89

数据来源：郑州商品交易所相关资料。

表 2-1-40　　2011—2013 年强麦期货（WS+WH）内外盘交易情况比较

年度	成交量（万手）		成交金额（亿元）		年末持仓量（万手）	
	ZCE 强麦	CBOT 小麦	ZCE 强麦	CBOT 小麦	ZCE 强麦	CBOT 小麦
2011	791.17	2 428.33	4 475.83	—	8.31	38.46
2012	2 579.64	2 646.34	6 530.86	—	15.15	45.67
2013	290.77	2 499.32	1 294.18	—	8.04	56.59

数据来源：郑州商品交易所、芝加哥期货交易所相关资料。

（二）交割情况

截至 2013 年底，强麦期货交割库 16 个，强麦交割库为山东 3 家、河北 4 家、江苏 2 家、河南 6 家、陕西 1 家。普麦期货交割库 16 个，普麦交割仓库为山东 3 家、河北 3 家、江苏 2 家、河南 6 家、山西 1 家、安徽 1 家。

2013 年，ZCE 优质强筋小麦期货交割总量 21 038 手折合 239 280 吨，交割吨数同比减少 37.86%，交割金额 6.07 亿元，同比减少 33.63%。其中，1 月交割量最大，为 13 688 手折合 136 880 吨；7 月交割量最低，为 262 手折合 5 240 吨。

2013 年，ZCE 普通小麦期货交割总量 1 手折合 50 吨，2012 年无交割。

2013 年小麦期货月度交割情况见表 2-1-41、表 2-1-42，2011—2013 年小麦期货年度交割情况见表 2-1-43、表 2-1-44。

表2-1-41　　2013年强麦期货月度交割情况

月度	交割量（手）	同比变化（%）	交割金额（亿元）	同比变化（%）
1月	13 688	0.35	3.39	0.47
3月	701	15.30	0.17	15.79
5月	3 759	142.99	0.92	-0.57
7月	262	-0.51	0.14	0.20
9月	2 187	-0.91	1.20	-0.81
11月	441	-0.41	0.24	0.39
总计	21 038	-45.36	6.07	-33.63

数据来源：郑州商品交易所相关资料。

表2-1-42　　2013年普麦期货月度交割情况

月度	交割量（手）	同比变化（%）	交割金额（万元）	同比变化（%）
7月	1	—	11.66	—

数据来源：郑州商品交易所相关资料。

表2-1-43　　2011—2013年强麦期货年度交割情况

年度	交割数量（手）	同比变化（%）	交割金额（亿元）	同比变化（%）
2011	21 680	313.31	5.43	241.51
2012	38 505	77.61	9.14	68.39
2013	21 038	-45.36	6.07	-33.63

数据来源：郑州商品交易所相关资料。

表2-1-44　　2013年普麦期货年度交割情况

年度	交割量（手）	同比变化（%）	交割金额（万元）	同比变化（%）
2013	1	—	11.66	—

数据来源：郑州商品交易所相关资料。

（三）价格走势

1. 总体价格走势

2013年，ZCE强麦期货主力连续合约年初开盘价2 567元/吨（1月4日），最高价2 900元/吨（12月13日），最低价2 462元/吨（3月4日），最大价差438元/吨，年末收盘价2 845元/吨（12月31日）。全年上涨278元/吨，涨幅10.83%。2013年国内小麦收获期突遭大雨，部分产区小麦质量严重受损，市场担忧高品质小麦供应不足，小麦价格迅速上涨，后期政策性小麦投放量持续加大，并且进口小麦大量涌入，致使国内小麦供应量增加，小麦价格涨势有所放缓。

2013 年，河南郑州地区优质小麦现货价格年初 2 490 元/吨（1 月 4 日），最高价 2 850 元/吨（11 月 11 日至年末），最低价 2 360 元/吨（6 月 13 日），年末报价 2 850 元/吨。全年上涨 360 元/吨，涨幅 14. 46%。

2013 年，芝加哥期货交易所（CBOT）软红冬麦期货连续合约开盘价 785. 50 美分/蒲式耳（1 月 2 日），最高价 799. 75 美分/蒲式耳（1 月 22 日），最低价 599. 00 美分/蒲式耳（12 月 31 日），最大价差 200. 75 美分/蒲式耳，年末收盘价 605. 25 美分/蒲式耳（12 月 31 日）。全年下跌 180. 25 美分/蒲式耳，跌幅 22. 95%。

2013 年小麦期货内外盘和现货市场价格比较见图 2－1－11。

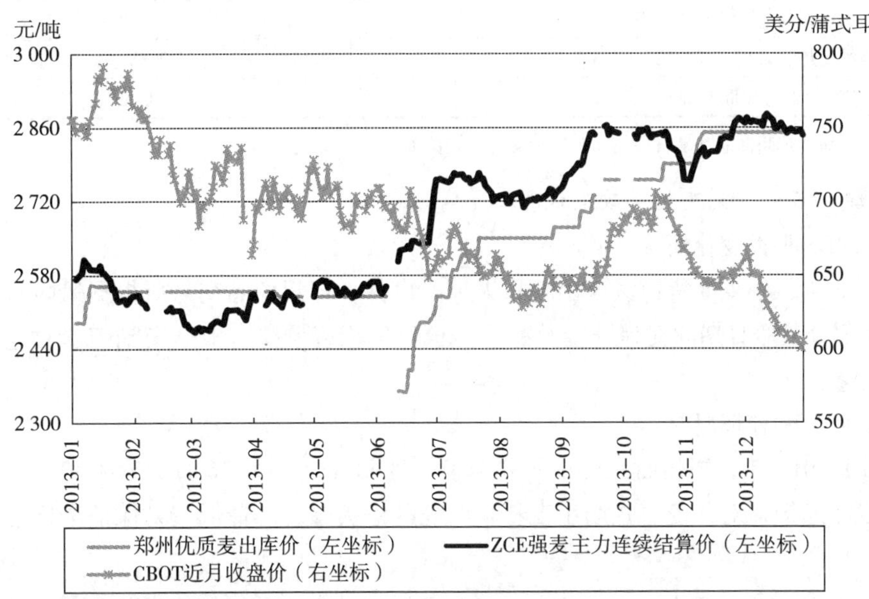

数据来源：郑州商品交易所、芝加哥期货交易所、国家粮油信息中心相关资料。

图 2－1－11　2013 年小麦期货内外盘和现货市场价格比较

2. 涨跌停板次数及其对市场的影响

2013 年，ZCE 强麦期货合约无涨跌停板。

2013 年，ZCE 普麦期货合约无涨跌停板。

3. 价格相关性分析

2013 年，ZCE 强麦期货与 CBOT 小麦期货之间呈现出负相关的走势，主要是因为国内小麦质量受损，而全球主要产区丰收、库存高企，国内外小麦价格走势分化较为明显。

2013 年小麦期货内外盘和现货市场价格主要显性指标见表 2－1－45，2013 年小麦期货内外盘和现货市场价格相关性见表 2－1－46。

表 2-1-45　2013 年小麦期货内外盘和现货市场价格主要显性指标

市场分类	绝对指标（美分/蒲式耳、元/吨）					相对指标（%）	
	最高价	最低价	平均价	标准差	极差	离散率	波幅率
ZCE 强麦连续价格	2 895	2 419	2 644.62	143.43	476	5.42	18
CBOT 小麦连续价格	791.25	600.50	685.69	41.60	190.75	6.07	27.82
郑州优质小麦现货市场价格	2 850	2 360	2 638.99	126.58	490	4.80	18.57

数据来源：郑州商品交易所、芝加哥期货交易所相关资料。

表 2-1-46　2013 年小麦期货内外盘和现货市场价格相关性

价格选择	相关系数
ZCE 连续价格与 CBOT 连续价格	-0.70
ZCE 连续价格与现货市场价格	0.88
CBOT 连续价格与现货市场价格	-0.60

数据来源：郑州商品交易所、芝加哥期货交易所相关资料。

（四）市场重大变化及政策调整

1. 市场重大变化情况

2013 年，小麦期货市场未出现重大风险事件，郑州商品交易所根据风险管理需要，在部分节假日期间对保证金及涨跌停板作出相应调整。根据交割需求对仓库进行了调整。

2. 政策调整情况

（1）2013 年，郑州商品交易所分别于 1 月 31 日、3 月 26 日、5 月 30 日、9 月 10 日发布通知，对普麦、强筋小麦各合约涨跌停板幅度、最低交易保证金标准进行调整。

（2）2013 年 8 月 1 日，郑州商品交易所发布《关于指定优质强筋小麦交割仓库更名的通告》。

（3）2013 年 10 月 8 日，郑州商品交易所发布《关于调整指定普通小麦计价点及交割仓库的通告》。

（4）2013 年 10 月 8 日，郑州商品交易所发布《关于增设指定优质强筋小麦交割仓库的通告》。

七、棉花期货运行报告

2013 年，郑州商品交易所（ZCE）棉花期货价格呈现冲高后震荡下行走势。由于国家近三年大规模收储，新加工的棉花绝大部分进入国储，市场上可流通的资源稀少，市场配置资源的功能弱化，收储、抛储价格基本决定了棉价的顶部和底部。

（一）交易情况

2013 年全年，ZCE 棉花期货成交量 745.27 万手，同比减少 64.57%；成交金额 7 406.58 亿元，同比减少 64.64%；年末持仓 6.28 万手，同比减少 52.73%。其中，成交量最高为 2 月的 156.82 万手，最低为 10 月的 14.64 万手；月末持仓最大为 1 月的 16.90 万手，最小为 9 月的 3.84 万手。

2013 年棉花期货月度交易情况见表 2－1－47，2011—2013 年棉花期货年度交易情况见表 2－1－48。

表 2－1－47　　2013 年棉花期货月度交易情况

月度	成交量（万手）	同比变化（%）	成交金额（亿元）	同比变化（%）	月末持仓量（万手）	同比变化（%）
1 月	137.46	111.61	1 360.42	96.41	16.90	7.78
2 月	156.82	3.34	1 571.95	－5.48	9.52	－54.20
3 月	144.39	－24.52	1 458.33	－29.22	9.79	－58.43
4 月	87.04	－32.49	875.08	－36.27	9.35	－63.40
5 月	40.82	－90.24	410.30	－89.97	6.23	－75.66
6 月	19.78	－93.83	198.19	－93.49	4.94	－79.45
7 月	44.29	－83.41	437.50	－83.04	6.12	－73.23
8 月	32.75	－81.12	319.11	－80.98	5.16	－71.24
9 月	17.09	－87.07	164.53	－87.30	3.84	－76.80
10 月	14.64	－81.94	139.58	－82.38	4.73	－71.32
11 月	19.29	－74.83	180.05	－75.58	4.89	－67.98
12 月	30.91	－68.26	291.53	－68.95	6.28	－52.73
总计	745.27	－64.57	7 406.58	－64.64	—	—

数据来源：郑州商品交易所相关资料。

表 2－1－48　　2011—2013 年棉花期货年度交易情况

年度	成交量（万手）	同比变化（%）	成交金额（亿元）	同比变化（%）	年末持仓量（万手）	同比变化（%）
2011	13 904.66	59.91	181 297.30	76.06	13.31	－19.61
2012	2 103.36	－84.87	20 944.31	－88.45	13.29	－0.13
2013	745.27	－64.57	7 406.58	－64.64	6.28	－52.73

数据来源：郑州商品交易所相关资料。

表 2－1－49　　2011—2013 年棉花期货内外盘交易情况比较

年度	成交量（万手）		成交金额（亿元）		年末持仓量（万手）	
	ZCE	ICE	ZCE	ICE	ZCE	ICE
2011	13 904.66	528.85	181 297.30	—	13.31	15.21
2012	2 103.36	613.04	20 944.31	—	13.29	17.12
2013	745.27	615.50	7 406.58	—	6.28	17.22

数据来源：郑州商品交易所（ZCE）、洲际交易所（ICE）相关资料。

（二）交割情况

截至2013年底，ZCE棉花期货交割仓库共18家，其中，江苏省5家，山东省4家，河南省3家，湖北省2家，安徽省、河北省、湖南省、浙江省各1家。

2013年，ZCE棉花期货交割总量8 480手折合42 400吨，同比减少68.21%，交割金额8.64亿元，同比减少66.57%。其中，1月交割量最大，为2 600手折合13 000吨；3月交割量最低，为272手折合1 360吨。

2013年棉花期货月度交割情况见表2－1－50，2011—2013年棉花期货年度交割情况见表2－1－51。

表2－1－50　　2013年棉花期货月度交割情况

月度	交割量（手）	同比变化（%）	交割金额（亿元）	同比变化（%）
1月	2 600	192.79	2.58	190.56
3月	272	－90.42	0.26	－90.88
5月	1 240	－89.97	1.32	－89.22
7月	880	－83.70	0.89	－81.98
9月	2 200	－37.50	2.31	－29.76
11月	1 288	－22.60	1.28	－19.94
总计	8 480	－68.21	8.64	－66.57

数据来源：郑州商品交易所相关资料。

表2－1－51　　2011—2013年棉花期货年度交割情况

年度	交割量（手）	同比变化（%）	交割金额（亿元）	同比变化（%）
2011	9 128	－49.09	11.45	－23.30
2012	26 672	192.20	25.84	125.75
2013	8 480	－68.21	8.64	－66.57

数据来源：郑州商品交易所相关资料。

（三）价格走势

1. 总体价格走势

2013年，ZCE棉花主力连续合约年初开盘价18 940元/吨（1月4日），最高价20 550元/吨（3月15日），最低价18 310元/吨（11月19日），最大价差2 240元/吨，年末收盘价19 345元/吨（12月31日）。全年上涨405元/吨，涨幅2.14%。

2013年，政策因素继续主导ZCE棉花价格。2012年9月以来，国家以高于市场价格的20 400元/吨收储了大量棉花，2012年棉花产量的95.18%进入国储，2013

年棉花收获后仅 4 个月，已经有 71.64% 的棉花成交，随着年后收储政策的继续推进，收储占比会继续增加，庞大的收储数字使期货和现货市场失去活力，期价全年在收储和抛储价格之间运行。

2013 年，国家棉花现货价格指数 CN Cotton B 年初报价 19 223 元/吨（1 月 4 日），最高价 19 598 元/吨（11 月 14 日至 11 月 19 日），最低价 19 178 元/吨（8 月 30 日），年末报价 19 427 元/吨。全年上涨 204 元/吨，涨幅 1.06%。

2013 年，洲际交易所（ICE）棉花连续合约年初开盘价 75.75 美分/磅（1 月 2 日），最高价 93.93 美分/磅（3 月 15 日），最低价 73.72 美分/磅（1 月 4 日），最大价差 20.21 美分/磅，年末收盘价 84.64 美分/磅（12 月 31 日）。全年上涨 8.89 美分/磅，涨幅 11.74%。

2013 年棉花期货内外盘和现货市场价格比较见图 2 - 1 - 12。

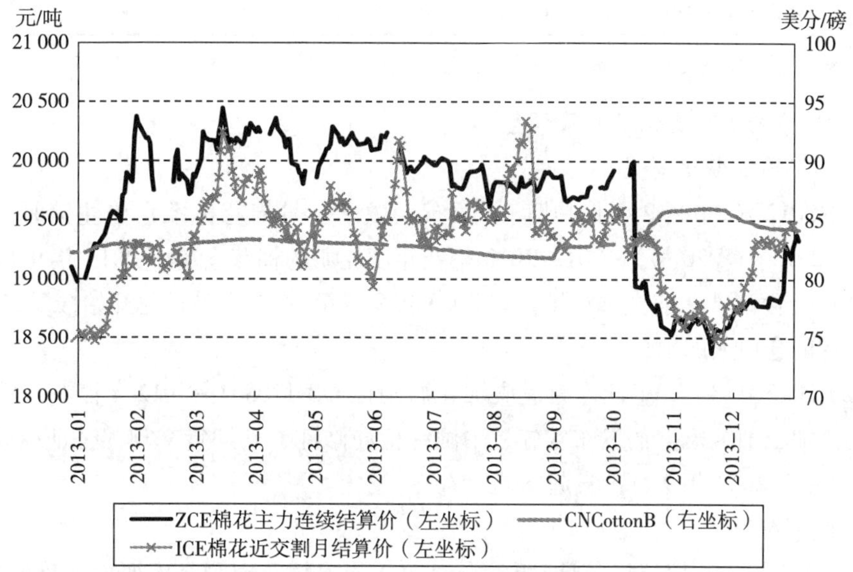

数据来源：郑州商品交易所、洲际交易所、中国棉花网相关资料。

图 2 - 1 - 12　2013 年棉花期货内外盘和现货市场价格比较

2. 涨跌停板次数及其对市场的影响

2013 年，ZCE 棉花期货各合约均未出现涨跌停板。

3. 价格相关性分析

由于国家近三年大规模收储，市场配置资源的功能弱化，国内期货、现货价格呈现出负相关；连续三年的收储，使全球棉花的库存多数集中在中国，随着东南亚纺织市场的兴起，内、外盘开始呈现出不同的基本面，联动性较 2012 年下降。

2013 年棉花期货内外盘和现货市场价格主要显性指标见表 2 - 1 - 52，2013 年棉花期货内外盘和现货市场价格相关性见表 2 - 1 - 53。

表 2－1－52　　2013 年棉花期货内外盘和现货市场价格主要显性指标

市场分类	绝对指标（美元/吨、元/吨）					相对指标（%）	
	最高价	最低价	平均价	标准差	极差	离散率	波幅率
ZCE 连续价格	21 810	18 750	20 161	595.61	3 060	2.95	15.18
ICE 连续价格	93.40	74.79	83.35	3.93	18.61	4.72	22.33
现货市场价格	19 598	19 178	19 332	115.69	420	0.60	2.17

数据来源：郑州商品交易所、洲际交易所、中国棉花网相关资料。

表 2－1－53　　2013 年棉花期货内外盘和现货市场价格相关性

价格选择	相关系数
ZCE 连续价格与 ICE 连续价格	0.41
ZCE 连续价格与现货市场价格	－0.48
ICE 连续价格与现货市场价格	－0.60

数据来源：郑州商品交易所、洲际交易所、中国棉花网相关资料。

（四）市场重大变化及政策调整

1. 市场重大变化情况

（1）2012 年 11 月 24 日，郑商所发布《关于一号棉花标准仓单注销时限的通告》（〔2012〕第 20 号），2012/2013 棉花年度注册的棉花仓单于 2013 年 9 月第 13 个交易日（含该日）前全部注销，自 2013 年 9 月第 14 个交易日起开始接受 2013 年生产棉花的仓单入库预报。

（2）2013 年 8 月 30 日，为适应棉花新国标 GB 1103.1—2012《棉花　第 1 部分：锯齿加工细绒棉》的发布实施，中国纤检局修订了《期货交割棉公证检验实施办法》，并于 2013 年 9 月 1 日起实施。

2. 政策调整情况

（1）2013 年 4 月 9 日，郑商所发布《关于指定棉花交割仓库变更名称的通知》（〔2013〕第 41 号），原郑州商品交易所指定棉花交割仓库“河南储备物资管理局四三二处”更名为“河南国储物流股份有限公司”，联系人和联系方式不变。

（2）2013 年 5 月 8 日，郑商所发布《关于调整棉花 309 合约交易保证金标准的通知》（〔2013〕第 108 号），自 2013 年 5 月 15 日结算时起，棉花 309 合约交易保证金标准调整至 12%。

（3）2013 年 6 月 6 日，郑商所发布《关于调整棉花 309 合约交易保证金标准的通知》（〔2013〕第 132 号），自 2013 年 6 月 14 日结算时起，棉花 309 合约交易保证金标准调整至 18%。

八、白糖期货运行报告

2013 年，郑州商品交易所（ZCE）白糖期货价格呈现震荡下跌的走势。受到我国2012/2013榨季食糖产量增产和进口糖量维持高位，导致供给压力增加的影响，期货价格震荡走低。白糖期货总体运行平稳，受价格走势低迷的影响，市场成交下滑规模，活跃度有所下降。

（一）交易情况

2013年全年，ZCE白糖期货成交量6 979.40万手，同比减少52.93%；成交金额36 308.96亿元，同比减少56.82%；年末持仓42.76万手，同比增加13.86%。其中，成交量最高为1月的822.57万手，最低为11月的341.02万手；月末持仓最大为5月的51.40万手，最小为11月的35.20万手。

2013年白糖期货月度交易情况见表2-1-54，2011—2013年白糖期货年度交易情况见表2-1-55。

表2-1-54　　2013年白糖期货月度交易情况

月度	成交量（万手）	同比变化（%）	成交金额（亿元）	同比变化（%）	月末持仓量（万手）	同比变化（%）
1月	822.57	33.64	4 532.42	16.15	43.76	26.54
2月	554.71	12.47	3 001.58	-7.80	39.02	32.82
3月	817.01	177.46	4 439.91	127.90	37.35	44.13
4月	735.71	30.12	3 883.72	3.41	39.28	-3.13
5月	781.71	-20.28	4 022.24	-33.15	51.40	11.73
6月	435.88	-78.34	2 190.79	-81.16	41.78	-16.68
7月	564.85	-68.71	2 773.34	-73.06	43.99	-7.05
8月	522.53	-77.93	2 617.62	-79.63	43.93	-4.71
9月	620.55	-67.85	3 161.89	-69.33	40.75	4.60
10月	368.25	-72.26	1 915.64	-72.81	35.60	-18.36
11月	341.02	-74.75	1 739.36	-75.67	35.20	-18.70
12月	414.62	-61.85	2 030.46	-65.81	42.76	13.86
总计	6 979.40	-52.93	36 308.96	-56.82	—	—

数据来源：郑州商品交易所相关资料。

表2-1-55　　2011—2013年白糖期货年度交易情况

年度	成交量（万手）	同比变化（%）	成交金额（亿元）	同比变化（%）	年末持仓量（万手）	同比变化（%）
2011	12 821	-58.01	88 335.38	-47.41	45.11	55.55
2012	14 829.02	15.66	84 094.98	-4.80	37.56	-16.73
2013	6 979.40	-52.93	36 308.96	-56.82	42.76	13.86

数据来源：郑州商品交易所相关资料。

表 2－1－56　　　　2011—2013 年白糖期货内外盘交易情况比较

年度	成交量（万手）		成交金额（亿元）		年末持仓量（万手）	
	ZCE	ICE	ZCE	ICE	ZCE	ICE
2011	12 821	2 462. 94	88 335. 38	—	45. 11	55. 90
2012	14 829. 02	2 712. 67	84 094. 98	—	37. 56	75. 41
2013	6 979. 40	2 981. 37	36 308. 96	—	42. 76	83. 00

注：洲际交易所（ICE）原糖期货为 50 吨/手，ZCE 白糖期货合约为 10 吨/手。

数据来源：郑州商品交易所、洲际交易所（ICE）相关资料。

（二）交割情况

截至 2013 年底，ZCE 白糖交割仓库共 31 家，其中，广西壮族自治区 9 家，广东省 4 家，云南省 3 家，天津市 3 家，河北省 2 家，河南省 2 家，上海市、山西省、海南省、湖北省、江苏省、辽宁省、山东省、浙江省各 1 家。

2013 年，白糖期货交割总量 4 049 手折合 40 490 吨，同比减少 19. 17%，交割金额 2. 2 亿元，同比减少 27. 76%。其中，9 月交割量最大，为 2 001 手折合 20 010 吨；3 月交割量最低，为 100 手折合 1 000 吨。

2013 年棉花期货月度交割情况见表 2－1－57，2011—2013 年白糖期货年度交割情况见表 2－1－58。

表 2－1－57　　　　2013 年白糖期货月度交割情况

月度	交割量（手）	同比变化（%）	交割金额（亿元）	同比变化（%）
1 月	705	252. 50	0. 40	209. 46
3 月	100	－83. 47	0. 05	－86. 11
5 月	747	118. 42	0. 41	80. 60
7 月	196	－70. 44	0. 10	－74. 85
9 月	2 001	－30. 69	1. 07	－36. 86
11 月	300	－3. 85	0. 16	－11. 93
总计	4 049	－19. 17	2. 20	－27. 76

数据来源：郑州商品交易所相关资料。

表 2－1－58　　　　2011—2013 年白糖期货年度交割情况

年度	交割量（手）	同比变化（%）	交割金额（亿元）	同比变化（%）
2011	7 178	－75. 61	5. 11	－67. 02
2012	5 009	－30. 22	3. 04	－40. 48
2013	4 049	－19. 17	2. 20	－27. 76

数据来源：郑州商品交易所相关资料。

（三）价格走势

1. 总体价格走势

2013 年，ZCE 白糖期货主力连续合约年初开盘价 5 542 元/吨（1 月 4 日），最高价 5 715 元/吨（1 月 8 日），最低价 4 781 元/吨（12 月 31 日），最大价差 934 元/吨，年末收盘价 4 788 元/吨（12 月 31 日）。全年下跌 754 元/吨，跌幅 13.61%。由于我国 2012/2013 榨季食糖产量增产和全年进口糖量维持高位，导致国内糖市供给压力增加的影响，白糖期货、现货价格均呈现震荡走低的态势，期货主力合约年跌幅略大于南宁地区现货年跌幅。

2013 年，南宁地区白糖现货价格年初报价 5 660 元/吨（1 月 4 日），最高价 5 705 元/吨（1 月 7 日），最低价 4 990 元/吨（12 月 30 日），年末报价 5 000 元/吨。全年下跌 660 元/吨，跌幅 11.66%。

2013 年，洲际交易所（ICE）11 号原糖期货连续合约年初开盘价 19.65 美分/磅（1 月 2 日），最高价 20.16 美分/磅（10 月 18 日），最低价 15.86 美分/磅（12 月 18 日），最大价差 4.3 美分/磅，年末收盘价 16.41 美分/磅（12 月 31 日）。全年下跌 3.24 美分/磅，跌幅 16.49%。受到 2012/2013 年度全球糖市供给过剩的压制，以及 2013/2014 年度各主产国食糖生产前景继续看好的利空影响，ICE 原糖期货震荡走低，10 月中下旬因巴西港口糖库突发大火，引发市场担忧情绪高涨，导致原糖价格一度快速上涨，后期随着担忧情绪的缓解，原糖期货价格冲高回落，维持弱势。

2013 年白糖期货内外盘和现货市场价格比较见图 2-1-13。

数据来源：郑州商品交易所、中国食糖网、洲际交易所（ICE）相关资料。

图 2-1-13　2013 年白糖期货内外盘和现货市场价格比较

2. 涨跌停板次数及其对市场的影响

2013 年，ZCE 白糖期货合约未出现涨跌停板，涨跌停板次数为零。白糖期货全年市场运行总体平稳，风险可控。

3. 价格相关性分析

2013 年白糖期货内外盘和现货市场价格主要显性指标见表 2 – 1 – 59，2013 年白糖期货内外盘和现货市场价格相关性见表 2 – 1 – 60。

表 2 – 1 – 59　2013 年白糖期货内外盘和现货市场价格主要显性指标

市场分类	绝对指标（美元/吨、元/吨）					相对指标（%）	
	最高价	最低价	平均价	标准差	极差	离散率	波幅率
ZCE 白糖连续价格	5 716	4 851	5 334	172.72	865	3.24	16.22
ICE 11 号原糖连续价格	19.69	15.89	17.47	0.92	3.80	5.27	21.75
南宁现货市场价格	5 705	4 990	5 413	144.35	715	2.67	13.21

数据来源：郑州商品交易所、中国食糖网、洲际交易所（ICE）相关资料。

表 2 – 1 – 60　2013 年白糖期货内外盘和现货市场价格相关性

价格选择	相关系数
ZCE 连续价格与 ICE 11 号原糖期货连续价格	0.70
ZCE 连续价格与南宁白糖现货市场价格	0.92
ICE 11 号原糖期货连续价格与南宁白糖现货市场价格	0.72

数据来源：郑州商品交易所、中国食糖网、洲际交易所（ICE）相关资料。

（四）市场重大变化与政策调整

1. 市场重大变化情况

2013 年，白糖期货市场未出现重大风险事件，郑州商品交易所根据风险管理需要，在部分节假日期间对保证金及涨跌停板作出相应调整，根据交割需求对仓库及升贴水标准进行调整。

2. 政策调整情况

（1）2013 年 1 月 31 日、3 月 26 日、4 月 18 日、5 月 30 日、9 月 10 日郑州商品交易所发布通知，调整节假日前后的白糖期货合约涨跌停板、交易保证金标准。

（2）2013 年 4 月 19 日，郑州商品交易所发布通知，对 74 家期货公司会员的白糖持仓限额进行调整。

（3）2013 年 7 月 9 日，郑州商品交易所发布通知，公布修订后的《郑州商品交易所期货交易风险控制管理办法》、《郑州商品交易所套期保值管理办法》、《郑州商品交易所期货交易细则》、《郑州商品交易所期货结算细则》，以及制定的《郑州商品交易所套利交易管理办法》，对相关业务实施细则进行了修订和完善。

（4）2013 年 7 月 26 日，郑州商品交易所发布通知，变更指定白糖交割仓库。

3. 合约制度的修订和完善情况

2013 年 4 月 19 日，郑州商品交易所发布通知，调整部分地区的白糖交割仓库的注册白糖仓单升贴水标准。

九、早籼稻期货运行报告

2013 年，郑州商品交易所（ZCE）早籼稻期货价格震荡下跌，成交量、持仓量均大幅下滑，主要是因为国内早籼稻市场供应充足，大米消费低迷不振，企业经营困难，市场主体入市兴趣不高。

（一）交易情况

2013 年全年，ZCE 早籼稻期货（RI + ER）成交量 87.37 万手，同比减少 77.25%；成交金额 354.46 亿元，同比减少 66.82%；年末持仓 1.63 万手，同比减少 53.57%。其中，成交量最高为 1 月的 21.19 万手，最低为 5 月的 1.47 万手；月末持仓最大为 1 月的 2.87 万手，最小为 5 月的 0.49 万手。

2013 年早籼稻期货月度交易情况见表 2－1－61，2011—2013 年早籼稻期货年度交易情况见表 2－1－62。

表 2－1－61　2013 年早籼稻期货（ER＋RI）月度交易情况

月度	成交量（万手）	同比变化（%）	成交金额（亿元）	同比变化（%）	月末持仓量（万手）	同比变化（%）
1 月	21.19	59.98	57.92	9.44	2.87	31.59
2 月	7.93	－60.26	22.67	－66.97	1.48	－41.27
3 月	7.39	－71.03	25.27	－59.16	1.16	－34.20
4 月	3.85	－83.36	15.14	－81.75	0.61	－75.37
5 月	1.47	－95.31	7.47	－90.88	0.49	－80.70
6 月	1.98	－93.52	10.42	－90.36	0.66	－70.97
7 月	4.63	－88.23	23.71	－86.25	0.79	－76.29
8 月	11.23	－81.71	56.04	－56.24	1.21	－65.34
9 月	7.23	－84.31	36.11	－6.29	1.45	－14.49
10 月	5.16	－64.28	25.53	－79.07	1.36	－35.30
11 月	5.42	－87.87	26.97	－71.03	1.09	－72.96
12 月	9.89	－71.10	47.20	－18.51	1.63	－53.57
总计	87.37	－77.25	354.46	－66.82	—	—

注：早籼稻期货合约代码修改为 RI 每手 20 吨，于 2012 年 7 月开始交易。原 ER 合约自 2013 年 5 月全部退市。

数据来源：郑州商品交易所相关资料。

表 2－1－62　2011—2013 年早籼稻期货（ER＋RI）年度交易情况

年度	成交量（万手）	同比变化（%）	成交金额（亿元）	同比变化（%）	年末持仓量（万手）	同比变化（%）
2011	592.74	－77.93	1 519.09	－76.01	2.57	－97.75
2012	383.85	－35.24	1 043.66	－31.30	3.44	34.18
2013	87.37	－77.25	354.46	－66.82	1.63	－53.57

数据来源：郑州商品交易所相关资料。

表2－1－63　　2011—2013年早籼稻期货（ER＋RI）内外盘交易情况比较

年度	成交量（万手）		成交金额（亿元）		年末持仓量（万手）	
	ZCE	CBOT	ZCE	CBOT	ZCE	CBOT
2011	592.74	53.69	1 519.09	—	2.57	1.50
2012	383.85	36.86	1 043.66	—	3.44	1.43
2013	87.37	28.01	354.46	—	1.63	0.70

数据来源：郑州商品交易所、芝加哥期货交易所相关资料。

（二）交割情况

截至2013年底，早籼稻期货交割仓库共18个。根据早籼稻现货市场产销分布和贸易流向特点，早籼稻期货交割仓库主要分布在产区和主要集散地，其中包括湖南8家、江西7家、湖北1家、浙江1家、广西1家。

截至2013年，ZCE早籼稻期货交割总量2 681手折合38 370吨，交割吨数同比增加82.8%，交割金额0.97（亿）元，同比增加83.76%。其中，9月交割量最大，为1 210手折合24 200吨。

2013年早籼稻期货月度交割情况见表2－1－64，2011—2013年早籼稻期货年度交割情况见表2－1－65。

表2－1－64　　2013年早籼稻期货月度交割情况

月度	交割量（手）	同比变化（%）	交割金额（亿元）	同比变化（%）
1月	1 077	33.62	0.279	39.32
3月	10	—	0.003	—
5月	384	362.65	0.089	303.67
7月	0	—	0	—
9月	1 210	61.12	0.60	196.52
11月	0	—	0	—
总计	2 681	27.73	0.970	83.76

数据来源：郑州商品交易所相关资料。

表2－1－65　　2011—2013年早籼稻期货年度交割情况

年度	交割量（手）	同比变化（%）	交割金额（亿元）	同比变化（%）
2011	9 431	19.70	2.19	39.33
2012	2 099	－77.74	0.53	－75.82
2013	2 681	27.73	0.97	83.76

数据来源：郑州商品交易所相关资料。

（三）价格走势

1. 总体价格走势

2013 年，ZCE 早籼稻期货主力连续合约年初开盘价 2 700 元/吨（1 月 4 日），最高价 2 755 元/吨（1 月 18 日），最低价 2 298 元/吨（12 月 31 日），最大价差 457 元/吨，年末收盘价 2 305 元/吨（12 月 31 日）。全年下跌 395 元/吨，跌幅 14.63%。2013 年国内大米消费低迷不振，企业经营困难，采购积极性不高，同时国内籼稻丰收，供应充足，加之进口大米的不断涌入，国内籼稻价格承压不断下跌。

2013 年，湖南长沙早籼稻现货价格年初 2 660 元/吨（1 月 4 日），最高价 2 670 元/吨（3 月 7 日），最低价 2 480 元/吨（7 月 16 日），年末报价 2 620 元/吨（12 月 31 日），全年下跌 40 元/吨，跌幅 1.53%。

2013 年，芝加哥期货交易所（CBOT）籼稻期货连续合约开盘价 1 480 美分/英担（1 月 2 日），最高价 1 670 美分/英担（8 月 28 日），最低价 1 450 美分/英担（3 月 15 日），最大价差 220 美分/英担，年末收盘价 1 551 美分/英担（12 月 31 日）。全年上涨 71 美分/英担，涨幅 4.8%。

2013 年早籼稻期货内外盘和现货市场价格比较见图 2－1－14。

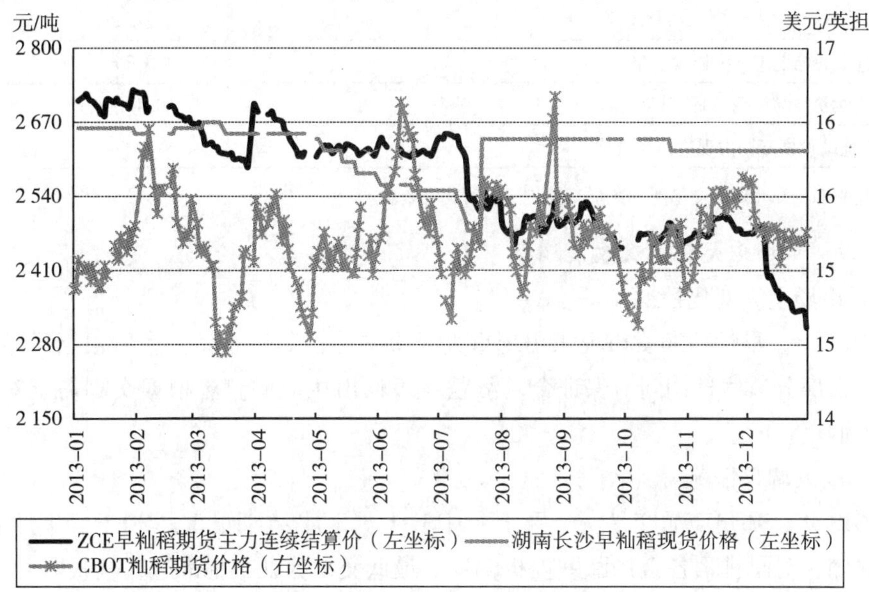

数据来源：郑州商品交易所、国家粮油信息中心、芝加哥期货交易所相关资料。

图 2－1－14　2013 年早籼稻期货内外盘和现货市场价格比较

2. 涨跌停板次数及其对市场的影响

2013 年，ZCE 早籼稻期货合约跌停板次数为 1 次，2013 年 12 月 11 日 RI401 合约跌停。

3. 价格相关性分析

我国稻谷总体供需平衡，虽然近年来进口量不断增加，但对国内价格总体影响有限，而全球约90%的大米产销集中在亚洲地区，美国籼稻市场在全球比重很小，因而2013年国内早籼稻期货、CBOT籼稻期货之间呈现出负相关。

2013年早籼稻期货内外盘和现货市场价格主要显性指标见表2－1－66，2013年早籼稻期货内外盘和现货市场价格相关性见表2－1－67。

表2－1－66　2013年早籼稻期货内外盘和现货市场价格主要显性指标

市场分类	绝对指标（美元/英担、元/吨）					相对指标（%）	
	最高价	最低价	平均价	标准差	极差	离散率	波幅率
ZCE早籼稻连续价格	2 704	2 213	2 499.01	119.64	491	4.79	19.65
CBOT籼稻连续价格	16.61	14.54	15.48	0.36	2.07	2.36	13.38
长沙早籼稻现货市场价格	2 670	2 480	2 623.45	39.78	190	1.52	7.24

数据来源：郑州商品交易所、芝加哥期货交易所相关资料。

表2－1－67　2013年早籼稻期货内外盘和现货市场价格相关性

价格选择	相关系数
ZCE连续价格与CBOT连续价格	－0.06
ZCE连续价格与国内现货市场价格	0.42
CBOT连续价格与国内现货市场价格	－0.13

数据来源：郑州商品交易所、芝加哥期货交易所相关资料。

（四）市场重大变化及政策调整

1. 市场重大变化情况

2013年，早籼稻期货市场未出现重大风险事件，郑州商品交易所根据风险管理需要，在部分节假日期间对保证金及涨跌停板作出相应调整。根据交割需求对仓库进行了调整。

2. 政策调整情况

2013年，郑州商品交易所分别于1月31日、3月26日、5月30日、9月10日发布通知，对早籼稻各合约涨跌停板幅度、最低交易保证金标准进行调整。

十、粳稻期货运行报告

2013年，郑州商品交易所（ZCE）粳稻期货价格自2013年11月18日上市以来，价格小幅上涨，主要是受到东北粳稻南运补贴政策提振，东北大米加工企业利润率有所上升，粳稻销量有所放大。

（一）交易情况

2013年全年，ZCE粳稻（JR）期货成交4.05万手，成交金额24.82亿元。

2013 年粳稻期货月度交易情况见表 2 - 1 - 68，2013 年粳稻期货年度交易情况见表 2 - 1 - 69。

表 2 - 1 - 68　　2013 年粳稻期货月度交易情况

月度	成交量（万手）	同比变化（%）	成交金额（亿元）	同比变化（%）	月末持仓量（万手）	同比变化（%）
11 月	3.10	—	19.01	—	0.26	—
12 月	0.94	—	5.81	—	0.16	—
总计	4.05	—	24.82	—	—	—

注：粳稻期货合约代码为 JR，合约大小为每手 20 吨，于 2013 年 11 月 18 日上市交易。

数据来源：郑州商品交易所网站。

表 2 - 1 - 69　　2013 年粳稻期货年度交易情况

年度	成交量（万手）	同比变化（%）	成交金额（亿元）	同比变化（%）	年末持仓量（万手）	同比变化（%）
2013	4.05	—	24.82	—	0.16	—

数据来源：郑州商品交易所网站。

（二）交割情况

截至 2013 年底，粳稻期货交割仓库共 8 个，其中包括黑龙江 3 家、辽宁 2 家、吉林 3 家。

2013 年，ZCE 粳稻期货由于上市时间过短，尚无交割数据。

（三）价格走势

1. 总体价格走势

2013 年，ZCE 粳稻期货主力连续合约（JR）上市开盘价 3 060 元/吨（11 月 18 日），最高价 3 128 元/吨（11 月 27 日），最低价 3 006 元/吨（12 月 10 日），最大价差 122 元/吨，年末收盘价 3 071 元/吨（12 月 31 日）。自上市到年末上涨 11 元/吨，涨幅 0.36%。

2013 年，中国黑龙江佳木斯粳稻现货年初价格为 2 760 元/吨（1 月 4 日），最高价 3 040 元/吨（7 月 30 日），最低价 2 760 元/吨（1 月 4 日），最大价差 280 元，年末价格 2 960 元/吨（12 月 31 日）。年初到年末上涨 200 元/吨，涨幅 7.25%。

2013 年 11 月 26 日，《采购东北地区 2013 年新产粳稻和玉米费用补贴管理办法》的通知公布之后，关外企业采购东北粳稻米有所增加，经营利润好转，粳稻销售速度加快，贸易量增大，价格有所走强。

2013 年粳稻期货和现货市场价格比较见图 2 - 1 - 15。

2. 涨跌停板次数及其对市场的影响

2013 年，ZCE 粳稻期货各合约涨跌停板次数为零次。

数据来源：郑州商品交易所、国家粮油信息中心相关资料。

图 2-1-15　2013 年粳稻期货和现货市场价格比较

3. 价格相关性分析

2013 年粳稻期货和现货市场价格主要显性指标见表 2-1-70，2013 年粳稻期货和现货市场价格相关性见表 2-1-71。

表 2-1-70　2013 年粳稻期货和现货市场价格主要显性指标

市场分类	绝对指标（元/吨）					相对指标（%）	
	最高价	最低价	平均价	标准差	极差	离散率	波幅率
ZCE 粳稻连续价格	3 152	3 051	3 088	25.48	101	0.83	3.27
黑龙江佳木斯现货市场价格	2 970	2 950	2 960	6.72	20	0.23	0.68

数据来源：郑州商品交易所网站。

表 2-1-71　2013 年粳稻期货和现货市场价格相关性

价格选择	相关系数
ZCE 粳稻连续价格与国内现货市场价格	0.33

数据来源：郑州商品交易所网站。

（四）市场重大变化及政策调整

1. 市场重大变化情况

2013 年，粳稻期货市场未出现重大风险事件，自 11 月 18 日上市以来运行正常。

2. 政策调整情况

2013 年，粳稻期货于 11 月 18 日正式上市交易，未出现政策调整情况。

3. 合约制度的修订和完善情况

（1）2013 年 10 月 18 日，郑州商品交易所发布了《关于粳稻期货合约及细则征求意见的通告》，公开征集意见，以便完善粳稻合约设计。

（2）2013 年 11 月 13 日，郑州商品交易所发布了《关于粳稻期货合约上市交易时间及挂牌基准价的通告》、《关于粳稻期货交易手续费收取标准的通知》、《关于指定粳稻交割仓库的通告》、《关于指定粳稻交割厂库的通告》、《关于粳稻期货交割业务有关事项的通告》等一系列通告，对粳稻期货上市的相关细节做出了详细的规定，推动了粳稻期货成功上市。

十一、油菜籽期货运行情况

2013 年，郑州商品交易所（ZCE）油菜籽（以下简称菜籽）期货价格呈现震荡下跌走势。2013 年国内菜油消费低迷持续拖累菜籽期货价格，另外我国持续大量进口国外油菜籽，菜籽期货承压持续震荡下行走势。

（一）交易情况

2013 年全年，ZCE 菜籽期货成交量 1 174 600 手，同比增加 756.87%；成交金额 634.61 亿元，同比增加 777.74%；年末持仓 20 手，同比减少 99.65%。其中，成交量最高为 1 月的 782 600 手，最低为 10 月的 90 手；月末持仓最大为 2 月的 10 700 手，最小为 11 月的 10 手。

2013 年菜籽期货月度交易情况见表 2－1－72，2012—2013 年菜籽期货年度交易情况见表 2－1－73。

表 2－1－72　　2013 年菜籽期货月度交易情况

月度	成交量（万手）	同比变化（%）	成交金额（亿元）	同比变化（%）	月末持仓量（万手）	同比变化（%）
1 月	78.26	—	425.37	—	0.86	—
2 月	21.08	—	113.90	—	1.07	—
3 月	9.88	—	52.37	—	1.05	—
4 月	3.25	—	17.04	—	0.99	—
5 月	2.26	—	11.82	—	0.72	—
6 月	1.42	—	7.29	—	0.52	—
7 月	0.69	—	3.56	—	0.46	—
8 月	0.57	—	2.98	—	0.03	—
9 月	0.01	—	0.08	—	0.002	—
10 月	0.01	—	0.04	—	0.001	—
11 月	0.01	—	0.05	—	0.001	—
12 月	0.02	-99.86	0.09	-99.87	0.002	-99.65
总计	117.46	756.87	634.61	777.74	—	—

数据来源：郑州商品交易所相关资料。

表 2－1－73　　2012—2013 年菜籽期货年度交易情况

年度	成交量（万手）	同比变化（%）	成交金额（亿元）	同比变化（%）	年末持仓量（万手）	同比变化（%）
2012	13. 71	—	72. 30	—	0. 45	—
2013	117. 46	756. 87	634. 61	777. 74	0. 002	－99. 65

数据来源：郑州商品交易所相关资料。

表 2－1－74　　2012—2013 年菜籽期货内外盘交易情况比较

年度	成交量（万手）		成交金额（亿元）		年末持仓量（万手）	
	ZCE	ICE	ZCE	ICE	ZCE	ICE
2012	13. 71	487. 03	72. 30	—	0. 45	13. 54
2013	117. 46	549. 17	634. 61	—	0. 002	22. 67

数据来源：郑州商品交易所相关资料。

（二）交割情况

截至2013 年底，ZCE 菜籽期货指定交割仓库共14 家，其中，湖北5 家，江苏3 家，安徽2 家，四川1 家，湖南1 家，内蒙古1 家，青海1 家。

2013 年，ZCE 菜籽期货交割总量300 手折合3 000 吨，交割金额0. 15 亿元。其中，9 月交割量最大，为300 手折合3 000 吨；7 月、8 月、11 月无交割。

2013 年菜籽期货月度交割情况见表 2－1－75，2013 年菜籽期货年度交割情况见表 2－1－76。

表 2－1－75　　2013 年菜籽期货月度交割情况

月度	交割量（手）	同比变化（%）	交割金额（亿元）	同比变化（%）
7 月	0	—	0	—
8 月	0	—	0	—
9 月	300	—	0. 15	—
11 月	0	—	0	—
总计	300	—	0. 15	—

数据来源：郑州商品交易所相关资料。

表 2－1－76　　2013 年菜籽期货年度交割情况

年度	交割量（手）	同比变化（%）	交割金额（亿元）	同比变化（%）
2013	300	—	0. 15	—

数据来源：郑州商品交易所相关资料。

（三）价格走势

1. 总体价格走势

2013 年，ZCE 油菜籽期货主力连续合约年初开盘价 5 273 元/吨（1 月 4 日），最高价 5 551 元/吨（1 月 15 日），最低价 4 885 元/吨（12 月 31 日），最大价差 666 元/吨，年末收盘价 4 927 元/吨（12 月 31 日）。全年下跌 346 元/吨，跌幅 6.56%。

2013 年，由于国内菜油库存充足，菜油价格持续下跌拖累了油菜籽价格，加拿大油菜籽产量创下历史纪录水平，国际油菜籽价格持续下跌，国内企业持续大量进口外国油菜籽，进一步压制了油菜籽价格，国内油菜籽期货价格承压持续下跌。

2013 年，武汉普通国产油菜籽现货价格年初报价 5 260 元/吨（1 月 4 日），最高价 5 260 元/吨（1 月 4 日），最低价 4 840 元/吨（5 月 20 日），年末报价 5 120 元/吨。全年下跌 140 元/吨，跌幅 2.66%。

2013 年，洲际交易所（ICE）油菜籽连续合约年初开盘价 605.4 加元/吨（1 月 2 日），最高价 650.8 加元/吨（2 月 8 日），最低价 425.2 加元/吨（12 月 30 日），最大价差 225.6 加元/吨，年末收盘价 439.9 加元/吨（12 月 31 日）。全年下跌 165.5 加元/吨，跌幅 27.34%。

上半年，由于最大的油菜籽生产国加拿大国内油菜籽加工和出口需求旺盛，导致加拿大油菜籽供应以及商业库存低于预期水平，陈季油菜籽供应紧张，ICE 油菜籽期货价格偏强震荡；下半年，加拿大油菜籽产区天气状况良好，2013 年油菜籽产量最终创下历史最高水平，同时由于加拿大运输能力不足，油菜籽期末库存可能大幅提高，进一步压制了油菜籽价格，ICE 油菜籽期货价格呈震荡下行趋势。

2013 年油菜籽期货内外盘和现货市场价格比较见图 2－1－16。

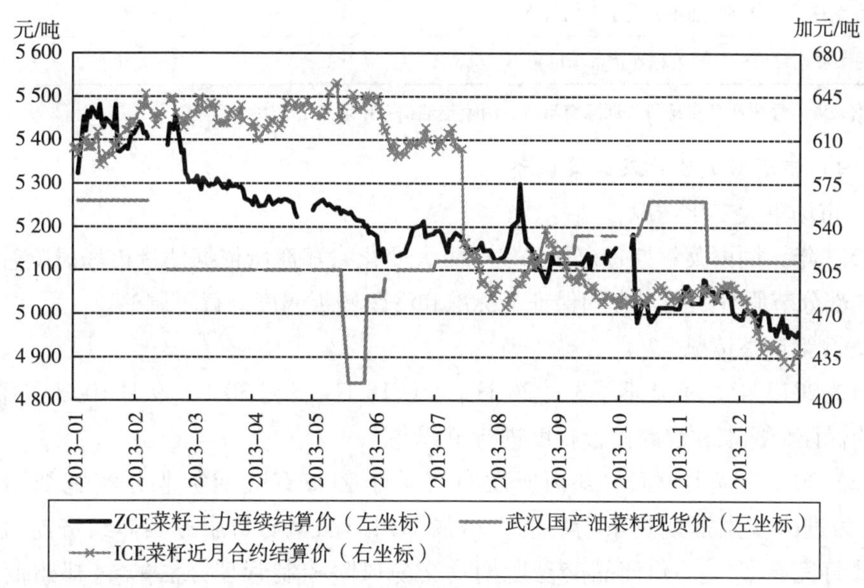

数据来源：郑州商品交易所、洲际交易所、国家粮油信息中心相关资料。

图 2－1－16　2013 年菜籽期货内外盘和现货市场价格比较

2. 涨跌停板次数及其对市场的影响

2013 年 ZCE 菜籽期货无涨跌停板。

3. 价格相关性分析

国内菜籽现货价格受菜籽临储收购影响，价格波动较小，郑州商品交易所油菜籽期货价格与国内菜籽现货价格相关性较低，洲际交易所油菜籽期货价格与国内菜籽现货价格则呈负相关。

2013 年菜籽期货内外盘和现货市场价格主要显性指标见表 2 - 1 - 77，2013 年菜籽期货内外盘和现货市场价格相关性见表 2 - 1 - 78。

表 2 - 1 - 77　2013 年菜籽期货内外盘和现货市场价格主要显性指标

市场分类	绝对指标（加元/吨、元/吨）					相对指标（%）	
	最高价	最低价	平均价	标准差	极差	离散率	波幅率
ZCE 油菜籽连续价格	5 515	4 980	5 233. 52	137. 57	535	2. 63	10. 22
ICE 油菜籽连续价格	656. 2	427. 6	560. 83	70. 52	228. 60	12. 57	40. 76
油菜籽现货市场价格	5 260	4 840	5 136. 81	81. 79	420	1. 59	8. 18

数据来源：郑州商品交易所、洲际交易所、国家粮油信息中心相关资料。

表 2 - 1 - 78　2013 年菜籽期货内外盘和现货市场价格相关性

价格选择	相关系数
ZCE 油菜籽连续价格与 ICE 油菜籽连续价格	0. 85
ZCE 油菜籽连续价格与油菜籽现货市场价格	0. 02
ICE 油菜籽连续价格与油菜籽现货市场价格	-0. 30

数据来源：郑州商品交易所、洲际交易所、国家粮油信息中心相关资料。

（四）市场重大变化及政策调整

1. 市场重大变化情况

2013 年，国内菜籽期货市场未发生重大变化，郑商所依据期货市场风险管理要求，在部分节假日期间对合约保证金标准和涨跌停板幅度进行了调整。

2. 政策调整情况

（1）2013 年 1 月 31 日、3 月 26 日、4 月 18 日、5 月 30 日、9 月 10 日，郑商所对合约保证金标准和涨跌停板幅度进行了调整。

（2）2013 年 7 月 9 日，郑商所发布《关于公布有关期货业务实施细则的通知》，为进一步发挥期货市场功能，增强郑州商品交易所服务实体经济能力，郑商所修订完善了《郑州商品交易所期货交易风险控制管理办法》、《郑州商品交易所套期保值管理办法》、《郑州商品交易所期货交易细则》、《郑州商品交易所期货结算细则》，制定了《郑州商品交易所套利交易管理办法》。修订后的《郑州商品交易所套期保值管理办法》适用于郑商所所有上市品种。

十二、菜籽粕期货运行情况

2013 年，郑州商品交易所（ZCE）菜籽粕（以下简称菜粕）期货价格呈现先抑后扬、震荡上涨走势。上半年，受国内饲料企业年前菜粕备货较为充足以及禽流感疫情持续蔓延的影响，国内菜粕期货价格震荡下跌；下半年，国家调整菜籽收储政策，同时收储菜油和菜粕并大幅提高菜粕销售指导价，国内菜粕期货价格震荡上涨。

（一）交易情况

2013 年全年，ZCE 菜粕期货成交量 16 010.04 万手，同比增加 37 909.90%；成交金额 39 194.20 亿元，同比增加 39 111.45%；年末持仓 75.91 万手，同比增加 1 511.08%。其中，成交量最高为 12 月的 2 190.31 万手，最低为 5 月的 459.61 万手；月末持仓最大为 8 月的 76.40 万手，最小为 1 月的 12.40 万手。

2013 年菜粕期货月度交易情况见表 2－1－79，2012—2013 年菜粕期货年度交易情况见表 2－1－80。

表 2－1－79　　2013 年菜粕期货月度交易情况

月度	成交量（万手）	同比变化（%）	成交金额（亿元）	同比变化（%）	月末持仓量（万手）	同比变化（%）
1 月	871.30	—	2 184.18	—	12.40	—
2 月	945.27	—	2 393.23	—	24.51	—
3 月	1 032.35	—	2 536.82	—	20.58	—
4 月	727.25	—	1 723.04	—	20.22	—
5 月	459.61	—	1 062.19	—	20.87	—
6 月	714.58	—	1 692.22	—	31.48	—
7 月	1 211.76	—	2 812.54	—	65.30	—
8 月	2 037.54	—	4 960.73	—	76.40	—
9 月	2 117.28	—	5 312.13	—	74.45	—
10 月	1 952.69	—	4 774.07	—	73.82	—
11 月	1 750.10	—	4 219.38	—	57.37	—
12 月	2 190.31	5 100.09	5 523.68	5 426.11	75.91	1 511.08
总计	16 010.04	37 909.90	39 194.20	39 111.45	—	—

数据来源：郑州商品交易所相关资料。

表 2－1－80　　2012—2013 年菜粕期货年度交易情况

年度	成交量（万手）	同比变化（%）	成交金额（亿元）	同比变化（%）	年末持仓量（万手）	同比变化（%）
2012	42.12	—	99.96	—	4.72	—
2013	16 010.04	37 909.90	39 194.20	39 111.45	75.91	1 511.08

数据来源：郑州商品交易所相关资料。

（二）交割情况

截至2013年底，ZCE菜粕期货交割仓库共20家，其中，湖北5家，江苏3家，广东3家，福建3家，安徽2家，广西2家，湖南1家，四川1家。

2013年，ZCE菜粕期货交割总量3 414手折合34 140吨，交割金额0.93亿元。其中，11月交割量最大，为1 950手折合19 500吨；1月、3月、8月无交割。

2013年菜粕期货月度交割情况见表2－1－81，2013年菜粕期货年度交割情况见表2－1－82。

表2－1－81　　2013年菜粕期货月度交割情况

月度	交割量（手）	同比变化（%）	交割金额（亿元）	同比变化（%）
1月	0	—	0	—
3月	0	—	0	—
5月	716	—	0.19	—
7月	8	—	0.002	—
8月	0	—	0	—
9月	740	—	0.23	—
11月	1 950	—	0.51	—
总计	3 414	—	0.93	—

数据来源：郑州商品交易所相关资料。

表2－1－82　　2013年菜粕期货年度交割情况

年度	交割量（手）	同比变化（%）	交割金额（亿元）	同比变化（%）
2013	3 414	—	0.93	—

数据来源：郑州商品交易所相关资料。

（三）价格走势

1. 总体价格走势

2013年，ZCE菜粕期货主力连续合约年初开盘价2 322元/吨（1月4日），最高价2 645元/吨（12月30日），最低价2 133元/吨（5月24日），最大价差512元/吨，年末收盘价2 624元/吨（12月31日）。全年上涨302元/吨，涨幅13.01%。

上半年，年初受国内菜粕饲料企业积极备货的影响，菜粕期货价格上涨，之后，国内禽流感疫情持续蔓延，对饲料消费构成不利影响，同时国产冬菜籽即将收获上市，菜粕供应将持续增加，菜粕期货价格承压下跌；下半年，国家调整菜籽收储政策，在收储菜油的同时收储菜粕，并大幅提高菜粕销售价格，对菜粕期货价格构成较强支撑，菜粕期货价格震荡上涨。

2013年，武汉菜粕现货价格年初报价2 360元/吨（1月4日），最高价3 340元/吨（9月2日），最低价2 360元/吨（1月4日），年末报价2 780元/吨。全年上涨420元/吨，涨幅17.80%。

2013 年菜粕期货和现货市场价格比较见图 2－1－17。

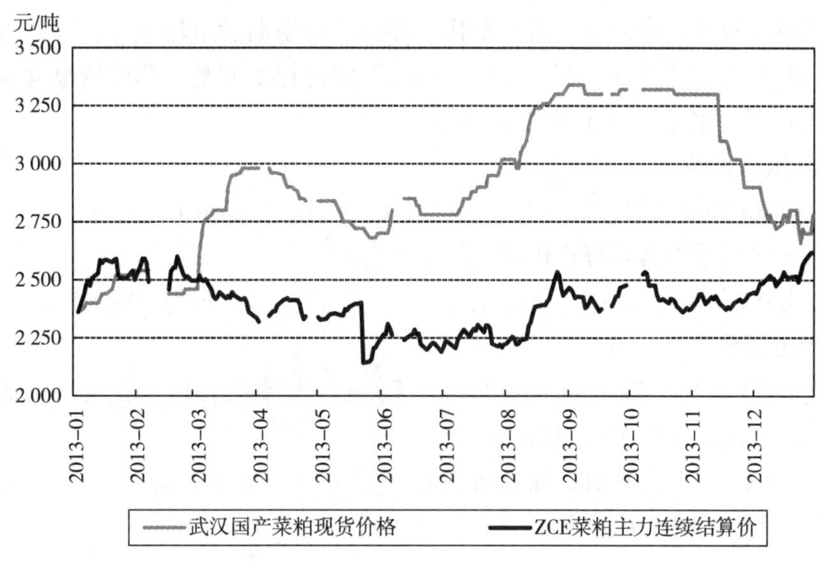

数据来源：郑州商品交易所、国家粮油信息中心相关资料。

图 2－1－17　2013 年菜粕期货和现货市场价格比较

2. 涨跌停板次数及其对市场的影响

2013 年 ZCE 菜粕期货涨停板 2 次。2013 年 8 月 26 日 RM401 合约、RM403 合约、RM405 合约、RM407 合约、RM408 合约涨停。2013 年 9 月 24 日 RM311 合约涨停。

3. 价格相关性分析

2013 年菜粕期货和现货市场价格主要显性指标见表 2－1－83，2013 年菜粕期货和现货市场价格相关性见表 2－1－84。

表 2－1－83　2013 年菜粕期货和现货市场价格主要显性指标

市场分类	绝对指标（元/吨）					相对指标（%）	
	最高价	最低价	平均价	标准差	极差	离散率	波幅率
ZCE 菜粕连续价格	3 256	2 362	2 735.85	213.36	894	7.80	32.68
菜粕现货市场价格	3 340	2 360	2 906.05	281.10	980	9.67	33.72

数据来源：郑州商品交易所、国家粮油信息中心相关资料。

表 2－1－84　2013 年菜粕期货和现货市场价格相关性

价格选择	相关系数
ZCE 菜粕连续价格与现货市场价格	0.47

数据来源：郑州商品交易所、国家粮油信息中心相关资料。

（四）市场重大变化及政策调整

1. 市场重大变化情况

国内菜粕期货市场未发生重大变化，郑商所依据期货市场风险管理要求，在部分节假日期间对合约保证金标准和涨跌停板幅度进行了调整。郑商所根据菜粕的生产和销售情况对菜粕交割仓库进行了调整。

2. 政策调整情况

（1）2013 年 1 月 31 日、3 月 26 日、4 月 18 日、5 月 30 日、9 月 10 日，郑商所对合约保证金标准和涨跌停板幅度进行了调整。

（2）2013 年 7 月 26 日，郑商所发布《关于指定菜粕交割厂库的通告》，对交割仓库进行了调整。

（3）2013 年 9 月 27 日，郑商所发布《关于调整菜粕 1311 合约交易保证金标准的通知》，以防范菜粕期货市场风险。

（4）2013 年 11 月 6 日，郑商所发布《关于调整菜粕 1401 合约交易保证金标准》，以防范菜粕期货市场风险。

十三、菜籽油期货运行报告

2013 年，郑州商品交易所（ZCE）菜籽油（以下简称菜油）期货价格呈现震荡下行走势。上半年，由于春节后国家进行新一轮的国储菜油拍卖的影响，菜油期货价格区间整理；下半年，国家调整菜油收储政策，严查进口菜油流入国储，菜油期货价格承压持续下行。

（一）交易情况

2013 年全年，ZCE 菜油期货成交量 1 270. 93 万手，同比增加 103. 11%；成交金额 9 557. 59 亿元，同比增加 199. 42%；年末持仓 16. 15 万手，同比增加 230%。其中，成交量最高为 11 月的 350. 38 万手，最低为 5 月的 16. 72 万手；月末持仓最大为 11 月的 16. 19 万手，最小为 5 月的 4. 84 万手。

2013 年菜油期货月度交易情况见表 2 – 1 – 85，2011—2013 年菜油期货年度交易情况见表 2 – 1 – 86。

表 2 – 1 – 85　　2013 年菜油期货月度交易情况

月度	成交量（万手）	同比变化（%）	成交金额（亿元）	同比变化（%）	月末持仓量（万手）	同比变化（%）
1 月	56. 49	883. 76	288. 19	954. 59	4. 99	22. 85
2 月	20. 39	– 18. 44	117. 96	– 3. 06	5. 49	3. 76
3 月	17. 65	– 60. 03	119. 27	– 46. 74	4. 99	– 17. 31
4 月	18. 22	– 67. 35	164. 68	– 44. 10	5. 38	– 36. 84
5 月	16. 72	– 87. 47	161. 26	– 76. 66	4. 84	– 60. 75

续表

月度	成交量（万手）	同比变化（%）	成交金额（亿元）	同比变化（%）	月末持仓量（万手）	同比变化（%）
6月	68.54	-27.99	607.94	25.29	6.40	-49.92
7月	97.99	70.55	781.42	162.50	9.52	-18.25
8月	166.95	312.09	1 277.43	506.60	10.93	10.00
9月	98.41	53.56	738.86	125.66	10.65	55.45
10月	146.03	360.44	1 079.78	583.96	13.38	83.66
11月	350.38	695.03	2 650.20	1 143.68	16.19	164.11
12月	213.17	644.16	1 570.60	1 008.57	16.15	230.00
总计	1 270.93	103.11	9 557.59	199.42	—	—

数据来源：郑州商品交易所相关资料。

表 2-1-86　　2011—2013 年菜油期货年度交易情况

年度	成交量（万手）	同比变化（%）	成交金额（亿元）	同比变化（%）	年末持仓量（万手）	同比变化（%）
2011	432.80	-54.58	2 252.88	-47.38	4.74	-48.42
2012	625.74	44.58	3 192.01	41.69	4.89	3.25
2013	1 270.93	103.11	9 557.59	199.42	16.15	230.00

数据来源：郑州商品交易所相关资料。

（二）交割情况

截至2013年底，ZCE菜油期货指定交割仓库共12家，其中，湖北4家，江苏4家，四川2家，安徽、陕西各1家。

2013年，ZCE菜油期货交割总量4 104手折合29 370吨，同比减少83.40%，交割金额2.55亿元，同比减少81.90%。其中，9月交割量最大，为1 770手折合17 700吨；7月、11月无交割。

2013年菜油期货月度交割情况见表2-1-87，2011—2013年菜油期货年度交割情况见表2-1-88。

表 2-1-87　　2013 年菜油期货月度交割情况

月度	交割量（手）	同比变化（%）	交割金额（亿元）	同比变化（%）
1月	1 331	-20.16	0.66	-16.00
3月	45	—	0.02	—
5月	958	15.28	0.47	2.07
7月	0	0	0	0
9月	1 770	-92.03	1.39	-89.14
11月	0	0	0	0
总计	4 104	-83.40	2.55	-81.90

数据来源：郑州商品交易所相关资料。

表 2－1－88　　2011—2013 年菜油期货年度交割情况

年度	交割量（手）	同比变化（%）	交割金额（亿元）	同比变化（%）
2011	28 231	103.31	13.83	135.20
2012	24 718	－12.44	14.07	1.74
2013	4 104	－83.40	2.55	－81.90

数据来源：郑州商品交易所相关资料。

（三）价格走势

1. 总体价格走势

2013 年，ZCE 菜油主力连续合约年初开盘价 9 788 元/吨（1 月 4 日），最高价 10 134 元/吨（1 月 15 日），最低价 7 032 元/吨（12 月 31 日），最大价差 3 102 元/吨，年末收盘价 7 034 元/吨（12 月 31 日）。全年下跌 2 754 元/吨，跌幅 28.14%。

上半年，国家进行新一轮的国储菜油拍卖，不过由于价格较高导致拍卖成交情况不佳，国内菜油期货价格窄幅整理；下半年，2013 年国内油菜籽临储收购政策出台，收购价格较 2012 年有所提高，但是国家严查进口菜油和进口菜籽压榨菜油交入国储，大量进口菜油进入流通市场，国内菜油供应压力剧增，菜油期货价格承压大幅下跌。

2013 年，武汉四级菜籽油现货价格年初报价 10 650 元/吨（1 月 4 日），最高价 10 700 元/吨（1 月 23 日），最低价 7 850 元/吨（12 月 31 日），年末报价 7 850 元/吨。全年下跌 2 850 元/吨，跌幅 26.64%。

2013 年菜油期货和现货市场价格比较见图 2－1－18。

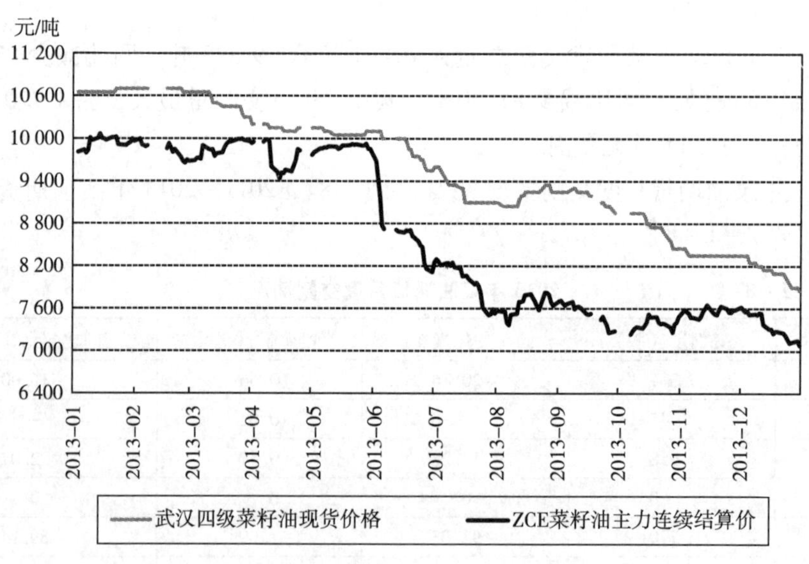

数据来源：郑州商品交易所、国家粮油信息中心相关资料。

图 2－1－18　2013 年菜油期货和现货市场价格比较

2. 涨跌停板次数及其对市场的影响

2013 年 ZCE 菜油期货跌停板 2 次，涨停板 1 次。2013 年 6 月 5 日 OI309 合约跌停，2013 年 7 月 26 日 OI309 合约、OI311 合约跌停。2013 年 8 月 26 日 OI401 合约涨停。

3. 价格相关性分析

2013 年菜油期货和现货市场价格主要显性指标见表 2 - 1 - 89，2013 年菜油期货和现货市场价格相关性见表 2 - 1 - 90。

表 2 - 1 - 89　　2013 年菜油期货和现货市场价格主要显性指标

市场分类	绝对指标（元/吨）					相对指标（%）	
	最高价	最低价	平均价	标准差	极差	离散率	波幅率
ZCE 菜油连续价格	10 026	7 018	8 853. 97	988. 92	3 008	11. 17	33. 97
菜油现货市场价格	10 700	7 850	9 535. 29	855. 81	2 850	8. 98	29. 89

数据来源：郑州商品交易所、国家粮油信息中心相关资料。

表 2 - 1 - 90　　2013 年菜油期货和现货市场价格相关性

价格选择	相关系数
ZCE 菜油连续价格与菜油现货市场价格	0. 92

数据来源：郑州商品交易所、国家粮油信息中心相关资料。

（四）市场重大变化及政策调整

1. 市场重大变化情况

2013 年国内菜油期货市场未发生重大变化，郑商所依据期货市场风险管理要求，在部分节假日期间对合约保证金标准和涨跌停板幅度进行了调整。

2. 政策调整情况

（1）2013 年 1 月 31 日、3 月 26 日、4 月 18 日、5 月 30 日、9 月 10 日，郑商所对合约保证金标准和涨跌停板幅度进行了调整。

（2）2013 年 2 月 1 日，郑商所发布《关于调整部分菜籽油交割仓库升贴水的通告》。

（3）2013 年 4 月 26 日，郑商所发布通告，暂停泰州市过船港务有限公司菜籽油期货交割业务。

（4）2013 年 10 月 8 日，郑商所发布《关于指定菜籽油交割厂库通告》和《关于调整菜籽油指定交割仓库的通告》，对菜籽油指定交割仓库进行调整。

十四、鸡蛋期货运行报告

2013 年，大连商品交易所（DCE）鸡蛋期货价格呈现震荡走势。11 月 8 日上市的鸡蛋期货成为国内第一个畜牧产品期货品种，迈出了畜牧产品期货开发的实质性步伐。

（一）交易情况

2013 年上市以来，鸡蛋期货成交量 195.13 万手；成交金额 798.38 亿元，年末持仓 4 万手。其中，成交量最高为 11 月合约的 106 万手，最低为 12 月的 89.32 万手；月末持仓最大为 11 月的 4.76 万手，最小为 12 月的 4 万手。

2013 年鸡蛋期货月度交易情况见表 2－1－91，2013 年鸡蛋期货年度交易情况见表 2－1－92。

表 2－1－91　　2013 年鸡蛋期货月度交易情况

月度	成交量（万手）	同比变化（%）	成交金额（亿元）	同比变化（%）	月末持仓量（万手）	同比变化（%）
11 月	105.81	—	432.76	—	4.76	—
12 月	89.32	—	365.62	—	4	—
总计	195.13	—	798.38	—	—	—

数据来源：大连商品交易所相关资料。

表 2－1－92　　2013 年鸡蛋期货年度交易情况

年度	成交量（万手）	同比变化（%）	成交金额（亿元）	同比变化（%）	年末持仓量（万手）	同比变化（%）
2013	195.13	—	798.38	—	4.75	—
总计	195.13	—	798.38	—	—	—

数据来源：大连商品交易所相关资料。

（二）交割情况

截至 2013 年底，DCE 鸡蛋期货交割仓（厂）库共 15 家，其中河北 3 家，山东 2 家，河南 1 家，辽宁 1 家，江苏 2 家，湖北 4 家，上海 1 家，深圳 1 家。鸡蛋期货上市后首个交割月为 2014 年 3 月，因此 2013 年未发生交割。

（三）价格走势

1. 总体价格走势

2013 年，DCE 鸡蛋期货主力连续合约上市开盘价 4 050 元/500 千克（11 月 8 日），最高价 4 196 元/500 千克（12 月 3 日），最低价 3 933 元/500 千克（11 月 11 日），最大价差 263 元/500 千克，年末收盘价 3 951 元/500 千克（12 月 31 日）。全年下跌 99 元/500 千克，跌幅 2.4%。

2013 年，河北邯郸地区现货价格年初报价 4 350 元/500 千克（1 月 4 日），最高价 4 630 元/500 千克（9 月 9 日），最低价 3 100 元/500 千克（7 月 12 日），年末报价 4 000 元/500 千克。全年下跌 350 元/500 千克，跌幅 8%。

2013 年鸡蛋期货和现货市场价格比较见图 2－1－19。

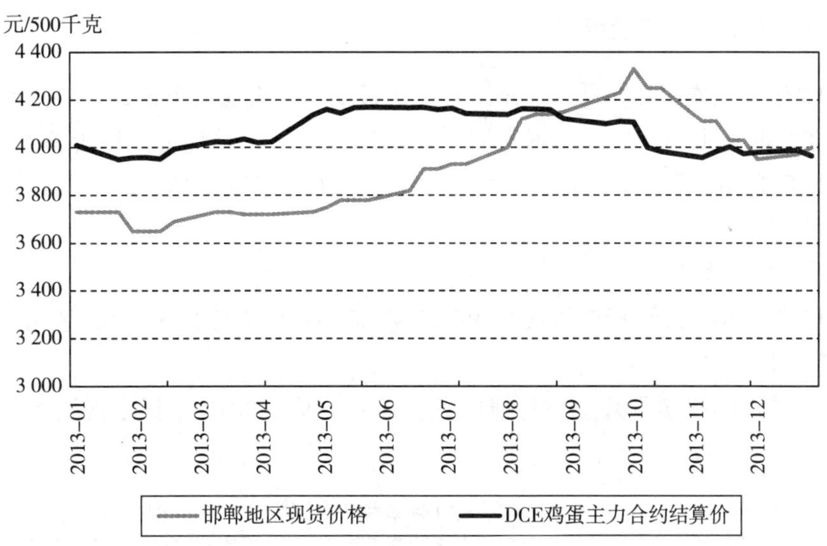

数据来源：大连商品交易所相关资料、wind 资讯。

图 2-1-19　2013 年鸡蛋期货和现货市场价格比较

2. 涨跌停板次数及其对市场的影响

鸡蛋期货自 11 月上市至 2013 年末未出现涨跌停板。

3. 价格相关性分析

鸡蛋期货与其他期货品种不同，鸡蛋具有不耐储存的特点，不能以现货价格加上持仓与交割成本推算期货价格，而且鸡蛋现货价格与新上市的期货交割月合约在时间上相距较远，因此其远期价格与现货价格相关性不大。

2013 年鸡蛋期货和现货市场价格主要显性指标见表 2-1-93，2013 年鸡蛋期货和现货市场价格相关性见表 2-1-94。

表 2-1-93　　2013 年鸡蛋期货和现货市场价格主要显性指标

市场分类	绝对指标（元/500 千克）					相对指标（%）	
	最高价	最低价	平均价	标准差	极差	离散率	波幅率
大连商品交易所鸡蛋连续价格	3 979	3 859	3 919	40	120	1	3
河北邯郸现货市场价格	4 630	3 100	3 844	349	1 530	9	39.80

数据来源：大连商品交易所相关资料、wind 资讯。

表 2-1-94　　2013 年鸡蛋期货和现货市场价格相关性

价格选择	相关系数
大连商品交易所鸡蛋连续价格与现货市场价格	0.04

数据来源：大连商品交易所相关资料、wind 资讯。

十五、纤维板期货运行报告

2013 年，大连商品交易所（DCE）纤维板期货价格有所下跌，主要原因是生产企业为了采购未来一年所需木材原料，低价清理存货，对现货市场价格造成影响，以广东地区为例，现货市场价格下跌约 15%。受现货价格影响，纤维板期货价格出现下降的走势。

（一）交易情况

2013 年全年，纤维板期货成交量 237.48 万手；成交金额 874.02 亿元；年末持仓 2.55 万手。

2013 年纤维板期货月度交易情况见表 2－1－95，2013 年纤维板期货年度交易情况见表 2－1－96。

表 2－1－95　　2013 年纤维板期货月度交易情况

月度	成交量（万手）	同比变化（%）	成交金额（亿元）	同比变化（%）	月末持仓量（万手）	同比变化（%）
12 月	237.48	—	874.02	—	2.55	—
总计	237.48	—	874.02	—	2.55	—

数据来源：大连商品交易所相关资料。

表 2－1－96　　2013 年纤维板期货年度交易情况

年度	成交量（万手）	同比变化（%）	成交金额（亿元）	同比变化（%）	年末持仓量（万手）	同比变化（%）
2013	237.48	—	874.02	—	2.55	—

数据来源：大连商品交易所相关资料。

（二）价格走势

1. 总体价格走势

2013 年，DCE 纤维板主力连续合约年初开盘价 74.80 元/张（12 月 6 日），最高价 76.05 元/张（12 月 9 日），最低价 69.40 元/张（12 月 30 日），最大价差 6.65 元/张，年末收盘价 69.85 元/张（12 月 31 日）。全年下跌 4.95 元/张，跌幅 6.62%。

2013 年，广州地区纤维板现货价格年初报价 71 元/张（12 月 6 日），最高价 71 元/张（12 月 6 日），最低价 70 元/张（12 月 31 日），年末报价 70 元/张。全年下跌 1 元/张，跌幅 1.41%。

2013 年纤维板期货和现货市场价格比较见图 2－1－20。

2. 涨跌停板次数及其对市场的影响

2013 年纤维板期货 fb1405，fb1409 在 12 月 26 日各触及 1 次跌停板。

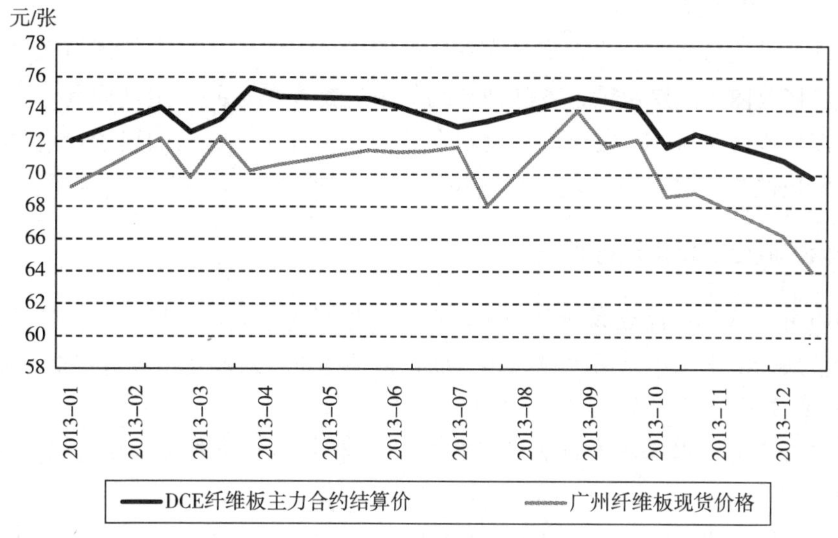

数据来源：大连商品交易所相关资料、百年建筑网。

图 2－1－20　2013 年纤维板期货和现货市场价格比较

3. 价格相关性分析

2013 年纤维板期货和现货市场价格主要显性指标见表 2－1－97，2013 年纤维板期货和现货市场价格相关性见表 2－1－98。

表 2－1－97　　2013 年纤维板期货和现货市场价格主要显性指标

市场分类	绝对指标（元/张）					相对指标（%）	
	最高价	最低价	平均价	标准差	极差	离散率	波幅率
DCE 纤维板连续价格	76.30	70.20	73.86	1.60	6.10	2.17	8.26
纤维板现货市场价格	75	70	72	1.88	2	2.61	2.78

数据来源：文华财经。

表 2－1－98　　2013 年纤维板期货和现货市场价格相关性

价格选择	相关系数
DCE 纤维板连续价格与现货市场价格	0.82

数据来源：文华财经。

（三）市场重大变化及政策调整

1. 市场重大变化情况

2013 年市场未出现重大风险事件，大连商品交易所根据风险管理需要，在部分节假日期间对保证金及涨跌停板作出相应调整。根据交割需求对仓库进行了调整。

2. 政策调整情况

纤维板期货 2013 年 12 月上市，上市后政策未进行调整。

3. 合约制度的修订和完善情况

大连商品交易所对《大连商品交易所风险管理办法》中限仓管理有关规定进行了修改。修改内容主要包括：各品种合约的单边持仓量达到一定规模起，对期货公司会员按单边持仓量的一定比例确定限仓数额；当各品种合约的单边持仓量小于或等于一定规模时，期货公司会员持仓不受限制；期货公司会员超仓不强平。

十六、胶合板期货运行报告

2013 年，大连商品交易所（DCE）胶合板期货价格有所下跌，主要原因是生产企业为了采购未来一年所需木材原料，低价清理存货，对现货市场价格造成影响。

（一）交易情况

2013 年全年，胶合板期货成交量 237.48 万手；成交金额 874.02 亿元；年末持仓 2.55 万手。

2013 年胶合板期货月度交易情况见表 2－1－99，2013 年胶合板期货年度交易情况见表 2－1－100。

表 2－1－99　　2013 年胶合板期货月度交易情况

月度	成交量（万手）	同比变化（%）	成交金额（亿元）	同比变化（%）	月末持仓量（万手）	同比变化（%）
12 月	198.81	—	1 305.15	—	3.00	—
总计	198.81	—	1 305.15	—	3.00	—

数据来源：大连商品交易所相关资料。

表 2－1－100　　2013 年胶合板期货年度交易情况

年度	成交量（万手）	同比变化（%）	成交金额（亿元）	同比变化（%）	年末持仓量（万手）	同比变化（%）
2013	198.81	—	1 305.15	—	3.00	—

数据来源：大连商品交易所相关资料。

（二）价格走势

1. 总体价格走势

2013 年，DCE 胶合板主力连续合约上市初开盘价 126.05 元/张（12 月 6 日），最高价 138.05 元/张（12 月 12 日），最低价 120.55 元/张（12 月 30 日），最大价差 17.50 元/张，年末收盘价 122.85 元/张（12 月 31 日）。全年下跌 3.20 元/张，跌幅 2.54%。

2013 年，杭州地区胶合板现货价格年初报价 130 元/张（12 月 6 日），最高价 131 元/张（12 月 6 日），最低价 129 元/张（12 月 31 日），年末报价 129 元/张。全年下跌 1 元/张，跌幅 1.41%。

2013 年胶合板期货和现货市场价格比较见图 2－1－21。

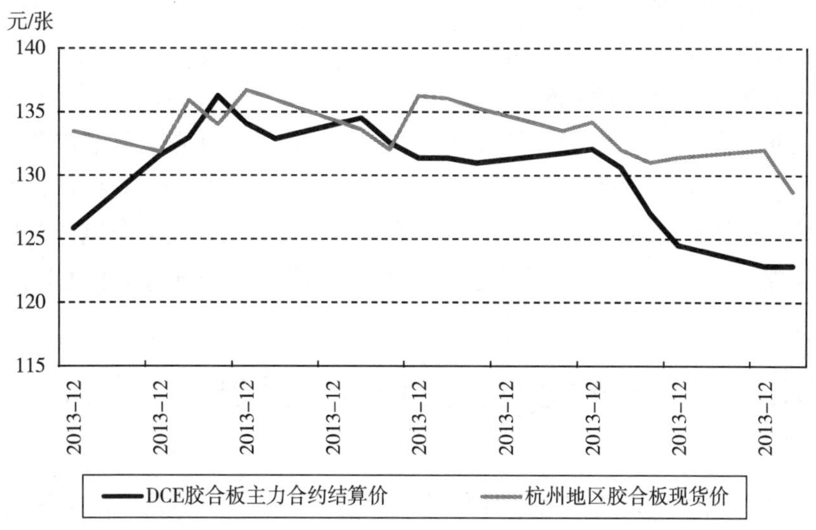

数据来源：大连商品交易所相关资料、百年建筑网。

图 2－1－21　2013 年胶合板期货和现货市场价格比较

2. 涨跌停板次数及其对市场的影响

2013 年胶合板期货 bb1404、bb1405、bb1407、bb1409 分别在 12 月 9 日、12 月 10 日、12 月 11 日、12 月 26 日累计触及 7 次涨跌停板。

3. 价格相关性分析

2013 年胶合板期货和现货市场价格主要显性指标见表 2－1－101，2013 年胶合板期货和现货市场价格相关性见表 2－1－102。

表 2－1－101　　2013 年胶合板期货和现货市场价格主要显性指标

市场分类	绝对指标（元/张）					相对指标（%）	
	最高价	最低价	平均价	标准差	极差	离散率	波幅率
DCE 胶合板连续价格	135. 85	121. 85	129. 50	4. 27	14	3. 30	10. 81
胶合板现货市场价格	131	129	130. 26	0. 74	2	0. 57	1. 54

数据来源：文华财经。

表 2－1－102　　2013 年胶合板期货和现货市场价格相关性

价格选择	相关系数
DCE 胶合板连续价格与现货市场价格	0. 53

数据来源：文华财经。

（三）市场重大变化及政策调整

1. 市场重大变化情况

2013 年市场未出现重大风险事件，大连商品交易所根据风险管理需要，在部分节假日期间对保证金及涨跌停板作出相应调整。根据交割需求对仓库进行了调整。

2. 政策调整情况

胶合板期货2013年12月上市，上市后政策未进行调整。

3. 合约制度的修订和完善情况

大连商品交易所对《大连商品交易所风险管理办法》中限仓管理有关规定进行了修改。修改内容主要包括：各品种合约的单边持仓量达到一定规模起，对期货公司会员按单边持仓量的一定比例确定限仓数额；当各品种合约的单边持仓量小于或等于一定规模时，期货公司会员持仓不受限制；期货公司会员超仓不强平。

第二节　金属类期货品种运行报告

2013年，我国金属类期货品种累计成交量为56 690.06万手，累计成交额为45.75万亿元，分别占当年全国期货市场的27.50%和17.11%。

2013年，金属市场期货价格整体重心呈现出逐步下移的态势。其中，黄金和白银跌幅较大，分别达到70.36%和35.89%，成交量也随之大幅上升，尤其是夜盘连续交易制度启动之后，市场参与度大大增强。

一、铜期货运行报告

2013年，上海期货交易所（SHFE）铜期货市场运行平稳，其交易量和交易金额较2012年有所增长，铜期货价格与上海SMM现货价格、伦敦金属交易所（LME）的铜期货价格高度相关。

（一）交易情况

2013年全年，SHFE铜期货成交量6 429.59万手，同比增加12.24%；成交金额167 323.62亿元，同比增加2.19%；年末持仓25.93万手，同比增加36.81%。其中，成交量最高为5月的1 042.26万手，最低为2月的181.54万手；月末持仓最大为4月的39.60万手，最小为9月的21.85万手。

2013年铜期货月度交易情况见表2-2-1，2011—2013年铜期货年度交易情况见表2-2-2。

表2-2-1　　2013年铜期货月度交易情况

月度	成交量（万手）	同比变化（%）	成交金额（亿元）	同比变化（%）	月末持仓量（万手）	同比变化（%）
1月	232.39	-50.35	6 794.44	-49.85	22.06	1.30
2月	181.54	-69.85	5 306.20	-70.82	25.24	8.58
3月	416.45	-16.50	11 666.49	-22.51	33.99	64.71

续表

月度	成交量（万手）	同比变化（%）	成交金额（亿元）	同比变化（%）	月末持仓量（万手）	同比变化（%）
4月	742.12	61.63	19 239.77	44.21	39.60	62.30
5月	1 042.26	54.74	27 324.76	44.59	33.52	16.67
6月	703.35	16.38	17 694.24	8.23	39.23	40.79
7月	998.35	71.62	24 833.42	54.40	37.75	41.55
8月	623.40	26.10	16 129.27	18.93	29.52	22.76
9月	370.78	-6.91	9 625.73	-17.24	21.85	15.22
10月	334.84	13.25	8 685.83	1.28	27.39	25.75
11月	413.60	16.93	10 509.55	5.86	28.93	35.29
12月	370.51	24.05	9 513.92	10.81	25.93	36.81
总计	6 429.59	12.24	167 323.62	2.19	—	—

数据来源：上海期货交易所相关资料。

表2-2-2　　2011—2013年铜期货年度交易情况

年度	成交量（万手）	同比变化（%）	成交金额（亿元）	同比变化（%）	年末持仓量（万手）	同比变化（%）
2011	4 869.11	-3.60	149 667.11	0.98	24.48	31.99
2012	5 728.48	17.00	163 744.71	9.41	18.95	-11.78
2013	6 429.59	12.24	167 323.62	2.19	25.93	36.81

数据来源：上海期货交易所相关资料。

表2-2-3是上海期货交易所（SHFE）与伦敦金属交易所（LME）铜期货年度成交数据比较。2013年SHFE铜期货成交量为6 429.59万手，LME为4 048.65万手；按照SHFE铜期货合约5吨/手和LME铜期货合约25吨/手折算成实际吨数进行比较，SHFE铜期货成交量约为LME的32%。就年末持仓量而言，SHFE铜期货为25.93万手，LME为27.32万手，SHFE铜期货年末持仓量约为LME的19%。

表2-2-3　　2011—2013年铜期货内外盘交易情况比较

年度	成交量（万手）		成交金额（亿元）		年末持仓量（万手）	
	SHFE（内盘）	LME（外盘）	SHFE（内盘）	LME（外盘）	SHFE（内盘）	LME（外盘）
2011	4 869.11	3 453.73	149 667.10	—	24.48	27.04
2012	5 728.48	3 591.76	163 744.70	—	18.95	23.71
2013	6 429.59	4 048.65	167 323.60	—	25.93	27.32

数据来源：上海期货交易所相关资料、路透（Reuters）。

（二）交割情况

截至2013年底，SHFE铜期货交割仓库共11家，其中上海市7家，浙江省2家，江苏省、广东省各1家。

2013年，铜期货交割总量51 600手折合258 000吨，同比减少19.59%，交割金额139.25亿元，同比减少24.55%。其中，3月交割量最大，为7 495手折合37 475吨；4月交割量最低为2 645手，折合13 225吨。

2013年铜期货月度交割情况见表2－2－4，2011—2013年铜期货年度交割情况见表2－2－5。

表2－2－4　　2013年铜期货月度交割情况

月度	交割量（手）	同比变化（%）	交割金额（亿元）	同比变化（%）
1月	4 345	14.80	12.46	15.37
2月	6 115	－17.25	17.88	－18.73
3月	7 495	31.26	21.29	25.46
4月	2 645	－58.48	7.16	－60.29
5月	4 440	－4.62	11.82	－9.43
6月	3 245	65.56	8.53	57.09
7月	3 055	19.80	7.71	7.83
8月	3 095	－49.26	8.15	－51.63
9月	2 985	－61.63	7.76	－66.84
10月	5 290	－6.95	13.87	－16.45
11月	5 360	－29.66	13.58	－35.91
12月	3 530	－22.67	9.04	－30.94
总计	51 600	－19.59	139.25	－24.55

数据来源：上海期货交易所相关资料。

表2－2－5　　2011—2013年铜期货年度交割情况

月度	交割量（手）	同比变化（%）	交割金额（亿元）	同比变化（%）
2011	31 720	－17.37	106.24	－6.31
2012	64 170	102.3	184.57	73.73
2013	51 600	－19.59	139.25	－24.55

数据来源：上海期货交易所相关资料。

（三）价格走势

1. 总体价格走势

2013 年，SHFE 铜期货主力连续合约年初开盘价 58 610 元/吨（1 月 4 日），最高价 60 270 元/吨（2 月 4 日），最低价 47 560 元/吨（6 月 25 日），最大价差（为一年中最大日价差，日价差 = 日最高价 - 日最低价）2 130 元/吨，年末收盘价 52 280 元/吨（12 月 31 日）。全年下跌 6 330 元/吨，跌幅 10. 80%。

2013 年，伦敦金属交易所铜连续合约年初开盘价 8 000 元/吨（1 月 2 日），最高价 8 346 元/吨（2 月 4 日），最低价 6 602 元/吨（6 月 25 日），最大价差（为一年中最大日价差，日价差 = 日最高价 - 日最低价）429. 5 元/吨，年末收盘价 7 360 元/吨（12 月 31 日）。全年下跌 640 元/吨，跌幅 8. 00%。

2013 年，上海 1 号电解铜现货价格年初报价 57 525 元/吨（1 月 4 日），最高价 59 085 元/吨（2 月 4 日），最低价 48 850 元/吨（6 月 25 日），年末报价 52 150 元/吨（12 月 31 日）。全年下跌 5 375 元/吨，跌幅 9. 3%。

2013 年铜期货内外盘和现货市场价格比较见图 2 - 2 - 1。

数据来源：上海期货交易所相关资料、上海金属网、路透（Reuters）。

图 2 - 2 - 1　2013 年铜期货内外盘和现货市场价格比较

2. 涨跌停板次数及其对市场的影响

2013 年铜期货合约交易平稳可控，仅在 4 月 18 日出现 1 次跌停板（所有 12 个合约），全年涨停板次数为零。

3. 价格相关性分析

2013 年铜期货内外盘和现货市场价格主要显性指标见表 2 - 2 - 6，2013 年铜期货内外盘和现货市场价格相关性见表 2 - 2 - 7。

表 2-2-6　　2013 年铜期货内外盘和现货市场价格主要显性指标

市场分类	绝对指标（美元/吨、元/吨）					相对指标（%）	
	最高价	最低价	平均价	标准差	极差	离散率	波幅率
上海期货交易所主力合约结算价	60 050	48 200	52 930	3 009	11 850	5.69	22.39
伦敦金属交易所主力合约结算价	8 305	6 670	7 333	384	1 635	5.24	22.30
SMM 现货市场价格	59 085	48 850	53 209	2 621	10 235	4.93	19.24

数据来源：上海期货交易所相关资料、上海金属网、路透（Reuters）。

表 2-2-7　　2013 年铜期货内外盘和现货市场价格相关性

价格选择	相关系数
上海期货交易所主力合约结算价与伦敦金属交易所主力合约结算价	0.981
上海期货交易所主力合约结算价与现货市场价格	0.993
伦敦金属交易所主力合约结算价与现货市场价格	0.966

数据来源：上海期货交易所相关资料、上海金属网、路透（Reuters）。

（四）市场重大变化及政策调整

1. 市场重大变化情况

对于 2013 年节假日休市，上海期货交易所发布通知对各期货合约涨跌停板幅度、交易保证金比例进行调整。

2. 政策调整情况

（1）2013 年 2 月 6 日，上海期货交易所批准广东储备物资管理局八三〇处成为铜指定交割仓库，核定库容 3 万吨。这是华南地区的首家铜交割仓库，实现了上海期货交易所铜交割仓库布局的新突破。

（2）2013 年 12 月 2 日，上海期货交易所实施新修订的套利交易管理办法，获得批准的客户可以参与有色金属品种（铜、铝、锌、铅）的套利交易。

（3）2013 年 12 月 30 日，上海期货交易所决定终止 LME 注册、上海期货交易所允许交割的阴极铜、高级基础铝牌号（不含已在 SHFE 完成注册的品牌）制作标准仓单并履约交割的资格，从 1501 合约及以后月份合约开始执行。原已制成的标准仓单，可以继续用于期货合约的履约交割。

（4）2013 年 12 月 30 日，上海期货交易所正式实施修订后的结算细则，对符合条件客户的有色金属（铜、铝、锌、铅）期货持仓按单边收取保证金。

3. 合约制度的修订和完善情况

（1）2013 年 6 月 25 日，上海期货交易所实施新的风险控制管理办法，对有色金属期货合约持仓不同数量和上市运行不同阶段的保证金比例作出调整。

（2）2013 年 12 月 20 日，上海期货交易所推出有色金属（铜、铝、锌、铅）连续交易，连续交易时间为每周一至周五的 21：00 至次日 1：00，法定节假日（不含双休日）前第一个工作日的有色金属连续交易不再进行。

二、铝期货运行报告

2013 年，上海期货交易所（SHFE）铝期货市场运行平稳，其交易量和交易金额较 2012 年有所下降，铝期货价格与上海 SMM 现货价格、伦敦金属交易所（LME）的铝期货价格高度相关。

（一）交易情况

2013 年全年，SHFE 铝期货成交量 330.56 万手，同比减少 16.16%；成交金额 2 407.32 亿元，同比减少 22.22%；年末持仓 10.80 万手，同比增加 28.97%。其中，成交量最高为 3 月的 44.68 万手，最低为 10 月的 19.32 万手；月末持仓最大为 2 月的 12.47 万手，最小为 10 月的 8.82 万手。

2013 年铝期货月度交易情况见表 2 - 2 - 8，2011—2013 年铝期货年度交易情况见表 2 - 2 - 9。

表 2 - 2 - 8　　2013 年铝期货月度交易情况

月度	成交量（万手）	同比变化（%）	成交金额（亿元）	同比变化（%）	月末持仓量（万手）	同比变化（%）
1 月	24.12	-7.44	183.56	-12.84	9.28	-2.63
2 月	28.73	3.52	215.96	-4.05	12.47	28.68
3 月	44.68	116.45	329.83	97.13	12.40	49.35
4 月	34.47	47.67	251.63	33.77	10.97	3.35
5 月	28.39	-22.31	207.24	-29.54	9.42	-31.08
6 月	30.86	-47.25	225.84	-50.10	10.83	-40.43
7 月	21.99	-58.25	157.54	-61.42	9.96	-37.11
8 月	27.97	-18.84	201.11	-23.92	9.28	-36.22
9 月	22.33	-43.17	158.87	-48.45	10.60	1.07
10 月	19.32	-12.63	139.10	-18.62	8.82	-7.31
11 月	21.12	-23.97	150.07	-29.49	10.78	27.40
12 月	26.59	5.84	186.55	-3.04	10.80	28.97
总计	330.56	-16.16	2 407.32	-22.22	—	—

数据来源：上海期货交易所相关资料。

表 2-2-9　　2011—2013 年铝期货年度交易情况

年度	成交量（万手）	同比变化（%）	成交金额（亿元）	同比变化（%）	年末持仓量（万手）	同比变化（%）
2011	995.39	-42.34	8 535.17	-39.77	12.50	-2.23
2012	394.27	-60.39	3 094.90	-63.74	8.38	-32.97
2013	330.56	-16.16	2 407.32	-22.22	10.80	28.97

数据来源：上海期货交易所相关资料。

表 2-2-10 是上海期货交易所（SHFE）与伦敦金属交易所（LME）铝期货年度成交数据比较。2013 年 SHFE 铝期货成交量为 330.56 万手，LME 为 6 344.69 万手；按照 SHFE 铝期货合约 5 吨/手和 LME 铜期货合约 25 吨/手折算成实际吨数进行比较，SHFE 铝期货成交量约为 LME 的 1%。就年末持仓量而言，SHFE 铝期货为 10.80 万手，LME 为 71.86 万手，SHFE 铝期货年末持仓量约为 LME 的 3%。

表 2-2-10　　2011—2013 年铝期货内外盘交易情况比较

年度	成交量（万手）		成交金额（亿元）		年末持仓量（万手）	
	SHFE（内盘）	LME（外盘）	SHFE（内盘）	LME（外盘）	SHFE（内盘）	LME（外盘）
2011	995.39	5 934.69	8 535.17	—	12.50	93.50
2012	394.27	5 912.36	3 094.90	—	8.38	65.28
2013	330.56	6 344.69	2 407.32	—	10.80	71.86

数据来源：上海期货交易所相关资料、路透（Reuters）。

（二）交割情况

截至 2013 年底，SHFE 铝期货交割仓库共 14 家，其中上海市 8 家，广东省 3 家，浙江省 2 家，江苏省 1 家。

2013 年，铝期货交割总量 81 910 手折合 409 550 吨，同比减少 5.85%，交割金额 59.82 亿元，同比减少 11.95%。其中，3 月交割量最大，为 15 405 手折合 77 025 吨；11 月交割量最低，为 1 125 手折合 5 625 吨。

2013 年铝期货月度交割情况见表 2-2-11，2011—2013 年铜期货年度交割情况见表 2-2-12。

表 2-2-11　　2013 年铝期货月度交割情况

月度	交割量（手）	同比变化（%）	交割金额（亿元）	同比变化（%）
1 月	10 465	313.64	7.82	287.13
2 月	8 715	24.15	6.46	15.56
3 月	15 405	41.40	11.24	29.64
4 月	13 025	37.47	9.45	25.33

续表

月度	交割量（手）	同比变化（%）	交割金额（亿元）	同比变化（%）
5 月	9 780	28. 43	7. 10	16. 97
6 月	6 020	114. 62	4. 45	99. 55
7 月	4 090	-27. 99	2. 94	-33. 93
8 月	5 330	18. 97	3. 82	10. 40
9 月	1 795	-84. 03	1. 29	-85. 29
10 月	4 915	-37. 63	3. 55	-41. 03
11 月	1 125	-85. 96	0. 81	-86. 66
12 月	1 245	-86. 70	0. 89	-87. 38
总计	81 910	-5. 85	59. 82	-11. 95

数据来源：上海期货交易所相关资料。

表 2-2-12　　　　2011—2013 年铝期货年度交割情况

年度	交割量（手）	同比变化（%）	交割金额（亿元）	同比变化（%）
2011	121 580	5. 52	102. 86	13. 78
2012	86 995	-28. 45	67. 95	-33. 94
2013	81 910	-5. 85	59. 82	-11. 95

数据来源：上海期货交易所相关资料。

（三）价格走势

1. 总体价格走势

2013 年，SHFE 铝期货主力连续合约年初开盘价 15 395 元/吨（1 月 4 日），最高价 15 420 元/吨（1 月 4 日），最低价 13 875 元/吨（12 月 25 日），最大价差（为一年中最大日价差，日价差 = 日最高价 - 日最低价）355 元/吨，年末收盘价 13 990 元/吨（12 月 31 日）。全年下跌 1 405 元/吨，跌幅 9. 13%。

2013 年，伦敦金属交易所铝连续合约年初开盘价 2 075 元/吨（1 月 2 日），最高价 2 184 元/吨（1 月 3 日），最低价 1 736. 25 元/吨（12 月 2 日），最大价差（为一年中最大日价差，日价差 = 日最高价 - 日最低价）89. 25 元/吨，年末收盘价 1 800 元/吨（12 月 31 日）。全年下跌 275 元/吨，跌幅 13. 25%。

2013 年，上海电解铝现货价格年初报价 15 060 元/吨（1 月 4 日），最高价 15 060 元/吨（1 月 4 日），最低价 14 020 元/吨（12 月 27 日），年末报价 14 090 元/吨（12 月 31 日）。全年下跌 970 元/吨，跌幅 6. 4%。

2013 年铝期货内外盘和现货市场价格比较见图 2-2-2。

2. 涨跌停板次数及其对市场的影响

2013 年铝期货没有出现涨跌停。铝期货全年市场运行总体平稳，风险在可控范围之内。

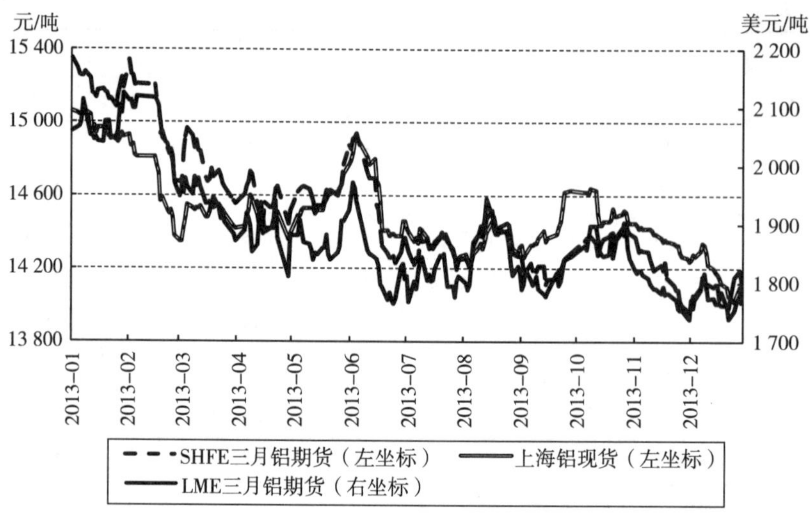

数据来源：上海期货交易所相关资料、上海金属网、路透（Reuters）。

图2-2-2　2013年铝期货内外盘和现货市场价格比较

3. 价格相关性分析

2013年铝期货内外盘和现货市场价格主要显性指标见表2-2-13，2013年铝期货内外盘和现货市场价格相关性见表2-2-14。

表2-2-13　　2013年铝期货内外盘和现货市场价格主要显性指标

市场分类	绝对指标（美元/吨、元/吨）					相对指标（%）	
	最高价	最低价	平均价	标准差	极差	离散率	波幅率
上海期货交易所主力合约结算价	15 350	13 925	14 511	352	1 425	2.42	9.82
伦敦金属交易所主力合约结算价	2 125	1 739	1 882	98	386	5.21	20.51
SMM现货市场价格	15 060	14 020	14 493	219	1 040	1.51	7.18

数据来源：上海期货交易所相关资料、上海金属网、路透（Reuters）。

表2-2-14　　2013年铝期货内外盘和现货市场价格相关性

价格选择	相关系数
上海期货交易所主力合约结算价与伦敦金属交易所主力合约结算价	0.94
上海期货交易所连续主力合约结算价与现货市场价格	0.89
伦敦金属交易所主力合约结算价与现货市场价格	0.80

数据来源：上海期货交易所相关资料、上海金属网、路透（Reuters）。

（四）市场重大变化及政策调整

1. 市场重大变化情况

对于2013年节假日休市，上海期货交易所发布通知对各期货各合约涨跌停板幅度、交易保证金比例进行调整。

2. 政策调整情况

（1）2013年12月2日，SHFE实施新修订的套利交易管理办法，获得批准的客户可以参与有色金属品种（铜、铝、锌、铅）的套利交易。

（2）2013年12月30日，SHFE决定终止LME注册、SHFE允许交割的阴极铜、高级基础铝牌号（不含已在SHFE完成注册的品牌）制作标准仓单并履约交割的资格，从1501合约及以后月份合约开始执行。原已制成的标准仓单，可以继续用于期货合约的履约交割。

（3）2013年12月30日，上海期货交易所正式实施修订后的结算细则，对符合条件客户的有色金属（铜、铝、锌、铅）期货持仓按单边收取保证金。

3. 合约制度的修订和完善情况

（1）2013年6月25日，上海期货交易所实施新的风险控制管理办法，对有色金属期货合约持仓不同数量和上市运行不同阶段的保证金比例作出调整。

（2）2013年12月20日，上海期货交易所推出有色金属（铜、铝、锌、铅）连续交易，连续交易时间为每周一至周五的21：00至次日1：00，法定节假日（不含双休日）前第一个工作日的有色金属连续交易不再进行。

三、锌期货运行报告

（一）交易情况

2013年全年，上海期货交易所（SHFE）锌期货成交量1 208.32万手，同比减少42.74%；成交金额9 040.92亿元，同比减少43.96%；年末持仓11.48万手，同比增加2.11%。其中，成交量最高为4月的150.01万手，最低为11月的48.23万手；月末持仓最大为5月的19.47万手，最小为10月的10.55万手。

2013年锌期货月度交易情况见表2－2－15，2011—2013年锌期货年度交易情况见表2－2－16。

表2－2－15　　2013年锌期货月度交易情况

月度	成交量（万手）	同比变化（%）	成交金额（亿元）	同比变化（%）	月末持仓量（万手）	同比变化（%）
1月	123.53	－41.62	960.69	－40.58	14.83	2.52
2月	101.62	－63.66	805.29	－63.86	11.83	－27.09
3月	118.85	－55.94	900.21	－57.70	14.54	－25.57
4月	150.01	－13.53	1 093.63	－18.72	15.19	－13.37

续表

月度	成交量（万手）	同比变化（%）	成交金额（亿元）	同比变化（%）	月末持仓量（万手）	同比变化（%）
5月	141.00	-16.51	1 024.72	-19.60	19.47	0.26
6月	90.06	-44.77	656.50	-44.92	17.60	-18.01
7月	91.92	-44.41	670.92	-44.79	16.78	-11.05
8月	107.53	-25.89	804.06	-24.07	10.84	-35.47
9月	62.79	-60.04	463.35	-61.78	12.59	11.32
10月	74.51	-32.64	558.43	-32.99	10.55	-30.93
11月	48.23	-61.82	358.47	-62.25	13.01	1.97
12月	98.28	-29.38	744.67	-30.88	11.48	2.11
总计	1 208.32	-42.74	9 040.92	-43.96	—	—

数据来源：上海期货交易所相关资料。

表2-2-16　　2011—2013年锌期货年度交易情况

年度	成交量（万手）	同比变化（%）	成交金额（亿元）	同比变化（%）	年末持仓量（万手）	同比变化（%）
2011	5 366.35	-63.39	46 182.75	-63.88	18.69	-7.15
2012	2 110.09	-60.68	16 131.88	-65.07	11.24	-39.82
2013	1 208.32	-42.74	9 040.92	-43.96	11.48	2.11

数据来源：上海期货交易所相关资料。

表2-2-17是上海期货交易所（SHFE）与伦敦金属交易所（LME）锌期货年度成交数据比较。2013年SHFE锌期货成交量为1 208.32万手，LME为3 014.62万手；按照SHFE锌期货合约5吨/手和LME锌期货合约25吨/手折算成实际吨数进行比较，SHFE锌期货成交量约为LME的8%。就年末持仓量而言，SHFE锌期货为11.48万手，LME为31.12万手，SHFE锌期货年末持仓量约为LME的7%。

表2-2-17　　2011—2013年锌期货内外盘交易情况比较

年度	成交量（万手）		成交金额（亿元）		年末持仓量（万手）	
	SHFE（内盘）	LME（外盘）	SHFE（内盘）	LME（外盘）	SHFE（内盘）	LME（外盘）
2011	5 366.35	2 197.34	4 682.75	—	18.69	26.25
2012	2 110.09	2 955.93	16 131.88	—	11.24	29.82
2013	1 208.32	3 014.62	9 040.92	—	11.48	31.12

数据来源：上海期货交易所相关资料、路透（Reuters）。

（二）交割情况

截至2013年底，SHFE锌期货交割仓库共14家，其中上海市7家，广东省3家，浙江省3家，江苏省1家。

2013年，锌期货交割总量37 410手折合187 050吨，同比减少25.79%，交割金额27.79亿元，同比减少27.04%。其中，3月交割量最大，为5 245手折合27 125吨；12月交割量最低，为1 040手折合5 200吨。

2013年锌期货月度交割情况见表2－2－18，2011—2013年锌期货年度交割情况见表2－2－19。

表2－2－18　　2013年锌期货月度交割情况

月度	交割量（手）	同比变化（%）	交割金额（亿元）	同比变化（%）
1月	3 725	10.04	2.81	10.63
2月	5 325	30.67	4.13	29.06
3月	5 425	12.79	4.08	9.09
4月	4 295	－21.05	3.10	－24.94
5月	4 930	－30.95	3.55	－32.89
6月	4 355	6.22	3.17	4.62
7月	2 970	20.98	2.18	21.11
8月	1 525	－13.11	1.14	－10.94
9月	1 105	－74.68	0.82	－75.74
10月	1 310	－35.94	0.98	－35.95
11月	1 405	－66.47	1.05	－66.13
12月	1 040	－84.36	0.78	－84.62
总计	37 410	－25.79	27.79	－27.04

数据来源：上海期货交易所相关资料。

表2－2－19　　2011—2013年锌期货年度交割情况

月度	交割量（手）	同比变化（%）	交割金额（亿元）	同比变化（%）
2011	67 075	9.00	57.57	7.07
2012	50 405	－24.85	38.10	－33.82
2013	37 410	－25.79	27.79	－27.04

数据来源：上海期货交易所相关资料。

（三）价格走势

1. 总体价格走势

2013年，SHFE锌期货主力连续合约年初开盘价15 545元/吨（1月4日），最高价 16 255 元/吨（2 月 4 日），最低价 14 025 元/吨（4 月 18 日），最大价差（为一年中最大日价差，日价差 = 日最高价 - 日最低价）600 元/吨，年末收盘价 15 195 元/吨（12 月 31 日）。全年下跌 350 元/吨，跌幅 2. 25%。

2013 年，伦敦金属交易所锌连续合约年初开盘价 2 085 元/吨（1 月 2 日），最高价 2 230 元/吨（2 月 13 日），最低价 1 811. 75 元/吨（5 月 15 日），最大价差（为一年中最大日价差，日价差 = 日最高价 - 日最低价）106. 25 元/吨，年末收盘价 2 055 元/吨（12 月 31 日）。全年下跌 30 元/吨，跌幅 1. 44%。

2013 年，上海 0 号锌现货价格年初报价 15 200 元/吨（1 月 4 日），最高价 15 750 元/吨（2 月 4 日），最低价 14 310 元/吨（4 月 18 日），年末报价 15 170 元/吨（12 月 31 日）。全年下跌 30 元/吨，跌幅 0. 2%。

2013 年锌期货内外盘和现货市场价格比较见图 2 - 2 - 3。

数据来源：上海期货交易所相关资料、上海金属网、路透（Reuters）。

图 2 - 2 - 3　2013 年锌期货内外盘和现货市场价格比较

2. 涨跌停板次数及其对市场的影响

2013 年锌期货没有出现涨跌停板。锌期货全年市场运行总体平稳，风险在可控范围之内。

3. 价格相关性分析

2013 年锌期货内外盘和现货市场价格主要显性指标见表 2 - 2 - 20，2013 年锌期货内外盘和现货市场价格相关性见表 2 - 2 - 21。

表 2－2－20　　2013 年锌期货内外盘和现货市场价格主要显性指标

市场分类	绝对指标（美元/吨、元/吨）					相对指标（%）	
	最高价	最低价	平均价	标准差	极差	离散率	波幅率
上海期货交易所主力合约结算价	16 170	14 280	14 926	395	1 890	2.64	12.66
伦敦金属交易所主力合约结算价	2 205	1 819	1 936	84	386	4.33	19.94
SMM 现货市场价格	15 750	14 310	14 903	282	1 440	1.89	9.66

数据来源：上海期货交易所相关资料、上海金属网、路透（Reuters）。

表 2－2－21　　2013 年锌期货内外盘和现货市场价格相关性

价格选择	相关系数
上海期货交易所主力合约结算价与伦敦金属交易所主力合约结算价	0.949
上海期货交易所主力合约结算价与现货市场价格	0.927
伦敦金属交易所主力合约结算价与现货市场价格	0.871

数据来源：上海期货交易所相关资料、上海金属网、路透（Reuters）。

（四）市场重大变化及政策调整

1. 市场重大变化情况

对于 2013 年节假日休市，上海期货交易所发布通知对各期货合约涨跌停板幅度、交易保证金比例进行调整。

2. 政策调整情况

（1）2013 年 12 月 2 日，SHFE 实施新修订的套利交易管理办法，获得批准的客户可以参与有色金属品种（铜、铝、锌、铅）的套利交易。

（2）2013 年 12 月 30 日，SHFE 正式实施修订后的结算细则，对符合条件客户的有色金属（铜、铝、锌、铅）期货持仓按单边收取保证金。

3. 合约制度的修订和完善情况

（1）2013 年 6 月 25 日，SHFE 实施新的风险控制管理办法，对有色金属期货合约持仓不同数量和上市运行不同阶段的保证金比例作出调整。

（2）2013 年 12 月 20 日，SHFE 推出有色金属（铜、铝、锌、铅）连续交易，连续交易时间为每周一至周五的 21：00 至次日 1：00，法定节假日（不含双休日）前第一个工作日的有色金属连续交易不再进行。

四、铅期货运行报告

2013 年，上海期货交易所（SHFE）铅期货市场运行平稳，其交易量和交易金额较 2012 年有所增长，铅期货价格与上海 SMM 现货价格、伦敦金属交易所（LME）的铅期货价格高度相关。

（一）交易情况

2013 年全年，SHFE 铅期货成交量 17.28 万手，同比增加 151.67%；成交金额 246.28 亿元，同比减少 7.07%；年末持仓 1.30 万手，同比增加 359.38%。其中，成交量最高为 12 月的 5.08 万手，最低为 7 月的 0.41 万手；月末持仓最大为 12 月的 1.30 万手，最小为 6 月的 0.22 万手。

2013 年铅期货月度交易情况见表 2－2－22，2011—2013 年铅期货年度交易情况见表 2－2－23。

表 2－2－22　　2013 年铅期货月度交易情况

月度	成交量（万手）	同比变化（%）	成交金额（亿元）	同比变化（%）	月末持仓量（万手）	同比变化（%）
1 月	0.64	13.61	24.53	11.33	0.35	138.62
2 月	0.42	－32.79	15.92	－35.92	0.31	91.96
3 月	0.62	－26.56	22.63	－31.67	0.29	19.46
4 月	0.49	－3.90	17.35	－13.72	0.29	89.41
5 月	0.50	－13.37	17.38	－22.20	0.29	61.04
6 月	0.45	－8.40	15.75	－13.42	0.22	－21.93
7 月	0.41	－37.49	14.07	－42.12	0.24	0.00
8 月	0.72	43.65	26.10	38.51	0.25	37.72
9 月	2.93	482.32	20.79	4.33	1.04	554.17
10 月	2.27	552.36	16.26	19.99	1.23	850.81
11 月	2.75	333.93	19.35	－20.27	1.18	379.84
12 月	5.08	724.58	36.16	53.96	1.30	359.38
总计	17.28	151.67	246.28	－7.07	—	—

数据来源：上海期货交易所相关资料。

表 2－2－23　　2011—2013 年铅期货年度交易情况

年度	成交量（万手）	同比变化（%）	成交金额（亿元）	同比变化（%）	年末持仓量（万手）	同比变化（%）
2011	29.33	—	1 280.8	—	0.13	—
2012	6.87	－76.59	265.01	－79.31	0.283	117.69
2013	17.28	151.67	246.28	－7.07	1.30	359.38

数据来源：上海期货交易所相关资料。

表 2－2－24 是上海期货交易所（SHFE）与伦敦金属交易所（LME）铅期货年度成交数据比较。2013 年 SHFE 铅期货成交量为 17.28 万手，LME 为 1 287.83 万手；按照 SHFE 铅期货合约 5 吨/手和 LME 铅期货合约 25 吨/手折算成实际吨数进

行比较，SHFE 铅期货成交量约为 LME 的0.3%。就年末持仓量而言，SHFE 铅期货为1.30万手，LME 为11.98万手，SHFE 铅期货年末持仓量约为 LME 的2%。

表2-2-24　　2011—2013年铅期货内外盘交易情况比较

年度	成交量（万手）		成交金额（亿元）		年末持仓量（万手）	
	SHFE（内盘）	LME（外盘）	SHFE（内盘）	LME（外盘）	SHFE（内盘）	LME（外盘）
2011	29.33	1 091.96	1 280.80	—	0.13	9.8
2012	6.87	1 424.88	265.01	—	0.283	14
2013	17.28	1 287.83	246.28	—	1.30	11.98

数据来源：上海期货交易所相关资料、路透（Reuters）。

（二）交割情况

截至2013年底，SHFE 铅期货交割仓库共11家，其中上海市4家，广东省3家，浙江省2家，天津市2家。

2013年，铅期货交割总量19 593手折合228 725吨，同比增加261.76%，交割金额32.47亿元，同比增加235.43%。其中，12月交割量最大，为3 995手折合19 975吨；7月交割量最低，为618手折合15 450吨。

2013年铅期货月度交割情况见表2-2-25，2011—2013年铅期货年度交割情况见表2-2-26。

表2-2-25　　2013年铅期货月度交割情况

月度	交割量（手）	同比变化（%）	交割金额（亿元）	同比变化（%）
1月	769	311.23	2.86	297.22
2月	967	449.43	3.63	418.57
3月	914	149.05	3.32	130.56
4月	739	1 579.55	2.58	1 417.65
5月	838	810.87	2.86	717.14
6月	891	11 037.50	3.09	10 200.00
7月	618	579.12	2.12	523.53
8月	802	744.21	2.88	700.00
9月	3 555	6 870.59	2.48	1 080.95
10月	2 390	798.50	1.69	64.08
11月	3 115	624.42	2.17	33.95
12月	3 995	453.32	2.79	2.95
总计	19 593	674.73	32.47	235.43

数据来源：上海期货交易所相关资料。

表 2－2－26　　2011—2013 年铅期货年度交割情况

年度	交割量（手）	同比变化（%）	交割金额（亿元）	同比变化（%）
2011	1 259	—	4.89	—
2012	2 529	100.87	9.68	97.96
2013	19 593	674.73	32.47	235.43

数据来源：上海期货交易所相关资料。

（三）价格走势

1. 总体价格走势

2013 年，SHFE 铅期货主力连续合约年初开盘价 15 315 元/吨（1 月 4 日），最高价 15 625 元/吨（1 月 31 日），最低价 13 405 元/吨（5 月 17 日），最大价差（为一年中最大日价差，日价差＝日最高价－日最低价）525 元/吨，年末收盘价 14 275 元/吨（12 月 31 日）。全年下跌 1 040 元/吨，跌幅 6.79%。

2013 年，伦敦金属交易所铅连续合约年初开盘价 2 338 元/吨（1 月 2 日），最高价 2 499 元/吨（1 月 3 日），最低价 1 938 元/吨（5 月 2 日），最大价差（为一年中最大日价差，日价差＝日最高价－日最低价）121 元/吨，年末收盘价 2 219 元/吨（12 月 31 日）。全年下跌 119 元/吨，跌幅 5.09%。

2013 年，上海 1 号铅现货价格年初报价 14 750 元/吨（1 月 4 日），最高价 14 950 元/吨（2 月 4 日），最低价 13 700 元/吨（7 月 18 日），年末报价 14 175 元/吨（12 月 31 日）。全年下跌 575 元/吨，跌幅 3.9%。

2013 年铅期货内外盘和现货市场价格比较见图 2－2－4。

数据来源：上海期货交易所相关资料、上海金属网、路透（Reuters）。

图 2－2－4　2013 年铅期货内外盘和现货市场价格比较

2. 涨跌停板次数及其对市场的影响

2013 年铅期货没有出现涨跌停。铅期货全年市场运行总体平稳，风险在可控范围之内。

3. 价格相关性分析

2013 年铅期货内外盘和现货市场价格主要显性指标见表 2－2－27，2013 年铅期货内外盘和现货市场价格相关性见表 2－2－28。

表 2－2－27　　2013 年铅期货内外盘和现货市场价格主要显性指标

市场分类	绝对指标（美元/吨、元/吨）					相对指标（%）	
	最高价	最低价	平均价	标准差	极差	离散率	波幅率
上海期货交易所主力合约结算价	15 550	13 605	14 312	489	1 945	3.42	13.59
伦敦金属交易所主力合约结算价	2 460	1 941	2 153	109	519	5.08	24.10
SMM 现货市场价格	14 950	13 700	14 178	383	1 250	2.70	8.82

数据来源：上海期货交易所相关资料、上海金属网、路透（Reuters）。

表 2－2－28　　2013 年铅期货内外盘和现货市场价格相关性

价格选择	相关系数
上海期货交易所主力合约结算价与伦敦金属交易所主力合约结算价	0.908
上海期货交易所主力合约结算价与现货市场价格	0.960
伦敦金属交易所主力合约结算价与现货市场价格	0.836

数据来源：上海期货交易所相关资料、上海金属网、路透（Reuters）。

（四）市场重大变化及政策调整

1. 市场重大变化情况

对于 2013 年节假日休市，上海期货交易所发布通知对各期货各合约涨跌停板幅度、交易保证金比例进行调整。

2. 政策调整情况

（1）2013 年 12 月 2 日，SHFE 实施新修订的套利交易管理办法，获得批准的客户可以参与有色金属品种（铜、铝、锌、铅）的套利交易。

（2）2013 年 12 月 30 日，SHFE 正式实施修订后的结算细则，对符合条件客户的有色金属（铜、铝、锌、铅）期货持仓按单边收取保证金。

3. 合约制度的修订和完善情况

（1）2013 年 6 月 25 日，SHFE 实施新的风险控制管理办法，对有色金属期货合约持仓不同数量和上市运行不同阶段的保证金比例作出调整。

（2）2013 年 12 月 20 日，SHFE 推出有色金属（铜、铝、锌、铅）连续交易，连续交易时间为每周一至周五的21：00至次日1：00，法定节假日（不含双休日）前第一个工作日的有色金属连续交易不再进行。

五、螺纹钢期货运行报告

2013年，上海期货交易所（SHFE）螺纹钢期货整体交易情况良好，交易规模同比大幅增长，全年成交量2.94亿手，成交金额10.94万亿元。2013年螺纹钢期货主力合约年初开盘价4 018元/吨，年末收盘价3 570元/吨，盘中最高价4 297元/吨（2月8日），盘中最低价3 382元/吨（6月14日）。2013年上半年，受“新国五条”政策推出，全国粗钢产量创出历史新高，国际大宗商品市场整体承压等因素影响，螺纹钢期货价格在年初冲高后持续回落，下半年，受国务院要求加强基础设施建设、棚户区改造和加快落实保障性住房项目，要求加大遏制产能过剩、淘汰落后产能，加强大气污染治理工作，美联储宣布第三轮量化宽松政策正式进入退出过程等因素影响，螺纹钢期货价格窄幅震荡。

钢铁行业一直是我国国民经济的重要基础产业，2013年，螺纹钢期货市场总体运行平稳，市场功能初步显现，服务产业经济能力日益增强。

（一）交易情况

2013年，螺纹钢期货交易气氛较为活跃，上半年成交量及成交金额大幅增长，全年各合约成交量29 372.89万手，同比上升62.67%；年成交金额109 407.13亿元，同比上升62.36%。全年最大月成交量为4 002.44万手（5月），最高月成交金额为14 303.09亿元（5月），最高月末持仓量为123.83万手（5月）。

2013年螺纹钢期货月度交易情况见表2-2-29，2011—2013年螺纹钢期货年度交易情况见表2-2-30。

表2-2-29　　2013年螺纹钢期货月度交易情况

月度	成交量（万手）	同比变化（%）	成交金额（亿元）	同比变化（%）	月末持仓量（万手）	同比变化（%）
1月	2 641.04	659.69	10 582.37	619.22	76.06	171.68
2月	1 944.86	191.68	8 002.70	182.40	66.87	52.46
3月	3 416.79	462.23	13 268.29	405.71	64.99	74.33
4月	3 116.62	568.66	11 612.78	474.98	69.36	56.45
5月	4 002.44	424.72	14 303.09	356.22	123.83	171.52
6月	3 228.87	360.42	11 224.84	290.93	100.86	122.03
7月	3 047.74	167.56	11 066.29	151.01	84.65	56.75
8月	1 982.62	14.55	7 476.84	21.00	74.80	-10.27
9月	1 279.25	-70.74	4 721.04	-68.86	75.43	35.28
10月	1 297.31	-45.11	4 672.16	-45.85	112.35	54.07

续表

月度	成交量（万手）	同比变化（%）	成交金额（亿元）	同比变化（%）	月末持仓量（万手）	同比变化（%）
11 月	1 808. 48	-17. 74	6 583. 16	-16. 84	104. 15	37. 87
12 月	1 606. 87	-40. 51	5 893. 60	-41. 86	101. 02	71. 85
总计	29 372. 89	62. 67	109 407. 13	62. 36	—	—

数据来源：上海期货交易所相关资料。

表 2-2-30　　2011—2013 年螺纹钢期货年度交易情况

年度	成交量（万手）	同比变化（%）	成交金额（亿元）	同比变化（%）	年末持仓量（万手）	同比变化（%）
2011	8 188. 48	-63. 71	37 177. 51	-62. 73	34. 09	4. 25
2012	18 056. 25	120. 51	67 385. 63	81. 25	58. 78	72. 43
2013	29 372. 89	62. 67	109 407. 13	62. 36	101. 02	71. 85

数据来源：上海期货交易所相关资料。

目前，国际市场上没有对应的螺纹钢期货品种。伦敦交易所（LME）钢坯期货的交易标的是螺纹钢的上游原料，其成交量较低、流动性不强。

（二）交割情况

截至 2013 年底，上海期货交易所共有 10 个螺纹钢期货指定交割仓库，新增江苏金驹物流投资有限公司和广东鱼珠物流基地有限公司共 2 个螺纹钢指定交割仓库，取消浙江物产物流投资有限公司螺纹钢指定交割仓库资格。2013 年，上海期货交易所螺纹钢期货全年交割量为 19 950 手（合 19. 95 万吨），交割金额为 72 163. 62 万元。1 月为最大交割月份，交割量为 7 740 手（合 7. 74 万吨），交割金额为 29 829. 96 万元。

2013 年螺纹钢期货月度交割情况见表 2-2-31，2011—2013 年螺纹钢期货年度交割情况见表 2-2-32。

表 2-2-31　　2013 年螺纹钢期货月度交割情况

月度	交割量（手）	同比变化（%）	交割金额（万元）	同比变化（%）
1 月	7 740	578. 95	29 829. 96	494. 16
2 月	1 020	3 300. 00	3 958. 62	2 929. 94
3 月	1 440	—	5 290. 56	—
4 月	360	100. 00	1 309. 68	67. 65
5 月	4 440	8. 03	15 096. 00	-10. 98
6 月	150	66. 67	481. 50	32. 10

续表

月度	交割量（手）	同比变化（%）	交割金额（万元）	同比变化（%）
7月	60	0.00	189.72	-20.15
8月	0	-100.00	0.00	-100.00
9月	840	600.00	2 846.76	597.74
10月	3 420	-69.92	11 528.82	-72.86
11月	270	-50.00	918.00	-55.61
12月	210	-75.00	714.00	-77.15
总计	19 950	7.26	72 163.62	0.22

数据来源：上海期货交易所相关资料。

表2-2-32　　2011—2013年螺纹钢期货年度交割情况

年度	交割量（手）	同比变化（%）	交割金额（亿元）	同比变化（%）
2011	3 150	-94.76	1.54	-93.82
2012	18 600	490.48	7.20	368.66
2013	19 950	7.26	7.22	0.22

数据来源：上海期货交易所相关资料。

（三）价格走势

1. 总体价格走势

2013年，在宏观经济下行压力加大的情况下，钢铁生产保持增长，钢材市场供大于求矛盾突出，钢材价格低位波动。年初，在2月达到年内高点后，受“新国五条”等利空政策推出影响，螺纹钢期货价格进入下跌通道，随着全国粗钢产量创出历史新高，国际大宗商品市场整体承压等因素影响，螺纹钢期货价格持续下跌达4个月之久，并于6月触及年内低点。此后，国务院提出“稳增长、保下限”口号，粗钢产量有所下降，供需矛盾得到一定缓解，伴随国务院要求加强基础设施建设、棚户区改造和加快落实保障性住房项目等利好因素影响，螺纹钢期货价格出现回暖，并于8月达到年内钢材期货价格的次高点。之后，国务院加大遏制产能过剩、淘汰落后产能，中央加强大气污染治理工作，美联储宣布第三轮量化宽松政策正式进入退出过程，螺纹钢期货价格震荡下行。从整体上看，螺纹钢期货市场全年运行仍较平稳，期货价格与现货价格走势基本趋同，成交量、持仓量较2012年增长显著，交割量稳步增长，市场风险可控，市场功能初步显现。

2013年螺纹钢期货和现货市场价格比较见图2-2-5。

2. 涨跌停板次数及其对市场的影响

2013年螺纹钢期货未出现涨跌停板，涨跌停板次数为零次。螺纹钢期货全年市场运行总体平稳，风险在可控范围之内。

数据来源：上海期货交易所相关资料，Mysteel。

图 2－2－5　2013 年螺纹钢期货和现货市场价格比较

3. 价格相关性分析

2013 年螺纹钢期货和现货市场价格主要显性指标见表 2－2－33，2013 年螺纹钢期货和现货市场价格相关性见表 2－2－34。

表 2－2－33　　2013 年螺纹钢期货和现货市场价格主要显性指标

市场分类	绝对指标（元/吨）					相对指标（%）	
	最高价	最低价	平均价	标准差	极差	离散率	波幅率
上海期货交易所主力合约结算价	4 275	3 409	3 723	181	866	4.86	23.26
现货价格	4 052	3 299	3 663	171	753	4.67	20.55

数据来源：上海期货交易所相关资料，Mysteel，现货价格取上海价格。

表 2－2－34　　2013 年螺纹钢期货和现货市场价格相关性

价格选择	相关系数
上海期货交易所主力合约结算价与现货市场价格	0.884

资料来源：上海期货交易所相关资料，Mysteel，现货价格取上海价格。

（四）市场重大变化及政策调整

1. 市场重大变化情况

（1）2013 年 2 月 9 日至 2 月 15 日为节假日休市。根据《上海期货交易所风险控制管理办法》有关规定，经研究决定，对春节前后相关品种交易保证金比例和涨跌幅度限制进行调整。

（2）2013 年 4 月 4 日至 6 日为节假日休市。根据《上海期货交易所风险控制管理办法》有关规定，经研究决定，对清明节前后部分品种交易保证金比例和涨跌幅度限制进行调整。

（3）2013 年 4 月 29 日至 5 月 1 日为节假日休市。根据《上海期货交易所风险控制管理办法》有关规定，经研究决定，对劳动节前后各品种交易保证金比例和涨跌幅度限制进行调整。

（4）2013 年 6 月 10 日至 12 日为节假日休市。根据《上海期货交易所风险控制管理办法》有关规定，经研究决定，对端午节前后各品种交易保证金比例和涨跌幅度限制进行调整。

（5）2013 年 6 月 4 日，为切实落实证券期货监管会议的精神，促进期货市场功能发挥，更好地服务实体经济，满足广大投资者的需要，上海期货交易所对《上海期货交易所螺纹钢期货标准合约》等 3 个期货合约进行了修订，新制定了《上海期货交易所连续交易细则》，并对《上海期货交易所结算细则》、《上海期货交易所交易细则》、《上海期货交易所风险控制管理办法》、《上海期货交易所交割细则》等实施细则作了相应的修订。

（6）2013 年 9 月 19 日至 21 日为中秋节休市，10 月 1 日至 7 日为国庆节休市。根据《上海期货交易所风险控制管理办法》有关规定，经研究决定，对 9 月 17 日至 10 月 8 日各品种交易保证金比例和涨跌幅度限制进行调整，中秋节和国庆节之间交易日的交易保证金比例和涨跌停板幅度不作恢复。

（7）2013 年 9 月 25 日，为确保期货保证金存管安全和期货交易的平稳运行，促进期货市场功能发挥，更好地服务实体经济，上海期货交易所新制定了《上海期货交易所指定存管银行管理办法》。

（8）2013 年 10 月 22 日，为适应市场发展新形势，优化市场运行机制，培育扩大机构投资者队伍，解决特殊单位客户的持仓需求，上海期货交易所制定了《上海期货交易所套利交易管理办法》，并相应修订了《上海期货交易所风险控制管理办法》。

（9）2013 年 10 月 22 日，为适应市场发展新形势，促进期货市场功能发挥，更好地服务实体经济，配合交易所保证金制度创新，上海期货交易所修订了《上海期货交易所结算细则》。

（10）2013 年 10 月 24 日，根据《上海期货交易所螺纹钢期货标准合约》和《上海期货交易所交割细则》有关规定，公布螺纹钢期货交割地区升贴水。

（11）2013 年 10 月 29 日，为配合《上海期货交易所套利交易管理办法》的实施，上海期货交易所对上期发〔2012〕94 号中的《〈上海期货交易所异常交易监控暂行规定〉有关处理标准及处理程序》修订案再次进行修订。

（12）2013 年 10 月 29 日，为配合《上海期货交易所套利交易管理办法》及《〈上海期货交易所异常交易监控暂行规定〉有关处理标准及处理程序》修订案（上期发〔2013〕166号）的实施，公布非套期保值持仓限仓方案。

2. 政策调整情况

政策调整详情参见铜期货运行内容。

3. 合约制度的修订和完善情况

（1）2013年6月，上海期货交易所对《上海期货交易所螺纹钢期货标准合约》进行了修订，并对《上海期货交易所结算细则》、《上海期货交易所交易细则》、《上海期货交易所风险控制管理办法》、《上海期货交易所交割细则》等实施细则作了相应修订。

螺纹钢期货标准合约中，每日价格最大波动限制从不超过上一交易日结算价±5%变更为不超过上一交易日结算价±3%，最低交易保证金从合约价值的7%变更为合约价值的5%，同时将交易手续费条目从标准合约中去除。螺纹钢期货标准合约附件中，将每一仓单的螺纹钢的生产日期应当不超过连续两日变更为不超过连续十日。

风险控制管理办法中，交易所根据合约持仓大小调整交易保证金比例的方法，螺纹钢期货合约持仓量变化时的交易保证金收取比例有所调降，同时适当放宽了各梯度的持仓总量水平。交易所根据期货合约上市运行的不同阶段（临近交割期）调整交易保证金的方法，螺纹钢期货合约上市运行不同阶段的交易保证金收取比例也有所降低，同时减少了收取交易保证金的梯度。期货公司会员、非期货公司会员和客户的各品种期货合约在不同时期的限仓比例和持仓限额具体规定，合约挂牌至交割月前第二个月的最后一个交易日螺纹钢某一期货合约持仓量由≥75万手调整为≥120万手，同时将期货公司会员限仓比例从15%调整为25%。

（2）2013年10月，根据《上海期货交易所螺纹钢期货标准合约》和《上海期货交易所交割细则》有关规定，对螺纹钢期货交割地区升贴水作如下规定：广州地区螺纹钢交割无升贴水，徐州地区螺纹钢交割贴水70元/吨，规定自RB1501起实施。

六、线材期货运行报告

2013年，上海期货交易所（SHFE）线材期货成交清淡，全年成交量3 862手，成交金额1.46亿元。2013年线材期货主力合约年初开盘价3 966元/吨，年末收盘价3 688元/吨，盘中最高价4 085元/吨（1月31日），盘中最低价3 480元/吨（6月21日）。线材期货市场总体缺乏流动性，市场规模较小，其价格与螺纹钢期货相关性较高，市场影响因素、价格整体走势与螺纹钢期货基本相同。

（一）交易情况

2013年，SHFE线材期货交易量及交易金额同比有所上升，但交易整体仍较为清淡，各合约成交量3 862手，同比增长42.14%；年成交金额14 586.63万元，同比增长37.05%，月成交量和月成交额处于较低水平。全年最大月成交量为1 177手

(3 月)，最高月成交金额为 4 596.78 万元（3 月），最高月末持仓量为 253 手（2 月）。

2013 年线材期货月度交易情况见表 2－2－35，2011—2013 年线材期货年度交易情况见表 2－2－36。

表 2－2－35　　2013 年线材期货月度交易情况

月度	成交量（万手）	同比变化（%）	成交金额（亿元）	同比变化（%）	月末持仓量（万手）	同比变化（%）
1 月	199	34.46	795.46	25.61	36	100.00
2 月	482	423.91	1 834.82	373.24	253	1 846.15
3 月	1 177	635.63	4 596.78	570.23	15	－21.05
4 月	313	187.16	1 175.42	150.15	56	180.00
5 月	508	204.19	1 865.94	178.85	46	283.33
6 月	329	－45.80	1 172.67	－52.36	28	21.74
7 月	290	52.63	1 045.83	41.25	17	－39.29
8 月	141	－57.14	530.42	－56.72	22	－29.03
9 月	184	－29.23	691.82	－25.84	12	－14.29
10 月	69	－55.48	252.20	－56.09	7	－53.33
11 月	131	－32.12	482.57	－31.09	7	－68.18
12 月	39	－87.30	142.73	－87.72	5	－54.55
合计	3 862	42.14	14 586.63	37.05	—	—

数据来源：上海期货交易所相关资料。

表 2－2－36　　2011—2013 年线材期货年度交易情况

年度	成交量（万手）	同比变化（%）	成交金额（亿元）	同比变化（%）	年末持仓量（万手）	同比变化（%）
2011	0.32	－97.86	1.45	－97.68	25	－35.90
2012	0.27	－15.63	1.06	－26.90	11	－56.00
2013	0.39	42.14	1.46	37.05	5	－54.55

数据来源：上海期货交易所相关资料。

目前，国际市场上没有对应的线材期货品种。伦敦交易所（LME）钢坯期货的交易标的是线材的上游原料，其成交量较低、流动性较差。

（二）交割情况

2013 年，上海期货交易所线材期货指定交割仓库共有 8 个，较 2012 年减少 1 个，取消了浙江物产物流投资有限公司线材指定交割仓库资格。2013 年，上海期货交易所线材期货全年未发生交割，交割量为零手。

表 2-2-37　　2011—2013 年线材期货年度交割情况

年度	交割量（手）	同比变化（%）	交割金额（亿元）	同比变化（%）
2011	0	-100.00	0	-100.00
2012	0	—	0	—
2013	0	—	0	—

数据来源：上海期货交易所相关资料。

（三）价格走势

1. 总体价格走势

2013 年，在宏观经济下行压力加大的情况下，钢铁生产保持增长，钢材市场供大于求矛盾突出，钢材价格低位波动。1 月，线材期货价格达到年内高点后，受“新国五条”等利空政策影响，全国粗钢产量创出历史新高，国际大宗商品市场整体承压等因素影响，线材期货价格持续下跌。下半年，受国务院提出“稳增长、保下限”口号，加大遏制产能过剩、淘汰落后产能，加强大气污染治理工作等因素影响，线材期货价格小幅震荡。线材期货市场全年成交较为清淡，期货价格与现货价格走势趋同，但交易和持仓均处于较低水平。

2013 年线材期货和现货市场价格比较见图 2-2-6。

数据来源：上海期货交易所相关资料，Mysteel。

图 2-2-6　2013 年线材期货和现货市场价格比较

2. 涨跌停板次数及其对市场的影响

2013 年线材期货未出现涨跌停板，涨跌停板次数为零次。线材期货全年市场运行总体平稳，风险在可控范围之内。

3. 价格相关性分析

2013 年线材期货和现货市场价格主要显性指标见表 2-2-38，2013 年线材期货和现货市场价格相关性见表 2-2-39。

表 2-2-38　　2013 年线材期货和现货市场价格主要显性指标

市场分类	绝对指标（元/吨）					相对指标（%）	
	最高价	最低价	平均价	标准差	极差	离散率	波幅率
上海期货交易所主力合约结算价	4 050	3 533	3 746	130	517	3.48	13.80
现货价格	3 780	3 270	3 467	119	510	3.42	14.71

数据来源：上海期货交易所相关资料，Mysteel，现货价格取上海价格。

表 2-2-39　　2013 年线材期货和现货市场价格相关性

价格选择	相关系数
上海期货交易所主力合约结算价与现货市场价格	0.734

数据来源：上海期货交易所相关资料，Mysteel，现货价格取上海价格。

（四）市场重大变化及政策调整

1. 市场重大变化情况

（1）2013 年 2 月 9 日至 2 月 15 日为节假日休市。根据《上海期货交易所风险控制管理办法》有关规定，经研究决定，对春节前后相关品种交易保证金比例和涨跌幅度限制进行调整。

（2）2013 年 4 月 4 日至 6 日为节假日休市。根据《上海期货交易所风险控制管理办法》有关规定，经研究决定，对清明节前后部分品种交易保证金比例和涨跌幅度限制进行调整。

（3）2013 年 4 月 29 日至 5 月 1 日为节假日休市。根据《上海期货交易所风险控制管理办法》有关规定，经研究决定，对劳动节前后各品种交易保证金比例和涨跌幅度限制进行调整。

（4）2013 年 6 月 10 日至 12 日为节假日休市。根据《上海期货交易所风险控制管理办法》有关规定，经研究决定，对端午节前后各品种交易保证金比例和涨跌幅度限制进行调整。

（5）2013 年 6 月 4 日，为切实落实证券期货监管会议的精神，促进期货市场功能发挥，更好地服务实体经济，满足广大投资者的需要，上海期货交易所对《上海期货交易所螺纹钢期货标准合约》等 3 个期货合约进行了修订，新制定了《上海期货交易所连续交易细则》，并对《上海期货交易所结算细则》、《上海期货交易所交易细则》、《上海期货交易所风险控制管理办法》、《上海期货交易所交割细则》等实施细则作了相应的修订。

（6）2013 年 9 月 19 日至 21 日为中秋节休市，10 月 1 日至 7 日为国庆节休市。根据《上海期货交易所风险控制管理办法》有关规定，经研究决定，对 9 月 17 日至 10 月 8 日各品种交易保证金比例和涨跌幅度限制进行调整，中秋节和国庆节之间交易日的交易保证金比例和涨跌停板幅度不作恢复。

（7）2013 年 9 月 25 日，为确保期货保证金存管安全和期货交易的平稳运行，促进期货市场功能发挥，更好地服务实体经济，上海期货交易所新制定了《上海期货交易所指定存管银行管理办法》。

（8）2013 年 10 月 22 日，为适应市场发展新形势，优化市场运行机制，培育扩大机构投资者队伍，解决特殊单位客户的持仓需求，上海期货交易所制定了《上海期货交易所套利交易管理办法》，并相应修订了《上海期货交易所风险控制管理办法》。

（9）2013 年 10 月 22 日，为适应市场发展新形势，促进期货市场功能发挥，更好地服务实体经济，配合交易所保证金制度创新，上海期货交易所修订了《上海期货交易所结算细则》。

（10）2013 年 10 月 29 日，为配合《上海期货交易所套利交易管理办法》的实施，上海期货交易所对上期发〔2012〕94 号中的《〈上海期货交易所异常交易监控暂行规定〉有关处理标准及处理程序》修订案再次进行修订。

（11）2013 年 10 月 29 日，为配合《上海期货交易所套利交易管理办法》及《〈上海期货交易所异常交易监控暂行规定〉有关处理标准及处理程序》修订案（上期发〔2013〕166 号）的实施，公布非套期保值持仓限仓方案。

2. 政策调整情况

政策调整详情参见铜期货运行内容。

3. 合约制度的修订和完善情况

2013 年 6 月，上海期货交易所对《上海期货交易所螺纹钢期货标准合约》进行了修订，并对《上海期货交易所结算细则》、《上海期货交易所交易细则》、《上海期货交易所风险控制管理办法》、《上海期货交易所交割细则》等实施细则作了相应修订。

风险控制管理办法中，交易所根据期货合约上市运行的不同阶段（临近交割期）调整交易保证金的方法，线材期货合约上市运行不同阶段的交易保证金收取比例有所降低，同时减少了不同阶段收取交易保证金的梯度。期货公司会员、非期货公司会员和客户的各品种期货合约在不同时期的限仓比例和持仓限额具体规定，合约挂牌至交割月前第二个月的最后一个交易日线材期货合约期货公司会员限仓比例从 15% 调整为 25%。

七、黄金期货运行报告

2013 年是黄金市场波动较大的一年。4 月，塞浦路斯央行将出售黄金储备作为偿还部分债务的备选方案之一，引起市场恐慌，黄金市场出现前所未有的大跌局面。6 月，黄金市场再次出现大跌。2013 年上海期货交易所（SHFE）黄金期货价格走势与国际黄金期货价格走势基本保持一致，总体呈下跌趋势。主力合约年初开盘价

337.19 元/克，年末收盘价 239.4 元/克，全年涨幅 29%，盘中最高价 345.6 元/克（1 月 22 日），盘中最低价 237.9 元/克（12 月 23 日）。2013 年黄金期货市场总体运行平稳，风险可控，成交规模同比大幅增加，按单边统计，全年黄金期货各合约成交量 2 008.78 万手（约合 2.01 万吨），同比增长 239.51%；成交金额 5.35 万亿元，同比增长 165.31%。全年日均成交量 84 402.6 手，日均成交额 224.98 亿元，日均持仓 69 091 手，年末持仓 85 496 手。此外，黄金期货投资者结构进一步优化，上海银行、招商银行、建设银行、宁波银行成为上海期货交易所具有黄金期货自营交易资格的非期货公司会员。截至 2013 年末，已有 15 家商业银行成为上海期货交易所非期货公司会员，可以参与黄金期货交易，金融机构投资者队伍逐渐壮大。

（一）交易情况

2013 年，上海期货交易所（SHFE）黄金期货成交量同比大幅增加。2013 年黄金期货各合约成交量 2 008.78 万手（约合 2.01 万吨），同比增长 239.51%；成交金额 5.35 万亿元，同比增长 165.31%；年末持仓 85 496 手，同比增长 53.46%。从国际市场来看，纽约商品交易所（NYMEX）芝加哥分部的主要黄金期货品种（以下简称 COMEX 黄金期货）成交量为 4 729.16 万手，同比增加 8.14%。

2013 年我国黄金期货市场月度成交量与 2012 年相比变化较大。2013 年 1—3 月月度成交量较 2012 年同期有所减少，降幅为 30% ~60%。4 月、6 月由于黄金期货价格波动较大，成交量有所增加，4—6 月成交量增长幅度为 30% ~110%。7 月 5 日，上海期货交易所黄金期货连续交易正式启动，因此下半年黄金期货成交量大幅增加，呈现 3 ~8 倍的增长。尤其是 8 月，较 2012 年同期增长 869.71%。

2013 年黄金期货月度交易情况见表 2 -2 -40，2011—2013 年黄金期货年度交易情况见表 2 -2 -41。

表 2 -2 -40　　2013 年黄金期货月度交易情况

月度	成交量（万手）	同比变化（%）	成交金额（亿元）	同比变化（%）	月末持仓量（万手）	同比变化（%）
1 月	33.37	-37.06	1 135.62	-36.33	61 567	53.63
2 月	24.99	-53.61	824.70	-56.97	62 451	34.46
3 月	34.67	-38.74	1 122.82	-42.23	62 252	46.74
4 月	79.48	101.08	2 293.76	72.10	53 985	0.88
5 月	117.82	85.39	3 332.17	61.58	56 640	-14.81
6 月	74.71	37.98	1 966.09	9.79	61 428	8.93
7 月	358.13	603.61	9 266.79	452.82	81 796	28.82
8 月	437.28	869.71	11 734.72	669.89	73 466	13.52
9 月	229.47	346.20	6 204.75	236.28	63 472	5.36
10 月	200.03	453.64	5 226.27	309.41	75 358	27.15

续表

月度	成交量（万手）	同比变化（%）	成交金额（亿元）	同比变化（%）	月末持仓量（万手）	同比变化（%）
11 月	189.49	351.02	4 815.02	226.84	82 367	56.53
12 月	229.35	404.96	5 622.60	261.03	85 496	53.46
总计	2 008.78	239.51	53 545.31	165.31	—	—

数据来源：上海期货交易所相关资料。

表 2－2－41　　2011—2013 年黄金期货年度交易情况

年度	成交量（万手）	同比变化（%）	成交金额（亿元）	同比变化（%）	年末持仓量（万手）	同比变化（%）
2011	722.18	112.59	25 488.04	178.68	51 156	29.78
2012	591.70	－18.07	20 182.23	－20.82	55 712	8.91
2013	2 008.78	239.51	53 545.31	165.31	85 496	53.46

数据来源：上海期货交易所相关资料。

表 2－2－42　　2011—2013 年黄金期货内外盘交易情况比较

年度	上海期货交易所黄金期货（万手）	COMEX 黄金期货（万手）
2011	722.18	4 917.56
2012	591.70	4 389.33
2013	2 008.78	4 729.16

数据来源：上海期货交易所（SHFE）和美国期货业协会（FIA）相关资料。

（二）交割情况

截至 2013 年末，工商银行、建设银行、中国银行以及交通银行 4 家银行已成为上海期货交易所黄金期货指定交割金库，共涉及 34 个黄金存放点。2013 年，上海期货交易所黄金期货交割总量为 2 841 公斤，同比增长 10.24%，交割金额 7.54 亿元，同比减少 13.83%。

2013 年黄金期货月度交割情况见表 2－2－43，2011—2013 年黄金期货年度交割情况见表 2－2－44。

表 2－2－43　　2013 年黄金期货月度交割情况

月度	交割量（手）	同比变化（%）	交割金额（亿元）	同比变化（%）
1 月	240	158.06	0.8	158.15
2 月	78	116.67	0.26	100.00
3 月	117	95	0.37	76.19
4 月	12	－66.67	0.04	－66.67
5 月	0	—	0	—
6 月	609	298.04	1.7	240.00

续表

月度	交割量（手）	同比变化（%）	交割金额（亿元）	同比变化（%）
7月	0	—	0	—
8月	12	33.33	0.03	0.00
9月	3	-90.91	0.01	-90.91
10月	0	—	0	—
11月	9	-57.14	0.02	-71.43
12月	1 761	-14.68	4.31	-38.60
总计	2 841	10.24	7.54	-13.83

数据来源：上海期货交易所相关资料。

表2-2-44　　2011—2013年黄金期货年度交割情况

年度	交割量（手）	同比变化（%）	交割金额（亿元）	同比变化（%）
2011	726	35.20	2.30	57.28
2012	2 577	254.96	8.75	281.38
2013	2 841	10.24	7.54	-13.83

数据来源：上海期货交易所（SHFE）相关资料。

（三）价格走势

1. 总体价格走势

2013年上海期货交易所黄金期货价格走势与COMEX黄金期货价格、国内现货价格（上海黄金交易所（SGE）黄金T+D价格）走势基本保持一致，呈下跌趋势。2013年初，上海期货交易所黄金期货主力合约年初开盘于337.19元/克。2月，金价开始小幅下行。4月，因塞浦路斯央行将出售黄金储备作为偿还部分债务的备选方案之一，引起市场恐慌，黄金市场出现暴跌行情，暴跌后市场买盘强劲，黄金期货价格出现反弹。5月市场反弹结束，进入弱势盘整。6月，受美联储主席伯南克关于2013年底前或将减缓购债步伐、2014年年中或将退出宽松政策言论的影响，黄金期货价格大幅下挫。全球最大的黄金上市交易基金SPDR Gold Trust四年来首次跌破1 000吨的水平。7月，美联储表示将会在未来相当一段时间继续维持当前宽松的货币政策，黄金期货价格开始反弹。同时，欧债危机再度显现，刺激了人们的避险情绪。8月，黄金期货价格继续上涨。美国零售、房价、制造业等经济数据未能保持强劲，美元指数持续疲软。同时，叙利亚危机成为市场焦点，也推动了金价的上涨行情。9月，黄金期货价格开始下跌。尽管美联储在9月18日意外宣布维持量化宽松措施力度不变，导致金价出现一天暴涨，但随后再次回落，继续震荡下行。第四季度黄金期货价格仍以下跌为主。10月上旬，美国国会预算案、美国国债上限财政僵局问题缓解，美元大幅反弹，贵金属持续走低。下旬，美国初请失业金人数高于预期，10月制造业PMI数据表现不佳，让市场对美国经济复苏信心受到重挫，美元遭到打压，黄金期货上涨。11 月，美国经济进一步复苏，引发市场担忧美联储减少量化宽松规模，黄金期货承压下行。12 月，美联储宣布将从 2014 年 1 月开始每月缩减 100 亿美元量化宽松规模，每月购债总额将降至 750 亿美元，打压金价。年末，上海期货交易所黄金期货主力合约收于 239. 4 元/克，全年跌幅为 29%。

2013 年黄金期货内外盘和现货市场价格比较见图 2 -2 -7。

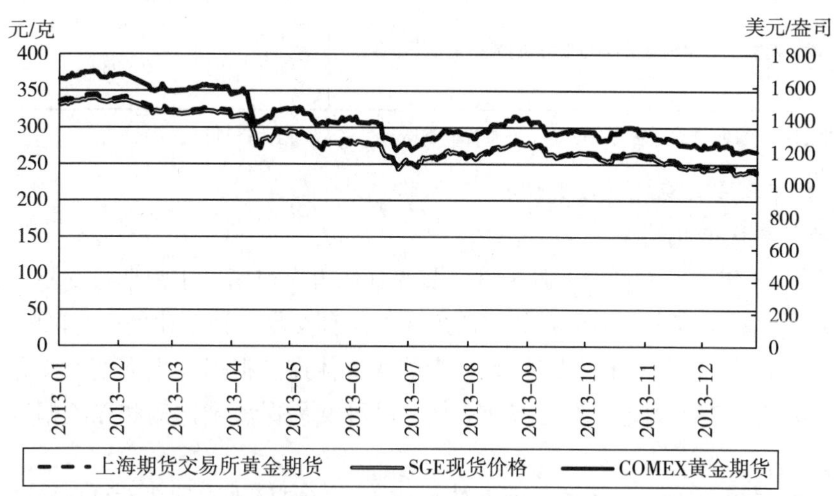

数据来源：上海期货交易所（SHFE）、上海黄金交易所（SGE）相关资料和路透数据。

图 2 -2 -7　2013 年黄金期货内外盘和现货市场价格比较

2. 涨跌停板次数及其对市场的影响

2013 年 4 月，受到国外黄金期货市场暴跌的影响，4 月 15 日上海期货交易所黄金期货 6 个合约出现跌停，4 月 16 日 2 个合约出现跌停。全年黄金期货市场总体运行平稳，风险可控。

3. 价格相关性分析

2013 年黄金期货内外盘和现货市场价格主要显性指标见表 2 -2 -45，2013 年黄金期货内外盘和现货市场价格相关性见表 2 -2 -46。

表 2 -2 -45　2013 年黄金期货内外盘和现货市场价格主要显性指标

市场分类	绝对指标（美元/盎司、元/克）					相对指标（%）	
	最高价	最低价	平均价	标准差	极差	离散率	波幅率
上海期货交易所黄金期货主力合约结算价	345	239	282	32	105	11. 18	37. 35
上海黄金交易所黄金 T + D 价格	1 694	1 193	1 402	146	501	10. 44	35. 76
COMEX 黄金期货主力合约结算价	340	236	281	31	104	10. 93	36. 97

数据来源：上海期货交易所（SHFE）、上海黄金交易所（SGE）相关资料和路透数据。

表 2-2-46　　2013 年黄金期货内外盘和现货市场价格相关性

价格选择	相关系数
上海期货交易所黄金期货主力合约结算价与 COMEX 黄金期货主力合约结算价	0.993
上海期货交易所黄金期货主力合约结算价与上海黄金交易所黄金 T+D 价格	0.998
COMEX 黄金期货主力合约结算价与上海黄金交易所黄金 T+D 价格	0.993

数据来源：上海期货交易所（SHFE）、上海黄金交易所（SGE）相关资料和路透数据。

（四）市场重大变化及政策调整

1. 市场重大变化情况

（1）2013 年 1 月 1 日至 1 月 3 日为节假日休市。根据《上海期货交易所风险控制管理办法》有关规定，对元旦休市前后相关品种交易保证金比例进行调整。

（2）2013 年 2 月 9 日至 2 月 15 日为节假日休市。根据《上海期货交易所风险控制管理办法》有关规定，对春节前后相关品种交易保证金比例和涨跌幅度限制进行调整。

（3）2013 年 4 月 4 日至 6 日为节假日休市。根据《上海期货交易所风险控制管理办法》有关规定，对清明节前后部分品种交易保证金比例和涨跌幅度限制进行调整。

（4）2013 年 4 月 29 日至 5 月 1 日为节假日休市。根据《上海期货交易所风险控制管理办法》有关规定，对劳动节前后各品种交易保证金比例和涨跌幅度限制进行调整。

（5）2013 年 6 月 10 日至 12 日为节假日休市。根据《上海期货交易所风险控制管理办法》有关规定，对端午节前后各品种交易保证金比例和涨跌幅度限制进行调整。

（6）2013 年 9 月 19 日至 21 日为中秋节休市，10 月 1 日至 7 日为国庆节休市。根据《上海期货交易所风险控制管理办法》有关规定，对 9 月 17 日至 10 月 8 日各品种交易保证金比例和涨跌幅度限制进行调整，中秋节和国庆节之间交易日的交易保证金比例和涨跌停板幅度不作恢复。

2. 交易所重大政策制定和调整

政策调整详情参见铜期货运行内容。

3. 合约制度修订和完善情况

（1）经研究，上海期货交易所将自 2013 年 6 月 7 日起，在交易系统中提供 FOK 和 FAK 交易指令。

（2）因交通银行上海分行启用新库，现决定，自 6 月 19 日起，交通银行上海市分行指定交割金库存放库地址调整至：上海市闸北区万荣一路 20 号，联系电话：

（021）63111000×4506，联系人：钱荣，邮编：200436。

（3）为切实落实2013年证券期货监管会议的精神，促进期货市场功能发挥，更好地服务实体经济，满足广大投资者的需要，上海期货交易所对《上海期货交易所黄金期货标准合约》进行了修订，新制定了《上海期货交易所连续交易细则》，并对《上海期货交易所结算细则》、《上海期货交易所交易细则》、《上海期货交易所风险控制管理办法》、《上海期货交易所交割细则》和《上海期货交易所黄金期货交割实施细则（试行）》等实施细则作了相应的修订。

（4）黄金期货连续交易自2013年7月5日起开始上线运行。连续交易时间为每周一至周五的21：00至次日2：30，法定节假日（不包含双休日）前第一个工作日的连续交易不再交易。

（5）为适应市场发展新形势，优化市场运行机制，培育扩大机构投资者队伍，解决特殊单位客户的持仓需求，上海期货交易所制定了《上海期货交易所套利交易管理办法》，并相应修订了《上海期货交易所风险控制管理办法》，自2013年12月2日起施行。

（6）上海期货交易所自2013年12月27日15：00起按单向大边保证金制度进行结算。

八、白银期货运行报告

2013年，上海期货交易所（SHFE）白银期货价格总体呈震荡下行走势。主力合约2013年开盘6 306元/公斤，年末收盘价4 099元/公斤，全年跌幅35%，盘中最高价为6 694元/公斤（1月22日），最低价为3 826元/公斤（7月8日），期间波幅42.84%。全年成交量3.46亿手（约合519.67万吨），成交额23.11万亿元。2013年上海期货交易所白银期货在交易制度改进、投资者结构优化等方面都有很大的进步和提高。2013年上半年，上海期货交易所进一步扩大了白银注册品牌规模，浙江宏达金属冶炼有限公司、广东金业贵金属有限公司先后注册成为上海期货交易所白银期货的品牌注册企业，白银品牌注册企业已达16家。2013年7月5日贵金属连续交易上线，国内期货市场迎来了连续交易时代，大大有利于国内贵金属期货投资者化解“隔夜跳空”风险。9月初，上海期货交易所在2013年推进的商业银行参与白银期货交易获得了银监会的批准，机构投资者的进入将促进白银期货市场的流动性和投资专业性，促进了白银期货市场的蓬勃发展。

（一）交易情况

2013年我国白银期货成交量同比大幅增加。2013年我国白银期货各合约成交量1.73亿手（约合259.83万吨），成交额11.56万亿元，年末持仓33.51万手。从国际市场来看，纽约商业交易所（NYMEX）芝加哥分部的白银期货（以下简称COMEX白银期货）主力品种（5 000盎司）全年成交量约为232.69万吨，同比增加8.71%。

2013 年我国白银市场月度成交量较 2012 年变化较大。2013 年 7 月后受上海期货交易所开展贵金属连续交易的影响，同比大大上升，呈现 3 倍至 15 倍的增长。

2013 年白银期货月度交易情况见表 2－2－47，2012—2013 年白银期货年度交易情况见表 2－2－48。

表 2－2－47　　2013 年白银期货月度交易情况

月度	成交量（万手）	同比变化（%）	成交金额（亿元）	同比变化（%）	月末持仓量（万手）	同比变化（%）
1 月	172. 26	—	1 680. 52	—	10. 52	—
2 月	105. 37	—	990. 47	—	13. 17	—
3 月	162. 34	—	1 460. 42	—	13. 08	—
4 月	312. 21	—	2 335. 15	—	10. 47	—
5 月	597. 23	67. 12	4 211. 21	33. 93	12. 36	123. 10
6 月	351. 86	32. 88	2 183. 32	－7. 80	14. 13	142. 78
7 月	1 860. 93	1 102. 62	11 163. 44	721. 63	17. 60	291. 11
8 月	4 061. 23	2 246. 99	27 729. 24	1 578. 12	25. 43	180. 99
9 月	3 235. 64	863. 79	22 359. 53	519. 85	17. 44	57. 97
10 月	1 992. 14	753. 71	13 317. 51	453. 57	21. 81	106. 34
11 月	1 703. 23	490. 01	10 892. 62	269. 16	29. 75	123. 35
12 月	2 767. 86	768. 18	17 231. 47	444. 03	33. 51	174. 22
总计	17 322. 26	—	115 554. 87	—	—	—

数据来源：上海期货交易所（SHFE）相关资料。

表 2－2－48　　2012—2013 年白银期货年度交易情况

年度	成交量（万手）	同比变化（%）	成交金额（亿元）	同比变化（%）	年末持仓量（万手）	同比变化（%）
2012	2 126. 50	—	20 654. 30	—	12. 22	—
2013	17 322. 26	714. 59	115 554. 87	459. 47	33. 51	174. 22

注：2012 年 5 月白银上市。

数据来源：上海期货交易所（SHFE）相关资料。

表 2－2－49　　2012—2013 年白银期货内外盘交易情况比较

年度	上海期货交易所白银期货（万手）	COMEX 白银期货（万手）
2012	2 126. 50	1 331. 48
2013	17 322. 26	1 447. 51

注：上海期货交易所白银期货的年度成交量为从 5 月 10 日上海期货交易所白银上市日起。

数据来源：上海期货交易所（SHFE）相关资料和路透。

（二）交割情况

截至2013年末，中储发展股份有限公司和中国外运华东有限公司已成为上海期货交易所白银期货指定交割银库。2013年，上海期货交易所白银期货交割总量为866.82吨，交割量最大的为1312合约，该合约交割量为169.4吨。

2013年白银期货月度交割情况见表2－2－50，2012—2013年白银期货年度交割情况见表2－2－51。

表2－2－50　　2013年白银期货月度交割情况

月度	交割量（手）	同比变化（%）	交割金额（亿元）	同比变化（%）
1月	9 514	—	8.98	—
2月	4 770	—	4.35	—
3月	3 452	—	3.06	—
4月	2 326	—	1.84	—
5月	3 764	—	2.62	—
6月	11 098	—	7.32	—
7月	1 376	—	0.83	—
8月	4 284	—	2.83	—
9月	2 354	－76.14	1.57	85.40
10月	1 076	－63.94	0.70	76.97
11月	2 480	－40.87	1.58	62.38
12月	11 294	3.24	6.81	36.12
总计	57 788	—	42.48	—

注：2012年5月白银上市，2013年无同比。

资料来源：上海期货交易所（SHFE）相关资料。

表2－2－51　　2012—2013年白银期货年度交割情况

年度	交割量（手）	同比变化（%）	交割金额（亿元）	同比变化（%）
2012	27 982	—	28.65	—
2013	57 788	106.52	42.49	48.31

数据来源：上海期货交易所（SHFE）相关资料。

（三）价格走势

1. 总体价格走势

2013年上海期货交易所白银期货价格走势与COMEX白银期货价格、国内现货价格（上海黄金交易所（SGE）白银 T + D 价格）走势基本保持一致，呈震荡下行走势。2013 年初，白银期货主力合约 1306 开盘 6 306 元/公斤，当日收盘价 6 226 元/公斤。第一季度美国经济复苏势头强劲，而欧洲仍处于衰退进程中，市场利好利空因素交错，2 月中旬受美元走强、市场看空贵金属声音较多的影响，白银快速下跌了 5% 左右，进入 3 月后开始进入小幅震荡的趋势；第二季度美国经济数据显示经济正在稳步复苏，美联储表示 2013 年稍晚可能开始放缓 QE，贵金属承压，但在 3 月一直处于小幅震荡的走势，进入 4 月后，由于塞浦路斯欲抛售黄金资产消息的刺激，贵金属价格在 4 月暴跌 20% 左右，随后尽管并没有任何国家抛售黄金资产，但市场对贵金属的避险地位的质疑越来越多，同时不理想的经济数据使得白银价格在第二季度达到全年最低点，6 月 28 日白银期货主力合约最低成交价格达到 3 634 元/公斤，比 2012 年的最低成交价格低 1 850 元；第三季度叙利亚的“化武危机”和美国两党预算之争两个风险事件在 8 月促使白银价格在爆发了一次反弹，白银期货主力合约价格在 8 月上涨了 21%，但随着叙利亚危机的缓解白银价格在进入 9 月以后又开始回落；第四季度美国经济走势继续向好，美联储在 12 月中旬宣布将每月 850 亿美元的购债规模缩减 100 亿美元至 750 亿美元，但由于市场对于 QE 削减早有心理准备，并未出现大幅度下滑，甚至在 12 月中旬还略有反弹，第四季度整体属于震荡下行趋势，但下跌幅度已有所减小。2013 年年末白银期货主力合约 1406 收于 4 099 元/公斤，全年跌幅为 35%。

2013 年白银期货内外盘和现货市场价格比较见图 2 – 2 – 8。

数据来源：上海期货交易所（SHFE）、上海黄金交易所（SGE）相关资料和路透。

图 2 – 2 – 8　2013 年白银期货内外盘和现货市场价格比较

2. 涨跌停板次数及其对市场的影响

白银期货共 17 个合约出现跌停板（其中第一次跌停 14 个，第二次跌停 3 个），月份分布为 4 月 13 个，6 月 2 个，7 月 2 个。跌停原因包括塞浦路斯央行欲出售黄金储备引起恐慌、美联储主席伯南克提及退出 QE 时间表及市场对 QE 退出的预期等。白银期货白银品种全年无涨停板。

3. 价格相关性分析

2013 年白银期货内外盘和现货市场价格主要显性指标见表 2－2－52，2013 年白银期货内外盘和现货市场价格相关性见表 2－2－53。

表 2－2－52　2013 年白银期货内外盘和现货市场价格主要显性指标

市场分类	绝对指标（美元/盎司、元/公斤）					相对指标（%）	
	最高价	最低价	平均价	标准差	极差	离散率	波幅率
上海期货交易所白银期货主力合约结算价	6 692	3 806	4 860	860	2 886	17.70	59.38
上海黄金交易所白银 T＋D 价格	33	19	24	4	14	16.93	59.01
COMEX 白银期货结算价	6 567	3 744	4 802	852	2 823	17.74	58.79

资料来源：上海期货交易所（SHFE）、上海黄金交易所（SGE）相关资料和路透。

表 2－2－53　2013 年白银期货内外盘和现货市场价格相关性

价格选择	相关系数
上海期货交易所白银期货主力合约结算价与 COMEX 白银期货主力合约结算价	0.992
上海期货交易所白银期货主力合约结算价与上海黄金交易所白银 T＋D 价格	0.998
COMEX 白银期货主力合约结算价与上海黄金交易所白银 T＋D 价格	0.993

数据来源：上海期货交易所（SHFE）、上海黄金交易所（SGE）相关资料和路透。

（四）市场重大变化及政策调整

1. 市场重大变化情况

（1）2013 年 1 月 14 日，上海期货交易所公布了《关于同意江西铜业股份有限公司变更 15 千克银锭注册商标和表面标识的批复》。

（2）2013 年 2 月 21 日，结合市场需求，经过研究上海期货交易所公布了《关于同意中国外运华东有限公司增加白银库容的批复》，同意了中国外运白银存放库由 800 吨增加至 1 000 吨的申请。

（3）2013 年 4 月 18 日，由于劳动节临近，根据上海期货交易所节假日放假和休市安排的公告，4 月 29 日至 5 月 1 日为节假日休市。根据《上海期货交易所风险控制管理办法》有关规定，经研究决定，对劳动节前后各品种交易保证金比例和涨跌幅度限制进行调整。白银期货合约的交易保证金比例由 8% 调整为 9%，涨跌幅度限制由 6% 调整为 7%。

（4）2013 年 5 月 30 日，由于端午节临近，根据上海期货交易所节假日放假和休市安排的公告，6 月 10 日至 12 日为节假日休市。根据《上海期货交易所风险控制管理办法》有关规定，经研究决定，对端午节前后各品种交易保证金比例和涨跌幅度限制进行调整。白银期货合约的交易保证金比例由 8% 调整为 9%，涨跌幅度限制由 6% 调整为 7%。

2. 交易所重大政策制定和调整

政策调整详情参见铜期货运行内容。

3. 合约制度的修订和完善情况

（1）2013 年 6 月 4 日，上海期货交易所公布了新制定的《上海期货交易所连续交易细则》，并公布了新修订的《上海期货交易所结算细则》、《上海期货交易所交易细则》、《上海期货交易所风险控制管理办法》、《上海期货交易所交割细则》、《上海期货交易所白银期货标准合约》修订案。

（2）白银期货连续交易自 2013 年 7 月 5 日起开始上线运行。连续交易时间为每周一至周五的 21：00 至次日 2：30，法定节假日（不包含双休日）前第一个工作日的连续交易不再交易。

（3）上海期货交易所自 2013 年 12 月 27 日 15：00 起按单向大边保证金制度进行结算。

第三节　能源、化工及其他类期货品种运行报告

2013 年，能源、化工类期货品种累计成交量为 57 147.55 万手，累计成交额为 48.97 万亿元，分别占全国期货市场的 27.72% 和 18.31%。

2013 年，能源、化工类期货品种价格基本呈现弱势下行。天然橡胶下跌 31.38%，焦炭下跌 19.74%，PTA 下跌 13.22%，新上市的焦煤、铁矿石、石油沥青年末收盘价较上市日开盘价分别下跌 22.55%、6.88%、6.22%。但聚乙烯、甲醇、动力煤震荡上涨，甲醇上涨 9.60%，新上市的动力煤年末收盘价较上市日开盘价上涨 7.89%。

一、燃料油期货运行报告

（一）交易情况

2013 年全年，上海期货交易所（SHFE）燃料油期货成交量 0.10 万手，同比减

少88.62%；成交金额2.51亿元，同比减少89.41%；年末持仓40手，同比减少61.54%。其中，成交量最高为3月的0.02万手，最低为7月的96手；月末持仓最大为3月的0.01万手，最小为7月的8手。

2013年燃料油期货月度交易情况见表2－3－1，2011—2013年燃料油期货年度交易情况见表2－3－2。

表2－3－1　　2013年燃料油期货月度交易情况

月度	成交量（手）	同比变化（%）	成交金额（亿元）	同比变化（%）	月末持仓量（手）	同比变化（%）
1月	120	－91.60	0.31	－91.75	19	－97.55
2月	88	－95.07	0.23	－95.20	42	－95.64
3月	162	－89.55	0.42	－90.13	53	－87.41
4月	61	－91.73	0.16	－92.30	48	－85.45
5月	90	－88.31	0.23	－88.65	10	－96.50
6月	56	－93.06	0.14	－92.87	6	－97.55
7月	48	－90.73	0.12	－90.44	4	－96.23
8月	101	－71.94	0.24	－72.90	15	－81.01
9月	87	－83.14	0.19	－85.21	20	－80.20
10月	53	－72.68	0.11	－76.83	21	－79.41
11月	98	－67.76	0.21	－71.99	31	－50.79
12月	75	－53.70	0.17	－58.64	20	－61.54
总计	1 039	－88.62	2.51	－89.41	—	—

数据来源：上海期货交易所相关资料。

表2－3－2　　2011—2013年燃料油期货年度交易情况

年度	成交量（万手）	同比变化（%）	成交金额（亿元）	同比变化（%）	年末持仓量（万手）	同比变化（%）
2011	197.12	－81.55	964.39	－80.49	460	－99.12
2012	0.91	－99.54	23.71	－97.54	52	－88.70
2013	0.10	－88.62	2.51	－89.41	20	－61.54

数据来源：上海期货交易所相关资料。

表2－3－3是上海期货交易所（SHFE）燃料油期货与CME集团下纽约商品交易所（NYMEX）得克萨斯州轻质原油期货（以下简称WTI）的年度成交数据比较。2013年SHFE燃料油期货成交量为0.10万手，而NYMEX的WTI期货成交量为14 762.80万手。就年末持仓量而言，SHFE燃料油期货为20手，NYMEX的WTI期货为259 878万手。

表 2 -3 -3　　2011—2013 年燃料油期货内外盘交易情况比较

年度	成交量（万手）		成交金额（亿元）		年末持仓量（万手）	
	SHFE（内盘）	NYMEX（外盘）	SHFE（内盘）	NYMEX（外盘）	SHFE（内盘）	NYMEX（外盘）
2011	197. 12	17 499. 21	964. 39	—	460. 00	1 328 317
2012	0. 91	14 053. 16	23. 71	—	52. 00	1 473 345
2013	0. 10	14 762. 80	2. 51	—	0. 002	259 878

数据来源：上海期货交易所相关资料、路透（Reuters）。

（二）交割情况

截至 2013 年底，SHFE 燃料油期货交割仓库共 9 家，其中广东省 5 家，上海市 2 家，浙江省 2 家。

2013 年，燃料油期货交割总量 77 手折合 3 850 吨，同比减少 85. 61%，交割金额 0. 18 亿元，同比减少 87. 32%。其中，5 月交割量最大，为 40 手折合 2 000 吨。

2013 年燃料油期货月度交割情况见表 2 -3 -4，2011—2013 年燃料油期货年度交割情况见表 2 -3 -5。

表 2 -3 -4　　2013 年燃料油期货月度交割情况

月度	交割量（手）	同比变化（%）	交割金额（亿元）	同比变化（%）
1 月	25	—	0. 06	—
2 月	0	-100	0	-100
3 月	0	-100	0	-100
4 月	0	-100	0	-100
5 月	40	-73. 51	0. 1	-75. 61
6 月	0	-100	0	-100
7 月	0	-100	0	-100
8 月	0	-100	0	-100
9 月	1	-96. 30	0	-100
10 月	7	—	0. 01	—
11 月	1	—	0	—
12 月	3	—	0. 01	—
总计	77	-85. 61	0. 18	-87. 32

数据来源：上海期货交易所相关资料。

表 2-3-5　　2011—2013 年燃料油期货年度交割情况

年度	交割量（手）	同比变化（%）	交割金额（亿元）	同比变化（%）
2011	41 770	-39.46	19.92	-34.19
2012	535	-98.72	1.41	-92.92
2013	77	-85.61	0.18	-87.32

数据来源：上海期货交易所相关资料。

（三）价格走势

1. 总体价格走势

2013 年，SHFE 燃料油期货主力连续合约年初开盘价 5 041 元/吨（1 月 4 日），最高价 5 398 元/吨（1 月 23 日），最低价 3 906 元/吨（9 月 26 日），最大价差（为一年中最大日价差，日价差 = 日最高价 - 日最低价）509 元/吨，年末收盘价 4 151 元/吨（12 月 31 日）。全年下跌 890 元/吨，跌幅 17.66%。

2013 年，NYMEX 原油连续合约年初开盘价 91.78 美元/桶（1 月 2 日），最高价 112.24 美元/桶（8 月 28 日），最低价 85.61 美元/桶（4 月 18 日），最大价差（为一年中最大日价差，日价差 = 日最高价 - 日最低价）4.62 美元/桶，年末收盘价 98.42 美元/桶（12 月 31 日）。全年上涨 6.64 美元/桶，涨幅 7.23%。

2013 年，华南燃料油现货年初报价 5 125 元/吨（1 月 4 日），最高价 5 320 元/吨（2 月 20 日），最低价 4 290 元/吨（8 月 19 日），最大价差 1 030 元/吨，年末报价 4 735 元/吨（12 月 31 日）。全年上涨（下跌）390 元/吨，跌幅 7.61%。

2013 年燃料油期货内外盘和现货市场价格比较见图 2-3-1。

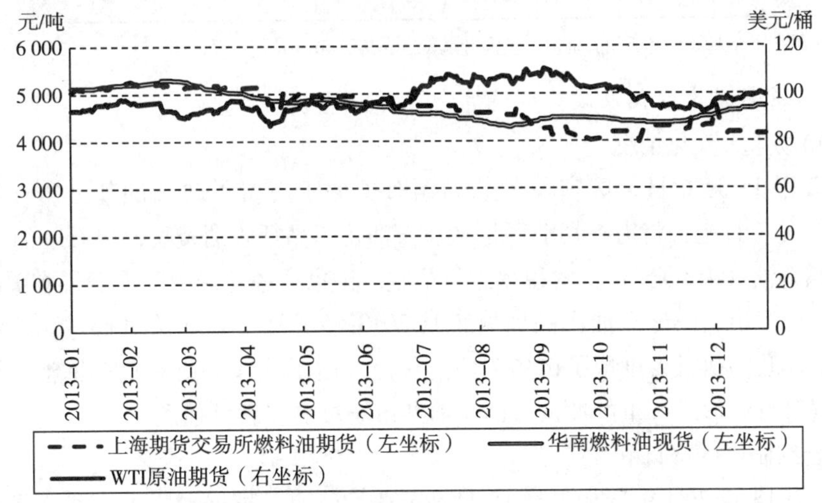

数据来源：上海期货交易所相关资料、路透（Reuters）。

图 2-3-1　2013 年燃料油期货内外盘和现货市场价格比较

2. 涨跌停板次数及其对市场的影响

2013 年，燃料油期货于 4 月 24 日和 10 月 28 日出现 2 次涨停板，未发生跌停板。

3. 价格相关性分析

2013 年燃料油期货内外盘和现货市场价格主要显性指标见表 2 -3 -6，2013 年燃料油期货和现货市场价格相关性见表 2 -3 -7。

表 2 -3 -6　　2013 年燃料油期货内外盘和现货市场价格主要显性指标

市场分类	绝对指标（美元/桶、元/吨）					相对指标（%）	
	最高价	最低价	平均价	标准差	极差	离散率	波幅率
上海期货交易所主力合约结算价	5 263	3 979	4 701	380	1 284	8.09	27.31
NYMEX 所主力合约结算价	111	87	98	6	24	5.61	24.32
华南燃料油现货市场价格	5 295	4 300	4 724	302	995	6.40	21.06

数据来源：上海期货交易所相关资料、路透（Reuters）。

表 2 -3 -7　　2013 年燃料油期货和现货市场价格相关性

价格选择	相关系数
上海期货交易所主力合约结算价与现货市场价格	0.828

数据来源：上海期货交易所相关资料、上海金属网、路透（Reuters）。

（四）市场重大变化及政策调整

1. 市场重大变化情况

2012 年 11 月 6 日，国家税务总局颁布了关于消费税政策的新公告，规定从 2013 年 1 月 1 日起，将对一切非国标液态石油化工品征收消费税，以石脑油（1 元/升）或燃料油（0.8 元/升）的税率进行征收。国家税务总局关于消费税有关政策问题的公告中指出，液体石油产品消费税自 2013 年 1 月 1 日开始执行。元旦假期之后，对此新政的执行力度成了市场关注的焦点。由于此政策或对整个炼油、调油以及液化气等行业形成严重的冲击，因此前期市场反响和意见强烈。

2. 合约制度的修订和完善情况

（1）2013 年 2 月 9 日至 2 月 15 日为节假日休市。根据《上海期货交易所风险控制管理办法》有关规定，经研究决定，对春节前后相关品种交易保证金比例和涨跌幅度限制进行调整。

（2）2013 年 4 月 4 日至 6 日为节假日休市。根据《上海期货交易所风险控制管理办法》有关规定，经研究决定，对清明节前后部分品种交易保证金比例和涨跌幅度限制进行调整。

（3）2013 年 4 月 29 日至 5 月 1 日为节假日休市。根据《上海期货交易所风险控制管理办法》有关规定，经研究决定，对劳动节前后各品种交易保证金比例和涨跌幅度限制进行调整。

（4）2013 年 6 月 10 日至 12 日为节假日休市。根据《上海期货交易所风险控制管理办法》有关规定，经研究决定，对端午节前后各品种交易保证金比例和涨跌幅度限制进行调整。

（5）2013 年 7 月 22 日，上期批复〔2013〕40 号《关于同意南方石化仓储（广州南沙）有限公司变更交割油库协议书主体的复函》，SHFE 燃料油指定交割油库“广州南沙泰山石化发展有限公司”更名为“南方石化仓储（广州南沙）有限公司”。

（6）2013 年 9 月 19 日至 21 日为中秋节休市，10 月 1 日至 7 日为国庆节休市。根据《上海期货交易所风险控制管理办法》有关规定，经研究决定，对 9 月 17 日至 10 月 8 日各品种交易保证金比例和涨跌幅度限制进行调整，中秋节和国庆节之间交易日的交易保证金比例和涨跌停板幅度不作恢复。

（7）2013 年 10 月 22 日，为适应市场发展新形势，优化市场运行机制，培育扩大机构投资者队伍，解决特殊单位客户的持仓需求，上海期货交易所制定了《上海期货交易所套利交易管理办法》，并相应修订了《上海期货交易所风险控制管理办法》。

（8）2013 年 10 月 22 日，为适应市场发展新形势，促进期货市场功能发挥，更好地服务实体经济，配合交易所保证金制度创新，上海期货交易所修订了《上海期货交易所结算细则》。

（9）2013 年 10 月 29 日，为配合《上海期货交易所套利交易管理办法》及《〈上海期货交易所异常交易监控暂行规定〉有关处理标准及处理程序》修订案（上期发〔2013〕166 号）的实施，公布非套期保值持仓限仓方案。

二、天然橡胶期货运行报告

（一）交易情况

2013 年全年，上海期货交易所（SHFE）天然橡胶期货成交量 7 243.81 万手，同比减少 3.64%；成交金额 145 267.78 亿元，同比减少 5.97%；年末持仓 14.60 万手，同比增加 66.13%。其中，成交量最高为 7 月的 972.59 万手，最低为 2 月的 204.31 万手；月末持仓最大为 12 月的 14.60 万手，最小为 1 月的 8.19 万手。

2013 年天然橡胶期货月度交易情况见表 2－3－8，2011—2013 年天然橡胶期货年度交易情况见表 2－3－9。

表 2-3-8　　2013 年天然橡胶期货月度交易情况

月度	成交量（万手）	同比变化（%）	成交金额（亿元）	同比变化（%）	月末持仓量（万手）	同比变化（%）
1月	311.47	-55.80	8 083.49	-10.30	8.19	-40.72
2月	204.31	-80.17	5 261.29	-64.47	9.07	-42.66
3月	395.23	-53.54	9 155.08	-30.91	8.95	17.17
4月	519.90	96.51	10 462.31	51.34	9.28	84.67
5月	830.32	83.29	16 536.30	47.03	12.66	91.67
6月	634.92	5.54	11 526.60	-15.61	13.66	82.95
7月	972.59	46.65	17 417.07	11.37	11.57	50.40
8月	917.91	26.57	17 880.16	12.56	10.56	35.12
9月	690.73	13.21	14 243.02	-0.11	8.76	31.04
10月	620.50	7.16	12 631.51	-12.71	12.99	25.12
11月	583.03	-1.81	11 253.78	-21.37	13.58	53.60
12月	562.88	27.49	10 817.18	-2.00	14.60	66.13
总计	7 243.81	-3.64	145 267.78	-5.97	—	—

数据来源：上海期货交易所相关资料。

表 2-3-9　　2011—2013 年天然橡胶期货年度交易情况

年度	成交量（万手）	同比变化（%）	成交金额（亿元）	同比变化（%）	年末持仓量（万手）	同比变化（%）
2011	10 428.64	-37.70	165 237.11	-22.50	14.97	39.50
2012	7 517.63	-27.90	154 493.48	-6.50	8.78	-41.30
2013	7 243.81	-3.64	145 267.78	-5.97	14.60	66.13

数据来源：上海期货交易所相关资料。

表 2-3-10 是上海期货交易所（SHFE）与东京工业品交易所（TOCOM）天然橡胶期货年度成交数据比较。2013 年 SHFE 天然橡胶期货成交量为 7 243.81 万手，TOCOM 为 225.72 万手；SHFE 天然橡胶期货交易规模远远超过 TOCOM，居全球同类品种成交量之首。就年末持仓量而言，SHFE 天然橡胶期货为 14.60 万手，TOCOM 为 2.04 万手。

表 2-3-10　　2011—2013 年天然橡胶期货内外盘交易情况比较

年度	成交量（万手）		成交金额（亿元）		年末持仓量（万手）	
	SHFE（内盘）	TOCOM（外盘）	SHFE（内盘）	TOCOM（外盘）	SHFE（内盘）	TOCOM（外盘）
2011	10 428.64	326.00	165 237.11	—	14.97	2.51
2012	7 517.63	225.18	154 493.48	—	8.79	3.12
2013	7 243.81	225.72	145 267.78	—	14.60	2.04

数据来源：上海期货交易所相关资料、路透（Reuters）。

（二）交割情况

截至 2013 年底，SHFE 天然橡胶期货交割仓库共 12 家，其中上海 2 家，山东省 2 家，海南省 2 家，天津市 4 家，云南省 1 家，青岛市 1 家。

2013 年，天然橡胶期货交割总量 14 607 手折合 146 070 吨，同比增加 61.19%，交割金额 29.21 亿元，同比增加 101.45%。其中，5 月交割量最大，为 3 492 手折合 34 920 吨；2 月、12 月交割量最低，当月无交割。

2013 年天然橡胶期货月度交割情况见表 2-3-11，2011—2013 年天然橡胶期货年度交割情况见表 2-3-12。

表 2-3-11　　2013 年天然橡胶期货月度交割情况

月度	交割量（手）	同比变化（%）	交割金额（亿元）	同比变化（%）
1 月	2 276	38.19	5.8	167.28
2 月	0	—	0	—
3 月	1 076	-44.10	2.44	-13.17
4 月	417	-48.65	0.86	-25.86
5 月	3 492	441.40	6.99	752.44
6 月	889	24.51	1.58	92.68
7 月	907	4.01	1.47	38.68
8 月	728	338.55	1.32	247.37
9 月	2 615	91.58	4.88	58.96
10 月	300	-49.66	0.55	-62.33
11 月	1 907	495.94	3.32	342.67
12 月	0	—	0	—
总计	14 607	61.19	29.21	101.45

数据来源：上海期货交易所相关资料。

表 2-3-12　　2011—2013 年天然橡胶期货年度交割情况

年度	交割量（手）	同比变化（%）	交割金额（亿元）	同比变化（%）
2011	10 080	-60.80	17.10	-46.80
2012	9 062	-10.10	14.50	-15.21
2013	14 607	61.19	29.21	101.45

数据来源：上海期货交易所相关资料。

（三）价格走势

1. 总体价格走势

2013 年，SHFE 天然橡胶期货主力连续合约年初开盘价 312.4 元/吨（1 月 4 日），最高价 27 040 元/吨（2 月 6 日），最低价 16 835 元/吨（6 月 25 日），最大价差（为一年中最大日价差，日价差 = 日最高价 - 日最低价）1 010 元/吨，年末收盘价 18 140 元/吨（12 月 31 日）。全年下跌 8 390 元/吨，跌幅 31.62%。

2013 年，TOCOM 天然橡胶连续合约年初开盘价 312.4 日元/千克（1 月 2 日），最高价 337.8 日元/千克（2 月 6 日），最低价 225.0 日元/千克（6 月 25 日），最大价差（为一年中最大日价差，日价差 = 日最高价 - 日最低价）19.6 日元/千克，年末收盘价 274.5 日元/千克（12 月 31 日）。全年下跌 37.9 日元/千克，跌幅 12.13%。

2013 年，上海地区全乳胶现货价格年初报价 25 500 元/吨（1 月 4 日），最高价 26 400 元/吨（2 月 6 日、2 月 7 日），最低价 16 200 元/吨（7 月 10 日），年末报价 18 000 元/吨。全年下跌 7 500 元/吨，跌幅 29.41%。

2013 年天然橡胶期货内外盘和现货市场价格比较见图 2-3-2。

数据来源：上海期货交易所相关资料、路透（Reuters）。

图 2-3-2　2013 年天然橡胶期货内外盘和现货市场价格比较

2. 涨跌停板次数及其对市场的影响

2013 年天然橡胶合约交易平稳可控，共发生跌停板 5 次，与 2012 年持平。

3. 价格相关性分析

2013 年天然橡胶期货内外盘和现货市场价格主要显性指标见表 2－3－13，2013 年天然橡胶期货内外盘和现货市场价格相关性见表 2－3－14。

表 2－3－13　2013 年天然橡胶期货内外盘和现货市场价格主要显性指标

市场分类	绝对指标（日元/千克、元/吨）					相对指标（%）	
	最高价	最低价	平均价	标准差	极差	离散率	波幅率
上海期货交易所主力合约结算价	26 785	17 115	20 664	2 577	9 670	12.47	46.80
TOCOM 主力合约结算价	358	239	284	27	119	9.49	41.77
上海全乳胶现货市场价格	26 400	16 200	19 993	2 738	10 200	13.70	51.02

数据来源：上海期货交易所相关资料、路透（Reuters）。

表 2－3－14　2013 年天然橡胶期货内外盘和现货市场价格相关性

价格选择	相关系数
上海期货交易所主力合约结算价与东京工业品交易所主力合约结算价	0.946
上海期货交易所主力合约结算价与现货市场价格	0.990
东京工业品交易所主力合约结算价与现货市场价格	0.932

数据来源：上海期货交易所相关资料、上海金属网、路透（Reuters）。

（四）市场重大变化及政策调整

1. 市场重大变化情况

（1）2013 年我国天然橡胶进口关税下调。自 2013 年 1 月 1 日起，天然橡胶进口关税下调。烟胶片进口税率调低至 20% 或 1 200 元/吨（从低）。技术分类天然橡胶（TSNR）的进口税率由每吨 2 000 元下调至 1 200 元。

（2）国家橡胶托市政策频出：中国总理李克强访问泰国，达成了有关橡胶采购的意向；2013 年国家物资储备局四次收储，共计 24.37 万吨。

2. 合约制度的修订和完善情况

文件名称	文　号	主要内容
关于公示增设中远物流仓储配送有限公司及天津全程物流配送有限公司为天然橡胶期货交割仓库的公告	上期办发〔2013〕4 号 2013－04－01	拟增设中远物流仓储配送有限公司（青岛）及天津全程物流配送有限公司为上海期货交易所天然橡胶期货交割仓库

续表

文件名称	文　　号	主要内容
关于同意中储发展股份有限公司增加天然橡胶期货指定交割仓库存放点和调整部分库容的批复	上期批复〔2013〕16号 2013－04－02	批准中储发展股份有限公司上海临港分公司成为上海期货交易所天然橡胶指定交割仓库存放点，核定库容：3.5万吨。天津南仓分公司增设库存放点核定库容由原2万吨增加到3万吨。上海大场分公司天然橡胶指定交割仓库核定库容由3.5万吨调整为2.5万吨
关于同意中远物流仓储配送有限公司成为上海期货交易所天然橡胶指定交割仓库的批复	上期批复〔2013〕18号	同意中远物流仓储配送有限公司成为上海期货交易所天然橡胶指定交割仓库
关于同意天津全程物流配送有限公司成为上海期货交易所天然橡胶指定交割仓库的批复	上期批复〔2013〕19号	同意天津全程物流配送有限公司成为上海期货交易所天然橡胶指定交割仓库
关于同意山东省奥润特贸易有限公司增加天然橡胶库容的批复	上期批复〔2013〕78号 2013－11－28	同意山东省奥润特贸易有限公司天然橡胶存放库的核定库容由18 000吨增加至20 000吨
关于同意山东储备物资管理局八三二处增加天然橡胶库容的批复	上期批复〔2013〕79号 2013－11－28	同意山东储备物资管理局八三二处天然橡胶存放库的核定库容由22 000吨增加至37 000吨
关于同意中远物流仓储配送有限公司增加天然橡胶库容的批复	上期批复〔2013〕80号 2013－11－28	同意中远物流仓储配送有限公司天然橡胶存放库的核定库容由20 000吨增加至35 000吨

数据来源：上海期货交易所相关资料。

三、PTA期货运行报告

2013年，郑州商品交易所（ZCE）精对苯二甲酸（以下简称PTA）期货震荡下跌。受PTA上游PX走弱，下游聚酯产销疲软、需求不足等因素影响，PTA期货价格弱势尽显，运行区间不断下移。由于价格走势低迷，市场缺乏关注焦点，加上2013年下半年新上市期货品种较多而分流资金的影响，PTA期货成交量与成交金额双双下滑。

（一）交易情况

2013年全年，郑州商品交易所PTA期货成交量7 628.4万手，同比减少37.09%；成交金额30 328.89亿元，同比减少36.79%；年末持仓28.08万手，同比增加18.43%。其中，成交量最高为4月的1 216.13万手，最低为10月的230.59万手；月末持仓最大为6月的40.56万手，最小为2月的17.69万手。

2013年PTA期货月度交易情况见表2-3-15，2011—2013年PTA期货年度交易情况见表2-3-16。

表2-3-15　　2013年PTA期货月度交易情况

月度	成交量（万手）	同比变化（%）	成交金额（亿元）	同比变化（%）	月末持仓量（万手）	同比变化（%）
1月	730.75	84.14	3 118.23	80.31	23.93	45.70
2月	451.34	-42.23	1 960.92	-44.50	17.69	-15.19
3月	1 124.81	42.79	4 521.20	29.17	32.93	53.85
4月	1 216.13	221.32	4 729.70	189.96	38.37	95.76
5月	1 086.86	85.02	4 247.74	76.63	39.79	13.28
6月	711.66	-42.77	2 791.81	-37.67	40.56	33.71
7月	561.23	-65.01	2 174.73	-64.17	30.89	-5.33
8月	648.81	-66.26	2 596.47	-64.30	23.94	-29.04
9月	339.03	-74.95	1 339.81	-74.30	23.90	0.35
10月	230.59	-75.26	879.09	-75.78	33.91	42.53
11月	254.43	-70.34	951.99	-70.77	39.12	58.17
12月	272.76	-78.70	1 017.21	-80.67	28.08	18.43
总计	7 628.40	-37.09	30 328.89	-36.79	—	—

数据来源：郑州商品交易所相关资料。

表2-3-16　　2011—2013年PTA期货年度交易情况

年度	成交量（万手）	同比变化（%）	成交金额（亿元）	同比变化（%）	年末持仓量（万手）	同比变化（%）
2011	12 054.65	96.25	58 082.25	124.05	18.58	45.12
2012	12 126.39	0.60	47 980.83	-17.39	23.71	27.58
2013	7 628.40	-37.09	30 328.89	-36.79	28.08	18.43

数据来源：郑州商品交易所相关资料。

（二）交割情况

截至2013年底，郑州商品交易所PTA期货交割仓库共11家，其中，浙江省有5家交割仓库，杭州萧山、嘉兴平湖、绍兴各1家，宁波2家；江苏省有5家交割库，太仓1家、江阴1家、张家港3家；福建有1家交割仓库，位于厦门。

2013年，PTA期货交割总量36 337手折合18.17万吨，同比减少2.59%，交割金额14.15亿元，同比减少11.17%。其中，9月交割量最大，为12 865手折合6.43万吨；11月交割量最低，为75手折合375吨。

2013 年 PTA 期货月度交割情况见表 2－3－17，2011—2013 年 PTA 期货年度交割情况见表 2－3－18。

表 2－3－17　　2013 年 PTA 期货月度交割情况

月度	交割量（手）	同比变化（%）	交割金额（亿元）	同比变化（%）
1 月	1 257	－80.95	0.56	－81.01
2 月	1 451	206.77	0.64	194.92
3 月	1 249	1.54	0.51	－8.46
4 月	1 005	5.13	0.39	－5.10
5 月	6 641	－59.42	2.58	－63.65
6 月	1 139	－11.50	0.45	－5.06
7 月	1 006	－45.09	0.39	－43.21
8 月	581	－66.26	0.23	－66.73
9 月	12 865	165.20	4.97	147.53
10 月	435	200.00	0.16	173.72
11 月	75	－87.33	0.03	－88.40
12 月	8 633	590.64	3.24	518.52
总计	36 337	－2.59	14.15	－11.17

数据来源：郑州商品交易所相关资料。

表 2－3－18　　2011—2013 年 PTA 期货年度交割情况

年度	交割量（手）	同比变化（%）	交割金额（亿元）	同比变化（%）
2011	48 691	－49.17	24.57	－34.79
2012	37 305	－23.38	15.93	－35.18
2013	36 337	－2.59	14.15	－11.17

数据来源：郑州商品交易所相关资料。

（三）价格走势

1. 总体价格走势

2013 年，PTA 期货主力连续合约年初开盘价 8 602 元/吨（1 月 4 日），最高价 8 946 元/吨（2 月 18 日），最低价 7 322 元/吨（12 月 18 日），最大价差 1 624 元/吨，年末收盘价 7 362 元/吨（12 月 31 日）。全年下跌 1 240 元/吨，跌幅 14.42%。

2013 年 PTA 市场弱势尽显，整体呈现前高后低走势，运行区间逐步下移。具体来看，上游方面，2013 年亚洲 PX 产能扩张，其结构性短缺格局有所改变，PTA 上游 PX 价格宽幅下行；下游方面，聚酯行情整体表现不佳，由于终端纺织业需求不足，加上行业产能过剩的固有利空因素影响，聚酯产销长期疲软；自进入下半年以来，国内资金面也处于紧张状态，加剧了企业的经营困境。另一方面，同期中国经济逐渐结束高增长模式，进入调整期，宏观经济数据的低迷也对大宗商品行情有所打压。

2013 年，国产 PTA 现货价格年初报价 8 820 元/吨（1 月 4 日），最高价 8 950 元/吨（1 月 7 日），最低价 7 220 元/吨（11 月 26 日），年末报价 7 400 元/吨。全年下跌 1 420 元/吨，跌幅 16. 1%。

2013 年 PTA 期货和现货市场价格比较见图 2 –3 –3。

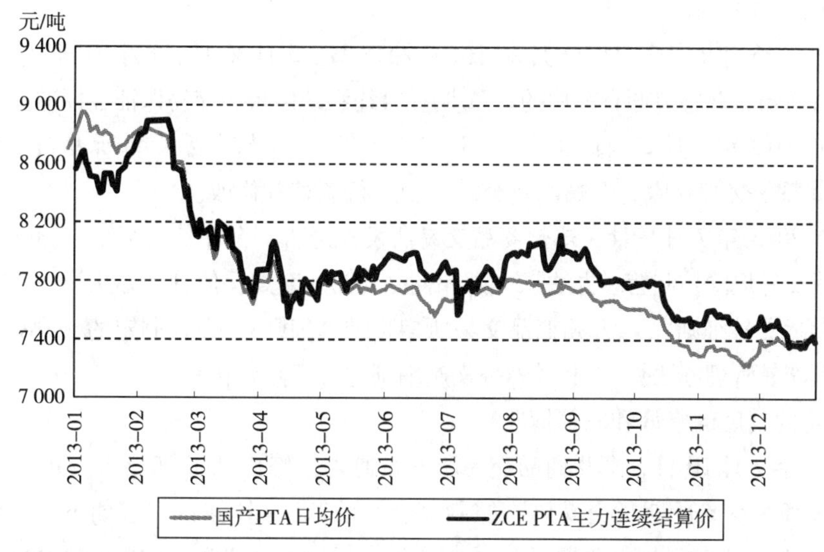

数据来源：郑州商品交易所相关资料、中国化纤信息网。

图 2 –3 –3　2013 年 PTA 期货和现货市场价格比较

2. 涨跌停板次数及其对市场的影响

2013 年 PTA 期货涨跌停板次数为零。PTA 期货全年运行总体平稳，风险可控。

3. 价格相关性分析

2013 年 PTA 期货和现货市场价格主要显性指标见表 2 –3 –19，2013 年 PTA 期货和现货市场价格相关性见表 2 –3 –20。

表 2 –3 –19　　2013 年 PTA 期货和现货市场价格主要显性指标

市场分类	绝对指标（元/吨）					相对指标（%）	
	最高价	最低价	平均价	标准差	极差	离散率	波幅率
ZCE PTA 连续价格	9 044	7 358	7 880. 29	422. 36	1 686	5. 36	21. 40
PTA 现货市场价格	8 950	7 220	7 827. 70	450. 57	1 730	5. 76	22. 10

数据来源：郑州商品交易所相关资料、中国化纤信息网。

表 2 –3 –20　　2013 年 PTA 期货和现货市场价格相关性

价格选择	相关系数
ZCE PTA 连续价格与现货市场价格	0. 99

数据来源：郑州商品交易所相关资料、中国化纤信息网。

（四）市场重大变化及政策调整

1. 市场重大变化情况

2013 年 PTA 期货市场未出现重大风险事件，郑州商品交易所根据风险管理需要，在部分节假日期间对保证金及涨跌停板作出相应调整。

2. 政策调整情况

（1）2013 年 1 月 31 日、3 月 26 日、4 月 18 日、5 月 30 日、9 月 10 日郑州商品交易所发布通知，调整节假日前后的 PTA 期货合约涨跌停板、交易保证金标准。

（2）2013 年 1 月 21 日、8 月 8 日、11 月 27 日郑州商品交易所发布通告：对 PTA 期货部分交割仓库、升贴水及交割品牌进行调整和修改。

（3）2013 年 7 月 9 日，郑州商品交易所发布通告：公布修订后的《郑州商品交易所期货交易风险控制管理办法》、《郑州商品交易所套期保值管理办法》、《郑州商品交易所期货交易细则》、《郑州商品交易所期货结算细则》，以及制定的《郑州商品交易所套利交易管理办法》，对相关业务实施细则进行了修订和完善。

3. 合约制度的修订和完善情况

2013 年 9 月 10 日，郑州商品交易所发布通告：修订基于 2013 年 7 月 9 日发布的《郑州商品交易所期货交易风险控制管理办法》，具体修订内容如下：①将第二十八条 PTA 期货交割月份非期货公司会员限仓标准由 2 000 手调整为 3 000 手。②将第二十九条 PTA 期货交割月份客户限仓标准由 1 000 手调整为 3 000 手。新修订条款自 2013 年 9 月 16 日起施行。

四、PVC 期货运行报告

2013 年上半年，受到传统需求淡季及企业检修的影响，聚氯乙烯（PVC）期货价格呈现震荡小幅走低态势；2013 年下半年，受到宏观经济环境低迷、企业检修复工、产能过剩、同质化产品竞争激烈等多重不利因素影响，PVC 期货价格呈现大幅走低态势。特别是 2013 年 8 月，受到电石价格上涨及东南亚进口需求增长的双重作用，PVC 期货价格达到 2013 年的最高价 6 860 元/吨。此后由于电石价格的回落、PVC 企业开工率的提升、需求疲软等因素影响，PVC 期货价格一路走低，并于 11 月达到年内最低值 6 305 元/吨。

（一）交易情况

2013 年全年，大连商品交易所（DCE）聚氯乙烯（PVC）期货成交量 178.72 万手，同比减少 74.1%；成交金额 593.21 亿元，同比减少 74.57%；年末持仓 1.62 万手，同比减少 59.78%。其中，成交量最高为 1 月的 42.74 万手，最低为 9 月的 4.56 万手；月末持仓最大为 1 月的 5.98 万手，最小为 8 月的 1.3 万手。

2013 年 PVC 期货月度交易情况见表 2－3－21，2011—2013 年 PVC 期货年度交易情况见表 2－3－22。

表 2-3-21　　2013 年 PVC 期货月度交易情况

月度	成交量（万手）	同比变化（%）	成交金额（亿元）	同比变化（%）	月末持仓量（万手）	同比变化（%）
1 月	42.74	24.11	143.20	19.04	5.98	31.44
2 月	27.55	-76.25	93.08	-77.18	3.87	-55.07
3 月	19.11	-80.34	63.34	-81.48	3.33	-57.73
4 月	17.80	-67.56	58.22	-69.67	2.44	-69.06
5 月	11.51	-74.92	37.93	-75.51	1.91	-63.98
6 月	8.82	-84.60	29.14	-84.23	1.70	-69.35
7 月	9.40	-87.73	31.50	-87.45	1.36	-66.24
8 月	13.87	-70.19	46.75	-69.21	1.30	-61.53
9 月	4.56	-90.75	15.07	-90.82	1.32	-43.95
10 月	4.80	-87.75	15.57	-87.74	1.91	-55.19
11 月	7.26	-77.38	23.25	-77.53	2.08	-26.31
12 月	11.29	-72.14	36.16	-72.84	1.62	-59.78
总计	178.72	-74.10	593.20	-74.57	—	—

数据来源：大连商品交易所相关资料。

表 2-3-22　　2011—2013 年 PVC 期货年度交易情况

年度	成交量（万手）	同比变化（%）	成交金额（亿元）	同比变化（%）	年末持仓量（万手）	同比变化（%）
2011	943.84	11.25	3 749.61	11.58	2.14	-55.32
2012	690.02	-26.89	2 332.40	-37.80	4.03	88.13
2013	178.72	-74.10	593.21	-74.57	1.62	-59.78

数据来源：大连商品交易所相关资料。

（二）交割情况

2013 年大连商品交易所 PVC 期货交割库共设有 14 个，其中上海 4 个，江苏 2 个，广东 4 个，浙江 4 个。从分布来看，交割仓库主要集中于区域中心城市，交通发达，便于铁路运输和公路运输。

2013 年，PVC 期货交割总量 5 377 手折合 26 885 吨，同比减少 74.89%，交割金额 1.73 亿元，同比减少 75.22%。其中，5 月交割量最大，为 2 450 手折合 12 250 吨；6 月、7 月、8 月、10 月、11 月、12 月无交割。

2013 年 PVC 期货月度交割情况见表 2-3-23，2011—2013 年 PVC 期货年度交割情况见表 2-3-24，2013 年 PVC 期货月度注册、注销仓单量比较见图 2-3-4。

表 2-3-23　　2013 年 PVC 期货月度交割情况

月度	交割量（手）	同比变化（%）	交割金额（亿元）	同比变化（%）
1 月	1 857	30.77	0.59	27.38
2 月	6	-60.00	0	-61.35
3 月	335	544.23	0.11	520.00
4 月	9	125.00	0	112.82
5 月	2 450	-86.05	0.79	-86.19
6 月	0	-100.00	0	-100.00
7 月	0	-100.00	0	-100.00
8 月	0	-100.00	0	-100.00
9 月	720	-68.67	0.24	-67.84
10 月	0	0	0	0
11 月	0	0	0	0
12 月	0	0	0	0
总计	5 377	-74.89	1.73	-75.22

数据来源：大连商品交易所相关资料。

表 2-3-24　　2011—2013 年 PVC 期货年度交割情况

年度	交割量（手）	同比变化（%）	交割金额（亿元）	同比变化（%）
2011	98 896	61.69	48.60	85.33
2012	44 333	-55.17	18.98	-60.94
2013	27 201	-38.64	16.11	-15.15

数据来源：大连商品交易所相关资料。

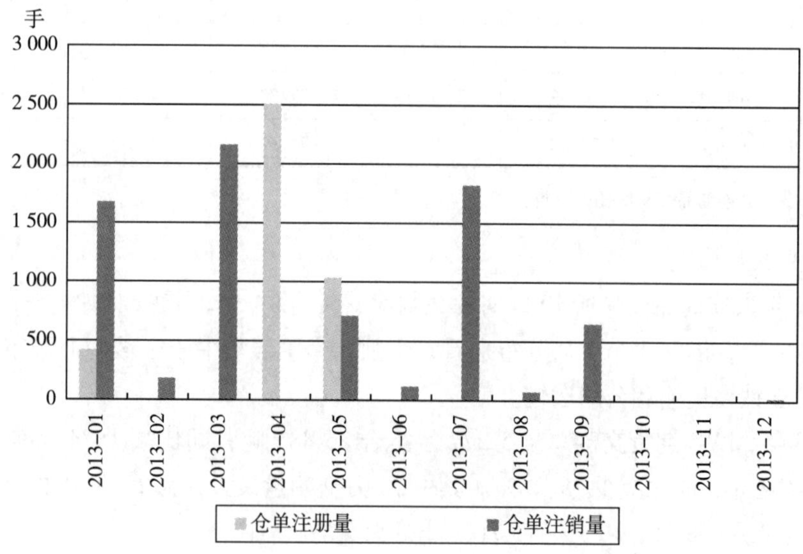

图 2-3-4　2013 年 PVC 期货月度注册、注销仓单量比较

(三) 价格走势

1. 总体价格走势

2013 年大连商品交易所 PVC 期货价格上半年在 6 400 ~ 6 800 元/吨的区间震荡，2013 年下半年，由于宏观经济形势相对低迷，PVC 国内需求相对疲软、出口受挫、产能过剩等因素影响，PVC 期货价格一路走低，最低达到 6 305 元/吨，2013 年底的 11 月及 12 月出现超低小幅反弹。

2013 年，大连商品交易所 PVC 主力合约年初开盘价 6 630 元/吨（1 月 4 日），最高价 6 875 元/吨（8 月 14 日），最低价 6 250 元/吨（12 月 20 日），最大价差 625 元/吨，年末收盘价 6 420 元/吨（12 月 31 日）。全年下跌 210 元/吨，跌幅 3.17%。

2013 年，珠三角 PVC 现货价格年初报价 6 450 元/吨（1 月 4 日），最高价 6 980 元/吨（7 月 24 日），最低价 6 390 元/吨（12 月 31 日），年末报价 6 390 元/吨。全年下跌 590 元/吨，跌幅 8.45%。

2013 年 PVC 期货与现货市场价格见图 2 - 3 - 5。

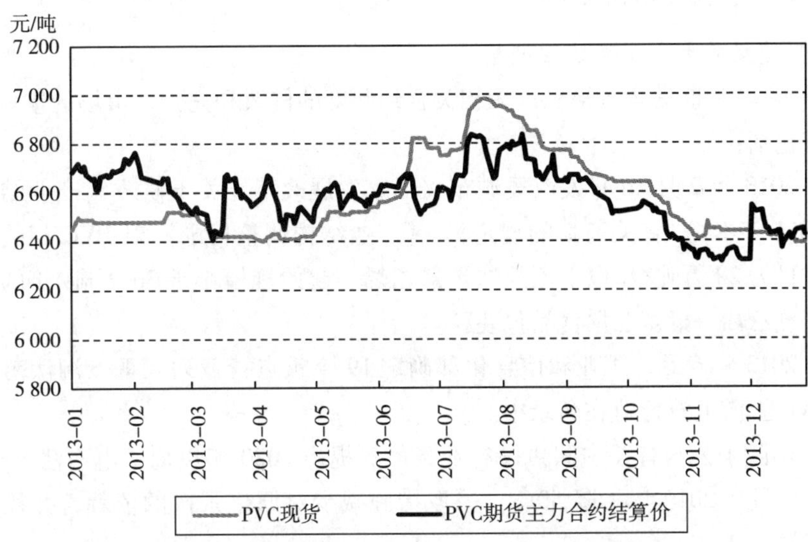

图 2 - 3 - 5　2013 年 PVC 期货和现货市场价格比较

2. 涨跌停板次数及其对市场的影响

2013 年大连商品交易所 PVC 期货共出现跌停板 1 次，涨停板 0 次。该跌停板出现的日期是 2013 年 1 月 23 日，发生跌停板的合约为 PVC1304 合约，跌停板价格 6 860 元/吨。由于 2013 年 1 月 23 日的主力合约为 PVC1305 合约，PVC1304 合约成交量并不是很大，对 PVC 期货其他合约整体运行情况影响不大。出现 PVC1304 合约跌停的主要原因为：2013 年 1 月，主力合约 PVC1305 价格为 6 670 元/吨，相邻合约 PVC1304 与主力合约价差过大。

3. 价格相关性分析

由于目前 PVC 国外无相应的期货品种上市交易，因此本部分的相关分析主要局限在 PVC 期货与现货之间。

2013 年 PVC 期货和现货市场价格主要显性指标见表 2－3－25，2013 年 PVC 期货和现货市场价格相关性见表 2－3－26。

表 2－3－25　　2013 年 PVC 期货和现货市场价格主要显性指标

市场分类	绝对指标（元/吨）					相对指标（%）	
	最高价	最低价	平均价	标准差	极差	离散率	波幅率
大连商品交易所期货价格	6 875	6 250	6 951.85	136.03	625	1.96	8.99
珠三角现货市场价格	6 980	6 390	6 576.93	176.47	590	2.68	8.97

数据来源：大连商品交易所相关资料。

表 2－3－26　　2013 年 PVC 期货和现货市场价格相关性

价格选择	相关系数
DCE 主力合约结算价格与现货市场价格	0.62

数据来源：大连商品交易所相关资料。

（四）市场重大变化及政策调整

2013 年 PVC 期货运行平稳，无相关合约制度的修改和完善，市场的重大变化及政策调整包括：

（1）2013 年 2 月 16 日发改委颁布《国家发展改革委关于修改〈产业结构调整目录（2011 年本）〉有关条款的规定》。《产业结构调整目录》对 PVC 相关规定中限制类项目为 20 万吨/年以下乙炔法聚氯乙烯、起始规模小于 30 万吨/年的乙烯氧氯化法聚氯乙烯、聚氯乙烯食品包装膜。

（2）2013 年 6 月，工业和信息化部确定 19 个重点行业列入重点淘汰落后产能名列。PVC 上游电石行业在名录中。

（3）国际汞公约有关中国氯碱行业条款。提出 2020 年以前，电石法 PVC 单位产品汞使用量比 2010 年下降 50%；采取措施减少对原生汞矿的依赖，并控制汞的排放与释放。

五、LLDPE 期货运行报告

2013 年，大连商品交易所（DCE）LLDPE 期货呈现先震荡下行，而后震荡走高的态势。第一阶段持续时间从 2013 年 1 月至 2013 年 4 月，由于 LLDPE 下游需求低迷，LLPDE 现货企业相继出台降价促销等优惠政策拉低库存，市场于 2013 年 4 月达到谷底。第二阶段持续时间从 2013 年 4 月至 12 月，经过第一阶段降价后，厂家和社会库存大幅下降，加之抚顺石化停车、大庆石化和兰州石化乙烯单体供应紧张、进口供应不稳定等多重因素影响，推动 LLDPE 价格一路震荡走高。

（一）交易情况

2013 年全年，LLDPE 期货成交量 7 214.21 万手，同比增加 0.38%；成交金额

38 648.32 亿元，同比增加 6.10%；年末持仓 15.31 万手，同比增加 5.05%。其中，成交量最高为 3 月的 789.52 万手，最低为 1 月的 418.21 万手；月末持仓最大为 11 月的 26.61 万手，最小为 12 月的 15.31 万手。

2013 年 LLDPE 期货月度交易情况见表 2－3－27，2011—2013 年 LLDPE 期货年度交易情况见表 2－3－28。

表 2－3－27　　2013 年 LLDPE 期货月度交易情况

月度	成交量（万手）	同比变化（%）	成交金额（亿元）	同比变化（%）	月末持仓量（万手）	同比变化（%）
1 月	418.21	－20.72	2 253.79	－13.33	15.33	－3.09
2 月	458.85	－22.63	2 566.60	－15.71	16.66	－1.45
3 月	789.52	－2.67	4 178.22	－3.89	19.03	10.31
4 月	665.10	44.04	3 320.18	36.40	18.02	46.72
5 月	650.27	22.98	3 305.58	26.17	20.38	48.33
6 月	611.93	－10.13	3 201.75	0.32	21.41	41.29
7 月	717.95	－3.50	3 788.06	2.55	24.33	109.29
8 月	756.75	0.58	4 108.17	9.77	22.07	83.71
9 月	537.17	21.11	2 921.79	24.70	14.14	55.43
10 月	577.56	26.96	3 248.34	39.75	22.72	29.33
11 月	601.63	0.84	3 345.99	12.72	26.61	83.60
12 月	429.27	－27.55	2 409.83	－22.62	15.31	5.05
总计	7 214.21	0.38	38 648.32	6.10	—	—

数据来源：大连商品交易所相关资料。

表 2－3－28　　2011—2013 年 LLDPE 期货年度交易情况

年度	成交量（万手）	同比变化（%）	成交金额（亿元）	同比变化（%）	年末持仓量（万手）	同比变化（%）
2011	9 521.91	52.38	49 663.56	44.56	15.15	53.96
2012	7 187.15	－24.52	36 425.50	－26.66	14.57	－3.86
2013	7 214.21	0.38	38 648.32	6.10	15.31	5.05

数据来源：大连商品交易所相关资料。

（二）交割情况

截至 2013 年底，大连商品交易所 LLDPE 期货交割仓库共 13 家，其中，天津市 2 家，山东省 1 家，宁波 2 家，上海 3 家，广州 2 家，佛山 1 家，杭州 1 家，义乌 1 家。

2013 年，大连商品交易所 LLDPE 期货交割总量 19 194 手，折合 95 970 吨，同比减少 12.8%，交割金额 11.37 亿元，同比增加 8.21%。其中，9 月交割量最大，为 15 171 手折合 75 855 吨；7 月交割量最低，为零手。

2013 年 LLDPE 期货月度交割情况见表 2－3－29，2011—2013 年 LLDPE 期货年度交割情况见表 2－3－30，2013 年 LLDPE 期货月度注册、注销仓单量比较见图 2－3－6。

表 2－3－29　　2013 年 LLDPE 期货月度交割情况

月度	交割量（手）	同比变化（%）	交割金额（亿元）	同比变化（%）
1 月	908.00	－93.55	0.51	－92.19
2 月	46.00	－93.94	0.03	－92.86
3 月	766.00	－25.70	0.42	－20.18
4 月	230.00	－37.50	0.12	－37.14
5 月	1 576.00	－53.37	0.83	－51.06
6 月	7.00	－98.51	0.0038	－98.28
7 月	0.00	－100.00	0.00	－100.00
8 月	111.00	－58.58	0.06	－52.79
9 月	15 171.00	845.82	9.19	980.05
10 月	36.00	100.00	0.02	100.00
11 月	312.00	100.00	0.18	100.00
12 月	31.00	100.00	0.02	100.00
总计	19 194.00	－12.80	11.37	8.21

数据来源：大连商品交易所相关资料。

表 2－3－30　　2011—2013 年 LLDPE 期货年度交割情况

年度	交割量（手）	同比变化（%）	交割金额（亿元）	同比变化（%）
2011	64 398.00	151.86	34.19	155.51
2012	22 011.50	－65.82	10.05	－69.26
2013	19 194.00	－12.80	11.37	8.21

数据来源：大连商品交易所相关资料。

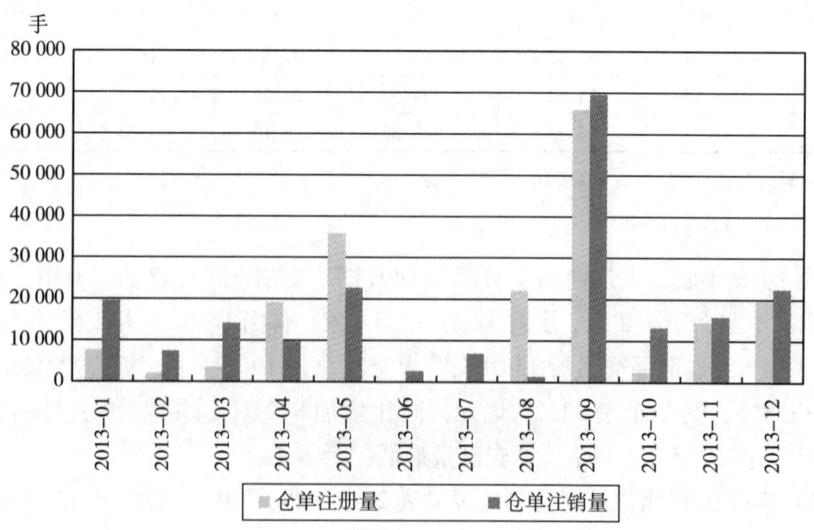

图 2－3－6　2013 年 LLDPE 期货月度注册、注销仓单量比较

（三）价格走势

1. 总体价格走势

2013 年 LLDPE 期货价格上半年由于受到供应商降低库存优惠促销的影响呈现小幅下挫态势，而后受到需求的持续回升、补充库存、多家生产企业停车检修影响，下半年 LLDPE 期货呈现震荡上扬的态势。

2013 年，大连商品交易所 LLDPE 主力合约年初开盘价 10 900 元/吨（1 月 4 日），最高价 11 675 元/吨（2 月 6 日），最低价 9 470 元/吨（4 月 18 日），最大价差 2 205 元/吨，年末收盘价 11 100 元/吨（12 月 31 日）。全年上涨 200 元/吨，涨幅 1.83%。

2013 年，华东 LLDPE 现货价格年初报价 11 200 元/吨（1 月 4 日），最高价 12 450 元/吨（12 月 6 日），最低价 10 500 元/吨（4 月 24 日），年末报价 12 300 元/吨。全年上涨 1 100 元/吨，涨幅 9.82%。

2013 年 LLDPE 期货和现货市场价格比较见图 2－3－7。

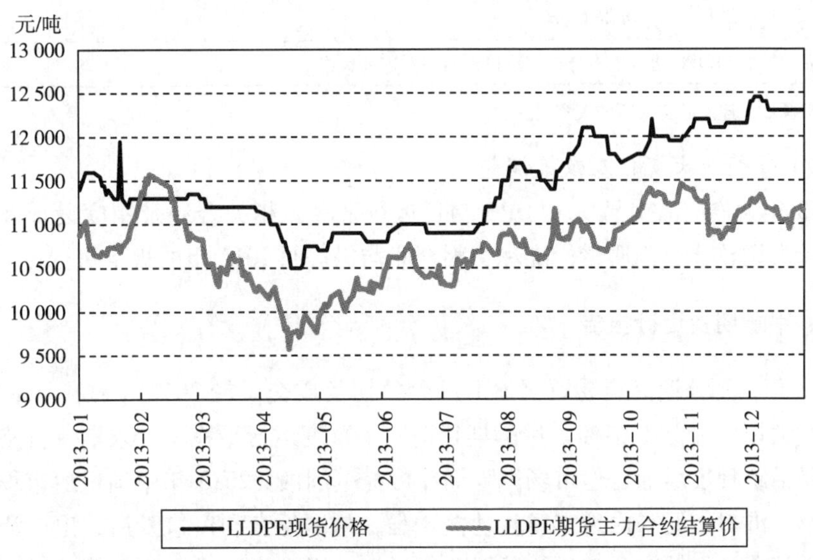

图 2－3－7　2013 年 LLDPE 期货和现货市场价格比较

2. 涨跌停板次数及其对市场的影响

2013 年大连商品交易所 LLDPE 期货共出现涨跌停板次数为 27 次，其中涨停板 25 次，涨停板主要集中在 1308 和 1311 两个合约，发生的时间主要集中在 2013 年 1 月和 2 月的交易日。2013 年共发生跌停板 2 次，主要发生在非主力合约 1307 和 1312，跌停板主要发生在 2013 年 3 月和 4 月的交易日。大连商品交易所 LLDPE 期货发生涨跌停板主要是非主力合约伴随主力合约调整，对 LLDPE 期货的运行没有形成较大影响。

3. 价格相关性分析

由于除我国以外，LLDPE 在全球范围内没有其他期货交易，因此本部分内容只涉及 LLDPE 期货和现货市场的相关性分析。

2013 年 LLDPE 期货和现货市场价格主要显性指标见表 2－3－31，2013 年 LLDPE 期货和现货市场价格相关性见表 2－3－32。

表 2－3－31　　2013 年 LLDPE 期货和现货市场价格主要显性指标

市场分类	绝对指标（元/吨）					相对指标（%）	
	最高价	最低价	平均价	标准差	极差	离散率	波幅率
大连商品交易所 LLDPE 期货主力合约价格	11 675	9 470	10 740. 95	419. 42	2 205	3. 90	20. 50
LLDPE 现货市场价格	12 450	10 500	11 459. 87	524. 18	1 950	4. 57	17. 02

数据来源：大连商品交易所相关资料。

表 2－3－32　　2013 年 LLDPE 期货和现货市场价格相关性

价格选择	相关系数
大连商品交易所 LLDPE 期货主力合约结算价格与现货市场价格	0. 79

数据来源：大连商品交易所相关资料。

（四）市场重大变化及政策调整

2013 年大连商品交易所 LLDPE 期货运行平稳，相关合约及制度设计及政策没有做出重大调整，交割质量标准和交割仓库均仍按照 2012 年的规定执行。

六、甲醇期货运行报告

2013 年，郑州商品交易所（ZCE）甲醇期货成交量较 2012 年减少 7. 89%，年末持仓量大幅增加 194. 61%。甲醇期货前三个季度运行平稳，年末期货价格波动加剧，交易活跃程度增加，但市场风险仍在可控范围内。2013 年中国甲醇市场格局进一步调整，港口市场与内地市场互动性增强，与国外套利窗口开启，出口活跃度提升；下游消费格局转变，替代能源甲醇制烯烃、甲醇汽油进一步发展。甲醇市场价格波动加剧，不确定因素增加，而甲醇期货作为避险工具，为现货企业与贸易商进行套期保值，规避现货经营风险的金融属性得到发挥。

（一）交易情况

2013 年全年，ZCE 甲醇期货成交量 349. 77 万手，同比减少 7. 89%；成交金额 5 551. 89 亿元，同比增加 3. 1%；年末持仓 2. 17 万手，同比增加 194. 61%。其中，成交量最高为 12 月的 257. 35 万手，最低为 6 月的 1. 85 万手；月末持仓最大为 12 月的 2. 17 万手，最小为 10 月的 0. 19 万手。

2013 年甲醇期货月度交易情况见表 2－3－33，2011—2013 年甲醇期货年度交易情况见表 2－3－34。

表 2-3-33　　2013 年甲醇期货月度交易情况

月度	成交量（万手）	同比变化（%）	成交金额（亿元）	同比变化（%）	月末持仓量（万手）	同比变化（%）
1 月	29.76	168.00	430.16	170.34	1.34	114.08
2 月	20.04	-22.11	296.00	-21.74	0.64	-17.12
3 月	7.54	-82.01	107.92	-82.77	0.44	-20.12
4 月	4.76	-82.40	67.17	-83.82	0.33	-60.44
5 月	4.16	-86.79	57.26	-87.76	0.36	-56.31
6 月	1.85	-94.31	24.45	-94.51	0.26	-72.71
7 月	2.42	-92.45	32.44	-92.79	0.33	-58.52
8 月	4.45	-89.93	62.74	-89.60	0.23	-84.37
9 月	3.42	-94.24	49.37	-93.86	0.29	-26.30
10 月	1.89	-95.44	26.59	-95.45	0.19	-76.42
11 月	12.13	-50.14	186.43	-44.25	0.79	-20.34
12 月	257.35	2 947.57	4 211.37	3 522.96	2.17	194.61
总计	349.77	-7.89	5 551.89	3.10	—	—

数据来源：郑州商品交易所相关资料。

表 2-3-34　　2011—2013 年甲醇期货年度交易情况

年度	成交量（万手）	同比变化（%）	成交金额（亿元）	同比变化（%）	年末持仓量（万手）	同比变化（%）
2011	31.61	—	454.60	—	0.74	—
2012	379.74	1 101.31	5 384.97	1 084.55	0.74	-1.26
2013	349.77	-7.89	5 551.89	3.10	2.17	194.61

数据来源：郑州商品交易所相关资料。

（二）交割情况

截至 2013 年底，ZCE 甲醇期货交割仓库共 18 家，其中，江苏省有 7 家交割仓库，太仓、张家港、泰州各 1 家，江阴 2 家、南通 2 家；广东省 3 家，2 家在东莞，1 家在广州；内蒙古 2 家，均在鄂尔多斯；山东省 2 家，分别位于邹城和滕州；河北省 1 家，位于定州；河南省 1 家，位于濮阳；福建省 1 家，位于厦门；浙江省 1 家，位于宁波。

2013 年，甲醇期货交割总量 2 022 手折合 10.11 万吨，同比增加 24.74%，交割金额 2.75 亿元，同比增加 17.87%。其中，1 月交割量最大，为 1 268 手折合 6.34 万吨；4 月交割量最低，为 25 手折合 0.13 万吨。

2013 年甲醇期货共四个月份有交割，交割次数及交割量均较 2012 年有所增加。

2013 年甲醇期货月度交割情况见表 2-3-35，2012—2013 年甲醇期货年度交割情况见表 2-3-36。

表 2-3-35　　2013 年甲醇期货月度交割情况

月度	交割量（手）	同比变化（%）	交割金额（亿元）	同比变化（%）
1 月	1 268	—	1.74	—
4 月	25	—	0.03	—
5 月	338	64.08	0.45	40.40
9 月	391	-62.04	0.53	-63.44
总计	2 022	24.74	2.75	17.87

数据来源：郑州商品交易所相关资料。

表 2-3-36　　2012—2013 年甲醇期货年度交割情况

年度	交割量（手）	同比变化（%）	交割金额（亿元）	同比变化（%）
2012	1 621	—	2.33	—
2013	2 022	24.74	2.75	17.87

数据来源：郑州商品交易所网站。

（三）价格走势

1. 总体价格走势

2013 年，甲醇期货主力连续合约年初开盘价 2 729 元/吨（1 月 4 日），最高价 3 444 元/吨（12 月 6 日），最低价 2 573 元/吨（7 月 8 日），最大价差 871 元/吨，年末收盘价 2 995 元/吨（12 月 31 日）。全年上涨 266 元/吨，涨幅 9.75%。

2013 年甲醇价格走势基本可以分为三个阶段：上半年行情窄幅震荡，下半年呈现上行态势，年底从高位回调。具体来看：第一阶段（1—6 月），甲醇市场表现平淡，供需基本面偏弱是拖累市场的主要因素之一，除此之外，外围宏观表现欠佳也对整体走势有所影响，上半年国内甲醇市场维持窄幅波动走势。第二阶段（7—12 月初），市场步入上行通道。自 7 月开始，在国内外甲醇装置检修、全球甲醇市场供应偏紧，港口甲醇库存量屡创新低，以及国内港口与内地和国外甲醇市场存在套利空间等多重利好影响下，甲醇行情出现连续上扬态势。第三阶段（12 月中上旬至年底），行情大幅回调。甲醇价格高位以后持续上涨动能明显不足，市场心态转向谨慎，加上传统下游及新型下游带动力量减弱，需求低迷等利空因素持续影响，国内甲醇行情自 12 月中旬开始快速回调。

2013 年，华东甲醇现货价格年初报价 2 710 元/吨（1 月 4 日），最高价 4 130 元/吨（12 月 10 日），最低价 2 490 元/吨（6 月 27 日），年末报价 3 230 元/吨。全年上涨 520 元/吨，涨幅 19.19%。

2013 年甲醇期货和现货市场价格比较见图 2-3-8。

2. 涨跌停板次数及其对市场的影响

2013 年甲醇期货共出现 14 次涨跌停板。1 月 18 日，1303、1305、1308、1309、1310、1311 合约涨停；12 月 6 日，1401 合约涨停；12 月 9 日，1401、1402、1405 合约涨停；在连续两个交易日出现单边行情之后，郑州商品交易所发布风险提示函，

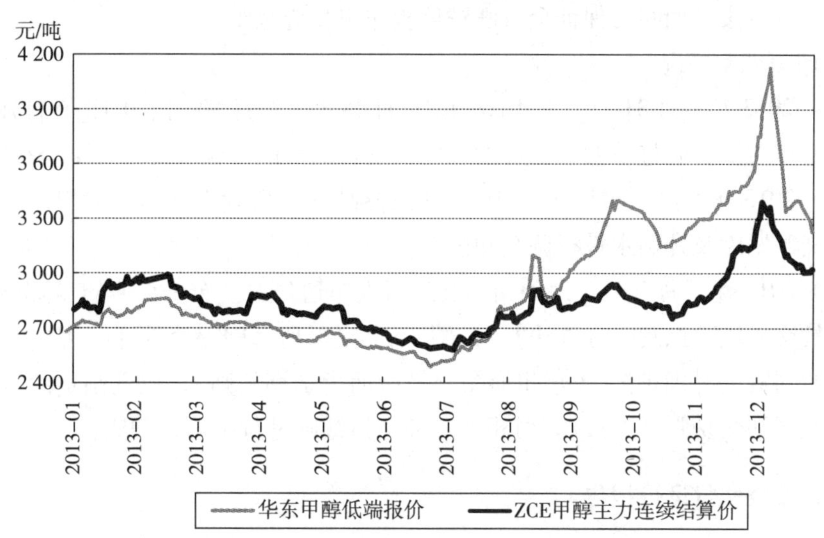

数据来源：郑州商品交易所网站、金银岛。

图 2-3-8　2013 年甲醇期货和现货市场价格比较

次一交易日市场恢复相对平稳运行。12 月 11 日 1403、1406、1409 合约跌停，12 月 17 日 1401 合约跌停。甲醇期货价格波动加剧以后，市场活跃度增加，涨跌停板以及触及涨跌停板限额，限制了价格波动范围的进一步扩大，能够使期货价格在更理性的轨道上运行，也将市场参与者的风险控制在了相对较小的范围之内。

3. 价格相关性分析

2013 年甲醇期货和现货市场价格主要显性指标见表 2-3-37，2013 年甲醇期货和现货市场价格相关性见表 2-3-38。

表 2-3-37　　2013 年甲醇期货和现货市场价格主要显性指标

市场分类	绝对指标（元/吨）					相对指标（%）	
	最高价	最低价	平均价	标准差	极差	离散率	波幅率
ZCE 甲醇连续价格	3 546	2 549	2 789.47	150.50	997	5.40	35.74
华东甲醇现货市场价格	4 130	2 490	2 921.85	346.46	1 640	11.86	56.13

数据来源：郑州商品交易所相关资料、金银岛。

表 2-3-38　　2013 年甲醇期货和现货市场价格相关性

价格选择	相关系数
ZCE 甲醇连续价格与现货市场价格	0.72

数据来源：郑州商品交易所相关资料、金银岛。

（四）市场重大变化及政策调整

1. 市场重大变化情况

2013 年甲醇期货市场未出现重大风险事件，郑州商品交易所根据风险管理需要，在部分节假日期间对保证金及涨跌停板作出相应调整。

2. 政策调整情况

（1）2013 年 1 月 31 日、3 月 26 日、4 月 18 日、5 月 30 日、9 月 10 日郑州商品交易所发布通知，调整节假日前后的甲醇期货合约涨跌停板、交易保证金标准。

（2）2013 年 5 月 15 日、9 月 10 日郑州商品交易所发布通告：对甲醇期货质检机构、交割厂库及升贴水进行调整和修改。

（3）2013 年 7 月 9 日，郑州商品交易所发布通告：公布修订后的《郑州商品交易所期货交易风险控制管理办法》、《郑州商品交易所套期保值管理办法》、《郑州商品交易所期货交易细则》、《郑州商品交易所期货结算细则》，以及制定的《郑州商品交易所套利交易管理办法》，对相关业务实施细则进行了修订和完善。

七、玻璃期货运行报告

2013 年，郑州商品交易所（ZCE）玻璃期货呈现冲高回落后震荡走低的走势。受到玻璃行业产能扩张迅速和我国经济增速放缓的利空因素打压，玻璃期货价格走势总体趋弱。玻璃期货运行平稳，交易规模有所下降。

（一）交易情况

2013 年全年，ZCE 玻璃期货成交量 18 610. 51 万手，由于玻璃期货于 2012 年 12 月 3 日上市，2013 年全年成交量同比增加显著，较 2012 年增加 1 053. 29%；成交金额 53 390. 98 亿元，同比增加 1 142. 96%；年末持仓 15. 33 万手，同比增加 58%。其中，成交量最高为 1 月的 2 968. 04 万手，最低为 12 月的 399. 65 万手；月末持仓最大为 10 月的 49. 17 万手，最小为 12 月的 15. 33 万手。

2013 年玻璃期货月度交易情况见表 2 – 3 – 39，2012—2013 年玻璃期货年度交易情况见表 2 – 3 – 40。

表 2 – 3 – 39　　2013 年玻璃期货月度交易情况

月度	成交量（万手）	同比变化（%）	成交金额（亿元）	同比变化（%）	月末持仓量（万手）	同比变化（%）
1 月	2 968. 04	—	8 917. 81	—	34. 31	—
2 月	1 454. 18	—	4 606. 62	—	33. 71	—
3 月	2 253. 50	—	6 672. 82	—	27. 09	—
4 月	1 894. 60	—	5 225. 38	—	31. 30	—
5 月	2 703. 90	—	7 680. 06	—	34. 27	—
6 月	2 224. 39	—	6 278. 23	—	29. 45	—
7 月	1 498. 08	—	4 159. 13	—	28. 60	—
8 月	1 285. 99	—	3 639. 22	—	43. 06	—
9 月	887. 44	—	2 412. 16	—	46. 78	—
10 月	586. 28	—	1 540. 97	—	49. 17	—

续表

月度	成交量（万手）	同比变化（%）	成交金额（亿元）	同比变化（%）	月末持仓量（万手）	同比变化（%）
11 月	454. 46	—	1 195. 96	—	36. 52	—
12 月	399. 65	-75. 23	1 062. 62	-75. 26	15. 33	58. 00
总计	18 610. 51	1 053. 29	53 390. 98	1 142. 96	—	—

数据来源：郑州商品交易所相关资料。

表 2-3-40　　2012—2013 年玻璃期货年度交易情况

年度	成交量（万手）	同比变化（%）	成交金额（亿元）	同比变化（%）	年末持仓量（万手）	同比变化（%）
2012	1 613. 69	—	4 295. 48	—	9. 70	—
2013	18 610. 51	1 053. 29	53 390. 98	1 142. 96	15. 33	58. 00

数据来源：郑州商品交易所相关资料。

（二）交割情况

截至 2013 年底，ZCE 玻璃期货共有交割厂库 13 家，其中，河北省 4 家，山东省 3 家，湖北省 2 家，江苏省、湖南省、广东省、福建省各 1 家。

2013 年，玻璃期货交割总量 2 736 手折合 54 720 吨，交割金额 0. 72 亿元。其中，6 月交割量最大，为 1 154 手折合 23 080 吨；4 月交割量最低，交割量为 10 手折合 200 吨。

2013 年玻璃期货月度交割情况见表 2-3-41，2012—2013 年玻璃期货年度交割情况见表 2-3-42。

表 2-3-41　　2013 年玻璃期货月度交割情况

月度	交割量（手）	同比变化（%）	交割金额（亿元）	同比变化（%）
1 月	0	—	0	—
2 月	0	—	0	—
3 月	227	—	0. 06	—
4 月	10	—	0	—
5 月	229	—	0. 05	—
6 月	1 154	—	0. 32	—
7 月	0	—	0	—
8 月	0	—	0	—
9 月	850	—	0. 21	—
10 月	91	—	0. 02	—
11 月	25	—	0. 01	—
12 月	150	—	0. 04	—
总计	2 736	—	0. 72	—

数据来源：郑州商品交易所相关资料。

表 2－3－42　　2012—2013 年玻璃期货年度交割情况

年度	交割量（手）	同比变化（%）	交割金额（亿元）	同比变化（%）
2012	0	—	0	—
2013	2 736	—	0.72	—

数据来源：郑州商品交易所相关资料。

（三）价格走势

1. 总体价格走势

2013 年，ZCE 玻璃期货主力连续合约年初开盘价 1 371 元/吨（1 月 4 日），最高价 1 652 元/吨（2 月 6 日），最低价 1 278 元/吨（12 月 20 日），最大价差 374 元/吨，年末收盘价 1 290 元/吨（12 月 31 日）。全年下跌 81 元/吨，跌幅 5.91%。2013 年初，受中央关于“城镇化建设”的规划部署引发市场良好预期的提振，玻璃期货价格冲高上涨，随后因玻璃产能扩张迅速带来的供给压力，以及我国经济发展增速趋缓的拖累，保持震荡走低的态势。

2013 年，上海地区华尔润 5 毫米平板玻璃现货价格年初报价 1 376 元/吨（1 月 4 日），最高价 1 640 元/吨（10 月 14 日），最低价 1 368 元/吨（1 月 7 日），年末报价 1 544 元/吨。全年上涨 168 元/吨，涨幅 12.21%。我国玻璃现货价格总体呈现前三个季度震荡走高，第四季度冲高回落的走势。2013 年，虽然玻璃行业新增产能创历年新高，导致市场竞争加剧，但受到地产建筑、装修和汽车制造等下游行业发展良好，对玻璃的需求稳定增长的支撑，玻璃现货价格逐步上涨，第四季度在季节性消费淡季来临时开始趋于弱势，玻璃现货价格震荡走低。

2013 年玻璃期货和现货市场价格比较见图 2－3－9。

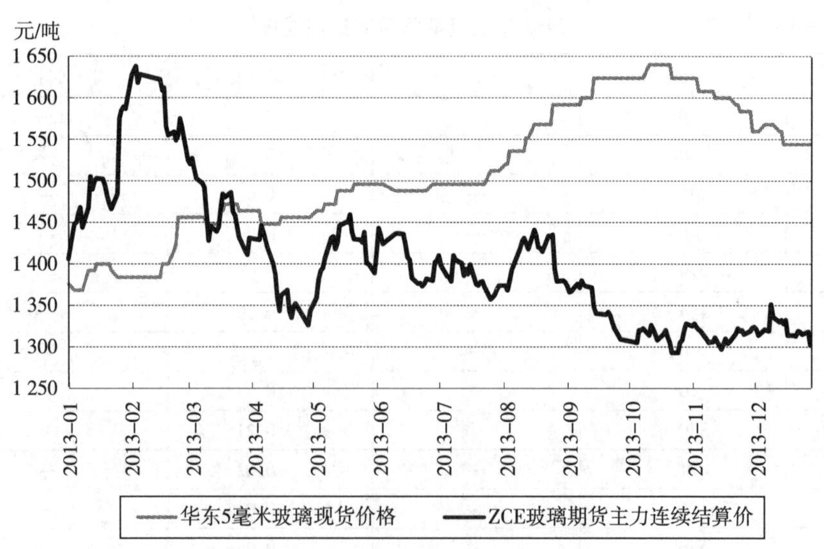

数据来源：郑州商品交易所相关资料、中国玻璃信息网。

图 2－3－9　2013 年玻璃期货和现货市场价格比较

2. 涨跌停板次数及其对市场的影响

2013 年，ZCE 玻璃期货合约共出现涨停板 13 次，分别在 1 月 4 日和 1 月 14 日。该月受政府加速推进“城镇化”规划和 2012 年末房地产指标回暖的利多影响，玻璃市场信心增强，成交活跃。2013 年玻璃期货合约共出现跌停板 4 次，分别在 4 月 17 日、4 月 23 日、8 月 29 日，反映出行业内新增产能持续扩张，导致市场对玻璃长期基本面恶化的担忧，跌停使市场做空动能得到释放。

3. 价格相关性分析

2013 年玻璃期货和现货市场价格主要显性指标见表 2－3－43，2013 年玻璃期货和现货市场价格相关性见表 2－3－44。

表 2－3－43　　2013 年玻璃期货和现货市场价格主要显性指标

市场分类	绝对指标（美元/吨、元/吨）					相对指标（%）	
	最高价	最低价	平均价	标准差	极差	离散率	波幅率
ZCE 玻璃连续价格	1 477	1 135	1 339	72.52	342	5.42	25.55
华东现货市场价格	1 640	1 368	1 512	76.19	272	5.04	17.99

数据来源：郑州商品交易所相关资料、中国玻璃信息网。

表 2－3－44　　2013 年玻璃期货和现货市场价格相关性

价格选择	相关系数
ZCE 玻璃连续价格与华东现货市场价格	－0.53

数据来源：郑州商品交易所相关资料、中国玻璃信息网。

（四）市场重大变化及政策调整

1. 市场重大变化情况

2013 年，ZCE 玻璃期货市场未出现重大风险事件，郑州商品交易所根据风险管理需要，在部分节假日期间对保证金及涨跌停板作出相应调整，根据交割需求和现货市场变化对交割厂库和注册仓单升贴水进行调整。

2. 政策调整情况

（1）2013 年 1 月 31 日、3 月 26 日、4 月 18 日、5 月 30 日、9 月 10 日郑州商品交易所发布通知，调整节假日前后的玻璃期货合约涨跌停板、交易保证金标准。

（2）2013 年 7 月 9 日，郑州商品交易所发布通知，公布修订后的《郑州商品交易所期货交易风险控制管理办法》、《郑州商品交易所套期保值管理办法》、《郑州商品交易所期货交易细则》、《郑州商品交易所期货结算细则》，以及制定的《郑州商品交易所套利交易管理办法》，对相关业务实施细则进行了修订和完善。

（3）2013 年 3 月 15 日，郑州商品交易所发布通知，调整指定的玻璃交割厂库。取消深圳南玻浮法玻璃有限公司的指定玻璃交割厂库资格，启用备用交割厂库河北德金玻璃有限公司、滕州金晶玻璃有限公司为指定玻璃交割厂库。

3. 合约制度的修订和完善情况

2013 年 5 月 15 日，郑州商品交易所发布通知，调整部分指定交割厂库的玻璃仓单升贴水标准。

八、焦炭期货运行报告

2013 年大连商品交易所（DCE）焦炭期货价格呈现震荡下行态势。2013 年 1 月焦炭期货价格冲高到 2 058 元/吨，2 月后焦炭期货价格受到下游钢材价格下跌的影响一路下行，在 7 月止跌后，下半年期货价格围绕 2 000 元/吨进行震荡整理至年终。

（一）交易情况

2013 年全年，焦炭期货成交量 11 530. 67 万手，同比增加 250. 31%；成交金额 184 249. 76 亿元，同比增加 258. 82%；年末持仓 11. 01 手，同比增加 56. 16%。其中，成交量最高为 5 月的 1 654. 56 万手，最低为 2 月的 455. 59 万手；月末持仓最大为 10 月的 19. 95 万手，最小为 2 月的 8. 11 万手。

2013 年焦炭期货月度交易情况见表 2 - 3 - 45，2011—2013 年焦炭期货年度交易情况见表 2 - 3 - 46。

表 2 - 3 - 45　　2013 年焦炭期货月度交易情况

月度	成交量（万手）	同比变化（%）	成交金额（亿元）	同比变化（%）	月末持仓量（万手）	同比变化（%）
1 月	1 070. 94	21 993. 49	19 694. 58	19 677. 43	10. 56	5 050. 20
2 月	455. 59	10 697. 25	8 759. 17	9 872. 57	8. 11	4 170. 50
3 月	1 213. 57	41 603. 53	20 723. 39	34 728. 19	10. 35	5 034. 38
4 月	1 378. 76	51 023. 96	21 485. 24	39 252. 97	10. 25	3 628. 55
5 月	1 654. 56	23 731. 95	25 393. 22	18 935. 13	16. 63	4 027. 97
6 月	1 317. 12	11 185. 75	19 296. 88	9 564. 87	15. 81	1 566. 26
7 月	1 155. 73	1 199. 07	16 746. 74	1 032. 76	12. 81	630. 54
8 月	1 084. 72	521. 47	17 189. 36	557. 97	11. 72	251. 37
9 月	606. 36	- 15. 63	9 687. 41	- 5. 61	14. 12	305. 68
10 月	508. 96	- 43. 56	8 103. 44	- 42. 84	19. 95	129. 87
11 月	560. 84	- 22. 97	8 972. 51	- 21. 56	14. 49	90. 39
12 月	523. 51	- 18. 98	8 197. 83	- 23. 71	11. 01	56. 16
总计	11 530. 66	250. 31	184 249. 76	258. 82	—	—

数据来源：大连商品交易所相关资料。

表 2-3-46　　2011—2013 年焦炭期货年度交易情况

年度	成交量（万手）	同比变化（%）	成交金额（亿元）	同比变化（%）	年末持仓量（万手）	同比变化（%）
2011	151.27	—	3 430.25	—	0.22	—
2012	3 291.59	2 075.92	51 348.71	1 396.94	7.05	3 060.31
2013	11 530.66	250.31	184 249.76	258.82	11.01	56.16

数据来源：大连商品交易所相关资料。

（二）交割情况

截至 2013 年底，DCE 焦炭期货交割仓库共 6 家，其中，天津市 1 家，江苏省 1 家，山东省 2 家，河北省 1 家，山西省 1 家。DCE 焦炭期货交割厂库共 5 家，其中，河北省 2 家，山东省 1 家，山西省 2 家。

2013 年，DCE 焦炭期货交割总量 1 630 手折合 163 000 吨，同比增加 79.12%，交割金额 24 085.4 亿元，同比增加 61.99%。其中，9 月交割量最大，为 1 070 手折合 107 000 吨；2 月、3 月、4 月、6 月、7 月、8 月、12 月没有交割。

2013 年焦炭期货月度交割情况见表 2-3-47，2011—2013 年焦炭期货年度交割情况见表 2-3-48，2013 年焦炭期货月度注册、注销仓单量比较见图 2-3-10。

表 2-3-47　　2013 年焦炭期货月度交割情况

月度	交割量（手）	同比变化（%）	交割金额（亿元）	同比变化（%）
1 月	300	114.29	4 875	89.76
2 月	0	0	0	0
3 月	0	0	0	0
4 月	0	0	0	0
5 月	150	-21.05	2 164.5	-37.54
6 月	0	0	0	0
7 月	0	0	0	0
8 月	0	0	0	0
9 月	1 070	84.48	15 482.9	75.28
10 月	80	100.00	1 113.6	100.00
11 月	30	100.00	449.4	100.00
12 月	0	0	0	0
总计	1 630	79.12	24 085.4	61.99

数据来源：大连商品交易所相关资料。

表 2-3-48　　2011—2013 年焦炭期货年度交割情况

年度	交割量（手）	同比变化（%）	交割金额（亿元）	同比变化（%）
2011	560	—	1.13	—
2012	910	62.50	1.49	31.36
2013	1 630	79.12	2.41	61.99

数据来源：大连商品交易所相关资料。

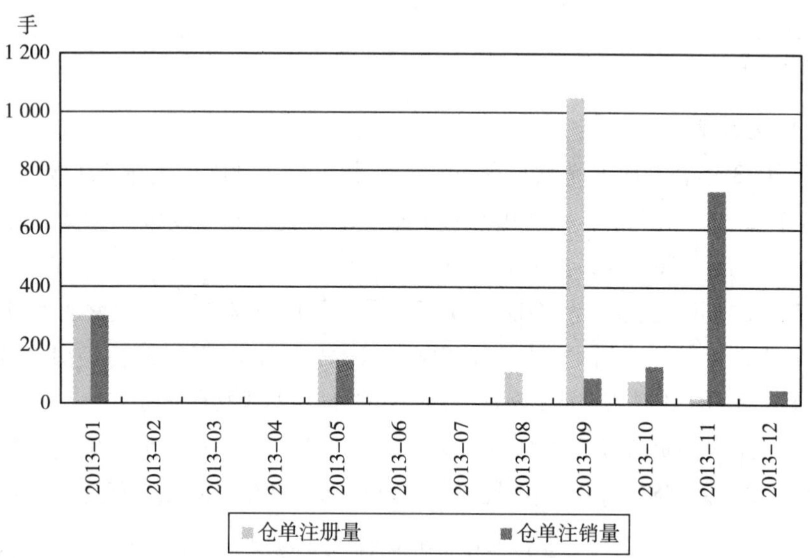

图 2-3-10　2013 年焦炭期货月度注册、注销仓单量比较

（三）价格走势

1. 总体价格走势

2013 年焦炭期货总体呈现震荡下行格局。2013 年春节（1—2 月）受到煤矿事故调查影响，煤炭供应相对紧张，加之下游钢材普遍库存不高，在 2013 年 1—2 月出现一波小幅上涨行情。2013 年 3—7 月，由于城镇化对钢材的拉动远低于市场预期、钢铁企业成本压力凸显、钢坯价格倒挂等因素影响，焦炭期货出现一波大幅走低行情。在整个 2013 年下半年（8—12 月），由于前期超跌、煤炭价格微涨等原因，焦炭期货出现一波小幅反弹行情后，进入持续的震荡盘整阶段。

2013 年，DCE 焦炭主力连续合约年初开盘价 1 835 元/吨（1 月 4 日），最高价 2 070 元/吨（2 月 6 日），最低价 1 403 元/吨（7 月 10 日），最大价差 667 元/吨，年末收盘价 1 458 元/吨（12 月 31 日）。全年下跌 377 元/吨，跌幅 20.54%。

2013 年，天津焦炭现货价格年初报价 1 680 元/吨（1 月 4 日），最高价 1 780 元/吨（1 月 22 日），最低价 1 330 元/吨（7 月 25 日），年末报价 1 450 元/吨。全年下跌 230 元/吨，跌幅 13.69%。

2013 年焦炭期货和现货市场价格比较见图 2-3-11。

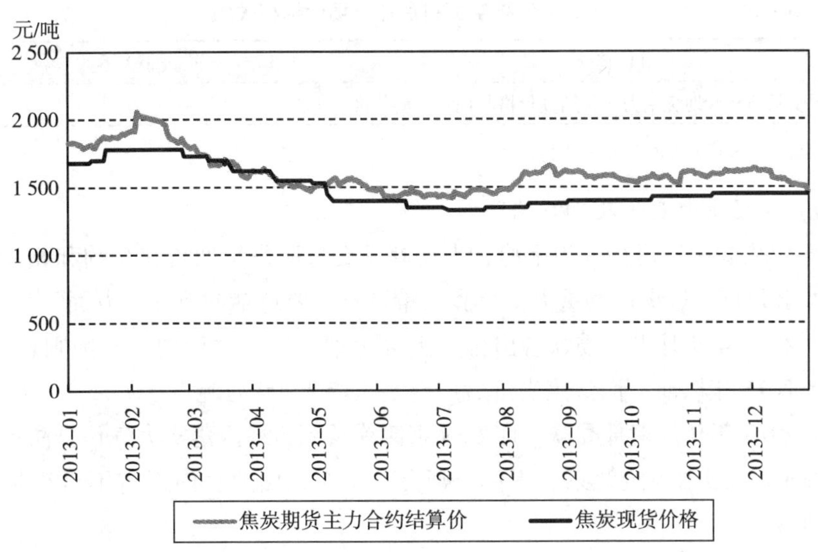

图 2-3-11　2013 年焦炭期货和现货市场价格比较

2. 涨跌停板次数及其对市场的影响

2013 年全年，大连商品交易所焦炭期货共计发生涨跌停板 60 次，其中涨停板 14 次，主要集中在 1 月、2 月及 8 月，这些月份的现货市场都处在单边行情中；跌停板 46 次，主要发生在焦炭期货呈现趋势下行过程中。在发生涨跌停板过程中，上半年主力合约焦炭 1309 出现一次跌停板，成交量萎缩，但对整个期货市场日后运行影响不大；下半年主力合约焦炭 1405 出现涨停板一次，发生在焦炭期货超跌反弹阶段，成交量变化不大，对焦炭期货市场影响有限。

3. 价格相关性分析

由于除我国以外，焦炭在全球范围内没有其他焦炭商品期货交易，因此本部分内容只涉及焦炭期货和现货市场的相关性分析。

2013 年焦炭期货和现货市场价格主要显性指标见表 2-3-49，2013 年焦炭期货和现货市场价格相关性见表 2-3-50。

表 2-3-49　　2013 年焦炭期货和现货市场价格主要显性指标

市场分类	绝对指标（元/吨）					相对指标（%）	
	最高价	最低价	平均价	标准差	极差	离散率	波幅率
大连商品交易所焦炭期货价格	2 070	1 403	1 607.66	137.27	667	8.54	41.49
天津焦炭现货市场现货价格	1 780	1 330	1 492.80	146.10	450	9.79	30.14

数据来源：大连商品交易所相关资料。

表 2-3-50　　2013 年焦炭期货和现货市场价格相关性

价格选择	相关系数
大连商品交易所焦炭期货主力合约结算价格与现货市场价格	0.86

数据来源：大连商品交易所相关资料。

（四）市场重大变化及政策调整

2013 年焦炭期货运行较为平稳，大连商品交易所焦炭期货在合约和相关制度方面没有做出调整，焦炭市场重大变化和政策调整主要包括如下几个方面。

（1）2013 年 9 月多部委联合出台《大气污染防治行动计划实施细则》，要求相关地区到 2015 年以前，淘汰焦炭落后产能及压产 2 200 万吨。

（2）2013 年 9 月多部委联合印发《京津冀及周边地区落实大气污染防治行动计划实施细则》，细则规定北京、天津、河北、山东、山西、内蒙古不再审批炼焦新增产能项目。

（3）安全整顿。2013 年 10 月 14 日，山西省煤炭工业厅下发通知，根据省政府要求，全省所有建设矿井进行安全大整顿。此举将在一定程度上影响焦炭市场运行。

（4）2013 年，国内焦炭出口限制放宽，取消了焦炭 40% 的出口关税，对焦炭出口管制长达 10 年的配额制度也被取消。

九、焦煤期货运行报告

2013 年 3 月 22 日大连商品交易所（DCE）焦煤期货正式上市交易。2013 年 3 月焦煤上市交易后，市场需求疲软的趋势未得到改变，期货价格一路走低。2013 年 7 月后，受到传统焦炭厂和贸易商补充库存影响，焦煤价格有所回升，但宏观经济持续低迷的影响依然存在，焦煤期货价格总体偏弱的格局没有发生改变。

（一）交易情况

2013 年全年，DCE 焦煤期货成交量 3 425.96 万手；成交金额 23 317.07 亿元；年末持仓 15.31 万手。其中，成交量最高为 8 月的 615.85 万手，最低为 5 月的 205.76 万手；月末持仓最大为 11 月的 28.82 万手，最小为 4 月的 3.98 万手。

2013 年焦煤期货月度交易情况见表 2-3-51，2013 年焦煤期货年度交易情况见表 2-3-52。

表 2-3-51　　2013 年焦煤期货月度交易情况

月度	成交量（万手）	同比变化（%）	成交金额（亿元）	同比变化（%）	月末持仓量（万手）	同比变化（%）
3 月	214.94	—	1 632.39	—	4.96	—
4 月	422.66	—	3 016.32	—	3.98	—
5 月	205.76	—	1 418.54	—	5.63	—
6 月	268.87	—	1 688.75	—	10.65	—

续表

月度	成交量（万手）	同比变化（%）	成交金额（亿元）	同比变化（%）	月末持仓量（万手）	同比变化（%）
7月	469.34	—	2 967.39	—	7.03	—
8月	615.85	—	4 283.68	—	14.98	—
9月	352.12	—	2 446.57	—	16.96	—
10月	308.81	—	2 118.10	—	25.52	—
11月	301.70	—	2 025.69	—	28.82	—
12月	265.90	—	1 719.64	—	15.31	—
总计	3 425.96	—	23 317.07	—	15.31	—

数据来源：大连商品交易所相关资料。

表2-3-52　　2013年焦煤期货年度交易情况

年度	成交量（万手）	同比变化（%）	成交金额（亿元）	同比变化（%）	年末持仓量（万手）	同比变化（%）
2013	3 425.96	—	23 317.07	—	15.31	—

数据来源：大连商品交易所相关资料。

（二）交割情况

截至2013年底，DCE焦煤期货交割仓库共8家，其中交割仓库6家，天津2家，连云港1家，日照1家，青岛1家，唐山1家；交割厂库2家，均在山西省境内。

2013年，DCE焦煤期货交割总量1 000手折合60 000吨，交割金额0.60亿元，其中，9月交割量最大，为900手折合5 400吨。

2013年焦煤期货月度交割情况见表2-3-53，2013年焦煤期货年度交割情况见表2-3-54，2013年焦煤期货月度注册、注销仓单量比较见图2-3-12。

表2-3-53　　2013年焦煤期货月度交割情况

月度	交割量（手）	同比变化（%）	交割金额（亿元）	同比变化（%）
3月	0	—	0	—
4月	0	—	0	—
5月	0	—	0	—
6月	0	—	0	—
7月	0	—	0	—
8月	0	—	0	—
9月	900	—	0.53	—
10月	0	—	0	—
11月	100	—	0.06	—
12月	0	—	0	—
总计	1 000	—	0.60	—

数据来源：大连商品交易所相关资料。

表 2－3－54　　2013 年焦煤期货年度交割情况

年度	交割量（手）	同比变化（%）	交割金额（亿元）	同比变化（%）
2013	1 000	—	0.6	—

数据来源：大连商品交易所相关资料。

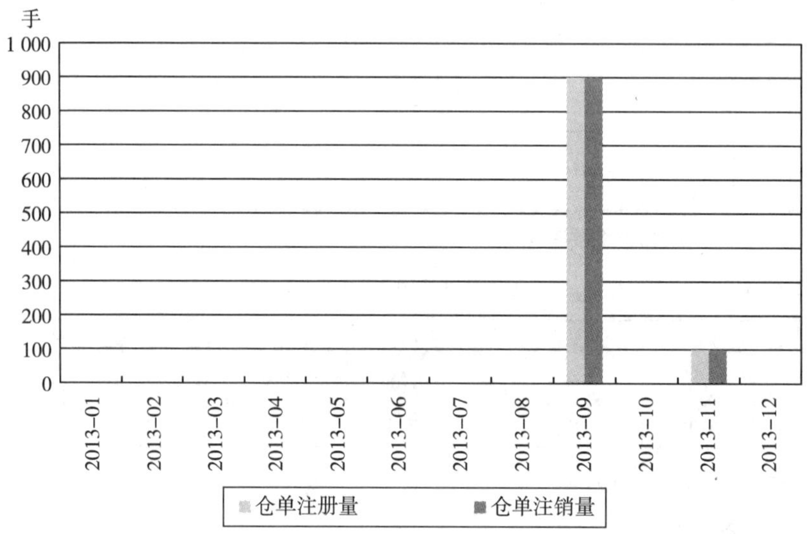

图 2－3－12　2013 年焦煤期货月度注册、注销仓单量比较

（三）价格走势

1. 总体价格走势

大连商品交易所焦煤期货于 2013 年 3 月 22 日上市，2013 年 3 月至 6 月，由于受到宏观经济形势的影响，整个冶金行业持续低迷，焦煤期货价格在此阶段呈现持续走低的态势。2013 年 7 月后，由于受到传统需求旺季和相应厂家补充库存影响，焦煤期货价格呈现小幅回升态势，但宏观经济疲软的外部格局并未改变，下半年焦煤期货冲高后呈现震荡下行态势。

2013 年，DCE 焦煤主力合约上市初开盘价 1 280 元/吨（3 月 22 日），最高价 1 304 元/吨（3 月 22 日），最低价 989 元/吨（6 月 21 日），最大价差 315 元/吨，年末收盘价 1 055 元/吨（12 月 31 日）。全年下跌 291 元/吨，跌幅 17.58%。

2013 年，天津港现货价格年初报价 1 100 元/吨（3 月 22 日），最高价 1 100 元/吨（3 月 22 日），最低价 830 元/吨（7 月 16 日），年末报价 900 元/吨。全年下跌 200 元/吨，跌幅 18.18%。

2013 年焦煤期货和现货市场价格比较见图 2－3－13。

2. 涨跌停板次数及其对市场的影响

2013 年焦煤期货共计发生涨跌停板 11 次，均为跌停板。跌停板发生的合约以非主力合约为主，非主力合约发生 8 次，主力合约发生 3 次。焦煤期货的跌停板对期货市场影响有限。

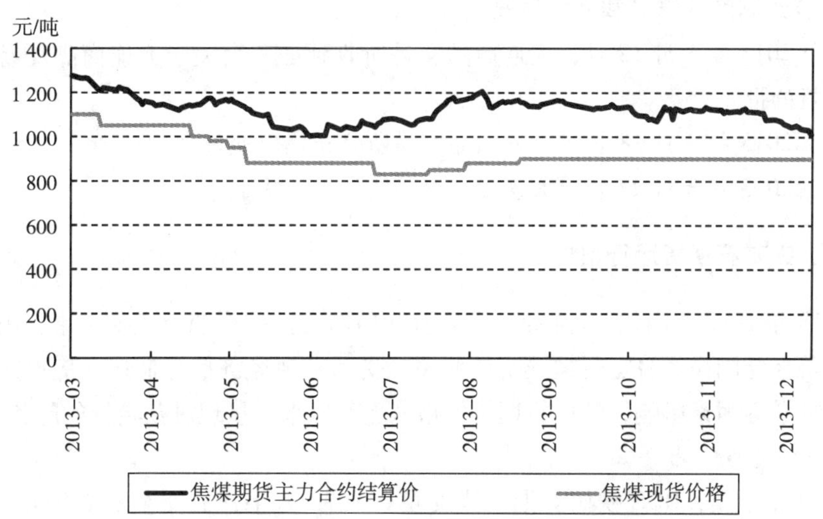

图 2-3-13　2013 年焦煤期货和现货市场价格比较

3. 价格相关性分析

2013 年焦煤期货和现货市场价格主要显性指标见表 2-3-55，2013 年焦煤期货和现货市场价格相关性见表 2-3-56。

表 2-3-55　　2013 年焦煤期货和现货市场价格主要显性指标

市场分类	绝对指标（元/吨）					相对指标（%）	
	最高价	最低价	平均价	标准差	极差	离散率	波幅率
大连商品交易所焦煤期货主力合约价格	1 304	989	1 118.40	57.27	315	5.12	28.17
天津港现货市场价格	1 100	830	916.28	69.07	270	7.53	29.47

数据来源：大连商品交易所相关资料。

表 2-3-56　　2013 年焦煤期货和现货市场价格相关性

价格选择	相关系数
大连商品交易所焦煤期货主力合约结算价格与现货市场价格	0.63

数据来源：大连商品交易所相关资料。

（四）市场重大变化及政策调整

1. 市场重大变化情况

（1）2013 年初，全国各主要煤炭生产省份加大落实国家安监总局关闭 625 座小煤矿的工作。

（2）2013 年 10 月，唐山市出台《唐山市 2013—2017 年大气污染防治攻坚行动方案》，完成 4 000 万吨钢铁产能的削减。

2. 合约制度的修订和完善情况

（1）2013 年 3 月 12 日，大连商品交易所收到证监会关于大连商品交易所上市焦煤期货的批复。

（2）2013 年 3 月 18 日，大连商品交易所公布焦煤期货合约规则。

（3）2013 年 3 月 22 日，大连商品交易所焦煤期货上市。

十、铁矿石期货运行报告

2013 年 10 月 18 日，大连商品交易所（DCE）铁矿石期货正式上市，由于铁矿石期货价格与国民经济运行情况密切相关，受到宏观经济形势低迷、房地产固定资产投资放缓等因素影响，铁矿石期货价格从上市以来，呈现震荡走低的趋势。

（一）交易情况

2013 年全年，DCE 铁矿石期货成交量 218.92 万手，成交金额 2 044.32 亿元，年末持仓 6.49 万手。其中，成交量最高为 11 月的 83.7 万手，最低为 10 月的 64.70 万手；月末持仓最大为 12 月的 6.50 万手，最小为 10 月的 4.90 万手。

2013 年铁矿石期货月度交易情况见表 2－3－57，2013 年铁矿石期货年度交易情况见表 2－3－58。

表 2－3－57　　2013 年铁矿石期货月度交易情况

月度	成交量（万手）	同比变化（%）	成交金额（亿元）	同比变化（%）	月末持仓量（万手）	同比变化（%）
10 月	67.37	—	636.04	—	4.91	—
11 月	83.73	—	787.91	—	6.31	—
12 月	67.83	—	620.37	—	6.49	—
总计	218.92	—	2 044.32	—	—	—

数据来源：大连商品交易所相关资料。

表 2－3－58　　2013 年铁矿石期货年度交易情况

年度	成交量（万手）	同比变化（%）	成交金额（亿元）	同比变化（%）	年末持仓量（万手）	同比变化（%）
2013	218.92	—	2 044.32	—	6.49	—

数据来源：大连商品交易所相关资料。

表 2－3－59　　2013 年铁矿石期货内外盘交易情况比较

年度	成交量（万手）		成交金额（亿元）		年末持仓量（万手）	
	大连商品交易所（内盘）	新加坡交易所（外盘）	大连商品交易所（内盘）	新加坡交易所（外盘）	大连商品交易所（内盘）	新加坡交易所（外盘）
2013	18.92	9.80	2 044.32	—	6.49	3.33

数据来源：大连商品交易所相关资料。

（二）交割情况

截至2013年底，DCE铁矿石期货交割仓库共10家，其中交割仓库7家，天津市2家，唐山市2家，日照市1家，连云港市1家，青岛市1家。交割厂库3家，河北1家，北京1家，江苏1家。

（三）价格走势

1. 总体价格走势

2013年10月18日大连商品交易所铁矿石期货上市以来，由于受到宏观经济形势的影响，一直处于下降通道运行。为保证期货现货、内盘外盘数据具有可比较性，用于期货、现货、外盘比较的数据，均采集2013年10月18日以后的数据。

2013年，DCE铁矿石主力合约开盘价975元/吨（10月18日），最高价975元/吨（10月18日），最低价891元/吨（12月26日），最大价差84元/吨，年末收盘价909元/吨（12月31日）。全年下跌66元/吨，跌幅6.77%。

2013年，青岛港铁矿石现货价格年初报价1 060元/吨（1月2日），最高价1 170元/吨（2月7日），最低价995元/吨（12月31日），年末报价995元/吨。全年下跌65元/吨，跌幅6.13%。

2013年，新加坡交易所（SGX）铁矿石主力合约年初开盘价136.25美元/吨（1月2日），最高价147.67美元/吨（2月14日），最低价107.58美元/吨（5月2日），最大价差39.99美元/吨，年末收盘价133.5美元/吨（12月31日）。全年下跌3美元/吨，跌幅2.2%。

2013年铁矿石期货内外盘和现货市场价格比较见图2-3-14。

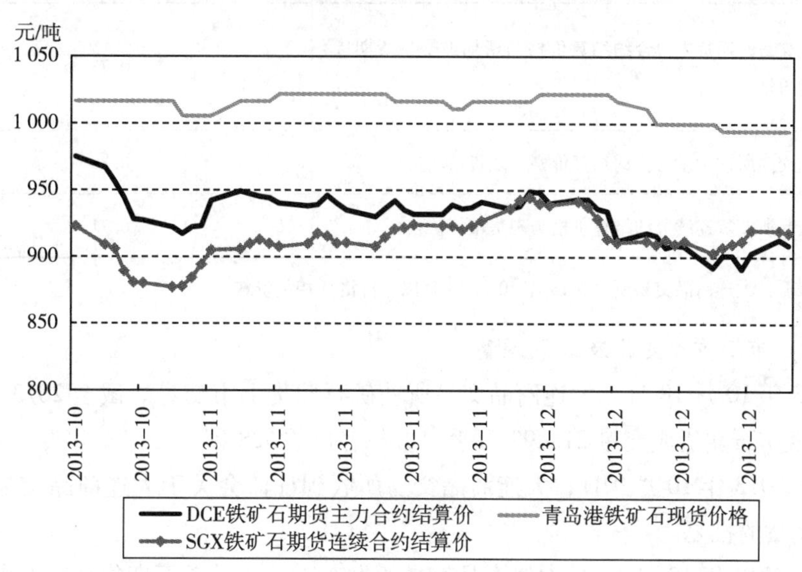

图2-3-14　2013年铁矿石期货内外盘和现货市场价格比较（均以人民币计价）

2. 涨跌停板次数及其对市场的影响

2013 年大连商品交易所铁矿石期货共发生涨跌停板 1 次，由于处于下行通道，发生的是跌停板情况，发生合约为 1412 非主力合约，发生日期为 2013 年 12 月 17 日，该跌停板对大连商品交易所铁矿石期货的交易影响不大。

3. 价格相关性分析

2013 年铁矿石期货内外盘和现货市场价格主要显性指标见表 2－3－60，2013 年铁矿石期货内外盘和现货市场价格相关性见表 2－3－61。

表 2－3－60　　2013 年铁矿石期货内外盘和现货市场价格主要显性指标

市场分类	绝对指标（美元/吨、元/吨）					相对指标（%）	
	最高价	最低价	平均价	标准差	极差	离散率	波幅率
大连商品交易所期货主力合约价格	975	891	931.19	17.75	84	19.06	9.02
新加坡交易所期货连续合约结算价格	147.67	107.58	127.36	9.72	40.09	7.63	31.48
铁矿石现货市场价格	1 170	995	1 003.13	10.15	175	1.01	17.45

数据来源：大连商品交易所相关资料。

表 2－3－61　　2013 年铁矿石期货内外盘和现货市场价格相关性

价格选择	相关系数
大连商品交易所期货主力合约结算价格与新加坡交易所期货连续合约价格	0.73
大连商品交易所期货主力合约结算价格与现货市场价格	0.89
新加坡交易所期货连续合约结算价格与现货市场价格	0.71

数据来源：大连商品交易所（2013 年 10 月 18 日以后价格）相关资料。

（四）市场重大变化及政策调整

2013 年 10 月 18 日，大连商品交易所铁矿石期货上市交易。截至 2013 年 12 月 31 日，铁矿石期货成交量 218.92 万手，参与客户数 528 家。

（1）2013 年 10 月 9 日，大连商品交易所收到证监会关于大连商品交易所上市铁矿石期货的批复。

（2）2013 年 10 月 14 日大连商品交易所发布《关于铁矿石期货合约上市交易有关事项的通知》，铁矿石期货合约自 2013 年 10 月 18 日起上市交易。

（3）2013 年 10 月 18 日，大连商品交易所铁矿石期货上市。

十一、动力煤期货运行情况

2013年，郑州商品交易所（ZCE）动力煤期货价格呈现先扬后抑的走势。2013年9月26日，动力煤期货正式上市交易，动力煤期货的推出有利于促进我国煤炭市场化改革和完善市场化价格形成机制，在提升我国在国际煤炭市场上的话语权和保障国家能源安全等方面起到积极作用。

（一）交易情况

2013年全年，ZCE动力煤期货成交量435.74万手；成交金额4 951.3亿元；年末持仓3.36万手。其中，成交量最高为10月的152.74万手，最低为9月的53.37万手；月末持仓最大为11月的5.01万手，最小为9月的2.59万手。

2013年动力煤期货月度交易情况见表2－3－62，2013年动力煤期货年度交易情况见表2－3－63。

表2－3－62　　2013年动力煤期货月度交易情况

月度	成交量（万手）	同比变化（%）	成交金额（亿元）	同比变化（%）	月末持仓量（万手）	同比变化（%）
9月	53.37	—	578.57	—	2.59	—
10月	152.74	—	1 705.19	—	3.21	—
11月	93.89	—	1 085.20	—	5.01	—
12月	135.74	—	1 582.33	—	3.36	—
总计	435.74	—	4 951.30	—	—	—

数据来源：郑州商品交易所相关资料。

表2－3－63　　2013年动力煤期货年度交易情况

年度	成交量（万手）	同比变化（%）	成交金额（亿元）	同比变化（%）	年末持仓量（万手）	同比变化（%）
2013	435.74	—	4 951.30	—	3.36	—

数据来源：郑州商品交易所相关资料。

表2－3－64　　2013年动力煤期货内外盘交易情况比较

年度	成交量（万手）		成交金额（亿元）		年末持仓量（万手）	
	ZCE	CME	ZCE	CME	ZCE	CME
2013	435.74	8.47	4 951.30	—	3.36	0.38

数据来源：郑州商品交易所、芝加哥商业交易集团（CME）相关资料。

（二）交割情况

截至2013年底，ZCE动力煤期货交割厂库共5家，其中，北京2家，山西2家，内蒙古1家；交割计价点港口9个，其中，河北5个，天津、广西、福建、广东各1个。以上交割厂库和交割计价点港口自2013年11月15日起开展动力煤期货交割业务，截至2013年底尚未进行交割。

（三）价格走势

1. 总体价格走势

2013年，ZCE动力煤主力连续合约上市开盘价525.40元/吨（9月26日），最高价600.40元/吨（12月3日），最低价523.80元/吨（9月26日），最大价差76.60元/吨，年末收盘价562.60元/吨（12月31日）。全年上涨28.20元/吨，涨幅5.28%。

2013年，动力煤期货价格呈现先扬后抑的走势。2013年9月上市初期，由于冬储市场启动，用电量增加，加上主要运输干线大秦线检修一个月的影响，动力煤价格呈现回升之势；进入12月之后，受需求疲软、环保压力和低价进口煤涌入国内的冲击，动力煤期货价格承压回落。

2013年，秦皇岛港5 500千卡/千克动力煤现货价格年初报价625.00元/吨（1月4日），最高价635.00元/吨（12月25日），最低价530.00元/吨（9月22日），年末报价635.00元/吨。全年上涨10.00元/吨，涨幅1.60%。

2013年，芝加哥商业交易所（CME）动力煤连续合约年初开盘价58.50美元/吨（1月2日），最高价61.80美元/吨（5月31日），最低价50.84美元/吨（9月4日），最大价差10.96美元/吨，年末收盘价57.44美元/吨（12月31日）。全年下跌1.06美元/吨，跌幅1.81%。

2013年动力煤期货内外盘和现货市场价格比较见图2-3-15。

数据来源：郑州商品交易所、芝加哥商业交易集团（CME）相关资料、中国煤炭市场网。

图2-3-15　2013年动力煤期货内外盘和现货市场价格比较

2. 涨跌停板次数及其对市场的影响

2013 年 9 月 27 日（上市第二日），动力煤 TC408 合约涨停。

3. 价格相关性分析

2013 年动力煤期货内外盘和现货市场价格主要显性指标见表 2－3－65，2013 年动力煤期货内外盘和现货市场价格相关性见表 2－3－66。

表 2－3－65　2013 年动力煤期货内外盘和现货市场价格主要显性指标

市场分类	绝对指标（美元/吨、元/吨）					相对指标（%）	
	最高价	最低价	平均价	标准差	极差	离散率	波幅率
ZCE 动力煤连续价格	595.60	526.80	567.79	17.37	68.80	3.06	12.12
CME 动力煤连续价格	61.80	50.84	56.12	2.74	10.96	4.88	19.53
秦皇岛港现货价格	635.00	530.00	588.94	33.97	105.00	5.77	17.83

数据来源：郑州商品交易所、芝加哥商业交易集团（CME）相关资料、中国煤炭市场网。

表 2－3－66　2013 年动力煤期货内外盘和现货市场价格相关性

价格选择	相关系数
ZCE 动力煤连续价格与 CME 动力煤连续价格	0.43
ZCE 动力煤连续价格与现货市场价格	0.81
CME 动力煤连续价格与现货市场价格	0.73

数据来源：ZCE 网站、CME 网站、中国煤炭市场网。

（四）市场重大变化及政策调整

2013 年动力煤市场重大变化和政策调整主要包括以下几个方面。

（1）2013 年 9 月 16 日，郑商所发布《关于公布郑州商品交易所动力煤期货合约及相关业务细则的通知》（〔2013〕第 233 号），公布了郑商所动力煤期货合约、交割细则、仓单管理办法和风险控制管理办法。

（2）2013 年 9 月 23 日，郑商所发布《关于动力煤期货合约上市交易时间及挂牌基准价的通告》（〔2013〕第 13 号），公布动力煤期货合约自 2013 年 9 月 26 日（星期四）起上市交易。首批上市交易合约为 TC312、TC401、TC402、TC403、TC404、TC405、TC406、TC407、TC408、TC409，各合约挂牌基准价均为 520 元/吨。

（3）2013 年 9 月 23 日，郑商所发布《关于指定动力煤交割港口的通告》（〔2013〕第 14 号），指定动力煤车（船）板交割指定交割计价点为以下 9 家企业所在的港口：秦皇岛港股份有限公司、神华黄骅港务有限责任公司、国投曹妃甸港口有限公司、国投中煤同煤京唐港口有限公司、天津港交易市场有限责任公司、唐山市港口物流有限公司、防城港北部湾港务有限公司、福建可门港物流有限公司、广州港股份有限公司。

（4）2013 年 9 月 23 日，郑商所发布《关于指定动力煤交割厂库的通告》（〔2013〕第15 号），指定以下5 家企业为指定动力煤期货交割厂库：中国中煤能源股份有限公司、神华销售集团有限公司、大同煤矿集团有限责任公司、陕西煤业化工集团有限责任公司、内蒙古伊泰煤炭股份有限公司。

（5）2013 年9 月23 日，郑商所发布《关于动力煤期货交割业务有关事项的通告》（〔2013〕第16 号），公布了动力煤厂库仓储费为0.05 元/（吨·天），动力煤交割手续费为1 元/吨，仓单转让手续费、期转现手续费分别为0.5 元/吨，并公布了郑州商品交易所指定动力煤质检机构名录和动力煤期货交割各项检验收费标准。

（6）2013 年9 月23 日，郑商所发布《关于动力煤期货交易手续费收取标准的通知》（〔2013〕第236 号），公布动力煤期货交易手续费收取标准为8 元/手。自上市之日起，动力煤期货合约当日开平仓手续费减半收取。

十二、石油沥青期货运行报告

（一）交易情况

2013 年全年，上海期货交易所（SHFE）石油沥青期货成交量313.43 万手；成交金额1 370.53 亿元；年末持仓2.21 万手。其中，成交量最高为10 月的161.83 万手，最低为12 月的58.11 万手；月末持仓最大为10 月的2.82 万手，最小为11 月的2.01 万手。

2013 年石油沥青期货月度交易情况见表2 –3 –67，2013 年石油沥青期货年度交易情况见表2 –3 –68。

表2 –3 –67　　2013 年石油沥青期货月度交易情况

月度	成交量（万手）	同比变化（%）	成交金额（亿元）	同比变化（%）	月末持仓量（万手）	同比变化（%）
10 月	161.83	—	713.35	—	2.82	—
11 月	93.48	—	403.31	—	2.01	—
12 月	58.11	—	253.88	—	2.21	—
总计	313.43	—	1 370.53	—	—	—

数据来源：上海期货交易所相关资料。

表2 –3 –68　　2013 年石油沥青期货年度交易情况

年度	成交量（万手）	同比变化（%）	成交金额（亿元）	同比变化（%）	年末持仓量（万手）	同比变化（%）
2013	313.43	—	1 370.53	—	2.21	—

（二）交割情况

截至2013 年底，SHFE 石油沥青期货交割仓库共7 家，其中江苏省4 家，浙江省2 家，广东省1 家。

由于石油沥青为2013年10月新上市品种，2013年无交割。

（三）价格走势

1. 总体价格走势

2013年，SHFE石油沥青期货主力连续合约年初开盘价5 041元/吨（10月9日），最高价5 398元/吨（1月25日），最低价3 906元/吨（9月26日），最大价差（为一年中最大日价差，日价差=日最高价-日最低价）509元/吨，年末收盘价4 151元/吨（12月31日）。全年下跌890元/吨，跌幅17.66%。

2013年10月9日起，国产重交华南沥青现货价格期初报价4 525元/吨（10月9日），最高价4 525元/吨（10月9日），最低价4 425元/吨（12月31日），年末报价4 425元/吨。下跌100元/吨，跌幅2.21%。

2013年10月9日起，国产重交华东沥青现货价格期初报价4 625元/吨（10月9日），最高价4 625元/吨（10月9日），最低价4 450元/吨（12月31日），年末报价4 450元/吨。下跌175元/吨，跌幅3.78%。

2013年石油沥青期货和现货市场价格比较见图2-3-16。

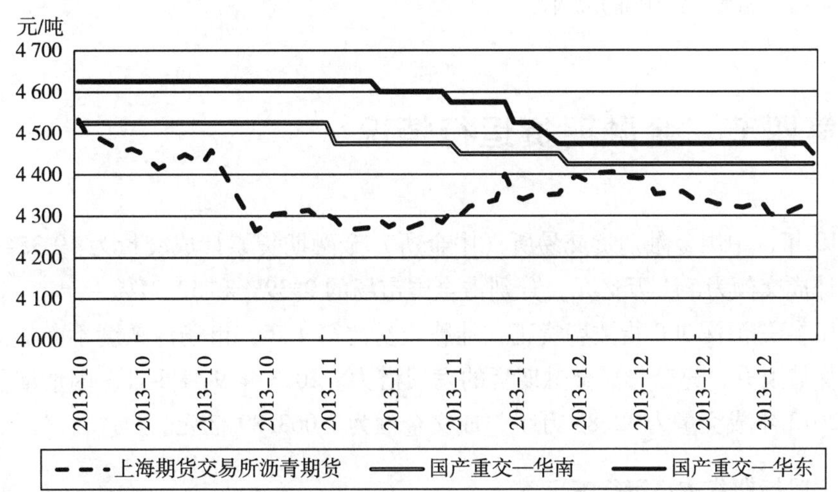

数据来源：上海期货交易所相关资料。

图2-3-16 2013年石油沥青期货和现货市场价格比较

2. 涨跌停板次数及其对市场的影响

石油沥青期货自2013年10月上市以来市场运行总体平稳，没有出现涨跌停板，风险在可控范围之内。

3. 价格相关性分析

2013年石油沥青期货内外盘和现货市场价格主要显性指标见表2-3-69，2013年石油沥青期货内外盘和现货市场价格相关性见表2-3-70。

表 2-3-69　2013 年石油沥青期货内外盘和现货市场价格主要显性指标

市场分类	绝对指标（元/吨）					相对指标（%）	
	最高价	最低价	平均价	标准差	极差	离散率	波幅率
上海期货交易所主力合约结算价	4 532	4 264	4 355	66	268	1.52	6.15
国产重交华南沥青现货市场价格	4 525	4 425	4 472	43	100	0.96	2.24
国产重交华东沥青现货市场价格	4 625	4 450	4 558	69	175	1.51	3.84

数据来源：上海期货交易所相关资料。

表 2-3-70　2013 年石油沥青期货内外盘和现货市场价格相关性

价格选择	相关系数
上海期货交易所主力合约结算价与国产重交华南沥青现货市场价格	0.277
上海期货交易所主力合约结算价与国产重交华东沥青现货市场价格	0.099

数据来源：上海期货交易所相关资料。

第四节　金融期货运行情况

2013 年，中国金融期货交易所（中金所）金融期货累计成交量为 19 354.93 万手，累计成交额为 141 万亿元，分别占全国市场的 9.39% 和 52.71%。

2013 年是沪深 300 指数期货正式挂牌交易的第 4 年，市场活跃度不断提高，成交规模保持上升，充分彰显金融期货的发展潜力。2013 年 9 月 6 日，国债期货上市交易，2013 年成交量为 32.88 万手，成交金额为 3 063.89 亿元。

一、股指期货市场运行情况

2013 年，沪深 300 股指期货市场运行平稳，交易活跃，期现拟合良好，基差保持较低水平，持仓量稳步上升，风险管理功能进一步增强。

（一）交易情况

1. 交易活跃度不断提升

2013 年沪深 300 股指期货共 238 个交易日，按单边统计，总成交 1.93 亿手，总成交金额 140.7 万亿元，比上年分别增长 83.91% 和 85.62%，成交金额占全国 4 家期货交易所的 52.7%。日均成交 81.19 万手，日均成交金额 5 911.77 亿元，日均持仓 10.64 万手，分别比上年增长 87.77%、89.42% 和 38.90%。近月合约为主力合约，交易最为活跃，占市场总成交的 90% 以上，沪深 300 股指期货在全球单指股指期货交易量排名为第5位。

2. 开户平稳增长，参与者结构改善

开户数平稳均衡增长，市场参与面继续扩大。截至2013年末，全市场账户总数达到16.76万户。90.34%的开户客户参与过股指期货交易，累计参与客户15.25万户。2013年交易者账户数量环比增加19.91%。证券、基金、信托、QFII、保险等机构参与股指期货的政策均已明确，截至2013年末，已有75家证券公司、69家基金公司、7家信托公司参与股指期货交易。

3. 持仓稳步增长

2013年，股指期货持仓量呈稳步增长的趋势，2013年日均持仓量为10.64万手，远高于2012年的7.66万手，环比增长38.9%。2013年，股指期货交易持仓比有所波动，具有一定周期性，在1月、3月、6月中下旬较高，2013年股指期货的交易持仓比为7.84倍，与国外成熟市场相比，有所偏离。

4. 股指期货市场运行日益平稳

2013年，随着机构投资者、套保和套利交易者的市场参与度不断提高，股票期货市场日益成熟，市场运行日益平稳。沪深300股指期货与现货指数保持高度相关性，2013年股指期货价格始终围绕现货价格波动，未偏离走出独立行情，1—12月，二者价格相关性高达99.56%。收益率相关性也达到95.85%，基差率继续维持在较低水平，处于正负1%以内波动，以负基差为主，正基差天数为43.7%，即期货价格高于现货指数价格。市场成熟度较高，套利空间较少，为机构套保业务的顺利开展以及市场功能的稳定发挥奠定了坚实基础。

5. 市场运行质量进一步提升

从成交持仓比、市场深度和交易结构来看，市场运行质量进一步提升。成交持仓比日趋下降，从上市初期最高26倍降至目前的5~8倍。市场深度日渐提高，主力合约买卖五档深度分别比2010年增加1.84倍和1.93倍。买卖价差逐年减小，主力合约买卖价差从2010年的0.34点下降到2013年底的0.25点，降幅达36%。市场交易结构不断优化，套保套利交易及持仓占比稳步提升，1—12月套保交易及持仓占比相比2010年分别增长138.71%和117.54%。套利交易2012年起步，截至2013年12月，交易及持仓占比分别环比增长237.89%和392.71%。

（二）股指期货市场运行主要特点

一年来，股指期货运行有几个突出特点。

1. 市场运行质量稳步提升，日渐成熟

一是期现货价格拟合度好。2013年股指期货主力合约与沪深300指数价格相关性达99.56%，略低于2012年的99.83%，与E-mini S&P 500指数期货等全球主要股指期货合约情形一致，相关性均高于99%；收益率相关系数达95.85%，略高于2012年的95.84%，与E-mini S&P 500指数期货等全球主要股指期货合约期现货基差在±1%以内的交易日占到97.48%。二是持仓规模持续放大，成交持仓比渐趋合理。合约持仓量由上市初期的不足 1 万手增加至 2013 年末的 11. 95 万手。总体上看，与上市初期相比，成交持仓比下降，由初期的最高约 27 倍降至 2013 年底的 7. 84 倍左右，逐步向境外成熟市场水平靠拢。三是交割平稳顺畅，期现货市场未出现“到期日效应”。

2. 市场功能发挥显著，服务资本市场作用日益显现

一是风险管理作用发挥明显。沪深 300 股指期货上市后的近四年时间里，投资者运用股指期货有效对冲现货市场风险，保值避险效果良好。二是股指期货和现货市场的波动率保持在正常范围。2013 年，沪深 300 股指期货收益率的波动率为 1. 44%，现货指数的波动率为 1. 41%。三是促进机构深入参与，助推机构金融创新。截至 2013 年末，共有 75 家证券公司、69 家基金公司、7 家信托公司参与股指期货交易，保险等机构入市步伐明显加快。借助股指期货，ETF 等相关市场和品种进一步活跃，机构加快了产品创新与转型发展。

二、5 年期国债股指期货运行情况

2013 年 9 月 6 日，5 年期国债期货（以下简称国债期货）顺利挂牌交易，上市国债期货是我国 2013 年经济体制改革重点工作之一，是我国多层次资本市场建设取得的重要成果，是继股指期货之后期货衍生品市场创新发展的重要突破。在国务院的统一部署下，在财政部、人民银行、银监会、保监会等部委的大力支持下，经过长期筹备，2013 年 9 月 6 日国债期货在中国金融期货交易所（以下简称中金所）挂牌上市。上市以来，国债期货市场运行平稳，功能初步显现，在促进国债顺利发行、提高国债市场流动性、健全反映市场供求关系的国债收益率曲线、加快推进利率市场化等方面开始发挥积极作用，参与机构比较认可，媒体评价积极、正面，实现了“高标准、稳起步”的预期目标，为国债期货市场持续健康发展奠定了坚实基础。

（一）国债期货的筹备阶段和过程

国债期货是国际上历史悠久、运作成熟、风险可控、使用广泛的基础金融衍生品和风险管理工具。我国在 1992—1995 年也进行过全国性的国债期货试点交易。近年来，债券市场在我国经济结构调整和转型升级中的基础性作用进一步显现，迫切需要发展与之配套的国债期货市场。2012 年 3 月，国务院《关于 2012 年深化经济体制改革重点工作的意见》提出“稳妥推进国债期货市场建设”；2012 年 9 月，《金融业发展和改革“十二五”规划》也明确提出“适时推出国债期货”；2013 年 3 月 27 日，国务院常务会议提出“金融改革要在推动利率和汇率市场化、发展多层次资本市场方面推出新的举措”。2013 年 5 月 24 日，国务院《关于 2013 年深化经济体制改革重点工作的意见》提出“推进国债期货市场建设”。中国证监会认真贯彻落实国务院的战略部署，指导和协调证券期货系统各有关单位，在法规体系、基础制度、市场监管、合约规则、技术系统和投资者教育等方面为国债期货的推出做了全面、深入、细致的准备。

1. 启动国债期货项目

证监会高度重视国债期货上市工作。2009 年 3 月，经中国证监会同意，中金所成立国债期货开发领导小组和专项小组，负责国债期货产品的开发。2010 年股指期货上市后，中金所将国债期货作为战略品种，加快做好各项准备工作。

在中国证监会的领导下，中金所积极推进国债期货的研究和开发工作，2010 年 7 月，证监会期货一部、财政部国库司、中金所成立国债期货联合研究小组，中金所抽调专人负责联合研究小组的具体工作。2011 年 5 月，中金所成立了国债期货开发小组，从银行、证券、基金等金融机构借调债券专业人员 20 余人，对上市国债期货进行了深入细致的研究论证。2012 年 3 月 13 日，证监会批复同意中金所国债期货立项。2012 年 4 月 11 日，国债期货的合约设计和规则草案通过证监会的预审审核。

2. 深入论证、广泛调研形成国债期货合约规则

经过前期的研究积累，并结合机构调研和国债现货市场的实际情况，中金所在 2011 年 5 月初步形成国债类期货产品合约设计方案，完成中期固定利率国债指数期货合约条款设计。2011 年 7 月，中金所完成国债期货产品设计分报告，包括《国债期货产品标的选择及合约设计报告》、《国债期货产品结算方式设计报告》、《国债期货产品交割方式设计报告》以及《国债期货产品的风险管理方式设计报告》。2011 年 8 月，中金所完成国债期货合约及规则体系构建，包括《5 年期国债期货合约》，以及《交易细则》、《结算细则》、《交割细则》和《风险控制管理办法》。2011 年 9 月，在科学设计合约的基础上，中金所以“防范风险、发挥功能”为原则，形成《国债期货方案设计总报告》，并在此后的一年多时间中，不断向市场征求意见，反复论证、充分调研，对国债期货合约规则进行持续的修订和完善。

2013 年 7 月 8 日至 7 月 14 日，中金所就 5 年期国债期货合约规则、《交易规则》及其实施细则修订向社会公开征求意见，同时在北京和上海两地邀请商品期货交易所、商业银行、证券公司、基金公司、期货公司、司法机关等几十家单位专家，多次召开国债期货合约规则论证会，就国债期货相关问题进行深入讨论和交流，并在证监会的指示下，形成最终的合约及业务规则。

3. 国债期货仿真交易逐步开展，全面检验合约规则

2011 年 11 月 7 日至 2012 年 2 月 12 日，中金所在所内正式启动了国债期货仿真交易，初步检验了国债期货的合约规则。2012 年 2 月 13 日至 4 月 20 日为部分金融机构参与阶段，在此阶段逐步完善了相关业务流程，扩大了市场影响；2012 年 4 月 23 日至上市前为全市场参与阶段，测试了交易、结算、风控、交割等相关业务环节。在此阶段全面检验了国债期货合约与规则，并以此为平台开展了投资者教育，为产品的正式上市做好充分准备。

为了合理引导机构投资者参与，中金所于 2012 年 5 月和 11 月分别举办了两届国债期货仿真交易机构投资者大赛，期间市场各项业务系统运行稳定良好，机构投

资者参与踊跃，市场流动性增强。

4. 扎实推进、紧密部署，实现国债期货上市

2013 年 6 月 19 日，国务院原则同意证监会开展国债期货交易。7 月 5 日，证监会发布《关于中国金融期货交易所上市国债期货的批复》，正式批准中国金融期货交易所上市 5 年期国债期货合约；同日，证监会期货监管一部、财政部国库司、人民银行金融市场司、银监会业务创新监管协作部及保监会资金运用监管部，成立了国债期货跨部委协调机制。8 月 9 日，证监会修改并发布了《关于建立金融期货投资者适当性制度的规定》。8 月 21 日和 9 月 3 日，证监会分别发布了《证券公司参与股指期货、国债期货交易指引》和《公开募集证券投资基金参与国债期货交易指引》。

在此期间的上市动员阶段，中金所紧密部署国债期货上市准备工作，累计开展 179 场国债期货投资者教育活动，累计培训超过一万人次。与此同时，中金所还组织专项督导小组，对 85 家会员、2 106 名客户开展国债期货业务准备及适当性制度督导检查。此外，中金所还联合中国期货保证金监控中心以及市场机构进行了 3 次全市场技术系统测试，并圆满完成了国债期货合约与业务规则的发布、外汇交易中心数据的采购、与中债登数据专线的铺设、跨市场监管协作补充协议的签署、与中央电视台联合摄制的国债期货专题纪录片的播出、国债期货仿真交易平台的转换等重要工作。2013 年 9 月 6 日，国债期货正式在中金所挂牌上市。

5. 建立国债期货跨部委协调机制，为国债期货的平稳推出和安全运行提供保障

在推进国债期货上市准备过程中，财政部、人民银行、银监会、保监会等部委大力支持。为研究解决国债期货上市及后续运行中需要协调解决的问题，保障国债期货平稳推出和稳健运行，2013 年 7 月 5 日，证监会联合财政部、人民银行、银监会、保监会等部委成立了国债期货跨部委协调机制，在国债期货交割业务落实、金融机构参与政策推进以及国债冲抵保证金制度建设等方面取得了一系列重要成果，对于保障国债期货平稳运行、促进功能发挥至关重要。

（二）国债期货相关制度安排

中金所在股指期货成功运行的基础上，积极筹备国债期货的上市工作，完成了国债期货产品合约以及一整套以风险控制为核心的规则体系设计，为国债期货上市打下了良好的制度基础。同时，中金所在技术系统建设、仿真交易、投资者教育以及跨市场监管等方面都针对国债期货开展了大量工作。

1. 充分借鉴国际经验，完成 5 年期国债期货合约及相应业务流程设计

国债期货合约及相关业务流程设计始终贯彻“加强风险管理，服务现货市场、促进功能发挥”的原则，中金所选择中期国债作为国债期货合约的标的，划定剩余期限在 4 ~7 年的国债都可以用于交割，该期限的国债在各期限中存量最大、抗操纵性最强；同时，中金所创造性地以名义标准券作为交易标的，有效防范交割风险、完善国债收益率曲线、促进国债期货避险功能的发挥；最后，中金所采用实物交割

的方式，有助于改善现货市场流动性，促进国债期现货价格的收敛。

2. 以风险控制为核心，建立一整套严格的风险控制制度体系

为做到功能发挥与风险防范并重，风险可测、可控、可承受，中金所借鉴股指期货运维经验，结合国债期货产品特性，总结国际和我国试点期间的经验教训，制定了一套完整的规则制度体系，包括国债期货交易、结算、交割和风险控制制度。该体系突出了风险控制核心，强化了交易保证金、涨跌停板、持仓限额、大户持仓报告、强行平仓、强制减仓等风险管理制度。此外，中金所高度关注国债现券和回购市场的交易状况，加强国债期货跨市场信息共享及监管协作机制建设，有效维护市场秩序，保障国债期货市场平稳起步和安全运行。

3. 以高标准建设好交易所技术系统，努力确保技术系统安全、高效、可靠

中金所积极吸收借鉴国内商品期货市场、证券市场已有成熟技术成果和境外有关先进技术，完成交易所技术及业务系统建设，在不同城市形成同城主备份中心、异地数据备份中心的格局。会员接入链路高度冗余，可多方式接入及迅速切换。技术系统容量与交易峰值处理能力较高。经过不断地升级与改造，中金所的 NGES1.5 技术系统性能稳定、容量巨大，每天可处理交易 2 000 万笔，每秒 1.7 万笔，系统容量完全满足国债期货的交易需求。总的来看，交易所各系统具备产品管理、会员管理、客户管理、结算管理、交割管理、风险监控管理等各项功能，为国债期货平稳运行提供坚实的技术保障。

4. 开展国债期货仿真交易，不断深化业务准备，为国债期货上市后的运行与管理积累经验

仿真交易是检验国债期货合约、规则和业务系统的重要平台，为中金所和会员单位积累了丰富的国债期货运维经验。中金所从 2011 年开始国债期货仿真交易，截至 2013 年 9 月 30 日，国债期货仿真交易平稳运行 397 个交易日，平均日交易额 900 多亿元，日均持仓 20 多万张，是交易量的 2 倍左右，参与客户 1 万多名，商业银行、证券公司、基金公司等机构投资者均已积极参与，市场交投适中，价格走势平稳，已顺利完成了 3 次集中交割和 4 次滚动交割，获得了市场各方的高度评价。

5. 实行金融期货投资者适当性制度，大力开展投资者教育与舆论宣传

股指期货上市三年以来，运行情况平稳良好。中金所总结股指期货运作经验，制定了涵盖股指期货、国债期货等多品种的金融期货投资者适当性制度，对市场参与者实行严格遴选，保障国债期货市场平稳起步。为引导投资者正确认识国债期货，树立理性参与意识，中金所开展了多层次、全方位的国债期货培训活动，累计组织了近百场，受培训人数近万人次。

（三）交易保证金和手续费设计情况

5 年期国债期货实行梯度保证金制度。为严控上市初期市场风险，5 年期国债期货上市后实行较高的保证金标准，一般月份交易保证金为合约价值的 3%，交割月份前一个月中旬的前一个交易日结算时起为合约价值的 4%，交割月份前一个月下

旬的前一个交易日结算时起为合约价值的5%。5年期国债期货交易手续费为每手3元，交割手续费为每手5元。

2013年12月27日，中金所发布《关于调整5年期国债期货交易保证金等事项的通知》，于2014年1月2日起，调整一般月份交易保证金为合约价值的2%，调整交割月份前一个月中旬的前一个交易日结算时起的交易保证金为合约价值的3%；并对平仓交易实行手续费减免。请见表2-4-1和表2-4-2。

表2-4-1　　5年期国债期货梯度保证金水平

项　目	上市初期	2014年1月2日起
最低交易保证金	合约价值的3%	合约价值的2%
交割月份前一个月中旬的前一个交易日结算时起	合约价值的4%	合约价值的3%
交割月份前一个月下旬的前一个交易日结算时起	合约价值的5%	

表2-4-2　　5年期国债期货手续费收取标准

项目	上市初期	2014年1月2日起
交易手续费	3元/手	3元/手 平仓交易免收手续费
交割手续费	5元/手	

（四）国债期货市场交易情况

2013年9月6日，国债期货在中金所成功上市，首批上市合约为TF1312、TF1403和TF1406合约，挂牌基准价分别为94.168元、94.188元和94.218元。TF1312合约上市首日以94.220元开盘，收盘于94.170元，较挂盘基准价上涨0.002元，实现“开门红”。此后，受现货市场影响，国债期货价格稳中有跌。截至2013年12月31日，主力合约TF1403收盘价为91.802元，国债期货实现“高标准、稳起步”的预期目标。市场运行主要呈现以下特点。

1. 投资者参与有序，市场交易理性

2013年国债期货共76个交易日，按单边统计，总成交328 794手，日均成交4 326手；总成交金额3 064亿元，日均成交金额40.31亿元；日均持仓3 737手，请见图2-4-1。美国30年期国债期货上市初期日均成交100手，日均持仓900手，我国国债期货市场流动性高于成熟市场国债期货发展初期水平。从成交持仓结构来看，主力合约成交持仓分别占比93%和84%，日均成交持仓比为1.3倍，与国际成熟市场特征十分贴近。

从参与主体来看，截至2013年12月31日，共有14 040名客户参与国债期货交易，其中自然人客户13 698名，法人客户342名。法人客户中，证券公司44名、

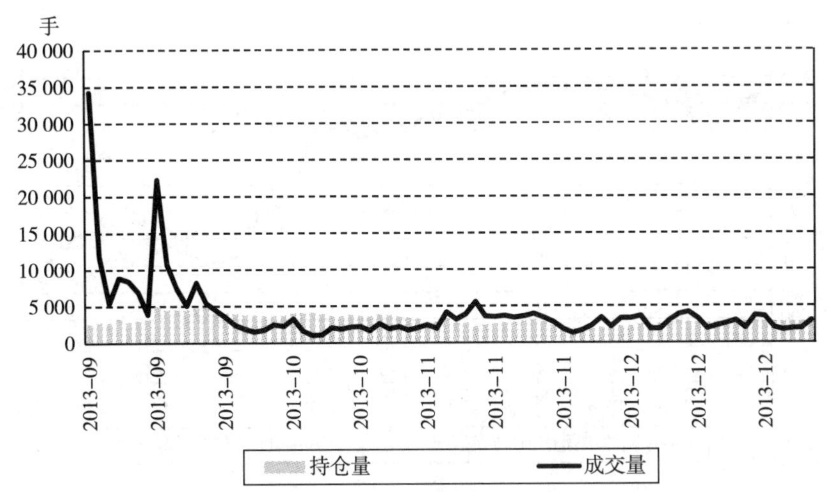

资料来源：中国金融期货交易所相关资料。

图 2-4-1 国债期货主力合约成交持仓情况

证券投资基金9名、期货公司资产管理34名。在持仓量前10名的客户中，特殊法人客户6名。这表明国债期货作为专业性较强的金融衍生产品，以机构投资者为主的市场特征初步显现。未来随着国债期货市场的发展，机构投资者参与的深度和广度会不断提升。

2. 期现货价格联动性良好，期货价格波动合理

上市以来，国债期现货价格联动性较好，以TF1312合约为例，期货与现货的相关系数为99%（见图2-4-2），最大收盘基差为0.42元，最小收盘基差为0.02元，平均收盘基差为0.16元。同期，美国5年期国债期货主力合约的平均收盘基差为0.12美元。我国国债期货基差接近国际成熟市场水平。

国债期货价格波动合理，与国债现货价格波动幅度相当。截至2013年12月31日，TF1312、TF1403、TF1406和TF1409合约平均日间波幅[①]分别为0.18%、0.17%、0.15%和0.17%，最大日间波幅分别为0.72%、0.65%、0.61%和0.54%，均在1%以内。

3. 主力合约成功切换，逐步实现平稳移仓

国债期货采用实物交割，随着交割月的临近，在梯度保证金和梯度限仓制度的引导下，没有实际交割意愿的投资者逐步将国债期货头寸从近月合约转移到远月合约。从2013年11月下旬开始，TF1312合约持仓逐渐降低，TF1403合约成交逐渐活跃，持仓稳步增加。2013年11月27日，TF1403合约持仓量（1 757手）超过TF1312合约持仓量（1 520手），成功切换为主力合约，请见图2-4-3。

① 日间波幅 = | 今结算价 - 昨结算价 | /昨结算价。

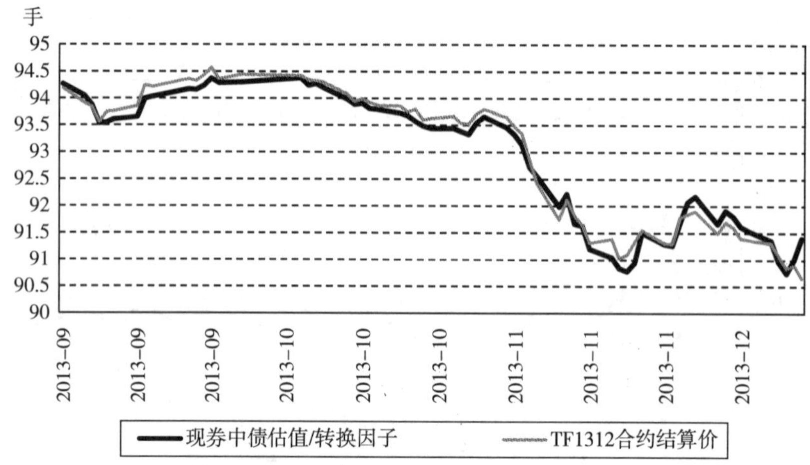

资料来源：中国金融期货交易所相关资料、中债估值。

图 2-4-2 TF1312 合约期现货价格走势变化

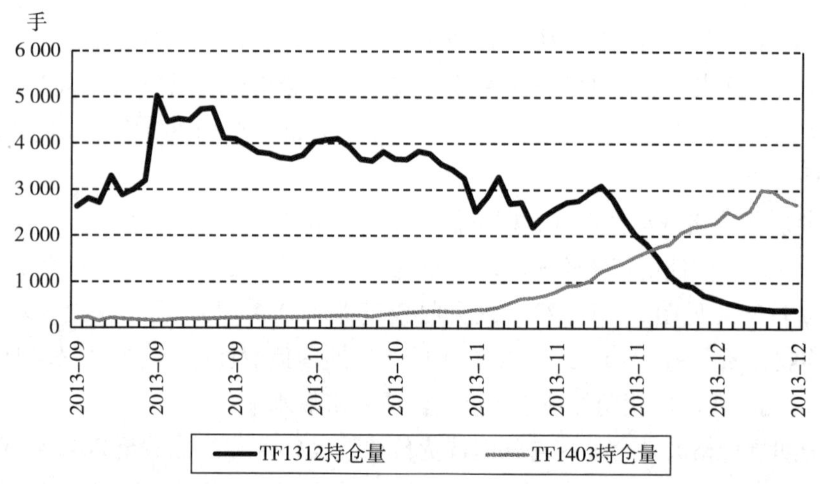

资料来源：中国金融期货交易所相关资料。

图 2-4-3 国债期货 TF1312 与 TF1403 合约持仓变化

（五）国债期货市场交割情况

2013 年 12 月，5 年期国债期货完成首次交割。交割月 TF1312 合约基差走势基本平稳，客户参与有序，可交割国债存量充足，跨市场交割运行顺畅。可交割国债托管及交割情况如下。

1. 可交割国债托管情况

我国记账式国债可在银行间市场和交易所市场进行发行及交易，并分别在中央国债登记结算有限公司（以下简称中央结算）与中国证券登记结算有限公司（由上海分公司与深圳分公司组成，以下简称中国结算上海和中国结算深圳）进行登记托管。同一债券托管客户将所持有的债券在不同托管机构间进行转移，称为债券转托管。

TF1312 合约交割月首日，我国记账式国债余额 7.74 万亿元，其中 7.53 万亿元托管在中央结算，占比 97.2%；2 005.87 亿元托管在中国结算上海；64.86 亿元托管在中国结算深圳。

交割月首日剩余期限 4 ~ 7 年的记账式国债为 5 年期国债期货的可交割国债。TF1312 合约可交割国债共 28 只，交割月首日余额 1.34 万亿元，其中 1.32 万亿元托管在中央结算，占比 99%；116.08 亿元托管在中国结算上海；12.39 亿元托管在中国结算深圳。请见表 2 - 4 - 3。

表 2 - 4 - 3　　TF1312 合约交割月首日可交割国债托管情况　　单位：亿元

项 目	余 额	中央结算	中国结算上海	中国结算深圳
记账式国债	77 417.95	75 286.41	2 005.87	64.86
可交割国债	13 364.10	13 235.63	116.08	12.39

资料来源：中央结算、中国结算和万得数据库。

2013 年，我国记账式国债总成交金额 4.60 万亿元，银行间市场成交 4.57 万亿元，占比 99.35%。TF1312 合约存续期间，可交割国债总成交金额 3 029.66 亿元，银行间市场成交 3 024.36 亿元，占比 99.8%。

2. TF1312 合约交割情况

交割是联系国债期现货市场的纽带，是期现货市场价格收敛的保障。2013 年 12 月 2 日，TF1312 合约进入交割，至 12 月 18 日交割结束，共完成 70 手滚动交割、381 手集中交割，交割款总金额 4.3 亿元。从参与交割的主体来看，参与交割的客户均为机构投资者，未出现不符合交割门槛的情况。从交割券种结构来看，投资者对交割券种选择的趋同性和专业性显著增强，交割行为理性，全部履约交割。卖方客户共选择 4 种可交割国债用于交割，其中交割量最大的前两只国债为 2013 年记账式附息（十五期）国债和 2013 年记账式附息（二十期）国债，占交割总量的比重为 79.16%。

从跨市场交割情况来看，TF1312 合约交割中，共进行了 5 次跨市场国债转托管，累计跨市场划转债券 7 300 万元。其中从中央结算转托管至中国结算上海 3 次，划转债券 5 800 万元；中国结算深圳转托管至中央结算 1 次，划转债券 200 万元；中国结算上海转托管至中央结算 1 次，划转债券 1 300 万元。合计净额来看，由中央结算转托管至中国结算上海净额 4 500 万元，由中国结算深圳转托管至中央结算净额 200 万元。

国债期货顺利完成首次交割，标志着国债期货完成了首个合约从挂牌、交易到交割的周期，国债期货的产品、规则和制度设计得到了市场检验。

（六）国债期货未来发展设想

5 年期国债期货的成功上市，开启了我国金融市场发展的新篇章，标志着我国资本市场改革发展迈出了一大步，是我国多层次资本市场建设和利率市场化改革中取得的重要成果。

从国际市场来看，美国、德国、英国、澳大利亚、韩国和日本的国债期货市场发展较成熟，交易规模较大，交易品种丰富，基本上推出了短期、中期、长期各期限品种，形成了完善的产品体系。美国国债期货市场尤为发达，已经推出了 2 年期、3 年期、5 年期、10 年期、长期、超长期国债期货合约。完备的国债期货产品体系，有益于促进国债期货市场功能的有效发挥。

从国内情况来看，利率市场化进程在不断加快。2013 年 11 月，党的十八届三中全会在《中共中央关于全面深化改革若干重大问题的决定》中首次提出“加快推进利率市场化，健全反映市场供求关系的国债收益率曲线”，国债期货产品体系的完善对于健全收益率曲线具有重要作用。因此，在我国加快推进利率市场化进程中，尽快推出各期限的国债期货具有紧迫性。

未来，中金所将加快建立完备的国债期货产品体系，尽快推出短期和长期的国债期货品种，满足利率市场化进程中短、中、长端利率波动的避险需求，为市场提供利率风险管理工具，促进健全反映市场供求关系的国债收益率曲线。

第三部分

2013 年中国期货中介机构发展报告

>>> 第一节　期货公司基本情况

2013 年，中国期货市场创新发展提速，资产管理业务、风险管理服务子公司业务取得突破，期货公司创新转型迈出坚实一步。新业务虽有突破，但收入占比有限，传统经纪业务收入仍然是期货公司的“粮仓”。期货公司传统经纪业务竞争愈演愈烈，“增产不增收”现象明显，两极分化严重。在激烈竞争的背景下，期货公司并购、重组加快，行业集中度进一步提高。

一、期货公司整体经营情况

截至 2013 年末，我国持续经营的期货公司共 156 家，其中，证券公司参股控股期货公司 71 家。全国期货营业部共 1 469 家，较 2012 年底增加了 76 家。全国期货公司总资产为 2 569. 07 亿元（含客户资产），较 2012 年增长 10. 83%；净资产为 522. 14 亿元，净资本[①]为 439. 37 亿元，分别较 2012 年增长了 14. 29% 和 5. 18%。

截至 2013 年末，全国 156 家期货公司代理成交额为 267. 06 万亿元，共吸纳客户保证金 1 988. 18 亿元，分别较 2012 年增长了 56. 07% 和 9. 6%。期货公司经纪业务手续费收入为 124. 11 亿元，营业利润为 46. 53 亿元，净利润 35. 55 亿元，与 2012 年相比基本持平，行业“增产不增收”现象明显（见表 3 – 1 – 1）。

---

① 所谓净资本是在期货公司净资产的基础上，按照变现能力对资产、负债项目及其他项目进行风险调整后得出的综合性风险监管指标。净资本的计算公式为：净资本 = 净资产 – 资产调整值 + 负债调整值 – 客户未足额追加的保证金 –/+ 其他调整项。

表 3-1-1　　2012—2013 年期货公司整体状况

指　标	2013 年	2012 年	增长率
公司数量（家）	156	160	-2.50
营业部数量（家）	1 469	1 380	5.51
总资产（亿元）	2 569.07	2 318.10	10.83
净资产（亿元）	522.14	456.85	14.29
净资本（亿元）	439.37	417.74	5.18
客户保证金（亿元）	1 988.18	1 814.01	9.60
手续费收入（亿元）	124.11	123.63	0.39
营业利润（亿元）	46.53	46.02	1.11
净利润（亿元）	35.55	35.77	-0.62
代理成交额（万亿元）	267.06	171.12	56.07%

资料来源：中国期货业协会相关资料。

二、期货公司资本规模情况

2013 年，期货公司资本规模稳步提升，较 2009 年增长 157.41%，年均增长率达到 39.35%。自 2009 年以来，期货公司的资本实现了连续的快速扩张，主要是两方面原因：一是股指期货上市，证券公司收购期货公司并进行增资及行业竞争带来期货公司之间的并购重组；二是期货公司为抢占市场先机，满足开展创新业务的资本要求，纷纷增加注册资本。期货公司资本实力的提升，为期货公司由单一通道业务向“资本+中介+专业”的创新转型提供了资本基础（见表 3-1-2）。

表 3-1-2　　2011—2013 年实收资本情况表　　单位：万元

实收资本	2013 年	2012 年	2011 年	变动幅度（%）	
				2013 年比 2012 年	2012 年比 2011 年
总额	3 835 495.94	3 443 845.09	2 814 962.09	11.37	22.34
平均额	24 586.51	21 524.03	17 484.24	14.23	23.11

资料来源：中国期货业协会相关资料。

2013 年，从期货公司注册资本的分布情况来看，59 家期货公司的注册资本处于 1 亿元及以下，占比 37.42%；61 家期货公司的注册资本处于 1 亿元至 3 亿元之间，占比 39.35%；注册资本在 3 亿元以上的期货公司数量在稳步增加，达到 36 家，占比 23.23%（见表 3-1-3）。其中，4 家期货公司的注册资本超过 10 亿元，中国国际期货有限公司的注册资本为 17 亿元、中信期货有限公司的注册资本为 15 亿元、银河期货有限公司的注册资本为 12 亿元、广发期货有限公司的注册资本为 11 亿元。

表 3-1-3　　2010—2013 年期货公司注册资本分布情况　　单位：家

年度	1 亿元及以下	1 亿~3 亿元	3 亿~5 亿元	5 亿~8 亿元	8 亿~10 亿元	10 亿元以上
2010	105	46	9	3	0	0
2011	85	57	9	6	3	1
2012	69	63	12	10	3	3
2013	59	61	15	12	5	4

资料来源：中国期货业协会相关资料。

三、期货公司代理业务规模情况

（一）代理成交量和成交额情况

2013 年，期货公司代理业务规模大幅增长，代理成交量为 20.58 亿手，同比增长 41.93%；代理成交额为 267.06 亿元，同比增长 56.07%（见表 3-1-4）。

表 3-1-4　　2007—2013 年期货公司代理成交量和代理成交额

年度	代理成交量（亿手）	增长率（%）	代理成交额（万亿元）	增长率（%）
2007	3.64	63.23	20.49	95.10
2008	6.82	87.36	35.96	75.50
2009	10.79	58.21	65.26	81.48
2010	15.67	45.23	154.56	136.84
2011	10.54	-32.74	137.51	-11.03
2012	14.50	37.57	171.12	24.44
2013	20.58	41.93	267.06	56.07

资料来源：中国期货业协会相关资料。

（二）三大中心区域优势依然明显

从期货公司的区域分布看，上海、北京、浙江的经济活跃带动了期货公司的业务增长，这些地区期货公司的整体发展规模、经营状况均具有相对优势。2013 年，上海、北京、浙江地区期货公司代理成交额占比持续增长，上海稳居各地区首位，优势明显。从 2012—2013 年全国期货公司的代理成交额排名来看，排名靠前的期货公司也大多为上述地区的公司（见表 3-1-5）。

表 3-1-5　　2012—2013 年代理成交额期货公司辖区占比分布情况

地区	2013 年（%）	2012 年（%）
上海	26.58	22.83
北京	15.06	13.91
浙江	11.40	11.31
广东	8.72	9.20
深圳	8.33	8.41

资料来源：中国期货业协会相关资料。

从156家期货公司的区域分布图（见图3－1－1）可以看出，我国期货公司主要集中在经济较发达的上海、北京、深圳、广东、浙江等地。其中，上海地区的期货公司数量依然是最多的，达到28家，较2012年增加2家。

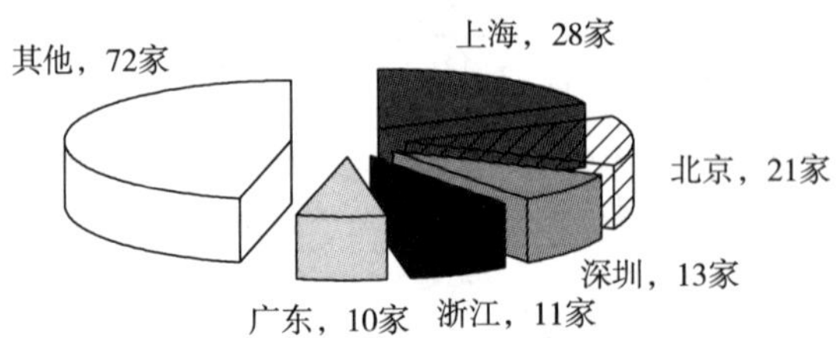

资料来源：中国期货业协会相关资料。

图3－1－1　2013年期货公司区域分布

第二节　期货公司财务状况

一、期货公司资产规模和客户保证金规模情况

（一）资产总额稳步提升，分化加剧

截至2013年末，156家期货公司的资产总额为2 569.07亿元，平均每家公司资产总额为16.47亿元，较2012年的资产总额2 318.10亿元增长了10.83%；较2012年平均资产总额14.49亿元上升了13.66%（见表3－2－1）。

从资产总额的分布情况来看，资产规模在20亿元以上的期货公司数量为39家，资产规模占比近70%，期货公司资产规模进一步向20亿元以上集中。资产规模在1亿元以下的期货公司数量减少至10家，期货公司分化进一步加剧。

表3－2－1　　2012—2013年期货公司资产规模

年度	2013				2012			
金额区间	公司数（家）	占公司总数的比例（%）	金额（亿元）	占总资产的比例（%）	公司数（家）	占公司总数的比例（%）	金额（亿元）	占总资产的比例（%）
50亿元以上	12	7.69	973.37	37.89	12	7.50	850.54	36.69
20亿～50亿元	27	17.31	802.48	31.24	22	13.75	613.49	26.47
10亿～20亿元	28	17.95	392.37	15.27	30	18.75	435.88	18.80
5亿～10亿元	37	23.72	270.31	10.52	38	23.75	274.39	11.84
1亿～5亿元	42	26.92	125.30	4.88	46	28.75	136.91	5.91
1亿元及以下	10	6.41	5.23	0.20	12	7.5	6.89	0.30
合计	156	100.00	2 569.07	100.00	160	100.00	2 318.10	100.00

资料来源：中国期货业协会相关资料。

（二）客户保证金规模增速放缓，A类期货公司优势明显

截至2013年末，全国156家期货公司共吸收客户保证金1 988.18亿元，较2012年末的1 814.01亿元增长了9.60%，保证金规模增速明显放缓（见表3－2－2）。

表3－2－2　2012—2013年客户保证金分布情况表

年度	2013				2012			
金额区间	公司数（家）	占公司总数的比例（%）	金额（亿元）	占总资产的比例（%）	公司数（家）	占公司总数的比例（%）	金额（亿元）	占总资产的比例（%）
50亿元以上	9	5.77	649.30	32.66	7	4.38	460.25	25.37
20亿~50亿元	18	11.54	547.46	27.54	13	8.13	458.55	25.28
10亿~20亿元	28	17.95	408.73	20.56	34	21.25	505.89	27.89
5亿~10亿元	33	21.15	232.35	11.69	33	20.63	226.74	12.50
1亿~5亿元	51	32.69	143.54	7.22	52	32.50	154.72	8.53
1亿元及以下	17	10.90	6.80	0.34	21	13.13	7.86	0.43
合计	156	100.00	1 988.18	100.00	160	100.00	1 814.01	100.00

资料来源：中国期货业协会相关资料。

2013年，期货公司保证金规模进一步分化。从保证金分布情况看，行业领先期货公司吸纳客户保证金的能力进一步增强，客户保证金规模在20亿元以上的期货公司达到27家，保证金规模占比超过60%。

根据期货公司2013年分类评价结果，从各类别期货公司客户保证金分布情况看，23家A类期货公司客户保证金合计为1 074.33亿元，较2012年的943.60亿元增长13.85%，高于行业整体保证金规模增长水平。A类期货公司客户保证金规模占市场总额比例进一步扩大，达到54.04%，平均客户保证金近50亿元，进一步拉大了与B类公司之间的差距。A类期货公司在行业中优势地位明显，C类和D类期货公司客户保证金规模进一步萎缩，各类别期货公司经纪业务发展分化严重（见表3－2－3）。

表3－2－3　2013年各类别期货公司客户保证金分布情况表

公司类别	公司数（家）	客户保证金（亿元）	占市场总额比例（%）	平均客户保证金（亿元）
A类	23	1 074.33	54.04	46.71
B类	64	713.15	35.87	10.87
C类	65	200.64	10.09	3.09
D类	4	0.05	0.00	0.02
合计	156	1 988.18	100	12.83

注：2013年方正期货有限公司分类评价结果为A类A级，被北京中期期货有限公司吸收合并，其数据已并入北京中期期货有限公司；大华期货有限公司分类评价结果为B类BB级，被格林期货有限公司吸收合并，其数据已并入格林期货有限公司。

资料来源：中国期货业协会相关资料。

二、期货公司利润情况

2013 年期货行业全年实现营业利润 46.53 亿元，较 2012 年的 46.02 亿元增长 1.11%；净利润 35.55 亿元，较 2012 年的 35.77 亿元下降 0.62%。全国 156 家期货公司中有 124 家盈利，32 家亏损。与 2012 年相比，盈利期货公司的数量在减少，但盈利的金额在增加，表明行业领先期货公司的盈利能力在进一步提升。与此同时，亏损期货公司的数量和亏损金额在逐步扩大（见表 3-2-4）。

表 3-2-4　　2011—2013 年期货公司盈利情况表

年度	2013			2012			2011		
净利润	公司数（家）	比例（%）	金额（亿元）	公司数（家）	比例（%）	金额（亿元）	公司数（家）	比例（%）	金额（亿元）
盈利	124	79.49	37.78	132	82.50	36.88	113	70.19	26.15
亏损	32	20.51	-2.23	28	17.50	-1.11	48	29.81	-3.09
合计	156	100.00	35.55	160	100.00	35.77	161	100.00	23.06

资料来源：中国期货业协会相关资料。

从各类别期货公司盈利情况看，A 类期货公司 2013 年全部实现盈利，总盈利金额为 24.34 亿元，较 2012 年的 20.33 亿元增长 19.72%，盈利金额占全行业比例为 68.47%；B 类期货公司 2013 年有 62 家实现盈利，但 B 类期货公司的总盈利金额和平均盈利金额与 A 类期货公司差距较大；60% 的 C 类期货公司实现盈利，但盈利金额极为有限；D 类期货公司全部亏损（见表 3-2-5）。

表 3-2-5　　2013 年各类别期货公司盈利分布情况表

公司类别	公司数（家）	盈利公司数（家）	亏损公司数（家）	盈利比例（%）	总盈利金额（亿元）	平均盈利金额（亿元）
A 类	23	23	0	100	24.34	1.06
B 类	64	62	2	96.88	10.83	0.17
C 类	65	39	26	60	0.48	0.01
D 类	4	0	4	0	-0.10	-0.03
合计	156	124	31	80	35.55	0.23

资料来源：中国期货业协会相关资料。

三、期货公司营业收入与收入结构

（一）期货经纪业务依然是期货公司最重要的收入来源

2013 年期货公司营业收入为 185.18 亿元，较 2012 年的 173.15 亿元增长 6.9%。从期货公司营业收入结构看，期货经纪业务手续费收入为 124.11 亿元，较

2012 年的 123.63 亿元增长 0.39%，占期货公司总营业收入的比例为 67.02%。其中，交易所返还及减收手续费为 27.57 亿元，占期货经纪业务手续费收入的 22.21%，期货经纪业务手续费收入在营业收入中仍占主导地位。近四年期货经纪业务手续费收入占期货公司营业收入的比例看，手续费收入的占比首次下降到 70% 以下。期货公司利息净收入主要来自期货经纪业务客户保证金产生的利息收入，2013 年期货公司利息净收入为 53.99 亿元，占期货公司总营业收入的 29.16%（见表 3－2－6）。

表 3－2－6　　2013 年期货公司手续费收入情况比较

收入构成	收入（亿元）	占比（%）
期货经纪业务	124.11	67.02
资产管理业务	0.15	0.08
投资咨询业务	0.58	0.31
利息净收入	53.99	29.16
营业收入合计	185.18	100.00

资料来源：中国期货业协会相关资料。

2013 年期货公司创新业务收入有限，资产管理业务收入为 0.15 亿元，投资咨询业务收入为 0.58 亿元，创新业务收入占期货公司总营业收入的比例不足 1%。

（二）A 类期货公司利息净收入超过经纪业务手续费收入

从各类别期货公司经纪业务手续费收入和利息净收入的分布情况看，A 类公司的经纪业务手续费收入为 27.6 亿元，占比为 22.24%，远低于 A 类公司客户保证金规模的占比 54.04%；A 类期货公司的利息净收入为 29.95 亿元，超过其经纪业务手续费收入，占比为 55.47%，与其客户保证金规模占比相匹配。在经纪业务竞争激烈的背景下，A 类公司通过扩大客户规模，提升利息净收入来追求规模收益，进而确立自身行业优势地位（见表 3－2－7）。

表 3－2－7　　2013 年各类别期货公司经纪业务手续费收入和利息净收入分布情况表

公司类别	公司数（家）	手续费收入（亿元）	平均手续费收入（亿元）	占市场总额比例（%）	利息净收入（亿元）	平均利息净收入（亿元）	占市场总额比例（%）
A 类	23	27.60	1.20	22.24	29.95	1.30	55.47
B 类	64	56.69	0.89	45.68	18.98	0.30	35.15
C 类	65	37.19	0.57	29.97	5.04	0.08	9.34
D 类	4	2.63	0.65	2.11	0.02	0.01	0.04
合计	156	124.11	0.80	100	53.99	0.35	100

资料来源：中国期货业协会相关资料。

四、税收贡献稳步增加

2013 年，156 家期货公司向国家上缴营业税金及附加和所得税共计 19. 39 亿元，较 2012 年的 18. 78 亿元增长了 3. 24%，涨幅较大。其中，手续费收入上升，使得期货公司上缴的营业税金及附加增加 390. 11 万元，增幅 0. 57%；上缴企业所得税增加了 5 696. 29 万元，增幅 4. 79%（见表 3 - 2 - 8）。

表 3 - 2 - 8　　2008—2013 年税收贡献年度比较表　　单位：亿元

项目	2009 年	2010 年	2011 年	2012 年	2013 年
营业税金及附加	4. 16	5. 88	5. 63	6. 89	6. 93
所得税	6. 11	8. 99	9. 33	11. 89	12. 46
税金合计	10. 27	14. 87	14. 97	18. 78	19. 39

资料来源：中国期货业协会相关资料。

第三节　期货从业人员状况

我国期货从业人员的整体状况和结构特点，主要涵盖从业人员总体状况、年龄结构、性别结构、学历结构、地区分布、从业年限以及专业背景分析等方面。在中国期货业协会行业信息管理平台登记注册的期货从业人员有两类，一是通过期货从业人员资格考试，在期货公司任职的人员；二是通过期货从业人员资格考试，在证券公司任职，为期货公司提供中间介绍业务人员即 IB 业务人员。

一、总体状况

截至 2013 年末，全国期货从业人员为 49 268 人，较上年同期增加 12 009 人，增长 32. 23%。其中，在期货公司任职从业人员为 32 149 人，占比 65. 25%；在证券公司任职的期货 IB 业务人员为 17 119 人，占比 34. 75%。2013 年共有 26 名外籍人士在期货公司任职，较 2012 年减少 12 人。其中，美国籍 10 人、加拿大籍 5 人、澳大利亚籍 4 人、英国籍 1 人、新西兰籍 1 人、西班牙籍 1 人、中国台湾 3 人、中国香港 1 人。

（一）期货公司从业人员增速明显放缓

与 2012 年相比，期货公司新增员工 2 060 人，同比增长 6. 60%；期货公司员工中具备从业资格的人数为 32 149 人，占期货公司员工总数的 96. 63%。截至 2013 年末，期货公司高管人员共计 976 人，较 2012 年增加 193 人，增长 24. 65%；营业部经理共计 1 390 人，较 2012 年增加 61 人，增长 4. 59%（见表 3 - 3 - 1）。

表 3-3-1　　2009—2013 年期货公司从业人员增长情况

项　目	2009 年	2010 年	2011 年	2012 年	2013 年
员工总数（人）	17 182	24 064	28 323	31 210	33 270
增长率（%）	26.58	40.05	17.70	10.19	6.60
期货从业人员数（人）	16 007	22 993	27 227	30 151	32 149
增长率（%）	33.51	43.64	18.41	10.74	6.63
期货从业人员占员工总数比（%）	93.16	95.55	96.13	96.61	96.63
高级管理人员数（人）	933	992	925	783	976

资料来源：中国期货业协会相关资料。

从期货公司从业人员年增长率看，2010 年股指期货上市带来从业人员增速的明显提升，从 2011 年开始至今，增速呈逐年递减趋势。2013 年从业人员增长率仅为 6.63%，创历史新低（见图 3-3-1）。

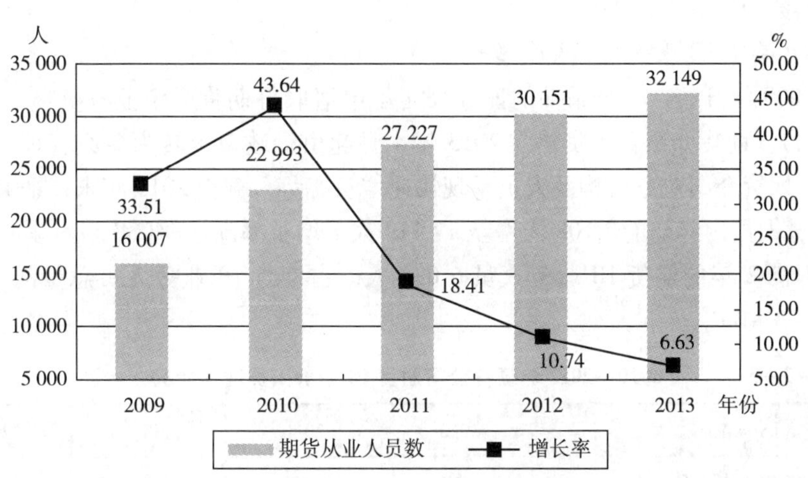

资料来源：中国期货业协会相关资料。

图 3-3-1　2009—2013 年期货从业人员增长率

（二）期货从业人员整体流动性偏高

2013 年，期货公司从业人员新增注册 9 239 人，注销 7 241 人；人员流入率 30.64%，流出率 24.02%，增加率 6.63%。与 2012 年同期相比，人员流入率和增加率分别减少 0.84% 和 3.06%，人员流出率增加 2.23%。A 类和 B 类公司的人员增加率明显高于 C 类和 D 类公司，表明期货从业人员整体向行业领先公司流入，但与此同时，A 类和 B 类公司的从业人员也表现出极高的流动性（见表3-3-2）。

表 3－3－2　　2013 年期货公司从业人员流动情况统计

公司类别	公司数（家）	注销人数（人）	新增注册人数（人）	流入率（%）	流出率（%）	增加率（%）
A 类	23	2 713	3 390	33. 49	26. 80	6. 69
B 类	64	3 038	4 048	35. 48	26. 63	8. 85
C 类	65	1 483	1 783	21. 39	17. 79	3. 60
D 类	4	7	18	6. 36	2. 47	3. 89
合计	156	7 241	9 239	30. 64	24. 02	6. 63

资料来源：中国期货业协会相关资料。

（三）取得期货投资咨询从业资格人员数量快速增长

截至 2013 年末，共有 3 518 名期货公司从业人员通过“期货投资分析”考试。其中，取得投资咨询从业资格的人数为 2 650 人。与 2011 年期货投资咨询业务推出相比，取得投资咨询业务资格人员数量累计增加 1 116 人，增长 72. 75%，占期货公司从业人数的比例为 8. 24%。

（四）期货 IB 业务人员大幅增长

自 2009 年开始，符合条件的证券公司可申请取得期货介绍业务资格（期货 IB 业务资格）。期货介绍业务资格自 2013 年 4 月起由行政审批转为备案管理，新办法实施后，期货介绍业务机构及人员呈现快速增长态势。截至 2013 年末，证券公司期货 IB 业务人员由年初的 7 108 人增至 17 119 人，增长率高达 140. 84%。其中，累计从业年限满 2 年的期货 IB 业务人员 6 036 人，占期货 IB 业务人员总量的 35. 26%（见表 3－3－3）。

表 3－3－3　　2010—2013 年证券公司期货 IB 业务人员增长情况

年份	2010	2011	2012	2013
期货 IB 业务人员（人）	6 042	6 709	7 108	17 119
增长率（%）	—	11. 04	5. 95	140. 84

资料来源：中国期货业协会相关资料。

二、结构特点

与 2012 年相比，期货从业人员结构性特征变化不大，年轻化、从业年限短、市场开发与客服人员居多、分布趋于集中等特点依然明显。

（一）性别结构

从性别结构看，期货从业人员整体男女性别比例基本均衡。但在期货公司高管人员和营业部经理中，男性人数远多于女性，男女比例约为 4:1（见图 3－3－2）。

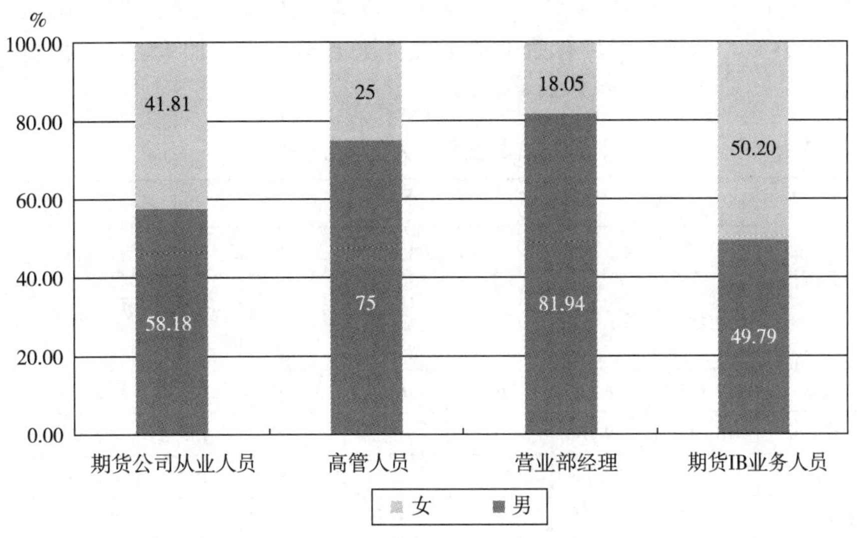

资料来源：中国期货业协会相关资料。

图3－3－2　2013年期货从业人员性别结构

（二）年龄结构

期货从业人员整体上以中青年为主，年轻化特征明显。年龄在40岁以下的期货公司从业人员比例高达86.75%，30岁以下的人员比例达到56.16%，平均年龄为33岁。营业部经理的年龄主要集中在30～50岁，平均年龄为39岁。期货公司高管人员的年龄主要分布在40岁以上，平均年龄为46岁。证券公司期货IB业务人员的年龄主要分布在40岁以下，平均年龄为35岁（见表3－3－4）。

表3－3－4　　2013年期货从业人员年龄结构

年龄	期货公司						证券公司	
	从业人员		高管人员		营业部经理		期货介绍业务人员	
	人数	比例（%）	人数	比例（%）	人数	比例（%）	人数	比例（%）
30岁以下	18 056	56. 16	9	0. 92	130	9. 35	5 528	32. 29
31～40岁	9 835	30. 59	148	15. 16	675	48. 56	6 990	40. 83
41～50岁	3 826	11. 90	581	59. 53	516	37. 12	4 371	25. 53
50岁以上	432	1. 34	238	24. 39	69	4. 96	230	1. 34
总计	32 149	100	976	100	1 390	100	17 119	100

资料来源：中国期货业协会相关资料。

（三）学历结构

期货公司从业人员学历水平稳步提升，本科及以上学历的从业人员比例为

71.65%，高管人员比例为83.4%，营业部经理比例为83.60%，期货IB业务人员比例为83.51%。期货公司具有博士学历人员比上年同期增加15人（见表3－3－5）。

表3－3－5　　2013年期货从业人员学历结构

学　历	期货公司						证券公司	
	从业人员		高管人员		营业部经理		期货介绍业务人员	
	人数	比例（%）	人数	比例（%）	人数	比例（%）	人数	比例（%）
本科以下	9 115	28.35	162	16.60	223	16.04	2 823	16.49
本科	18 980	59.04	500	51.23	1 022	73.53	12 685	74.10
硕士	3 903	12.14	280	28.69	145	10.43	1 592	9.30
博士	151	0.47	34	3.48	0	0	19	0.11
总计	32 149	100	976	100	1 390	100	17 119	100

资料来源：中国期货业协会相关资料。

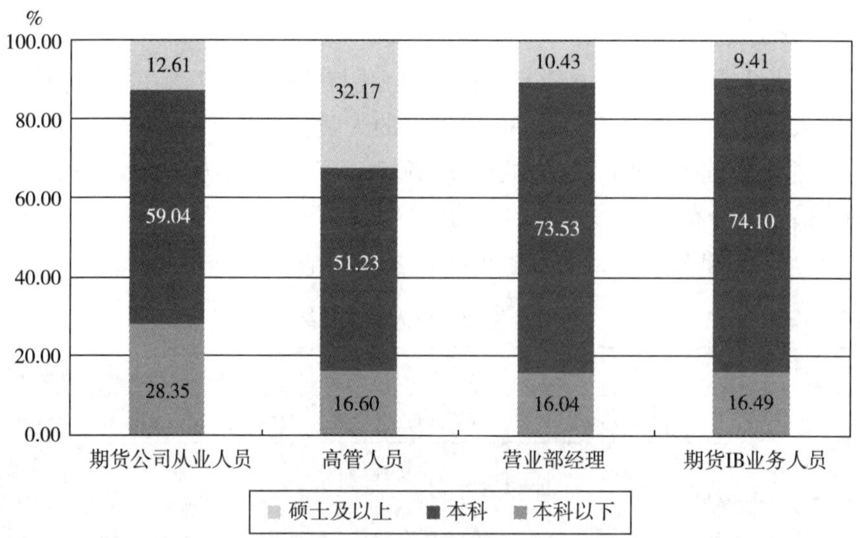

资料来源：中国期货业协会相关资料。

图3－3－3　2013年期货从业人员学历分布

（四）从业时间

期货公司从业人员整体从业年限不长，高管人员和营业部经理从业年限相对较长。从业人员从业年限在3年以下的占比52.24%，3～6年的占比31.67%，7年以上的仅占16.08%。其中，高管人员从业时间在11年以上的占比达到55.74%，营业部经理从业时间在7年以上的占比为56.47%，取得投资咨询业务资格的从业人员从业年限在3年以上的占比高达76.90%（见表3－3－6）。

表 3-3-6　　期货从业人员从业年限结构

从业年限	从业人员		高管人员		营业部经理		投资咨询人员	
	人数	比例（%）	人数	比例（%）	人数	比例（%）	人数	比例（%）
1 年以下	7 908	24.60	24	2.46	33	2.37	189	7.13
1～2 年	8 887	27.64	46	4.71	39	2.81	423	15.96
3～6 年	10 182	31.67	212	21.72	533	38.35	1 531	57.77
7～10 年	2 097	6.52	150	15.37	280	20.14	256	9.66
11 年以上	3 075	9.56	544	55.74	505	36.33	251	9.47
合计	32 149	100	976	100	1 390	100	2 650	100

资料来源：中国期货业协会相关资料。

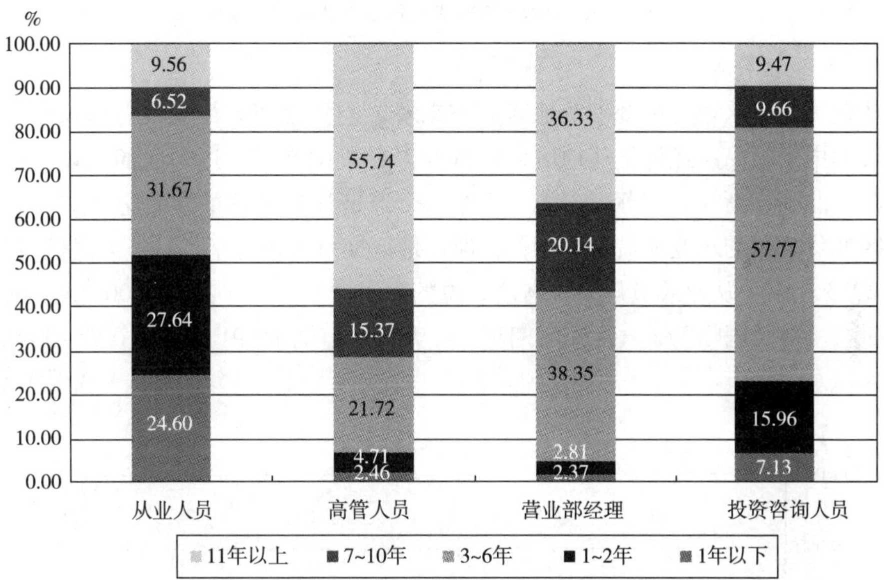

资料来源：中国期货业协会相关资料。

图 3-3-4　期货公司从业人员从业年限统计

（五）岗位分布

从岗位结构看，期货公司从业人员岗位结构仍以经纪业务为主。客户开发和客户服务人员占比最高，达到49.05%；信息技术岗3 157 人，占比9.82%，同比上年增加350 人；研究分析、投资咨询和资产管理人员 2 729 人，占比 8.49%，同比上年增加311 人；合规风控人员 1 987 人，占比 6.18%，同比上年增加 262 人（见图 3-3-5）。

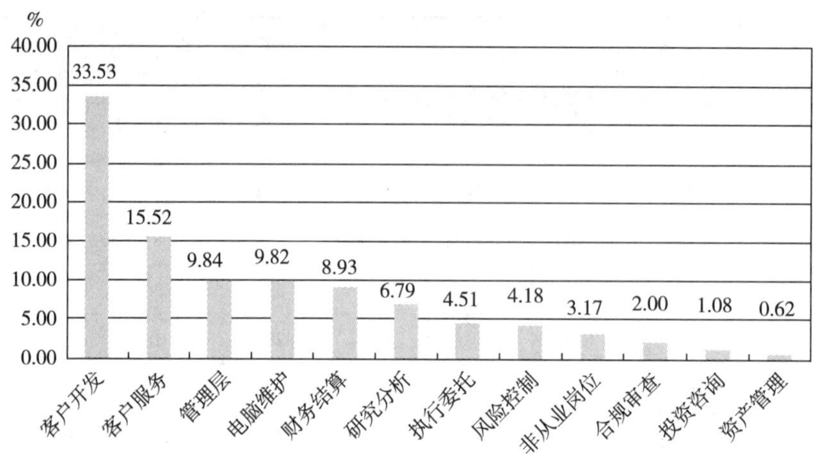

资料来源：中国期货业协会相关资料。

图3－3－5 2013年期货公司从业人员岗位分布

（六）地区分布

从期货公司从业人员规模及地区分布来看，期货公司人员规模总体偏小，但从业人员集中度较高。经济发达地区期货从业人员集中度高，近七成的从业人员集中在上海、北京、浙江、江苏、深圳、广东六个经济发达地区的期货公司。其中，上海地区期货公司的从业人员总量居首，浙江地区期货公司的平均从业人员数量最多。截至2013年末，从业人员规模排名前5位的公司分别是南华期货1 002人、永安期货905人、中国国际772人、银河期货737人、中信期货691人（见图3－3－6、图3－3－7）。

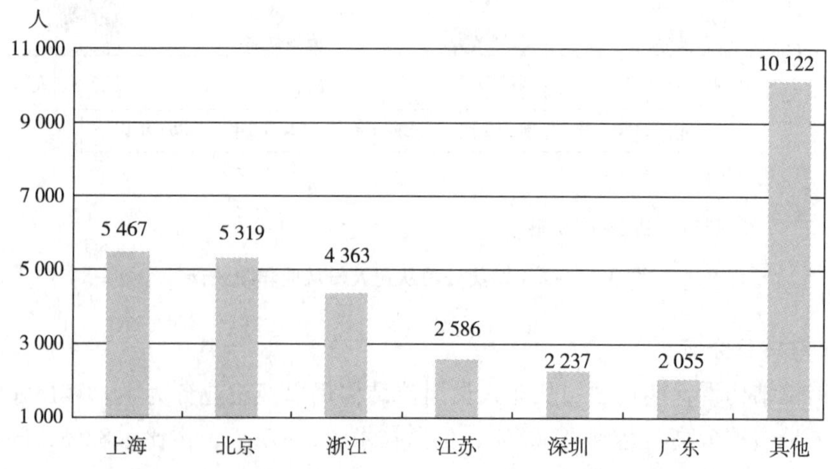

资料来源：中国期货业协会相关资料。

图3－3－6 2013年期货公司从业人员地区分布

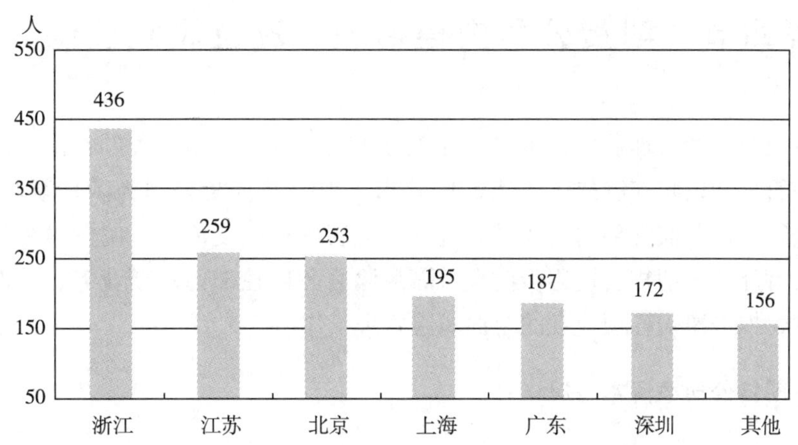

资料来源：中国期货业协会相关资料。

图3－3－7 2013年各地区期货公司从业人员平均分布

从近三年从业人员在各类期货公司的分布看，从业人员逐步向A类和B类公司集中，A类和B类期货公司从业人员数量占比逐年提升。截至2013年末，A类和B类期货公司从业人员数量占比达到79.08%，C类和D类期货公司从业人员数量占比已经从2011年的38.51%降至2013年的20.92%（见图3－3－8）。

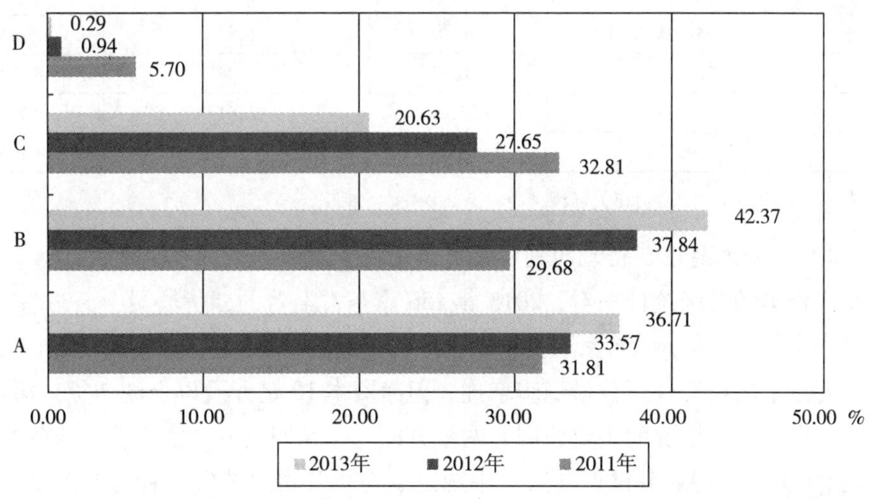

资料来源：中国期货业协会相关资料。

图3－3－8 2011—2013年各类期货公司从业人员分布

第四节 期货公司内控治理状况及风险控制

期货公司资产管理业务、风险管理服务子公司业务等新业务的推出，给期货公司的内控管理和风险控制提出了更高的要求。2013 年期货公司为满足新业务需要，按有关法律法规及监管部门的要求，进一步完善内控制度流程，确保内控覆盖各项业务的所有环节。期货公司逐步健全首席风险官和内控部门对新业务、关键环节的监督机制，推进覆盖各项业务的全面风险管理工作。

一、期货公司净资本情况

（一）净资本总量增速放缓

自 2007 年正式实施净资本监管以来，期货公司的净资本持续快速增加。2013 年，期货公司净资本合计为 439.37 亿元，较 2012 年增长 5.18%，增速明显放缓（见表 3－4－1）。

表 3－4－1　　2006—2013 年全国期货公司净资本情况

年度	净资本总额（亿元）	增长率（%）	平均净资本额（亿元）	增长率（%）
2006	45.48	—	0.28	—
2007	94.40	107.54	0.52	106.28
2008	120.67	27.83	0.74	29.40
2009	161.02	33.44	0.98	32.62
2010	251.25	56.04	1.54	56.99
2011	328.93	30.92	2.04	32.54
2012	417.74	27.00	2.61	27.79
2013	439.37	5.18	2.83	8.43

资料来源：中国期货业协会相关资料。

（二）净资本超过 5 亿元的期货公司数量稳步增长

从净资本的分级统计来看，2013 年 156 家正常经营的期货公司中，34 家期货公司的净资本超过 5 亿元，6 家期货公司的净资本超过 10 亿元。与 2012 年相比，净资本 5 亿元以上的期货公司数量稳步增加，但净资本 10 亿元及以上的期货公司数量有所减少，造成这种情况的主要原因有两个方面。一是期货公司资产管理业务的推出，《期货公司资产管理业务试点办法》中规定了期货公司申请资产管理业务试点资格，净资本不低于人民币 5 亿元，部分期货公司为申请资产管理业务资格，将净资本提升至 5 亿元以上，净资本 5 亿元以上的期货公司数量有所增加；二是期货公司风险管理服务子公司业务的推出，期货公司设立子公司的注册资本要在期货公司的净资本中 100% 扣减，净资本排名靠前的期货公司在 2013 年大多设立了子公司，因此，净资本10亿元及以上的期货公司数量有所减少，这同时也是2013年期货公司净资本总量增速放缓的重要原因（见表3-4-2）。

表3-4-2　　2010—2013年全国期货公司净资本分级统计情况

年份	3 000万元及以下	3 000万~1亿元	1亿~5亿元	5亿~10亿元	10亿元及以上
2010	19	62	74	8	0
2011	13	51	79	16	2
2012	14	41	77	20	8
2013	11	37	74	28	6

资料来源：中国期货业协会相关资料。

二、净资本风险监管指标

2013年，中国证监会为进一步完善净资本监管，支持期货公司创新发展，对《期货公司风险监管指标管理办法》进行了修改，新办法规定期货公司应当持续符合的风险监管指标标准为："净资本不得低于人民币1 500万元；净资本与公司的风险资本准备的比例不得低于100%；净资本与净资产的比例不得低于40%；流动资产与流动负债的比例不得低于100%；负债与净资产的比例不得高于150%；规定的最低限额的结算准备金要求。"

（一）净资本与风险资本准备比例高于100%

截至2013年末，期货公司净资本总额为439.37亿元，每家期货公司平均净资本为2.83亿元，净资本最高的期货公司净资本数额达到17.07亿元，净资本最低的期货公司净资本为1 651.6万元，全国156家期货公司均满足净资本不低于1 500万元的标准。

截至2013年末，全国156家期货公司累计提取期货风险准备金31.49亿元，风险资本准备为总额为116.57亿元，各家期货公司净资本与期货风险资本准备的比例范围为131.40%~2 414.70%，满足净资本与公司的风险资本准备的比例不得低于100%的标准要求。

（二）净资本与净资产比例小幅回落

2013年期货公司净资本与净资产的平均比例为84.15%，全国156家期货公司的净资本与净资产比例范围为52.30%~130.40%，满足净资本与净资产的比例不得低于40%的监管要求（见表3-4-3）。

表3-4-3　　2009—2013年期货公司净资本与客户权益情况

年　度	2009	2010	2011	2012	2013
净资本（亿元）	161.02	251.25	328.93	417.74	439.37
净资产（亿元）	179.39	270.14	352.45	456.85	522.14
净资本与净资产比例（%）	89.76	93.01	93.33	91.44	84.15

资料来源：中国期货业协会相关资料。

（三）流动资产与流动负债的比例高于100%

2013 年末，全国 156 家公司的流动资产为 472.82 亿元，流动负债为 58.75 亿元，流动资产与流动负债的比例为 804.86%，各家期货公司流动资产与流动负债的比例范围为 182.30% ~6 527.00%，满足流动资产与流动负债比例不低于 100% 的监管要求。

2013 年期货公司负债合计为 58.75 亿元，与净资产比例为 11.25%，全国 156 家期货公司的负债与净资产比例范围为 1.40% ~78.30%，均满足负债与净资产的比例不得高于150% 的监管要求。

第五节　期货市场竞争状况分析

一、期货公司营业部设立情况

截至 2013 年末，全国期货营业部数量达到 1 469 家，平均每家期货公司已拥有 9.33 家期货营业部。2013 年中国证监会发布了《关于进一步规范期货营业部设立有关问题的规定》，新规定降低了期货公司设立营业部的门槛，优化了营业部设立的审批程序，有利于期货公司加快营业部建设步伐。政策的利好未能带来期货营业部数量的快速增长，与近几年相比，2013 年全国期货营业部数量的增速明显放缓，主要有三个方面的原因：一是排名靠前的期货公司区域布局已经基本完成；二是兼并重组的期货公司对同区域内的期货营业部进行合并；三是期货经纪业务的激烈竞争，部分期货公司因经营压力陆续关停经营不善的期货营业部（见表 3 –5 –1）。

表 3 –5 –1　　2006—2013 年期货公司平均营业部数量

年份	平均营业部数量（家）	增长（%）
2006	2.38	5.06
2007	2.71	13.87
2008	3.77	39.11
2009	5.18	37.4
2010	6.25	20.66
2011	7.35	17.60
2012	8.63	17.41
2013	9.33	8.11

资料来源：中国期货业协会相关资料。

二、期货交易手续费率情况

2013年全国156家期货公司代理成交额为267.06万亿元，手续费收入为124.11亿元，手续费率为0.00232%，较2012年大幅下降。若扣减2013年交易所手续费返还及减收的27.57亿元，手续费率仅为0.00181%（见表3-5-2）。

表3-5-2　　2007—2013年期货行业平均手续费率

年度	2007	2008	2009	2010	2011	2012	2013
平均手续费率（%）	0.00738	0.00691	0.00569	0.00342	0.00369	0.00361	0.00232

注：手续费率=手续费收入/（代理成交额×2）。

资料来源：中国期货业协会相关资料。

三、不同类别期货公司经营情况对比

2013年，从各类期货公司的注册资本、客户保证金、营业收入、代理成交额和净利润等指标的平均值看，A类期货公司在行业中占据绝对优势。A类期货公司的平均注册资本为7.37亿元，是B类期货公司的3.2倍，是C类公司的7.3倍，A类期货公司大多具有券商背景或现货背景，其凭借自身的资本实力和资源优势进行业务扩张。从各项指标看，四类期货公司之间的差距已经十分明显，C类和D类期货公司的经营状况大多不容乐观（见表3-5-3）。

表3-5-3　　2013年各类期货公司经营情况对比

公司类别	平均注册资本（亿元）	平均客户保证金（亿元）	平均营业收入（亿元）	平均代理成交额（万亿元）	平均净利润（亿元）
A类	7.37	46.71	3.96	2.60	1.06
B类	2.30	11.14	1.11	1.78	0.17
C类	1.01	3.09	0.35	2.43	0.007
D类	0.4	0.02	0.008	0.77	-0.003

资料来源：中国期货业协会相关资料。

四、期货公司并购重组情况

2013年，中国期货公司“走出去”海外并购迈出重要一步。广发期货有限公司的全资子公司广发期货（香港）有限公司与法国外贸银行（Natixis S. A.）签署了收购其直接持有的NCM期货公司100%股权的协议。此次股权收购已经获得英国金融行为监管局（Financial Conduct Authority）等相关监管机构的审批。NCM期货公司成立于1976年，是注册在英国的一家商品期货公司，注册资本为2 000万英镑，主要从事基础金属、贵金属、农产品和能源产品的大宗商品及其衍生工具的经纪业务，拥有伦敦金属交易所、伦敦洲际期货交易所、伦敦国际金融期货期权交易所、迪拜黄金和商品交易所、伦敦金银市场协会、伦敦铂钯市场协会、期货及期权协会、伦敦食糖协会、英国洲际欧洲清算所、伦敦结算所有限公司等会员资格。

2013 年，长江期货有限公司吸收合并湘财祈年期货经纪有限公司；弘业期货股份有限公司吸收合并华证期货有限公司；方正证券股份有限公司收购北京中期期货有限公司，北京中期期货有限公司吸收合并方正期货有限公司，成立方正中期期货有限公司；山西证券股份有限公司收购格林期货有限公司，格林期货有限公司吸收合并大华期货有限公司，成立格林大华期货有限公司。

五、期货行业市场集中度

2013 年，前 10 名期货公司各项指标的行业占比约为 30%，前 20 名期货公司各项指标的行业占比约为 50%，前 30 名期货公司各项指标的行业占比约为 60%。与 2012 年相比，2013 年期货行业的集中度有所提升，前 10 名、20 名和 30 名期货公司的净利润行业占比提升明显，客户保证金、营业收入和代理成交额的行业占比提升幅度有限（见表 3 –5 –4）。

表 3 –5 –4　　2012—2013 年期货行业集中度对比

公司排名	客户保证金行业占比		营业收入行业占比		代理成交额行业占比		净利润行业占比	
	2012 年	2013 年	2012 年	2013 年	2012 年	2013 年	2012 年	2013 年
前 10 名	33. 12	34. 95	26. 75	29. 81	32. 34	35. 1	35. 62	41. 88
前 20 名	50. 65	51. 71	42. 59	45. 80	48. 94	50. 89	57. 06	64. 28
前 30 名	60. 93	62. 15	54. 29	57. 17	60. 27	61. 82	70. 81	77. 72

资料来源：中国期货业协会相关资料。

六、规模经济特征分析

规模经济是指随着期货公司扩大业务规模而形成的平均成本递减的现象，可以反映企业业务规模与营运成本、经营收益的变动关系。由于利润率是一种综合性的指标，能综合反映企业的经营效率。在此，将企业按规模分类，然后计算每种规模的企业平均利润率，如果规模越大的企业平均利润率越高，则反映该行业是规模经济显著的行业。

2013 年，期货经纪业务的激烈竞争导致不同资产规模期货公司的平均利润率较 2012 年均有所下降。统计结果显示，期货行业是具有规模经济特征，即规模大的企业经营效率通常也高。总资产规模在 20 亿元以上的期货公司具有较高的利润率；10 亿元以下的期货公司大多处于亏损状态。由此可以大致推出，总资产规模在 20 亿元以上的期货公司代表目前我国期货公司的最优规模（见表 3 –5 –5）。

表 3-5-5　　2013 年不同资产规模期货公司平均利润率变化情况

总资产规模	公司数量（家）	平均利润率（%）
50 亿元以上	12	26.11
20 亿～50 亿元	27	23.52
10 亿～20 亿元	28	14.41
5 亿～10 亿元	37	-18.43
1 亿～5 亿元	42	-20.40
1 亿元以下	10	-298.83

注：利润率=净利润/营业收入。

资料来源：中国期货业协会相关资料。

第六节　2013 年期货中介机构创新业务发展状况

一、期货公司境外分支机构业务情况

截至 2013 年末，6 家香港子公司资产合计超过 40 亿港元，累计盈利 1.04 亿港元。6 家香港子公司中 5 家实现盈利，1 家亏损。其中，南华期货（香港）有限公司盈利最多，全年累计盈利超过 5 000 万港元。

6 家香港子公司为广发期货（香港）有限公司、南华期货（香港）有限公司、金瑞期货（香港）有限公司、中国新永安期货有限公司、中国国际期货（香港）有限公司和格林期货（香港）有限公司。

二、期货投资咨询业务发展情况

截至 2013 年末，共有 93 家期货公司获得期货投资咨询业务资格，47 家期货公司投资咨询业务实现收入，收入总计为 5 847.29 万元。1 000 万元及以上收入规模的期货公司仅有 1 家，多数期货公司的投资咨询业务收入集中在 10 万元至 50 万元。期货投资咨询业务自 2011 年推出以来，发展速度相对缓慢，还未能成为期货公司的重要收入来源（见表 3-6-1）。

表 3-6-1　　2013 年期货投资咨询业务开展情况

收入规模	公司数量（家）
1 000 万元及以上	1
500 万～1 000 万元	3
100 万～500 万元	8

续表

收入规模	公司数量（家）
50 万～100 万元	6
10 万～50 万元	16
10 万元以下	13

资料来源：中国期货业协会相关资料。

三、期货公司资产管理业务发展情况

在 2012 年 7 月 31 日《期货公司资产管理业务试点办法》颁布以前，期货资产管理行业多以民间私募的形式存在，且缺乏必要的监管，规范程度不高。此后，期货公司资产管理业务试点展开，但由于时间较短，无论是从规模上还是产品数量上都还比较小，仍然处于起步阶段。截至 2013 年末，共有 29 家期货公司获得资产管理业务资格，23 家期货公司资产管理业务实现收入，收入总计为 1 470.02 万元。500 万元及以上收入规模的期货公司仅有 1 家，多数期货公司的资产管理业务收入集中在 50 万元以下（见表 3－6－2）。

表 3－6－2　　2013 年期货公司资产管理业务开展情况

收入规模	公司数量（家）
500 万元及以上	1
100 万～500 万元	3
50 万～100 万元	2
10 万～50 万元	9
10 万元以下	8

资料来源：中国期货业协会相关资料。

截至 2013 年末，期货公司资管业务签约客户个人客户 224 户，单位 33 户；全国期货公司资管账户受托资金余额 125 964 万元。其中单位客户受托资金余额 44 252 万元；个人客户受托资金余额 81 712 万元；全国期货公司资管账户期货净值有 133 212 万元，其中单位客户委托资产期货净值 45 629 万元，个人客户委托资产期货净值 87 582 万元。

截至 2013 年末，获得资产管理业务资格的 29 家期货公司为中国国际期货有限公司、永安期货股份有限公司、中信期货有限公司、国投中谷期货有限公司、鲁证期货股份有限公司、海通期货有限公司、新湖期货有限公司、中粮期货有限公司、申银万国期货有限公司、南华期货股份有限公司、弘业期货股份有限公司、东证期货有限公司、光大期货有限公司、国泰君安期货有限公司、浙商期货有限公司、华泰长城期货有限公司、银河期货有限公司、广发期货有限公司、瑞达期货股份有限公司、万达期货股份有限公司、海航东银期货有限公司、东海期货有限责任公司、招商期货有限公司、宏源期货有限公司、国贸期货经纪有限公司、大地期货有限公司、浙江中大期货有限公司、国信期货有限责任公司、中信建投期货有限公司。

四、期货公司设立风险管理服务子公司业务情况

截至2013年末，共有23家期货公司参加中国期货业协会组织的风险管理服务子公司业务试点方案专业评估会议，20家期货公司在协会完成开展风险管理服务子公司（以下简称子公司）业务试点的备案工作，19家子公司完成工商注册，18家子公司在期货交易所开立期货交易账户，17家子公司开展了具体的试点业务。完成工商注册登记的子公司注册地主要分布在深圳、上海和杭州等地。其中，在深圳前海注册的有7家，在上海自贸区注册的有4家。子公司注册资本金总额达到16.6亿元。其中，2家子公司注册资金在2亿元及以上，8家子公司注册资金在1亿元（含）至2亿元之间，6家子公司注册资金在5 000万元（含）至1亿元之间，3家子公司注册资金在5 000万元以下。

截至2013年末，子公司从业人员总数为186人。从人员背景来看，来自现货企业38人，期货公司75人，其他金融机构15人，其他行业58人；子公司从业人员中，116人通过期货从业资格考试，其中15人通过了期货投资分析考试。

2013年度17家开展业务的子公司共计签署现货业务合同1 128笔。其中，即期现货业务[①]合同911笔，占比81%，远期现货业务[②]合同217笔，占比19%。子公司交易总金额99.68亿元。其中，即期现货合同成交额62.75亿元，占比63%；远期合同成交额36.93亿元，占比37%。子公司全年共签订合作套保协议24笔，保值标的物的市场价值总额为2.27亿元。

子公司试点业务涉及的期货交易品种20个，涵盖农产品、金属和能源化工类等产品。少数子公司还参与大宗商品交易市场的交易。截至2013年末，除贵金属外，全年子公司在期货市场及大宗商品交易市场交易量达186.6万吨，成交额达198.67亿元。子公司全年贵金属成交量达到157 565千克，成交额达到1.85亿元。

五、期货公司获基金代销资格

2013年，中国证监会对《证券投资基金销售管理办法》进行了修改，新办法扩大了基金销售机构类型，允许期货公司进入基金销售领域。期货公司申请基金销售业务资格，应当具备条件包括：有专门负责基金销售业务的部门；净资本等财务风

---

① 即期现货业务：指即期发生的与现货相关的买卖业务，即期指自合同生效日起2个工作日（含）内完成合同所涉货物（仓单）的所有权转移。

② 远期现货业务：指合同/协议中约定的未来某一时间点或时间段内将进行的货物（仓单）采购和货物（仓单）销售，以及通过实物交割的方式在期货交易所或其他中远期交易场所进行的仓单买卖业务；远期指合同所涉货物（仓单）的所有权转移自合同生效日起超过2个工作日完成。

险监控指标符合中国证监会的有关规定；最近3年没有挪用客户保证金等损害客户利益的行为；没有因违法违规行为正在被监管机构调查或者正处于整改期间，最近3年内没有受到重大行政处罚或者刑事处罚；没有发生已经影响或者可能影响公司正常运作的重大变更事项，或者诉讼、仲裁等其他重大事项；公司负责基金销售业务的部门取得基金从业资格的人员不低于该部门员工人数的1/2，负责基金销售业务的部门管理人员取得基金从业资格，熟悉基金销售业务，并具备从事基金业务2年以上或者在其他金融相关机构5年以上的工作经历；公司主要分支机构基金销售业务负责人均已取得基金从业资格；取得基金从业资格的人员不少于20人。

截至2013年末，仅有中信建投期货有限公司和中国国际期货有限公司两家期货公司取得了基金代销资格。

第四部分

2013 年中国期货业法制监管与自律管理报告

第一节 期货市场监管情况

2013 年，我国期货市场品种和服务体系进一步完善，市场保持良好发展态势。期货市场监管不断得到强化并取得新突破，监管制度改革释放市场活力，相关法规体系日益完善。

一、战略性期货品种取得新突破

制定了实物交割制度和以风险控制为核心的规则体系，建立了国债期货跨部委协调机制和监管协作机制，平稳推出国债期货。积极研发并顺利推出全球首个实物交割的铁矿石期货，并已成为全球最活跃的铁矿石衍生品市场。上市了焦煤、动力煤期货，为增强企业抗风险能力，缓解煤电联动压力提供了风险管理平台。扎实开展原油期货市场建设，在上海自贸区内成立了上海国际能源交易中心，承担国际原油期货交易平台的筹建工作。上市了石油沥青等期货品种，加强对碳交易试点市场的调研和引导，推进多层次商品市场体系建设，深入开展期权和商品指数等新工具的研发工作。

二、市场监管制度改革释放活力

一是黄金、白银、铜、铝、锌、铅等期货品种开展了连续交易试点，适应了企业和投资者的避险需要。其中，白银期货市场规模已跃居全球第一位。二是推动套利、限仓、保证金等市场制度改革，提升交易的便捷性。配合做好“光大 8 · 16”突发事件处置工作，制定期货市场重大交易异常标准及相应的信息披露制度、应急处置规则。三是加大监管执法力度，全年共查处异常交易 1 225 起，协助稽查、公安部门查处期货市场对敲转移他人资金案件共 4 起，涉案金额 800 余万元。配合处罚委有关期货市场操纵案件的认定处罚工作。四是推动保证金监控中心体制改革，完善法人治理结构，以保障其能够有效履职，充分发挥功能。

三、法规规则体系日益完善

一是开展期货法立法工作，推动期货法列入十二届全国人大二类立法项目，修改期货市场相关法规。二是下放存管银行的审批权至期货交易所，落实行政许可取消后的配套监管工作，指导期货交易所制定《指定存管银行管理办法》。三是组织完成 2012 年期货品种功能发挥评估工作，适应相关现货行业发展变化的需要，完成铜、黄金、黄大豆 1 号、焦炭等 14 个期货品种合约规则修订工作。四是对 18 省市的清理整顿工作进行验收，配合参与指导部分省市清理整顿工作。与商务部、人民银行联合发布《商品现货市场交易管理办法（试行）》。五是配合有关政府、部门查处、打击非法期货交易，出具非法期货认定意见 8 件。

四、服务“三农”渠道和机制进一步拓展

主动贴近“三农”需求，成功上市了鸡蛋、粳稻、胶合板、纤维板等宜农品种，填补了林木和畜牧类鲜活产品领域的空白，进一步拓展了农产品定价和服务体系。深化了和农业部、保监会、农发行、世界银行等国内外机构的合作，提升涉农主体管理风险的能力。积极推动期货订单农业试点，探索市场化管理“三农”风险的新机制，推广期货市场服务“三农”的典型模式，开展系统化、多层次的期货市场知识培训和信息服务，促进现代农业发展。

第二节　期货公司监管概况

2013 年，中国证券监督管理委员会（以下简称中国证监会）认真贯彻落实党的十八大精神和全国证券期货监管工作会议的决策部署，坚持“市场化、法治化、国际化”的改革导向，切实履行“两维护、一促进”的根本职能，不断推进基础性制度建设，加强持续监管，积极推动期货公司开展创新业务活动，稳步推进期货行业

对外开放，期货公司总体运营平稳，合规管理水平进一步提升，服务实体经济能力不断加强。

一、进一步完善期货行业监管法规制度体系

（一）修订《期货公司管理办法》

为落实《期货交易管理条例》的修订及行政审批项目的调整，进一步促进期货行业改革开放和创新发展，2012年底正式启动《期货公司管理办法》的修订工作。修订的指导思想是简政放权、转变职能，放松管制、加强监管，预留空间、创新发展。修订的重点包括减少行政审批，降低准入门槛；扩大对外开放，明确期货公司引进境外股东和设立境外机构的规则；适当充实期货业务规则，完善对各项业务的监管要求；完善监管制度，着力维护投资者合法权益；鼓励市场创新，促进机构多元化发展和功能监管等方面。截至2013年底《期货公司管理办法》修订草案已基本完成。

（二）修订期货公司净资本监管制度

2012年，中国证监会对期货公司净资本监管制度进行了修订，并于2013年2月21日发布了《期货公司风险监管指标管理办法》及《关于期货公司风险资本准备计算标准的规定》。修订后的净资本监管制度于2013年7月1日起正式实施。

（三）制定完善监管工作规范

结合期货公司监管工作实践及行业现状，研究制定了《期货公司现场检查工作指引（试行）》，指导派出机构做好现场检查工作；全面梳理适用于期货经营机构的监管措施，制定出台了《期货经营机构监督管理措施实施工作指导意见》，完善行政监管措施实施程序。

二、进一步取消和下放行政许可项目

在2012年清理行政许可项目的基础上，研究提出了2013—2015年拟进一步取消的审批项目。除只保留个别项目外，其余绝大部分项目将被分批取消。同时，完善了已取消许可事项的后续管理及衔接方案。发布《关于进一步规范期货营业部设立有关问题的规定》，降低营业部的准入门槛，简化营业部设立的审批程序。

三、加强事中事后监管，促进期货公司合规运营

（一）扎实做好期货公司日常监管工作

进一步加强风险防范和投资者权益保护，出台了《关于加强期货公司内部控制保护客户资金安全有关问题的通知》；组织开展了2013年期货公司现场检查，及时发现问题督促整改，防范风险；建设完成期货公司监管综合信息系统（FISS系统），通过上线运行FISS系统，改进和加强了对期货公司的非现场检查和风险监测，提升了监管工作系统化、信息化水平；高度重视期货公司创新业务风险防范，重点加强

了对期货公司资产管理、风险管理子公司、连续交易及证券投资基金销售等创新业务的监管工作。

（二）完成2013年期货公司分类评价工作

2013年，A类公司24家，占14%，比2012年增加2家，其中AA类5家，比2012年增加1家；B类公司65家，占41.15%，比2012年增加14家；C类公司65家，占41.15%，比2012年减少15家；D类公司4家，占2.5%，比2012年减少4家；无E类公司。合规分为满分的公司有124家，同比2012年增加了11家。总体上看，期货公司的合规经营能力、风险控制能力和业务经营能力进一步提高。

（三）加强期货公司信息技术监管

组织开展2013年期货公司信息系统评级检查，对52家期货公司落实《期货公司信息技术管理指引》要求情况进行了现场检查，评定其信息技术达标等级；同时，做好期货公司信息安全事件的处置工作，2013年累计处理20起期货公司突发网络与信息安全事件及4起感染病毒事件。

（四）稳妥推进期货公司风险处置

北亚期货风险处置工作取得实质性进展，启动了对首批符合条件的投资者补偿工作；启动三力期货许可证注销程序；通过市场化重组方式妥善处置了华证期货风险，启动华证期货牌照注销程序。

（五）持续做好投资者保护和教育

认真协调处理信访投诉事项，针对调查中发现的违法违规线索，加大执法处罚力度，切实保护投资者合法权益。总结派出机构在开展投资者教育方面的有益经验和做法，编写《期货投资者教育工作情况专刊》。指导派出机构、中国期货业协会做好投资者教育工作，着重开展对新上市期货品种的知识培训和风险提示。

四、大力推动行业创新发展，提高服务实体经济能力

（一）推动期货公司资产管理业务

督促期货公司落实资产管理试点业务监管要求，积极稳妥推进创新业务发展，守住不发生系统性风险的底线。截至2013年底，全国共有29家期货公司取得资产管理业务资格，其中28家公司已正式开展期货资产管理业务，受托资金余额12.60亿元，期末净值为13.32亿元。

（二）推动期货公司风险管理服务子公司业务试点

指导中国期货业协会制定完善子公司备案评审的相关工作程序和实施细则，探索完善风险管理子公司业务运作模式，研究建立子公司业务监管技术系统。截至2013年底，已有20家期货公司通过了协会备案，其中17家公司正式开展业务。

（三）支持期货公司开展连续交易

组织派出机构进行连续交易专题培训，建立连续交易业务联系人制度，督促期

货公司做好连续交易技术测试、人员配备等准备工作；完成中国期货业协会制定的《期货合同关于连续交易的补充协议》的备案工作。

（四）推动期货公司开展基金销售业务

积极推动期货公司开展证券投资基金销售业务，相关法规于2013年6月1日正式实施。截至2013年底，有2家公司（中信建投期货有限公司和中国国际期货有限公司）取得基金代销资格。

（五）支持期货公司发行上市和并购重组

积极推进期货公司发行上市，支持公司自主选择境内外上市地点。大力支持期货公司市场化并购重组，2013年共核准7件期货公司控股股东变更和3件吸收合并事项。

五、稳步推进期货行业对外开放

将外资参股期货公司的有关内容纳入修订的《期货公司管理办法》，允许外资直接参股期货公司，明确了相关法规要求。同时，在前期研究论证和沟通协调的基础上，继续推动期货公司境外期货经纪业务试点筹备工作，进一步完善了《境内企业从事境外期货交易试行办法》、《期货公司境外期货经纪业务试行办法》草案。

第三节　期货交易所工作概况

一、上海期货交易所工作概况

（一）会员数量及结构

截至2013年底，会员数206家，其中，期货公司会员157家，占比76.2%，非期货公司会员49家，占比23.8%。

（二）交易情况

2013年上海期货交易所（以下简称上期所）有序运行，交易规模明显提升。截至12月31日，上期所成交额60.42万亿元，占全国市场的22.59%，同比增长35.47%；总成交量为6.42亿手，占全国市场的31.16%，同比增长75.86%。

截至2013年底，客户总开户数达78.86万户，其中法人2.09万户，个人客户76.77万户，分别占比2.65%和97.35%。上期所共有特殊单位客户499户，其中基金专户224户、期货公司资产管理249户、证券公司自营13户、证券公司集合资产管理10户、证券公司定向资产管理2户、信托公司信托计划1户。

（三）品种与制度创新

上期所高度重视并有效平衡好老品种维护与新品种上市之间的关系，不断深化和拓展服务国民经济的广度和深度。

1. 成功推出连续交易

2013 年 7 月 5 日启动贵金属连续交易，截至 2013 年底已平稳运行 5 个月。黄金、白银期货日均成交量分别较连续交易上线前提高 2.2 倍和 5.3 倍；日均参与客户数分别上升 266.78% 和 256.63%；单位客户持仓量、套保持仓量、特殊单位客户和商业银行会员持仓量也明显增加。黄金、白银品种成交量占国际市场份额明显提升，价格连续性得到改善，盘后“跳空”幅度明显收窄，国际联动更加紧密，价格影响力显著增强。白银合约成交量因跃居全球首位，被期货期权世界杂志（FOW）评为“2012—2013 年度亚洲最佳合约”。2013 年底前推出了有色金属连续交易。

2. 全面优化和完善交易机制

一是推出单向大边保证金制度，提高资金使用效率。二是实施套利交易制度，满足不同投资者的策略需求。三是推出 FOK、FAK 交易指令，丰富指令种类，提高下单速度。四是完善有色金属、贵金属等品种时间和持仓梯度保证金收取标准，降低投资者交易成本。五是调整会员限仓比例，优化会员平仓制度。六是科学制定长假风控措施，适度调整部分品种保证金比例和涨跌停板幅度。七是完善各品种成交、持仓排名方式，并向市场公布相关时段的期货合约加权平均价。

3. 做精做深现有品种

一是把已上市期货品种合约规则的改造工作放在更加突出的位置，推动燃料油 180CST 期货合约向燃料油保税 380CST 期货合约转变，做好天然橡胶市场的优化完善，探索黄金期货交割业务的制度优化和创新，探索试点钢材期货厂库交割制度。二是进一步完善期货品种功能发挥的评估、反馈、改进机制。开展年度品种功能评估，修订完善黄金、白银、螺纹钢等 7 个合约，优化涨跌停板、最低交易保证金、交割月份等设置。三是积极推进有色金属、能化期货品种国际化，与海关、外汇局等单位紧密合作，推动保税交割在试点品种和试点区域拓展。全面拓展保税交割品种，继续扩大各品种境内外注册品牌。四是加强交割业务管理，简化交割流程、提高结算效率，开通质押仓单直接转交割业务，开展年审和现场检查，不断优化交割仓库的全国布局。同时，密切跟踪现货市场物流和需求变化，积极开展异地设库、异地库升贴水研究，优化有色金属交割仓库全国布局；加强对交割仓库年审和现场检查管理，强化对注册品牌产品质量抽检，探索逐步将自动识别技术/条形码技术应用到更多企业与仓库。

4. 继续推进产品系列化多样化

一是推动原油期货品种上市。积极配合证监会尽快向国务院上报原油期货的方案和上市请示，积极推进各个部委按期出台相关配套政策，根据最终出台的配套政策修订完善原油期货各项规则及业务流程。加快交易、交割、结算、风控系统以及与外汇局、海关总署等国家部委监控系统的建设，启动全球模拟交易，完成境外会员招收、境外投资者开户、国内外市场培训和推广等各项准备工作。二是积极推进热轧卷板、镍、锡、氧化铝、不锈钢、水泥、有色金属指数、电力、纸浆、稀土期货等对国民经济发展具有重大影响的、对于提升上海期货交易所产品结构和层次有明显积极作用的战略性产品的上市准备工作。三是全力推进商品指数期货和期权类衍生产品研发，拟定期权上市方案，深入研发综合性商品指数、行业指数及单个商品指数，研究房地产指数、黑色金属指数、天气衍生品等品种的上市可行性，加强对商品掉期期权、波动率指数等其他衍生品开发。四是全面推动四大产品系列20余个储备品种的研发，加快推动涉农产品期货的基础性研究和上市工作。五是探索与有关单位合作建立新品种开发上市合作机制。

5. 积极推动制度创新

制度创新方面，推出创新激励计划，以落实“创新驱动、转型发展”的战略部署，鼓励会员积极开展业务产品、风险管理和技术服务等方面的创新工作，共同推动期货市场和期货行业的可持续发展。不断优化交易制度和规则体系，完善产品序列和合约设置，提高期货交易的运行效率和价格影响力，促进市场功能充分发挥。将征集并寻求期货公司有积极意义的方案并加以宣传和扶持。另一方面，上期所于7月策划组织“第四届套期保值研讨会”，会议就目前国内期货创新业务以及期货分析师培养道路上面临的机遇与挑战进行了深入浅出的剖析，通过详实的案例使与会人员对于目前国内期货市场创新的发展情况以及各类相关业务的进展有了更为深入细致的理解。另外还将开展创新项目及重大活动。一是参与原油期货工作小组，重点是境外期货市场和境外机构及投资者入市路径研究，推进原油期货上市的相关工作。上期所梳理、调整会员管理相关规则与流程、特别会员管理办法等方案，梳理《期货公司管理办法》等所有与会员管理相关的法规并提出相应的修订办法，制定原油期货投资者适当性制度草案，进行境外交易所会员研究并提交多份报告，并多次组织举办专题研讨会。二是顺利完成第十届衍生品论坛招商工作，共有15家公司以赞助、展览、广告等形式参与论坛，赞助金额共计150余万元。论坛举办期间，会员部还承担了欢迎酒会现场管理、展位管理、贴陪等工作。

（四）信息技术创新与发展

面对大数据时代的大机遇，进一步加大信息技术投入和创新，保持业务系统技术领先，探索促进期货行业与互联网金融有机融合，通过强大的IT技术和信息化建设，全面支持交易所整体发展战略。

一是围绕互联网金融积极开展技术研究，抓住“大数据”和“云计算”等未来信息技术发展趋势，加强数据开发、集成和利用，积极打造行业领先的技术平台。二是继续加强技术系统运维，保障市场稳定安全运行。研究部署定量化监测指标和体系，开展两地三中心统一环境监控系统的研究和建设工作。增强网络边界和网站系统的安全性。三是完成更新一代交易系统（NGES2.0）建设，保持交易系统技术领先。报单延迟降低至100微秒，每秒报单处理能力达到6万笔，数据中心切换时间降低至3分钟。四是启动更新一代标准仓单系统、风险监控系统、网络通信系统的研究和建设工作。五是建立跟踪国际国内领先交易业务和技术的机制，确立技术发展方向，确定未来技术指标参数，形成未来技术发展规划。

（五）自律管理

1. 做好日常风控管理

一是重视风险预研预判，推进业务前端风险的动态监控与分析，紧盯市场主要运行和风险指标，及时发现风险隐患并适时调整风控措施。二是坚持每周召开市场动态分析例会，针对风险苗头迹象制定应对预案。三是全面排查运维风险隐患，完善突发事件应急预案，优化应急处置流程。四是加强应急演练常态管理，以交易端的突发事件为切入点，开展日常实战演习。

2. 优化市场监管机制

一是系统完善市场法规规则体系，实施细则新增4个、修订14个，继续推进期货法立法研究，推进《多德—弗兰克法案》、《商品交易法》翻译出版。二是持续优化风险监控系统，启动引进SMARTS风险监控系统项目，完善历史数据分析系统，加强数据定量分析。三是坚决打击违法违规行为，排查自成交、频繁报撤单等异常交易行为196起，审结违规案件25起，对57位客户采取自律处罚措施。四是积极推进跨品种、跨市场监管研究，探索和设计建立上期所大宗商品交易大平台方案。五是总结监管实践经验，积极探索对由于套利交易引起的异常交易行为进行豁免等提高市场运行效率的举措。

3. 加强系统运维建设

一是夯实基础设施，强化演练力度，完善应急预案，全年未发生黑客入侵及病毒爆发等信息安全事件，未发生影响交易及相关业务的故障事件。二是推进更新一代交易系统（NGES2.0）建设，取得阶段性成果，实现了减跳的技术架构，完成了序列化流与相应流的合并，降低了主备数据中心系统切换时间等。三是完成ISO 27001信息安全管理体系的测评认证。

4. 强化舆情信息监测

一是强化日常舆情报告，加强对微博等新媒介的舆情监控，引导媒体和公众正确认识期货市场，完善应急舆情应对处置机制，对重大舆情做到及时控制与处置。二是围绕重要工作和业务创新，组织落实新闻宣传。三是建立与中央媒体的合作机制，落实新华社关于原油期货的专访与内参报道，与《人民日报》合作开办“期货市场解读”专栏。

（六）市场服务

始终贴近市场，与会员紧密沟通，多方位合作，了解市场、投资者的发展状况，加强市场宣传，有效维护各类投资者的合法权益，切实保护其参与市场的积极性，树立交易所良好的品牌形象。

一是适应市场发展和投资者需要，及时调整、修改期货合约及规则体系，促进市场功能有效发挥。二是树立为中小投资者服务的意识，保护中小投资者利益。三是建立长效化的机构投资者综合服务机制，深入研究与产业客户、银行、证券、信托、基金等的合作模式，优化期货市场投资者结构。四是探索建立所领导和会员之间定期、定点、定人的包干服务机制，通过走访调研、接待来访、组织会员座谈会等形式，广泛收集会员对交易所各项业务工作的意见建议。五是建立会员联络沟通机制和服务中心平台，安排主要业务部门骨干人员组成服务小组，对会员提出的需求和意见建议做到限时答复、逐一反馈。六是以重点地区和重点会员为主，加大会员支持和市场推广力度，根据不同群体的受众特点和接受程度，广泛开展专业化培训和普及型投资者教育，提高培训的针对性、实用性和系统性。七是面向金融机构和期货行业从业人员积极开展专项业务和人员培训，为会员提升国际化视野和综合竞争力，为行业可持续发展提供支持。

（七）国际交流与合作

2013 年，上期所紧随“创新驱动、转型发展”的战略主线，全面拓展国际化工作的深度和广度。一是加强对外开放策略研究，关注境外市场动态和国内对外开放政策，积极筹备原油期货上市，探讨成熟品种对外开放的思路与策略；二是与 6 家境外机构和交易所探讨跨境合作机会，与新加坡交易所续签合作备忘录；三是完成交易所 21 个业务规则的翻译和中英文词汇对照表的编制工作，完成英文网站的建设；四是成功举办“第十届上海衍生品市场论坛”，与智利铜与矿业研究中心（CESCO）合作举办“亚洲铜周会”；五是与国际行业组织密切合作，参加 FIA Boca 会议、FIA 亚洲年会和 WFE 第 53 届年会，传递声音，表达观点。

（八）投资者教育

一是整合投资者教育品牌。在“期货大讲堂”品牌的基础上，新创设“与机构投资者同行”和“为产业服务”两个品牌。以 3 个品牌活动为抓手，全方位覆盖了多层次投资者和投资者教育的多层次需求。受众超过 3 000 人。二是推行以网络视频演播室为载体的常态化普及型投资者教育，受众达到了 10 万人以上。三是举办多场针对期货法律法规的宣讲活动。四是定制化进行会员人才培训，累计培训千人以上。五是积极依靠会员公司力量，拓展投资者教育覆盖面。支持会员公司举办投资者教育活动 600 余场，服务企业超过 1.7 万家，受众达到 7.4 万人次。六是积极组织引导相关资源，夯实投资者教育工作的基础，累计完成材料编写和更新 10 余种，实现发放超过 22 万册。

二、大连商品交易所工作概况

（一）会员数量及结构

截至 2013 年末，大连商品交易所（以下简称大商所）共有会员 173 家，其中期货公司会员 158 家，占比 91.3%，非期货公司会员 15 家，占比 8.7%。

（二）交易情况

2013 年，大商所紧紧围绕服务实体经济的发展方向，大力拓展服务实体经济领域，着力提高市场运行效率，持续优化市场结构，实现了稳步发展。全年累计成交量7.01亿手，同比增长10.66%；累计成交额47.15万亿元，同比增长41.51%；年内日均持仓326万手，同比增长29.58%；日均市场资金规模近500亿元，同比增长16.55%。投资者开户数达178万户，同比增长13.5%。

（三）品种与制度创新

在新品种上市与研发储备方面，2013年，大商所按照高标准、稳起步原则，先后成功上市了焦煤、铁矿石、鸡蛋、木材纤维板和胶合板等共5个新品种，上市品种总数量已达14个，初步形成了粮食、油脂、塑料化工、能源矿产、畜产品和林产品6个品种系列。其中，铁矿石期货是全球第一个采取实物交割的同类合约，鸡蛋期货是我国第一个畜牧类品种，木材纤维板和胶合板期货填补了我国林业品种的空白。同时，相关储备品种研发和指数类品种可行性研究也取得积极进展，形成了品种研发建设梯队。

在老品种维护和制度创新方面，2013年，大商所全面加强对已上市品种维护和业务优化创新，取得了实质性进展，市场运行效率进一步提升。一是加强对已上市品种合约规则的维护。全年针对市场形势变化，适时对玉米合约、豆粕仓单串换、聚乙烯（LLDPE）交割标准、聚氯乙烯（PVC）品牌交割制度等15项品种合约规则制度进行了调整优化。二是积极推动业务制度改革，发布实施7项业务规则（含修正案），推动套利交易、三步交割法、持仓梯度保证金等制度创新项目落地实施。三是抓紧新工具、新领域的准备，为相关品种开展期权交易、夜盘交易等创新做好业务、技术和制度建设，相关工作有了实质性进展。四是开展“期货法”立法研究，完成约30万字研究报告，多项立法需求和建议被立法工作小组采纳。五是发布实施《存管银行管理办法》，并以此为契机，大力推进银期合作，与银行在资源共享、产品创新、厂库保函、仓单融资等多方面加大合作力度，借助银行丰富的客户资源提升市场为实体经济服务的能力。

（四）信息技术创新与发展

大商所扎实推进信息技术系统创新，技术支持保障能力有效提升。一是积极推进新一代系统建设，全面推进和开展了新一代交易系统建设及业务咨询规划工作；与纳斯达克OMX集团和纽约证券交易所（NYSE）开展了新一代交易系统原型项目，完成了逐笔风控和套利等22个功能的测试工作；对异构灾备涉及的业务与技术难点开展了初步研究；深入开展技术规划工作，完成六期系统业务承载能力评估及技术系统发展规划研究报告。二是对现有系统进行优化升级，完成一系列软件优化项目的验收、全市场测试和上线工作，先后上线总线二期、分品种撮合等8个优化项目，对上百台服务器、数百件零部件设备进行扩容。完成并上线新品种上市、业务优化等涉及的多项系统修改项目，正在实施期权、连续交易等重点业务的24个IT项目，潜在业务项目15项。三是积极推进同城和异地灾备数据中心建设，完成同城数据中心园区总体需求、选址方案、实地考察等工作；结合上海地区金融优势和自贸区相关政策，稳步推进异地灾备建设工作，与中国金融期货交易所签署了异地灾备合作框架协议。

（五）自律管理

大商所加强一线监管和风险防控，全力维护市场安全稳定运行。一是加强对市场的实时监控，保持交易平稳进行。及时根据市场情况调整保证金、涨跌停板，加强套期保值审批管理，并做好109个新合约、49个套利合约的上市和交易维护工作，防范和化解价格波动变化过大的风险。二是强化结算风险控制。办理资金收付业务29 376笔、涉及金额7 485亿元，实现全年资金业务无差错。三是加强交割仓库管理，积极化解大交割量风险。共完成88家交割仓库年审，开展现场检查70余次，完成实物交割1 199笔、交割金额57.45亿元，其中焦煤为首次交割，玉米、焦炭和LLDPE均为上市以来最大交割量。四是强化对违规、异常交易行为的查处。共筛查违规线索2万余条，查处违规交易行为88起，移交证监会调查案件4起，处分客户160名，帮助客户挽回经济损失700余万元。五是加强舆情监测和市场热点引导，有效防范舆情风险。

（六）市场服务

大商所进一步增强服务意识，大力支持产业和行业发展，积极培育产业客户和机构投资者，深化产业拓展并做好会员服务。一是深入市场调研。所领导班子带队赴全国十多个省市，深入市场一线走访，认真听取会员单位、产业企业、投资者意见和建议，并对市场关注的热点、焦点、难点问题及时回应。二是大幅降低市场成本。实施了包括套保客户手续费减收、产业客户手续费减免等多项减收措施，向市场整体让利8亿多元。三是加大产业服务力度。举办了塑料、煤焦、玉米和油脂四个产业大会，参会人员3 041人，其中产业客户占比74%；组织开展210次产业链调研和培训，合计培训产业客户两万人次；依托中组部、农业部、地方政府、央视等单位和平台，多方位开展“三农”服务工作，累计为种粮大户、合作社负责人、农业干部共发送市场信息120万条，现场培训4 000人次。四是深化期货学院功能，加强期货公司和龙头企业人才培训，积极培育机构投资者。五是继续开展十大期货研发团队评选活动，为市场培养期货专业人才提供重要平台。

（七）国际交流与合作

大商所积极开展对外交流与合作。一是结合新形势、新需求，稳妥推进对外开放。不断增进与境外交易所之间的相互了解，与芝加哥商业交易所（CME）等境外机构多次进行深入的业务交流与咨询，为大商所国际化发展提供重要参考。二是努力提升市场国际形象，展示大商所发展成果。深度参与国际性行业活动，加大与境外机构的沟通力度，充分利用境外资源，宣传大商所发展理念和最新工作成果。2013年，大商所被英国期权世界杂志（FOW）评为“2012年度中国最佳期货交易所”称号。三是发展合作新渠道，拓宽国际交流领域。全年与境外交流互访达83批432人次，与印度多种商品交易所、新加坡交易所签署了合作谅解备忘录

（MOU），与大商所建立合作关系的境外交易所达21家。四是加强海外市场研究，编发多期《国际简报》和《海外市场研究》。

（八）内部建设

大商所以深入开展群众路线教育实践活动为契机，提高内部管理和队伍建设水平。一是扎实开展群众路线教育实践活动，深入贯彻落实“八项规定”，出台《关于进一步加强作风建设的实施意见》，提升了全所服务意识、勤俭节约意识和务实作风。二是探索完善内部工作架构和工作机制。制定了《关于完善法人治理结构的实施方案》，建立起了决策、执行、监督相机结合的运行机制。三是切实加强内部管理。对财务费用支出、出国、公务接待、采购招标等方面的十余项管理制度，调整优化了部门组织架构和职能设置，加强采购、财务、资产和投资管理。四是加强人才队伍建设。公开招聘了一批员工，开展优化绩效管理的咨询项目，逐步建立多层次、多渠道培训体系，积极争取地方政府人才政策支持，提高了队伍战斗力和凝聚力。五是加强纪检监察和内部监督工作，以IT采购、招标等领域为重点，加强党风廉政建设。

（九）投资者教育

大商所十分重视投资者教育工作，努力促进市场结构均衡发展。一是加强产业链的机构投资者培训，与相关行业协会、信息中介机构全方位开展合作，组织开展了210次产业链调研和培训，合计培训产业客户两万人次。二是与北京大学光华管理学院和上海交通大学高级金融学院合作开展《商品期货高级管理课程》高端培训项目，为投资者更好地了解商品期货提供重要平台。三是开展与公募基金、私募基金、银行等机构投资者的深入交流，通过点对点的方式渗透商品期货投资理念，加强合作共识。四是利用微博、微信等网络工具向社会普及期货市场相关信息，加强市场推介工作。

三、郑州商品交易所工作概况

（一）会员数量及结构

截至2013年底，郑州商品交易所（以下简称郑商所）共有会员203家，分布在全国27个省（市）、自治区。其中期货公司会员162家，占会员总数的80%；非期货公司会员41家，占会员总数的20%。

（二）交易情况

2013年，郑商所全年累计成交5.3亿手，累计成交金额18.9万亿元，同比分别增长51.4%和8.8%；年末市场持仓200万手，同比增长75.4%。市场规模创郑商所历史新高，基本实现稳中求进、持续向好的工作目标。

（三）品种与制度创新

郑商所在品种创新方面取得积极进展。一是经过持续多年研发。2013年9月26日推出动力煤期货，11月18日推出粳稻期货。动力煤、粳稻品种的上市，对深化煤炭、粮食行业改革，服务相关产业稳健发展具有重要意义。二是合理规划拟上市期货品种。晚籼稻期货获批，择机挂牌；铁合金期货完成部委意见征求，择机上报国务院。为进一步拓展服务实体经济领域，一系列新品种立项申请进入程序，包括生丝、棉纱、纸浆、土豆等宜农品种，以及水泥、乙二醇、长丝、短纤等工业品种。三是积极研发新交易工具。期权准备工作取得实质性进展，交易规则、技术系统准备就绪，全市场、全链条仿真交易市场反应良好，"郑州期权讲习所"等培训活动在期货业内和实体企业广泛开展；此外，易盛农产品期货价格指数7月正式对外发布，相应的期货合约及规则设计完成，商品指数从研究逐步转向开发应用阶段。

制度创新方面，修订和制定了包括《期货交易风险控制管理办法》、《套期保值管理办法》、《期货交易细则》、《期货结算细则》和《套利交易管理办法》等5个业务细则，调降临近交割月保证金标准，减少保证金和限仓标准调整梯度，放宽会员持仓限制，降低了市场交易成本，更加方便产业客户参与。

（四）信息技术创新与发展

郑商所通过打造安全高效信息技术系统以提升核心竞争力。一是在安全保障方面，初步建立运维管理标准化体系。按照ITIL框架体系及ISO 20000标准要求的IT服务管理体系已于7月正式投入试运行，运行情况良好，目前已获中国信息安全认证中心ISO 20000认证证书。二是着手建设高效率、高覆盖率软件测试平台和完善制度流程，健全软件测试管理体系，已经完成测试流程体系初稿和软件测试平台概要设计说明书。三是努力优化性能，修改和优化现有核心交易系统，全面支持期权业务功能。降低实时交易系统报单时延，升级改造市场监察、信息发布、会员服务系统、做市商管理等外围系统，上线二期"银期通"系统，远程席位审批系统即将上线，交易参数管理系统、市场监察系统数据库一体机应用项目已启动。

（五）自律管理

郑商所在切实放松管制的同时，加强一线监管和监管执法。在加强一线监管方面，通过11次调整品种交易保证金标准，有效防范长假休市风险；通过严密监控、及时举措，先后成功化解棉花、菜粕、PTA潜在市场风险隐患。在加强监管执法方面，严厉打击违法违规行为，全年共处理异常交易及违规交易线索175起，处罚违法违规交易7起。提升风险监测监控识别能力，升级市场监察系统，上线期权交易监察系统，加强事中事后监管。

（六）市场服务

通过加强市场服务，促进期货市场功能发挥。一是加强与产业客户沟通。建立与产业企业面对面对话机制，与PTA、玻璃、菜籽、菜油、菜粕和白糖等行业协会及上百家行业龙头企业加强沟通、密切合作，提高产业客户服务水平；继续挖掘利用期货市场典型案例，新增"点基地"21个，继续扩大"面基地"范围。二是积极吸引专业机构投资者。组织会员资管业务和风险管理子公司培训交流会，加强与会员公司创新业务对接，协同开发专业机构投资者。全年法人客户成交7 279万手，同比增加 11.9%；法人客户日均持仓 104 万手，同比增加 32.1%。截至 2013 年底，期货公司资管客户数量 315 个，特殊单位客户数量 258 个。

（七）国际交流与合作

在认真贯彻落实中央、中国证监会有关加强和规范因公临时出国（境）管理的新精神新要求的同时，继续本着节约、有效的原则稳步开展对外交流与合作，2013 年共组织出国团组 20 批（次），出访人员 46 人次，借鉴成功经验，扩大了国际影响。接待了 CME，马来西亚证监会，泰国农产品期货交易所，日本大阪堂岛商品取引所，蒙古国农业商品交易所监督管理委员会以及中国台湾期货公会、期货交易所和部分期货公司联合代表团来访。分别与泰国农产品期货交易所、墨西哥衍生品交易所签署了《合作谅解备忘录》。

（八）内部建设

郑商所努力加强内部管理，提高交易所规范化水平。一是完善“三会一层”治理机制。稳妥推进交易所治理工作，建立监事会，不断健全工作机制。二是修订《郑州商品交易所会员管理办法》，制定会员资格规范管理方案，为下一步深化改革奠定基础。三是科学调整内部机构设置。根据市场发展需要及工作实际要求，组建农产品部、非农产品部、期货衍生品部三个事业部，合并组建法律及审计部，单设技术服务部。四是加强人才队伍建设，调整优化中层干部队伍配置。制定并发布郑商所 2014—2016 年“三定”方案。引进技术、金融、法律等专业高素质人才 15 名。加强员工培训，全年参加培训的员工达 400 多人次，提高了员工整体专业能力。五是强化规范管理。制定和完善了《信息安全事件应急预案》、《内部审计管理办法》、《岗位问责管理办法》、《采购工作纪检监督工作办法》等 11 项制度。财务预算及网上报销系统上线试运行，情况良好。网上人力资源管理系统正式启用。六是不断深化基层党建。开办网上学习专栏，转载交流学习文章 17 篇，为每位员工发放《十八大报告辅导读本》和《十八大党章学习读本》，大力学习宣传十八大和十八届三中全会精神。创新形式、丰富内容，开展好“每季一查”、“半年一评”，重点加强工程建设、大额采购工作招标监督。发布《关于改进工作作风加强廉洁自律若干规定》、《廉洁自律违规问责办法（试行）》。

（九）投资者教育

郑商所扎实做好投资者教育培训。举办“期货市场服务实体经济 30 人论坛”、“2013 郑州农产品期货论坛”、“第二届风险管理与农业高端论坛”等。实施“千人培训计划”，举办 10 场期货市场服务“三农”专项活动。支持会员开展“万人培训活动”，全年共举办 455 场活动，培训企业 14 139 家次、人员 26 521 人次。免费为河南、安徽、湖北、河北等地小麦、早稻、菜油、棉花等品种种粮大户、合作社、涉农企业相关人员订阅农产品期现货信息；全面加强新闻宣传和舆论引导，刊载、发布各类新闻报道 230 余篇。

四、中国金融期货交易所工作概况

（一）会员数量及结构

截至2013年末，中国金融期货交易所（以下简称中金所）账户总数达到16.76万户。证券、基金、信托、QFII、保险等机构参与股指期货的政策均已明确，截至2013年末，已有75家证券公司、69家基金公司、7家信托公司参与股指期货交易。

（二）交易情况

截至2013年12月31日，股指期货累计成交3.9亿手，日均成交43.9万手，累计成交金额301.4万亿元，日均成交金额3 352亿元。2013年成交1.93亿手，成交金额140.7万亿元，同比分别增长83.91%和85.52%。国债期货于9月6日正式上市。截至12月31日，国债期货全年成交32.9万手，成交金额3 064亿元，日均成交4 326手，日均成交40亿元，日均持仓3 737手。

（三）品种与制度创新

加快推进产品研发和上市准备，正式启动沪深300股指期权全市场仿真，完成中证500等后续指数期货的研究与开发，启动人民币对美元、欧元、英镑等期货的交易所内仿真交易，短期利率期货等新产品研发工作进展顺利。加大对境内外市场调研走访，加强场外衍生品集中清算业务研究，完成核心业务模型的原型设计。中国（上海）自由贸易试验区建设方案出台之后，多次赴自贸区管委会等单位调研，研究了解相关政策精神，完成在自贸区建设面向国际的交易平台论证工作。

（四）信息技术创新与发展

根据国债期货上市和其他新产品研发准备情况，完成国债期货、指数期权、外汇期货仿真等相关业务系统改造，推动会员单位技术准备。形成新一代系统规划方案准备，新一代系统建设有序推进。完成张江数据中心建设，启动大连异地灾备数据中心建设和上海国际金融中心机房建设咨询项目。开展证联网建设，顺利完成年度项目建设任务。推进精益化分级保障，提升安全运维效率。根据市场和行业发展需要，完成飞马平台、一线通平台和金融清算平台等上线发布，探索技术公司市场化发展。加强与指数公司、行情商、信息商等合作，交易所信息数据服务水平不断提升，业务数据和信息数据管理安全有效。

（五）自律管理

继续深入开展股指期货市场日常监控，深化跨市场监管机制，规范实际控制关系、程序化交易监管，确保市场规范运行。根据国债期货产品特征和风险特性，建立金融期货适当性制度，制定国债期货监控方案及风险预案，推动建立跨市场监管协作机制，健全大户持仓报告制度，推进国债现货和期货的监控系统改造，实现监控系统由单品种监管向多品种监管转变。配合股指期权等产品创新步伐，全力推进监管准备，完善监查相关业务系统。适应业务发展和产品创新需要，全面修订业务规则，完成业务与产品并重、多维度和多层次的规则体系重构。以“期货法”立法为重点，大力推动期货市场法律研究工作。深刻领会证监会党委的指示精神，反思和优化监管业务流程和机制，研究制定《关于进一步加强交易所监管工作的意见》。

（六）市场服务

根据市场发展的需要，调整股指期货手续费和套期保值交易手续费，调整股指期货持仓限额标准，降低市场成本，促进市场功能发挥。修订《会员管理办法》，优化套保套利管理，简化额度申请流程，扩展套期保值内涵，引入风险管理理念。加强政策协调，大力推进各类机构参与股指期货、国债期货政策的研究制定和出台，实现保险资金参与股指期货。充分调动会员力量，以“点”带“面”，组织实施行业内首次国债期货会员种子讲师培训计划，持续开展针对会员单位高管和业务人员的系列培训，初步实现从业人员培训的机制化、常态化。

（七）国际交流与合作

与新加坡交易所以及纳斯达克 OMX 签订谅解备忘录，与境外交易所在期权业务培训、场外集中清算业务咨询、信息经营等方面展开全面合作。

（八）内部建设

中金所全面提升交易所内部管理水平。以制度制定修订为抓手，全面优化内部管理流程，提升交易所科学化、规范化、精细化管理水平，全年完成 73 项管理制度制定修订。构建科学、严格、高效的财务内控体系，通过联合鉴证，加强合规管理，防范内部控制和业务流程风险。加大人才引进力度，重点补充到国债、期权、外汇等产品研发岗位，优化队伍结构。按照“化繁为简、依据权威、预期稳定、群众认可、多元激励”的原则，启动人力资源管理体系改革。以制定《中金所控股子公司管理办法》为抓手，对子公司进行规范化和制度化管理。

（九）投资者教育

在继续做好股指期货市场培训的同时，加大国债期货市场培训工作，开展针对监管部门、会员单位、机构投资者、重点辖区投资者和普通客户的五大系列活动，累计达到 205 场、培训 32 700 余人次，覆盖全国 73 个城市。充分发动社会力量，先后与 16 家地方局、全国 36 个证券期货业协会联合开展培训，提高培育覆盖范围和深度。

第四节　期货保证金监控中心工作概况

2013 年，在证监会党委的坚强领导下，在各会内部门及期货交易所的支持下，中国期货保证金监控中心不断完善各项基础性工作，严格管理、勇于担当，全面提升服务意识和工作水平，着力推进各项重点工作，进一步巩固和提升了监控中心在服务监管、服务市场方面的职能和作用。

一、全面做好统一开户工作，满足各项新业务开户需要

一方面，严格落实实名制、一户一码、市场禁入和适当性等制度，持续开展日常开户检查验证工作，保证了客户身份的真实性，提高了参与群体的风控意识；另一方面，升级改造统一开户系统，满足特殊单位客户开户和资产管理业务开户需要。发布《特殊单位客户统一开户业务操作指引》，提高了特殊单位客户的开户效率。2013 年开户总量约 32 万户，处理常态化休眠账户约 30.5 万个。

二、严格做好资金监控工作，为市场创新奠定基础

一方面，认真开展数据催报、信息维护、系统运维和预警信息分析处理等日常监控工作，开展新存管银行数据报送测试并开始接纳新存管银行数据报送。另一方面，针对连续交易、原油、商品期权和个股期权等市场创新业务，研究制定资金监控方案，升级改造资金监控系统。2013 年共发出预警 52 次，与 2012 年相比下降约 10%。资金监控工作保障了投资者合法权益，促进了期货公司风险控制和合规水平不断提高，使市场创新在有效监控下安全高效运行。

三、全力做好市场运行监测监控工作，不断提升市场监控工作的针对性

“期货市场运行监测监控二期系统”已于 2013 年 5 月正式投入使用。该系统在第四届证券期货科学技术奖评选中，荣获终审第一名的佳绩。依托该系统，我们加强对市场的监测分析，研究总结市场运行规律，协助证监会和各期货交易所及时发现和报告市场风险隐患，有效预警防范市场风险，为监管部门预防和处置市场风险提供有力支持。实现对各类异常交易行为和违法违规行为的指标化预警与监测，遏制和打击违法违规行为，保障市场合规运行。

四、强化分析研究，为监管部门制定监管政策和配合推进市场创新提供支持

开展对期货市场交易结算的综合分析，对跨期货交易所的市场交易行为进行深入研究。完善宏观产业数据库，开展宏观、产业和期货市场互动研究。跟踪分析境外期货市场发展与监管动态，持续开展中美期货市场比较研究。大力开展商品指数编制工作，进一步发挥监控中心的期货市场数据优势，履行好社会公益职能。在期货一部的统一协调和各期货交易所的大力支持下，期货保证金监控中心已正式发布了“监控中心中国商品综合指数”，并编制完成“中国农产品期货指数”，发布后将有效扩大期货市场价格信息的影响力，并为期货市场机构投资者提供投资标的、跟踪和比较基准。开展投资者调查和分析工作，为监管决策提供市场民意信息。

五、提升服务意识和服务能力，为市场主体提供优质服务

应市场需求，将投资者查询系统的查询期限从两个月延长至六个月。将资管业

务开户纳入统一开户系统，提高全市场资管业务开户效率。与期货业协会配合建立期货公司从业人员开户情况核查机制。针对预警中存在的问题，配合监管部门进一步研究完善监控中心开户和保证金监控预警及处理方式，将股指期货开户的资金审核从事后审核变为事前审核，从而取消了股指期货开户的预警项目；通过技术革新和提升服务，尽量减少期货公司因操作失误或其他技术方面原因造成的预警，从而使预警工作更加科学化、人性化，为期货公司创造了更为宽松的创新发展环境。开发公募基金股指期货结算单查询系统，为银行、基金公司等机构投资者提供查询服务。

六、继续做好北亚期货风险处置，保障投资者合法权益

继续管好用好保障基金。截至2013年底，累计筹集保障基金35.49亿元，累计余额33.73亿元；稳步推进北亚期货风险处置，将8家机构和28位自然人列入保障基金赔付范围，已完成7户自然人的甄别确认工作和补偿资金发放工作。此外，向监管部门反映期货公司诉求，与会期货一部、期货二部和财政部金融司沟通，结合目前市场状况，建议减收或暂停收取期货投资者保障基金。

>>> 第五节　期货行业协会工作概况

一、中国期货业协会工作概况

2013年，中国期货业协会（以下简称协会）围绕期货市场改革发展大局，立足“自律、服务、传导”职能，从行业创新、会员服务、自律管理、人才培养、投资者教育、信息技术等方面，开展了富有成效的工作。

（一）以引导会员服务实体经济为重点，积极推动了期货业创新发展

一是积极审慎开展期货公司风险管理服务子公司试点评估备案工作，制定了20余项内部制度和流程，组织开展了2次评估会议，受理和审核了32家公司提交的备案申请；2013年共有20家公司完成了备案，18家完成了工商注册，14家开立了期货交易账户。二是积极引导子公司试点业务开展，组织召开了专题业务培训暨研讨会、座谈会，对北京、上海、浙江、深圳等地区试点业务开展情况进行了实地调研，及时总结、推广子公司在仓单服务、合作套保、基差交易等业务上取得的成效和经验。三是研究开发子公司综合信息管理系统，在需求分析和深入研究的基础上，提出了以管理、报表、查询和发布展示四大功能为核心的系统框架及其配套技术解决方案，为未来拓展子公司业务及其自律管理奠定了基础。四是初步完成了境外OTC交易平台、产品标准化、做市商、报价机构运作模式等十多篇报告，对ISDA主协议、银行间市场和证券市场金融衍生品交易主协议进行了深入研究，起草了《中期

协场外（商品）衍生品交易协议》。五是与期货二部共同起草了《中国期货业十年发展规划纲要（2013—2022 年）》，对未来十年期货业的发展进行顶层设计。六是积极参与“期货法”立法研究，从立法框架、原则、中介机构定位、协会定位等方面提出了意见和建议。七是与期货二部共同完成了《期货资产管理业务发展与监管问题研究》，为推动资产管理业务的深入开展建言献策。八是开展了期货公司兼并重组情况调研，全面深入分析了期货行业兼并重组的现状、问题及政策建议。九是以“中期协联合研究计划”为平台，组织开展了跨境期货交易中的投资者保护、金融交叉持牌对期货业的影响、期货公司线上营销等 8 个前沿性课题研究，为行业创新发展提供理论支持。

（二）以强化监督检查为重点，深入开展了期货业自律管理

一是开展了自律规则的废改并立，修改了《期货经纪合同指引》等 8 件，废止了 2 件；配合资产管理、子公司试点、连续交易、国债期货等新业务和新品种，制定发布了 4 项新规则。二是开展了居间人管理调研，形成了《期货居间人自律管理思路汇报材料》，组织证监会相关部门召开了协调会议，推动居间人规范管理。三是进一步规范了从业人员管理，开展了从业人员分类管理研究，对 3 万多名从业人员的资格注册、后续培训、执业行为等进行了全面检查，受理审核了 1.8 万人次的申请和变更信息。四是强化自律惩戒，针对从业人员检查、日常投诉以及监管部门移交的违法违规案件，对 51 名从业人员和 5 家期货公司给予了纪律惩戒，对 22 家公司进行了约见高管谈话，向 4 家公司发出了警示函。五是对诚信征文比赛中的获奖论文进行了整理和推广，开展了诚信调研活动，积极提升行业诚信水平。六是推动建立行业纠纷调解机制，起草了调解规则、委员会工作办法、调解员守则等，通过书面、电话、投诉平台等接受和处理投资者投诉 30 余件。七是完成了《关于行业仲裁工作有关情况的报告》，与西城区人民法院签署了《诉讼与非诉讼对接合作协议书》，并与北京仲裁委等 15 家单位发起成立了“北京调解论坛”，探索建立行业性仲裁机构的可行性。

（三）以培养市场急需的专业人才为重点，大力开展了分层次分类别的境内外培训

一是与美国、加拿大和德国相关机构建立了长期合作机制，完成了期货公司高管研修班、首席风险官研修班和利率及衍生品专业人才研修班等五期境外培训，累计 200 多名高管、首席风险官和专业人才接受了培训。二是在厦门大学建立了金融衍生品高端人才培训基地，重点培养金融衍生品研究分析、产品设计及基金经理类等高端专业人才，2013 年已开展了 3 期培训，培训学员 235 名。三是积极培养后备人才，举办了“全国高校期货教学与人才培养研讨会”和“高校期货论坛大奖赛”，与北京、上海等 8 家地方协会合作举办了“期货后备人才培训班”，形成了产学研结合培养期货人才的良性机制。四是完成了 2 期期货公司高管人员任职资质测试培训；分别举办了 2 期信息技术培训和 2 期子公司专项业务培训；完善了网络培训平

台，录制了10多门金融衍生品系列课程，已有33 096人次进行了在线注册，累计完成了34万学时的培训。五是举办了5次全国范围的期货从业人员资格考试和2次投资咨询考试，累计报名科次19万。截至2013年12月底，全国期货从业人员共计49 268人，其中，期货公司从业人员32 149人，证券IB机构期货从业人员为17 119人；全国新增期货从业人员12 009人，较2012年底增长了32.23%。

（四）以促进期货市场功能发挥为重点，着力开展了投资者教育和保护

一是成立了“培育产业客户和机构投资者工作组”，与期货一部、交易所就交易制度、规则等进行了深入沟通，推动解决制约产业客户进入期货市场的制度障碍。二是开展了“期货牵手产企报告会”，分别在贵州、安徽、广西、天津等地，联合当地政府、金融办、交易所、大型国企等进行了巡讲，促进企业对期货市场的了解。三是与中央农广校合作推出视频公开课，并通过该校卫星和网络两种平台进行播出，重点面向农业企业宣讲期货知识。四是制定了“培育产业客户与机构投资者优秀期货公司”评选表彰方案，启动了经典案例征集活动，先后在上海、广东等地进行了调研，引导会员积极服务实体经济。五是组织编写了金融衍生品系列丛书及视频课程，已出版国债、外汇、金融期权、场外衍生品市场、结构化衍生品和配套习题集“5+1”共6册丛书，完成20门同步视频课程。六是加强了投资者保护工作，与投保局等单位联合举办了“投资者保护研讨会暨专题培训班”，举办了投教展览。七是关注行业舆情，及时回复证监会“12386”投资者服务热线，切实保护投资者合法权益。

（五）以安全稳定运行为重点，扎实推进了期货业信息技术建设

一是对《期货公司信息技术管理指引》（以下简称《指引》）进行了修改完善，组织编写了《期货公司运维管理实践案例》，为会员运维管理提供指引和参考。二是受期货二部委托，组织开展了对50家期货公司的信息技术升级检查和抽查工作；2013年达到《指引》3类及以上要求的共计60家，较2012年增加了27.7%。三是受证监会委托，完成了《证券期货科学技术奖励管理办法》的修订工作，协助中国证券业协会开展了2013年科技奖评选工作。四是起草了《2012年度期货行业信息安全事故分析报告》，对行业信息安全事故进行全面深入分析。五是发挥专业委员会作用，组织行业专家对银期一线通转账平台方案、行情服务商安全隐患及应对策略等热点问题进行了研究探讨。六是改版行业信息管理平台，解决了证监会FISS系统与信息平台公示信息推送及审核处理问题，保证了行业核心数据运行和传输的安全。

（六）以促进对外开放为重点，全面推动期货业的交流合作

一是成功举办了“第九届中国（深圳）国际期货大会”和“第七届中国（杭州）期货分析师论坛”，积极促进境内外、业内外的深入交流。二是加强了与境外同行的合作，在MOU协议框架下，积极与芝加哥商业交易所、欧洲期货交易所和美国期货业协会展开了培训、信息交流、高层互访等合作项目，并与瑞士期货期权

协会、新加坡交易所、香港交易所3家机构签署了合作备忘录。三是组织召开了联系会员、中小期货公司、期货公司财务分析、期货女高管等座谈会和行业会议，积极搭建会员之间沟通交流的平台。四是编辑出版了6期《中国期货》杂志并开通了微信公众号，完成了2013年《中国期货业发展报告》，开展了协会网站改版工作，启动了与央视等财经媒体的合作事宜，多渠道宣传行业形象。五是完成了期货公司2012年经营情况分析，组织编写了《期货公司2012年财务年报》，在协会网站公布了期货公司六项财务指标排名，加强了公司信息披露。

（七）以明确定位和改进作风为重点，切实加强了协会自身建设

一是成立了协会改革发展课题组，深入研究分析了美国NFA、中证协等相关行业协会发展的经验，起草了协会五年发展规划，进一步明确了协会改革发展的方向。二是完成了会员发展的调研报告，形成了短中长期会员结构调整的意见，稳步推进了会员发展工作，2013年保证金监控中心和42家证券公司已提交了入会申请。三是参加了民政部社团组织评估，全面梳理评估了协会过去10多年的工作成绩和不足，据此开展了制度梳理、档案整理、文件规范等工作。四是梳理优化了部门和岗位职责，调整了领导班子成员分工和人员岗位，公开招聘了13名新员工，进一步强化了内部管理和队伍建设。五是深入开展了党的群众路线教育实践活动，在认真学习中央精神和文件的基础上，班子成员分别到15个地区进行了专题调研，共征集意见和建议81条；党委班子和成员分别撰写了对照检查材料，在民主生活会上开展了深刻的批评和自我批评，并制定了切实可行的整改措施。六是加强了党建和廉政工作，发展了3名预备党员，组织开展了拓展训练、主题党日活动以及捐助革命老区等社会公益活动；开展了部门职权和工作流程的梳理工作，进一步完善了廉政风险防控机制。

二、地方协会工作概况

2013年，各地方协会认真贯彻落实全国证券期货监管工作会议精神，坚持“配合监管、强化自律、服务会员、推动创新、促进发展”的方针，团结和依靠各地会员，以自律管理为基础，以服务会员为根本，以强化行业自律为基础，以推动创新为宗旨，加强内部管理，强化主动服务意识，大力开展行业调研，提高会员服务的针对性和有效性，努力提升协会自律、服务、传导职能作用，取得了积极成效。

（一）自律管理

近年来，随着市场开放和新设期货营业部增多，经纪业务竞争趋于激烈。为避免不正当竞争损害行业形象，各地方协会积极展开自律管理工作。此外，各地行业协会还通过组织自律工作小组，完善自律规则体系，提高自律管理能力。

安徽省证券期货业协会（以下简称安徽协会）一是广泛开展自律管理宣传活动；二是督促期货经营机构公开佣金价格标准，并监督其严格执行；三是发挥纠纷调节员作用，积极开展纠纷调解工作，较好地维护了期货市场竞争秩序。

广西证券期货业协会（以下简称广西协会）进一步完善了期货会员单位和具备IB资格的证券会员单位期货手续费信息统计表格数据信息，新增从业人员、机构客户、存量客户方面数据的统计工作。

海南证券业协会（以下简称海南协会）、湖北省期货业协会（以下简称湖北协会）、内蒙古证券期货业协会（以下简称内蒙古协会）、宁夏证券期货业协会（以下简称宁夏协会）、广东证券期货业协会（以下简称广东协会）、山东省期货业协会（以下简称山东协会）、山西省期货业协会（以下简称山西协会）、厦门证券期货业协会（以下简称厦门协会）、重庆市证券期货业协会（以下简称重庆协会）根据居间人自律规则的要求，对辖区期货机构的居间人进行了自查和清理，对会员单位在手续费管理、市场营销、从业资格管理、投资者教育和保护等方面的工作进行了现场检查。

福建省证券期货业协会（以下简称福建协会）成立合规专业委员会，对辖区证券期货行业合规风险管理共性问题进行研究，制定合规风险管理规则，健全合规守信自律机制，为辖区资本市场创新发展创造良好条件。

宁波市证券期货业协会（以下简称宁波协会）围绕着“行业成本测算”，整理汇总辖区期货经营机构的经营数据，测算2012年度商品期货、股指期货的行业成本手续费率，并且根据佣金支出设定居间人返佣比例上限。

（二）会员服务

为了体现“服务会员”的宗旨，各地方协会不仅组织了表彰先进，创先争优的活动，引导经营机构合规诚信经营，同时还组织开展行业的交流和学习以及行业文化活动，努力做传达监管部门政策和反映会员心声的“联络者”，做化解市场矛盾和纠纷的“协调者”，做帮扶会员创新发展和做大做强的“服务者”。

安徽协会设立了“合规诚信先进营业部”、“投资者教育先进营业部”、“服务实体企业先进营业部”和“优秀期货从业人员”等奖项，对先进单位和优秀期货从业人员进行了通报表彰。

广西协会组织辖区期货会员单位到大连市期货业协会就期货市场创新业务、程序化交易、营销理念等内容进行交流。还在会员单位中间组织了“双优”评选活动。厦门协会组织辖区会员单位拜访了厦门银祥油脂有限公司，参观压榨生产线、油脂储存罐以及菜籽粕交割库，深入了解现货生产企业的经营情况。

贵州证券业协会（以下简称贵州协会）组织辖区期货会员赴郑州交易所参观学习。江西省证券期货业协会（以下简称江西协会）举办了“创新业务研讨交流会”，帮助各会员单位进一步增强创新意识，更新创新理念，拓宽创新思路，交流创新经验。

宁夏协会通过会员单位提供的经营数据，按月编制《宁夏证券期货市场月度分析》、《宁夏证券市场统计表》和《宁夏期货市场统计表》等多套报表，为上级监管部门和地方政府部门了解宁夏资本市场发展现状、制定政策措施提供数据支持。

宁波协会举办首届宁波市私募基金峰会，邀请国内最顶尖的私募机构交流经验。同时，还借助互联网技术提升服务效率，持续推进会员服务的信息化建设。一方面，重新建立并完善了宁波辖区证券期货数据报送系统；另一方面，搭建了宁波辖区合法证券期货经营机构理财产品公示平台。

广东协会、厦门协会等多个地方协会建立辖区证券期货纠纷调解机制，逐步推进证券、期货纠纷调解工作。

天津市期货业协会（以下简称天津协会）交割仓库委员会从服务会员的角度出发，为了给现有期货交割仓库增设新的交割品种，多次前往大商所、郑商所和上期所与相关负责领导介绍、展示天津地区的区位物流优势以及天津现有期货交割库的相关情况，通过配合相关仓储企业积极开展工作。截至2013年底，天津全年共计新增12家期货交割库，涉及2个期货交易所的6个上市期货品种，期货交割库总体数量达到40家。

（三）投资者教育

投资者教育与保护宣传是一项长期而艰巨的工作任务，做好此项工作对于引导并推动期货市场健康发展意义重大。2013年上市品种数量多，各地方协会在投资者教育工作方面一项重点任务就是配合交易所积极开展新品种的知识介绍和新业务的培训。此外，各地仍将加强诚信建设作为深化投资者教育工作，组织“12·4”法制宣传日活动，提高行业公信力，促进期货市场良性发展的工作。在产业客户的投资者教育和培训方面，各地方协会也结合当地特色组织了大量层次丰富、形式多样的投资者宣传、教育活动。

为了筹备国债期货上市，各地方协会与中金所协作，举办了针对不同对象的国债期货与金融机构风险管理报告会。

安徽协会以全省上市公司董事、监事为培训对象，举办了“安徽辖区上市公司金融期货报告会”；以在校大学生为培训对象，分别在安徽大学、安徽财经大学举办“安徽辖区金融期货走进高校报告会”。此外，还针对安徽涉农企业经营观念落后，缺乏利用期货市场管理价格风险的意识。与中期协合作，联合省农委，以全省农业产业化龙头企业高管人员为培训对象，举办了“资本市场对接现代农业”报告会。

在诚信教育方面，安徽协会、广西协会、山东协会、天津协会、厦门协会、云南省证券业协会（以下简称云南协会）继续持续加强诚信建设和投资者保护宣传，切实推动期货市场良性发展。一是先后组织、督导会员单位开展以保护投资者合法权益和理性投资为主题的“3·15”宣传日和“12·4”法制宣传日活动，倡导诚信经营，维护投资者合法权益，净化市场环境。二是以编写和印制材料，多渠道宣传等方式提醒投资者理性投资，增强自我保护意识。

河南省证券期货业协会（以下简称河南协会）创新投资者教育形势，组织了有奖“期货知识竞赛”，并组织了投资者教育工作的现场检查。福建协会组建投资者保护志愿者队伍，举办了“走进营业部、走进投资者”座谈会。

湖北协会注重在投资者教育工作中加强风险教育，以论坛、巡回报告会、讲座、培训等形式，组织湖北省地市州金融办领导、分管工业农业领导开展期货风险知识培训。

江西协会在各会员单位建立投资者保护咨询小组。负责本单位投资者保护宣传工作，解答投资者的相关问题，协调处理相关纠纷，维护投资者的权益。

宁夏协会开展了“资本市场理论与实践进党校系列活动”，把证券、期货等知识融入党校相关专业的课堂教学当中。对学员按照研究生班、处级干部研修班、科级干部研修班、企业负责人专训班、机关工作人员培训班进行分类，结合各地市经济发展现状及当地对资本市场的认识程度，有针对性地确定授课内容。

宁波协会、天津协会开展了“期货市场为产业经济服务”系列培训，对辖区内的产业客户进行期货知识和技能的专项培训。同时，继续推进“宁波证券期货投资论坛”投资者教育品牌建设，为辖区会员单位、媒体和广大投资者搭建了一个交流互动的平台。

广东协会和云南协会举办了“证券期货实务知识进高校”系列活动，联合会员单位在当地高校，举办了针对在校学生的投资者教育活动，活动主题包括“走进资本市场，体验投资实务”，活动方式和内容包括讲座和模拟交易竞赛等。

（四）从业人员培训

为了配合期货市场2013年的创新发展思路，各地协会与多方合作，全面开展业务培训，着力提升期货从业人员业务素质和服务能力。

安徽协会、河南协会、黑龙江协会、湖北协会、江西协会、宁夏协会、广东协会、山东协会、山西协会、天津协会、厦门协会、重庆协会不仅分别与中金所和大商所合作举行了从业人员培训，还举办了专项研讨会，为新业务开展打好基础。

广西协会联合北京证券业协会，举办京桂证券分支机构创新业务培训交流会，以融资融券、非现场开户、代销金融产品等创新业务为培训内容。同时还开展合规人员胜任能力测试工作，确保营业部合规管理人员履职能力。

贵州协会组织开展了辖区从业人员的远程培训，就金融监管改革等方面的问题进行了学习和探讨。福建协会组织修订了《证券、期货经营机构法律法规汇编》，方便会员单位及时掌握最新的法规动态。还完成了期货营业部负责人、合规监察员等五类法律法规考试大纲与题库的修订工作。

宁波协会举办了宁波辖区2013年证券期货信息技术从业人员后续职业教育培训班和辖区证券公司IB业务高级研修班等一系列从业人员培训活动。

第五部分

2013 年中国期货业信息技术发展报告

第一节　期货交易所信息技术发展概况

一、上海期货交易所

（一）系统建设工作情况

1. 推进更新一代交易系统（NGES2.0）建设工作

为了确保交易所业务的平稳运行，上海期货交易所在 2012 年交易系统预研项目成果的基础上，从 2013 年开始了更新一代交易系统（NGES2.0）的建设工作，目标在 2014 年达到报单处理能力每秒 6 万笔、平均响应时间 100 微秒的指标。

2013 年 NGES2.0 建设工作取得阶段性成果，完成了减跳的技术架构调整以及序列化流与相应流的合并，降低了主备份数据中心系统切换时间，为 2014 年全面完成 NGES2.0 的建设工作打下了基础。

2. 启动网络规划咨询项目

在 2012 年上海期货交易所启动了网络规划咨询项目，其目标是通过专业公司的“外脑”引进国际国内先进经验，对网络通信平台进行统一规划，明确未来 3 ~5 年的网络建设目标及实施路线图。项目启动 16 个月以来，通过和国内外专家 50 多次的沟通研讨，结合交易所业务发展和新技术的发展、借鉴国际先进交易所经验，调研评估业务和网络现状，上海期货交易所 2013 年完成了新一代网络架构设计、实施方案编写和规划路线图的制定。

项目内容涵盖了交易网、业务网、网管网、传输网及全球骨干网等各方面。目前，上海期货交易所正在搭建实验环境进行 POC 验证。项目完成后，可用于指导今后 3～5 年新一代网络建设。

3. 推出贵金属和有色金属的连续交易

2013 年上海期货交易所连续交易的推出，是中国期货行业的重大创新，将国际国内的期货品种更紧密地联系在一起，但它也给技术系统带来了一系列的挑战。上海期货交易所重新梳理了信息技术操作流程，合理进行人员编排，实施了三班两运转的作息制度，覆盖了 5×24 小时的工作时段，根据人员紧缺的现状，在部门间调配值班人员，加强值班骨干的培养，强化新员工的培训，并继续招聘值班人员。

在全行业的努力下，连续交易取得了预想的效果，连续交易制度已成为上海期货交易所的一项基本业务制度。

（二）运维管理工作情况

1. 完善内部管理制度

根据交易所制度体系建设的要求，2013 年上海期货交易所制定了《上期所信息技术类采购管理办法》，管理办法细化了采购流程，增加了采购审议小组、决策小组和招标采购途径等规定，新增了电商采购方法，增加了价格透明度。

同时，上海期货交易所制定了配套《信息技术类采购管理办法细则》，对总则中采购小组、审议小组、决策小组等各类角色和职责的范围进行梳理描述，对采购活动需提交的文件清单及每个采购步骤进行了说明，对信息技术类的采购流程进行细化和落地。

2. 完善标准化管理体系，通过 ISO 27001 管理体系认证

上海期货交易所在完成 ISO 9000、ISO 20000 的基础上，技术部门项目历时 11 个月，经过 ISO 27001 管理体系 5 个多月的试运行，在 2013 年 4 月中旬开展内部审计和管理评审后，5 月底接受了国家权威机构 ISCCC 对质量管理体系的文件审查；6 月中下旬进行了 ISO 20000 年度监督审核和 ISO 27001 的记录审查；外审工作在 6 月底完成。

在试运行和认证期间，组织会议 20 余次，并开展了全面的信息安全风险评估和风险识别，6 项改进措施得到落实，3 个管理体系整合得到优化。

2013 年 7 月顺利完成 ISO 27001 认证。

（三）安全管理工作情况

1. 加强日常技术检查，确保信息安全

2013 年上海期货交易所共组织了 12 次内外网安全扫描检查，4 次外网渗透测试；查疏堵漏，对发现 Web 网站系统存在的各类安全漏洞，组织技术力量实施安全加固和复测验证。发起信息系统月度口令变更 12 次，回顾交易所技术中心重要区域门禁权限 4 次，复核机房进出记录 4 次。

根据中国证监会统一安排，上海期货交易所 2013 年开展了信息安全专项检查工作，对交易所技术中心和技术公司涉及机房、网络、系统、信息安全以及合规

管理的671个检查项逐一进行了核查，并对发现的若干问题进行督促并逐项进行整改。

2. 完善技术系统建设，提高信息安全保障能力

针对系统审计功能不足，没有集中审计平台的情况，上海期货交易所2013年采用了堡垒机进行集中审计。经前期调研及广泛的交流，选择三家主流供应商堡垒机产品，进行了为期8个月的全功能测试，从基本功能、安全性、对象管理、审计功能及结果检索、性能等6个方面，共55个测试项进行全面测试，目前所有产品设备测试均已完成。

（四）技术服务与支持工作情况

1. 协助证联网建设工作

2013年5月中国证监会下发了《关于开展证联网建设的通知》（以下简称《通知》），上海期货交易所作为上海六大核心节点之一，为120余家证券期货业经营机构提供接入。按照《通知》要求，会同交易所技术公司组织成立“证联网项目小组”，全面负责证联网建设相关工作。截至2013年底，已完成上海期货交易所内的立项、机房选址、技术方案设计和招标工作。

2. 参与行业工作

在加强和中国证监会技术监管部门交流沟通的同时，上海期货交易所组织技术力量参与承担行业课题任务；指派资深技术人员参与行业信息安全风险评估报告的编写工作；指派技术骨干参与中国期货业协会组织的大规模行业培训专题讲解，参与中国证监会交易自动化标准、期货一部技术处信息技术管理规范、全国证券期货业普查小组和资本市场信息系统建设技术规划等多项工作。

二、郑州商品交易所

（一）系统建设工作情况

1. 发展支持期权业务功能

郑州商品交易所为支持期权业务的研究和推广，实现期权交易功能，根据《郑州商品交易所期权交易管理办法》和《郑州商品交易所期权流动性服务商管理办法》，按照由核心到外围、分模块开发的工作思路，完成了交易所端期权功能的全面升级工作。

2013年，郑州商品交易所在期权仿真交易方面分为测试阶段、演练阶段和竞赛阶段。期权仿真交易既验证了交易所端系统的正确性，又让会员和投资者熟悉了期权的相关操作。

2. 设计开发第五期交易系统

为满足市场快速发展的需要，郑州商品交易所从2013年年初开始规划和设计第五期交易系统，旨在进一步降低现有交易系统的报单时延、提高交易系统撮合能力，计划2014年底达到上线条件。目前郑州商品交易所已完成第五期交易系统的原型设

计开发工作，经过多轮优化和测试，订单成交回报的平均延迟为1.4毫秒；在相似价位连续成交的压力情况下，原型系统平均每秒钟可以处理2.2万笔订单。

3. 现有系统升级及上线

2013年，郑州商品交易所为实现新的套保和限仓管理办法，优化交易系统前置机的私有流发送机制，发展完成V64.08版交易撮合系统和V2.03.1版交易前置系统，并于2013年9月16日上线运行。

针对交易前置系统存在的私有流数据处理时延较大的问题，2013年，郑州商品交易所召集会员报盘机软件开发商进行技术交流，对交易前置机系统做了优化，形成新的交易前置机系统GW V2.04版本。

为更好地满足交易所资金业务的需求，向会员提供更高效、安全的资金划转服务，2013年郑州商品交易所开发了基于会员服务系统的新版银期转账平台。该系统在技术上采用了高扩展性的交易所银行间资金划转通信协议，保障了整个系统的数据安全和处理效率。新一期银期通系统已于2013年12月20日正式上线。

4. 其他交易系统技术优化

为了应对系统容量和性能方面不断增加的压力，2013年郑州商品交易所从多个层面进行了优化。

一是优化集合竞价开盘价计算方法，通过对合约每一个有效价格上的买卖数量进行初始化统计，避免了原有算法中大量的重复计算，提升了交易系统在集合竞价阶段的报单容量和计算效率。

二是实现交易前置机系统负载均衡，郑州商品交易所设计和开发了域名解析系统。该系统能够高效地收集各交易前置机的登录信息，经分析和管理后，动态分配前置机资源，及时为会员报盘系统提供有效的交易前置机连接地址。

（二）运维管理工作情况

1. 通过ISO 20000认证，提升运维管理水平

在运维管理体系建设上，郑州商品交易所于2013年5月底开始和认证机构进行商务联系、咨询认证过程，2013年12月中国信息安全认证中心正式颁发了ISO 20000认证证书。为保障IT服务管理体系各项管理流程有效落地，交易所于2012年底采购选定IT运维支撑系统开发商，开发设计整合挂接在网上办公平台的IT运维支撑平台。该软件开发项目2013年1月正式启动，6月完成全部流程及功能性需求开发、系统管理员培训、生产环境系统性能测试并形成项目交付相关文档；2013年7月完成了项目整体验收及上线运行。

2. 加强运维管理，确保系统安全稳定运行

2013年，郑州商品交易所继续加强两地三中心的运维值班管理，结合IT运维管理咨询建制发布的各项运维管理流程，完善运维管理制度和操作流程，进一步规范值班管理、监控和巡检、系统变更、应急处置等运维工作，提高运维管理工作的流程化、规范化和标准化水平。2013年全年交易系统安全平稳运行。

3. 同城灾备中心交易系统切换运行

在2012年同城灾备中心交易系统切换运行的基础上，交易所于2013年4月完善修订了同城灾备中心切换方案，2013年5月11日进行交易系统切换同城灾备中心测试，5月25日进行了全市场参加的切换测试。在两次交易系统切换同城灾备中心测试的基础上，2013年5月31日交易系统成功切换至同城灾备中心运行一天，交易、结算、开户等所有业务运行良好。

当日收市工作结束后切回主中心交易系统，回切工作一切正常。

（三）安全管理工作情况

1. 进行交易系统内部和全市场测试、应急演练

为加强信息系统安全保障工作，强化对系统突发事件的应对和处置能力，2013年郑州商品交易所组织交易所内部测试和全市场应急演练，并参加行业信息安全应急演练。2013年全年，交易所组织测试和应急演练共计25次。在2013年8月31日行业信息安全应急演练中，郑州商品交易所预定演练科目“主中心重大技术故障情况下切换至同城灾备中心”的演练结果和预期基本一致，报告流程有序，处置妥当，切换速度较快。

2. 仓库管理系统的VPN安全接入改造

为加强基于互联网的仓库管理系统信息安全，避免信息安全事件发生，郑州商品交易所制定了采用IPSec VPN虚拟专网技术对仓库管理系统进行改造的方案。该方案从多个层面实现了仓库管理系统和其他系统的网络隔离。2013年10月上线了VPN接入策略和用户认证服务器，完成了VPN客户端软件的安装、连接、认证和业务测试。2013年12月各交割仓库和质检机构开始陆续向郑商所申请VPN客户端软件和安全连接账户，进行VPN接入和业务测试，并于12月完成变更上线。

（四）技术服务与支持工作情况

1. 对会员单位的技术服务

郑州商品交易所完善了与会员技术部门的沟通协调机制。2013年为139个新申请远程交易席位提供技术服务；处理了远程交易席位密码查询12次，远程交易席位交易权限变更26次；远程交易测试环境累计为135个会员230个远程交易席位提供测试支持，协助会员分析解答在系统测试以及正式交易中遇到的问题；协助并督促会员报盘软件开发商支持交易所交易规则变更以及交易接口优化；2013年12月召集金仕达、恒生等软件开发商举行技术交流会，推进会员端期权系统开发，保障期权业务顺利推出；多次组织和积极听取会员对交易系统的意见和建议并认真形成系统修改方案。

2. 远程席位审批系统开发

为提高会员席位审批效率，更好地为会员提供服务，郑州商品交易所通过对会员服务系统现有席位管理功能的改造，实现交易所对远程席位申请进行审批管理。该系统于2013年11月启动，截至2013年12月底已完成系统编码和内部测试。

3. 网站系统建设

（1）期权网站建设。为了培训市场，适应期权业务的推出，郑州商品交易所组织进行了期权网站的开发。该项目于 2013 年 3 月完成立项，在 2013 年 8 月 16 日完成上线运行。

（2）英文网站建设。为了满足国际投资者的需求，扩大国际影响，促进国际交流，郑州商品交易所进行了英文网站的改造开发工作，截至 2013 年底已完成需求调研和开发立项。

三、大连商品交易所

（一）系统建设工作情况

1. 业务技术系统发展

2013 年大连商品交易所积极推进焦炭、铁矿石、鸡蛋、两板等新品种上市相关系统修改项目以及期权、夜盘连续交易等多个重点业务项目的 IT 立项和实施；完成了套利保证金优惠、鸡蛋交割、新套保业务、连续交易、铁矿石提货单交割等业务创新类项目的开发和上线，为业务创新的实现提供了技术保障。

2013 年大连商品交易所完成六期交易系统优化三期的开发工作，大幅提升了交易系统性能。部分核心模块已在灾备上线，计划 2014 年完成全部上线。

2. 提升核心系统容量性能

为了应对系统容量和性能方面不断增加的压力，大连商品交易所在 2013 年，从多个层面进行了改造优化。推动各优化项目的实施和上线，已完成资金优化三期、总线优化三期验收；完成行情系统及交易前置优化项目验收；完成交易系统向新款 HP 主机硬件平台上迁移第一阶段性能测试；开展六期交易系统每秒万笔以上性能优化关键技术研究，完成初步的架构设计方案，启动总线、资金、撮合模块的关键技术 POC。

（1）核心系统实现分品种撮合。为进一步提高交易所核心交易系统的撮合能力，支持新品种上市以及不同品种的差异化撮合算法，大连商品交易所于 2013 年 10 月 28 日正式上线分品种撮合解决方案。该方案是对撮合系统进行品种相关的业务和技术切割，实现可根据品种进行灵活配置、多组撮合并行工作的交易系统。通过引入分品种撮合机制，使撮合系统具有了横向扩展能力，使整个交易系统在交易品种和交易量增加，系统负载过大时，可以通过启动新的撮合引擎来处理新增委托。同时，也使交易系统具备一定的故障隔离能力。

（2）接入系统成功上线 Fens 系统，实现向 Linux 平台平稳迁移。Fens 系统的上线使大连商品交易所的接入前置透明化，提高了交易连续性，提升了交易前置的均衡处理能力，充分利用交易系统资源，减少会员端的配置工作量，提高系统的运行效率。在进行灾备切换时，也可通过 Fens 实现无缝切换，提高了会员端灾备切换的响应速度。大连商品交易所已逐步将接入前置从 Unix 平台迁移到 Linux 平台，实现交易前置的处理能力提高了200%。

3. 提高系统监控精确度，提升自动化运维水平

2013年大连商品交易所加强了自动化监管系统的优化工作，全年完成5次监控阈值大批量调优，涉及100余台设备，300余个网络接口。同时，完善监控系统功能，新增了多项新功能，诸如统一监控平台、交易性能RTT延迟项目、3D机房监控项目、Web应用监控项目、ITSM平台项目等，提高了大连商品交易所系统运维和监控能力。

大连商品交易所在高精度交易延迟性能（RTT）实时测量与分析平台项目一期的基础上，2013年进一步扩展了系统监控的深度和广度，全面支持主备中心切换、主备中心订单同步，实时显示主备中心全局及各关键节点RPO和差值；完成全部核心模块代码自主化，实现系统分布式处理，大幅度提升效率；实时监控刷新速度极限由3秒突破为1秒，实时订单查询时间区间细化为秒粒度；支持分品种撮合，实现微爆流量监控；前置席位连接图形化实时监控，在线席位位置分布实时图，从而全面了解前置席位分布和报单压力；报警功能细化与多样化，实现会员和席位登录报警、时延触发阈值短信报警、每日收市堵单统计短信提示等，提升了交易性能分析监控能力。

4. 整合数据资源，优化数据备份

2013年，大连商品交易所启动建设了数据整合平台。采用数据仓库技术，从数据共享、数据交换、数据存储和数据展现等方面为业务部门的数据分析业务提供性能优良的数据服务平台。同时进行了备份系统优化，缩短备份和恢复时间窗口，为连续交易做好准备，缓解数据整合平台上线后的备份压力，充分利用大连商品交易所的灾备中心系统，建立主中心与备份中心之间的历史数据互备机制，提高了大连商品交易所的数据备份等级。

5. 提升软件质量，完成行业自动化测试平台ATF二期建设

2012年，大连商品交易所飞创公司自主研发出了面向行业的自动化测试平台ATF（Automation Test Framework）一期1.0版本。2013年，为进一步提高自动化测试的测试效率和扩展应用范围，完成了ATF二期2.0版本。ATF二期实现了自动化测试用例并行技术，极大地提升了测试效率；实现了无人值守技术，无间断7×24小时执行测试任务，极大地提升了测试资源的利用率。目前，ATF已全面支持大连商品交易所六期系统的核心模块的回归测试，有效自动化用例数已达到14 500条，测试效率提升。

6. 推进新一代交易系统（NGTS）

2012年大连商品交易所开展了业务规划咨询。此咨询对大连商品交易所未来5~8年的业务发展战略、业务模型以及技术需求等进行科学准确的定义，用于新一代交易系统和新一代清算系统的建设。2013年5月，用于技术准备的“NGTS原型系统项目”已公开发布原型系统项目招标文件，随后开展评标和合同签订工作，原

型系统项目测试工作已于2013年8月正式启动。

（二）运维管理工作情况

1. 提高软件开发管理质量

大连商品交易所严格规范项目管理，不断提升软件过程控制。大连商品交易所飞创公司继2011年通过CMMI3级认证后，通过两年的运行，于2013年4月启动了CMMI5级体系建设工作。

2. 推进信息技术标准体系优化工作

2013年11月大连商品交易所信息技术部门完成了ISO 20000、ISO 27001体系文件的发布、培训、内审工作和外部审核认证，确保大连商品交易所上述两个体系的建立和运转符合标准认证要求。

2013年大连商品交易所飞创公司对现有管理体系进行了全面升级和整合。启动了CMMI5级体系建设工作，目前完成了敏捷/内部产品/外包类项目以及CMMI4－5级体系的建设工作，项目管理体系更加全面，覆盖CMMI5所有过程；在ISO 27001方面，体系融入中国证监会的安全要求，顺利通过了2013年度外部监督审核；在ISO 17025方面，统一测试项目管理思路，标准化测试活动操作、明确测试过程的准入准出，全面提高测试质量及测试效率。

3. 完善灾备中心建设和应急保障工作

（1）做好灾备系统运维各项工作。为有效发挥灾备系统功能，确保灾难发生时的切换效率和有效性，大连商品交易所在2013年健全统一的灾备运维管理体系，进一步完善了应急处置组织架构，制定了灾难切换以及恢复的管理流程，拟定了详细的灾备切换技术预案。在2013年全行业联合应急演练中，大连商品交易所进行了灾备切换演练，切实提高灾备系统切换的有效性。

（2）积极推进同城和异地灾备数据中心建设。在同城灾备中心建设方面，大连商品交易所积极推进相关工作，明确了同城数据中心的建设模式，在2013年大连商品交易所制定了异地灾备建设总体计划和时间表，对相关数据中心进行了考察调研，完成了异地灾备总体技术方案。

（三）安全管理工作情况

1. 信息安全检查工作

根据中国证监会《关于开展2013年全行业信息安全检查的通知》，大连商品交易所从信息安全审计、合规审计和绩效审计等方面对各细项进行全面的自查。针对排查中发现的问题，大连商品交易所组织相关技术部门进行了细致分析。根据网络、系统、数据库等的检查，进一步完善了相关配置。自查部分内容涉及费用投入、交易系统软件架构和设计、核心设备的关键配置等，大连商品交易所已将相关问题制订详细计划，逐步进行论证实施。

同时，大连商品交易所对软件正版化进一步进行了自查。成立了大连商品交易所软件正版化工作小组，负责协调、督促、检查软件正版化工作。

2. 开展风险评估工作，落实风险整改工作

为了深入排查大连商品交易所期货大厦信息系统风险隐患，交易所对期货大厦信息系统进行了全面的安全检测和评估，具体工作内容包括以下几个方面。

（1）进行交易系统安全检测和评估。深入检测评估交易系统网络、数据库、小型机的安全配置策略。通过模拟黑客攻击方式从交易系统的各接入端对交易系统进行测试，发现存在的漏洞，提出加固方案，并进行跟踪复核。

（2）进行互联网网站和互联网服务系统安全检测和评估。对交易所网站、电子仓单、邮件等对互联网开放的系统进行安全检测和评估，通过模拟黑客攻击方式发现存在的漏洞，提出加固方案，并进行跟踪复核。

（3）加强日常监控和应急技术支持。在服务期内对互联网服务系统进行外部安全监控。指派专人在出现紧急事件的情况下，协助解决重大安全事件，协助分析事件原因。

3. 完成等级保护测评工作

在中国证监会的统一规划、部署和指导下，大连商品交易所2013年按要求完成了交易系统、互联网网站系统的等级保护定级、审核、备案和测评工作。测评结果表明，大连商品交易所交易系统、互联网网站系统符合等级保护标准要求的技术防护措施。

4. 开展信息安全保密管理工作

按照中国证监会的工作要求，大连商品交易所完成了会内网安全防护升级和设备换装。2013年8月，大连商品交易所保密委员会组织相关业务和技术人员开展了一次全面的保密自查工作。对所领导和各部门员工使用的内外网计算机以及存储介质、留存在个人手中的纸质文件进行全面排查，对全所及各部门信息公开保密审查制度建设、信息公开发布各环节保密制度落实、计算机网络使用管理、交易所网站管理等情况进行了检查。

5. 落实应急演练工作，完善应急保障体系

按照证监会统一部署，大连商品交易所参加了证券期货业信息安全应急演练。通过演练，证实了相关应急技术措施的有效性，同时对演练中会员端出现的问题督促和指导会员单位逐一进行了排除。

（1）灾备系统切换演练，大连商品交易所共有158家会员单位及信息商参加了灾备系统切换演练。在同城灾备中心切换的演练中，根据应用监测和会员反馈数据统计，技术切换时间为3分02秒，RTO < 10分钟，数据零丢失，RPO = 0。

（2）网络攻击场景演练中，对相关机构的网站进行了DDOS攻击和黑客入侵攻击。

（3）优化了应急预案，加强防攻击和预警能力。根据演练情况大连商品交易所对应急预案进行了完善和修订，进一步明确应急机构、人员的职责，授权和应急联络方式，完善了市场通知模板等；增加了互联网服务系统外部安全监控机制，优化

内部监控预警阈值，加强监测报警的实时性和准确性。

（四）技术服务与支持工作情况

1. 提升会员托管中心服务能力和保障水平

2013 年，大连商品交易所飞创公司托管中心在整体面向服务的思想（SOA）下不断创新推出适合市场需要的业务。

（1）为市场会员单位，提供市场要求的方案支持、业务对应、产品实现。

（2）对投资者，为其交易和策略所需的资源提供需求转换、业务对应、产品提供等服务。

（3）在业务创新方面，大连商品交易所以期货云平台（Future Cloud）为基础，推进实现各云应用（信息云、大数据云、模拟反演云、策略试算云等）的发布，提升托管中心的服务范围和服务能力。

2. 对会员单位的技术培训和协助

2013 年，大连商品交易所组织全部会员单位的技术代表进行了“会员专线接入技术指引”视频培训，培训内容包括 6 期业务系统、会员服务系统、电子仓单系统、会员测试系统、河口灾备切换时常见问题等。

会议期间大连商品交易所与会员深刻交流，让会员更多了解交易所系统的接入流程和注意事项，有助于减少事故发生。

四、中国金融期货交易所

（一）系统建设工作情况

1. 灾备中心建设

2013 年中国金融期货交易所完成了上海张江数据中心的基础设施建设，包括机房强弱电布线和骨干网络架设，并计划 2014 年完成设备上架和系统上线，2014 年底接替上海期货大厦数据中心作为同城灾备中心运行，2015 年底前完成上海张江数据中心和上海外高桥数据中心的主备切换，由上海张江数据中心作为同城主运行中心，为 2015 年上海外高桥数据中心设备到期更换做好准备。

异地灾备中心建设方面，中国金融期货交易所经过考察和讨论，已拟定选择在大连建设异地灾备中心，并已邀请行业内外专家完成大连数据中心的建设和测试方案评审，充分预估建设风险，探索新技术新架构的可行性。待 2015 年大连数据中心投入运行后，将形成完整的两地三中心运行格局，灾备系统容量以及业务连续性管理能力将得到提升。

2. 国债期货上市技术准备

在确保系统平稳运行的基础上，中国金融期货交易所全力支持交易所业务创新发展，高质量完成业务系统支持新产品改造，实现国债期货滚动交割、股指期权、外汇期货等多个创新业务需求，为国债期货顺利上市奠定了技术基础。

2013 年 9 月 6 日，经过技术准备和数次全市场演练，五年期国债期货合约顺利上市。上市当日共有 143 家会员、7 126 个客户参与国债期货交易。

上市后相关系统运行平稳，未出现影响交易结算的重大事件。2013 年 12 月 2 日，国债期货首个交割合约 TF1312 进入交割月。交割过程中，相关系统功能符合预期，顺利完成 4 批次滚动交割和 1 次集中交割。

（二）运维管理工作情况

2013 年，中国金融期货交易所推进分级保障体系精益化，打造自动化流程管理平台，致力于提高安全运维效率。立足交易所未来"多中心、多产品"的发展态势，基于系统变更多、运维保障压力大的实际情况，深入推进精益化分级保障体系建设，积极探索服务梳理、流程定制以及服务标准化三步走的流程能力建设模式。

在此模式指导下，交易所完成了运维管理最核心的变更流程改造，在确保安全前提下有效缩短变更处理周期，提高安全运维的效率。

中国金融期货交易所在推进分级保障体系精益化的同时，以运维流程优化为抓手，打造自动化流程管理平台。

自动化流程管理平台将大部分原有依靠技术运维人员自觉执行的"软约束"固化为自动执行的"硬约束"，用技术手段保证流程执行的规范性，同时大幅减少运维人员的重复性机械化工作量，降低出错几率，促进运维管理效率和安全性的提升。

（三）安全管理工作情况

2013 年中国金融期货交易所完善信息安全管理体系，通过了 ISO/IEC 27001 认证，通过并实施信息安全管理体系咨询项目。

一方面，结合交易所现行信息安全管理体系和信息安全等保要求，对信息资产所面临的风险进行识别与梳理，确保风险可知、可测、可控，并以风险分析为基础对管理体系全面优化。

另一方面，结合业务系统开发管控现状，以系统获取、开发和维护控制域的控制点要求为主线，设计开发安全模型，明确安全功能要求和安全保证要求。

在该项目结项后，中国金融期货交易所邀请国家信息安全认证中心对交易所信息安全管理现状的 ISO/IEC 27001 贯标情况进行认证审核，并顺利通过认证。

（四）技术服务与支持工作情况

2013 年中国金融期货交易所积极开展新业务分析和新技术预研，集中技术骨干成立专门工作小组，对新一代业务系统建设工作进行规划和准备。

通过调研和分析，勘定关键业务范围，中国金融期货交易所完成了新一代应用系统、数据架构、运行保障、安全保障和基础设施等核心技术方案。

在完成关键业务和技术方案的可行性分析和评估后，形成新一代业务系统建设工作的子任务拆分和依赖分析，最终提出总体建设蓝图。

第二节　期货公司信息技术发展概况

2013 年，中国期货市场迎来创新之年。国债、动力煤、鸡蛋等关系金融利率市场化、关系国家产业战略和关系国计民生的品种相继上市，黄金、白银、有色金属连续交易推出，资产管理、风险管理子公司等业务开启，所有业务的实现都依托完备的信息技术基础与持续的科技创新动力。随着产品创新、交易制度创新、服务创新等创新活动的不断推出，围绕业务与技术的创新也越来越多，证期业务交叉，期现市场互联互通，跨市场、跨行业、跨境业务联动性日益增强，这些都对期货公司信息系统建设提出了更高的要求。

信息技术和通信技术的快速发展，计算机处理能力、存储能力和网络通信能力大幅提升，开源技术、云计算、移动互联网等新技术广泛应用，量化投资、程序化交易等新型交易技术的引入，以及当前期货市场创新与发展的大背景，都为期货信息技术提供了良好的发展契机。信息技术由原来的追随、支持业务，转向引领业务创新。利用技术手段实现交易方式创新，将给期货信息技术的发展带来更广阔的空间，这就要求期货公司不断加强信息技术系统建设，减少信息安全事件，打造公司核心竞争力，全面提升期货公司的技术服务水平。

2013 年期货行业出台或修订了一系列信息安全技术法规以及技术标准。2013 年 7 月 19 日中国期货业协会发布了《期货公司核心应用软件产品与技术服务合同指引》，并自发布之日起施行。该指引旨在加强期货公司信息技术管理，规范期货公司核心应用软件产品与技术服务合同。

为了推动证券期货业科学技术发展，促进行业科技进步，奖励证券期货业科学技术进步突出成果，在中国证监会的指导下，中国证券业协会、中国期货业协会、中国证券投资基金业协会共同修订完成了《证券期货科学技术奖励管理办法（试行)》。科学技术奖用于奖励证券期货行业参与各方在证券期货市场创新、发展、管理等各个方面取得的科技成果，鼓励大力发展科技创新能力，不断提高行业科学技术水平，为资本市场发展作出更大的贡献。期货公司信息技术创新能力也在不断提高，有 26 个项目申报了 2013 年科学技术奖，共有 9 个项目获奖，其中获二等奖和三等奖各 1 项，取得了丰硕的成果。

期货业务的开展高度依赖于信息系统的正常运行，信息系统发生故障可能损害到投资者的合法权益，影响市场的稳定。为促进证券期货市场规范发展，2013 年 1 月 31 日中国证监会正式公布《证券期货业信息系统运维管理规范》(以下简称《规范》)，《规范》充分借鉴了国内外先进的理念和方法，并从行业实际出发，总结了行业机构运维管理的经验，明确提出了行业信息系统运维管理的各项任务及相关要求。加强运维保障，对于防范信息系统故障，及时采取应急措施，尽快恢复系统正常运行具有重要作用。《规范》的实施将有力地促进行业机构不断提高信息系统的运维保障水平。

为了方便期货公司充分理解中国证监会发布的《证券期货业信息系统运维管理规范》，提高行业信息安全运维保障质量和效率，中国期货业协会组织了9家期货公司开展《期货公司运维管理参考案例》的编写工作。其间，在行业内组织十家公司按照《期货公司运维管理参考案例》初稿进行实践，取得了很好的效果。经过三次编写工作会议及两次视频会议，《期货公司运维管理参考案例》于2013年7月完成定稿，并寄送至各证监局、交易所、地方协会和期货公司。

2013年，中国期货业协会组织开展了20家期货公司信息技术升级检查和30家期货公司技术等级持续达标情况抽查工作。2013年11月，现场检查、审核和评审工作顺利结束，共44家期货公司通过检查和抽查，达到相应等级要求，6家期货公司未达到相应技术等级要求。截至2013年底，达到《期货公司信息技术管理指引》3类及以上要求的共计60家，占比38.2%，较2012年增加27.7%；2类和1类的达标公司均有所减少，较2012年分别减少11.3%和33.3%。就期货公司整体技术水平而言，技术实力明显增强，3类公司占比越来越大，有效保障了期货市场总体安全平稳运行。

随着市场的快速发展，夜盘交易等新业务的不断推出，对信息系统的运维保障能力提出了新的要求。为解决新形势下信息系统运维保障过程中出现的新问题，持续提高行业信息系统运维保障水平，按照指引检查及抽查审核会议的工作部署，在指引检查工作结束后，中国期货业协会邀请各交易所技术专家、指引检查组长和期货公司技术专家，对指引及其检查细则开展了修订工作。截至2013年底，已通过三次修订形成《期货公司信息技术管理指引》及细则终稿，并发送信息技术委员会各委员进行审核。

2013年证联网建设工作在持续推进中。证联网是证券期货业关键的信息化公共基础设施，是行业新建的独立于现有通信交易网络、覆盖全行业的数据通信专网。证联网建成后将是证监会新一代监管系统运行的关键通信网络，是行业业务创新的基础平台，能够提高市场效率、降低行业IT投入成本、加强信息安全保障水平。

一、基础设施建设情况

2013年，期货公司机房建设水平整体得到了进一步提高，自建机房总面积达到36 216平方米，总部自建机房平均面积约为92平方米，营业网点机房平均面积达到11平方米，全行业机柜总数达到6 077个，服务器总数达到17 114台，网络与信息安全设备总数为22 549台，PC机总数67 225台，此外在机房环境、面积、承重以及电力保障等方面与2012年相比均得到了一定的改善。2013年期货行业IT资产总值创历史新高，达到148 843万元，比2012年增长了2.12%。期货行业IT设备总体情况详见表5-2-1。

表 5－2－1　　2011—2013 年期货行业 IT 设备总体情况

年份	机柜总数（个）	服务器总数（台）	网络设备总数（台）	安全设备总数（台）	PC 机总数（台）	IT 资产总值（万元）
2011	5 257	13 700	—	—	60 874	117 298
2012	5 792	15 498	16 308	4 400	62 387	145 760
2013	6 077	17 114	17 462	5 087	67 225	148 843

资料来源：证信办期货公司信息技术资源情况调查。

与此同时，在行业机房建设中，机房托管模式越来越受到行业期货公司的青睐。采用托管模式，一方面，能够避免在民用建筑中建设机房的种种限制和不足，使期货公司获得更为专业的机房环境和维护服务；另一方面，也使公司节约了一定程度的机房建设和维护开支，将有限的资源更多地投入到信息系统硬件扩容、技术系统应用、市场开发以及期货品种研究等关键业务上，有助于提高企业的内在价值和核心竞争力。2013 年全行业托管机房数量达到 1 307 个，占全行业全部机房（2 968 个）的 44%。

2013 年期货经营机构自建及托管机房基本情况详见表 5－2－2。

表 5－2－2　　2013 年期货经营机构自建及托管机房基本情况

总部自建机房			营业网点机房情况			托管机房情况			通过消防验收或备案的自建机房数量（个）
机房数量（个）	机房面积（平方米）	平均面积（平方米）	机房数量（个）	机房面积（平方米）	平均面积（平方米）	机房数量（个）	托管机柜数量（个）	托管主机数量（台）	
219	20 094	92	1 442	16 124	11	1 307	2 083	9 058	1 661

资料来源：证信办期货公司信息技术资源情况调查。

（一）机房建设

1. 机房设施

根据《期货公司信息技术管理指引》检查结果及对期货公司信息技术资源情况表的统计，截至 2013 年底，期货行业所有期货公司在机房建设方面都已达到了《期货公司信息技术管理指引》相关要求，建立了独立封闭的机房，并设有门禁专门控制机房的出入；同时，配备了火警检测、灭火和应急照明设施。目前采用自动喷淋方式的多为营业部机房，除个别期货公司外，绝大多数期货公司的核心交易系统所在机房中已杜绝了自动喷淋的消防方式，从而避免了火灾发生后的对核心交易系统硬件设备的二次损坏。达到三类以上的期货公司均采用卤代烷或可替代的其他新型气体灭火装置。

此外，二类以上的期货公司也相应达到了《期货公司信息技术管理指引》有关机房承重、防雷接地以及实时录像监控等方面的要求。达到三类要求的期货公司还安装了漏水检测设施以及机房环境监控系统，对机房漏水、供配电、空调以及温湿度等重要指标进行了监控，并实现了7×24小时监控以及声音、短信等自动报警功能。

2. 电力保障

2013年，期货公司机房电力保障水平得到了进一步提升，从219个期货公司自建机房反馈的信息技术资源情况表来看，约有81.3%的公司自建机房电力系统为双路供电，较2012年行业信息技术调查数据有所提高，其余18.7%的机房仍仅具备单路供电。在具备双路供电的178个期货公司机房中，仅76个机房同时具备UPS和备用发电机；超过半数以上的机房仅具备UPS，但无备用发电机；在采用单路供电的41个机房中，22个同时具备UPS和备用发电机；19个机房仅有UPS，无备用发电机；期货经营机构自建机房电力系统备份情况详见表5-2-3。

表5-2-3　　2013年期货经营机构自建机房电力系统备份情况

	总部（219）	占比（%）	营业部（1 442）	占比（%）
双路供电，有UPS，有备用发电机	76	34.7	114	7.9
双路供电，有UPS，无备用发电机	102	46.6	896	62.1
双路供电，无UPS，有备用发电机	0	—	0	—
仅双路供电的	0	—	0	—
汇总1	178	81.3	1 010	70.0
单路供电，有UPS，有备用发电机	22	10.0	163	11.3
单路供电，有UPS，无备用发电机	19	8.7	269	18.7
单路供电，无UPS，有备用发电机	0	—	0	0.0
仅单路供电的	0	—	0	—
汇总2	41	18.7	432	30.0

资料来源：证信办期货公司信息技术资源情况调查。

截至2013年底，期货经营机构自建机房UPS总量达到2 115台，UPS总功率达到61 080千瓦，总负载14 548千瓦，平均负载率23.8%，基本可以满足目前的行业需求，期货经营机构自建机房UPS基本情况详见表5-2-4。

表5-2-4　　2013年期货经营机构自建机房UPS基本情况

UPS数量（台）			UPS总功率（kW）			总负载（kW）		
总部	营业网点	小计	总部	营业网点	小计	总部	营业网点	小计
428	1 687	2 115	34 604	26 476	61 080	8 316	6 232	14 548

平均负载率（%）			UPS负载大于80%		平均满载时间（小时）	
总部	营业网点	行业平均	总部	营业网点	总部	营业网点
24.0	23.5	23.8	0	0	4.9	4.8

资料来源：证信办期货公司信息技术资源情况调查。

根据统计信息，具备双路供电，且同时具备 UPS 和备用发电机的期货公司自建机房占比 34.7%，而期货公司托管机房则超过 90% 以上。相比较而言，由于托管机房具有更加专业和完善的环境，在电力保障方面明显优于期货公司自建机房。期货经营机构托管机房电力系统备份情况详见表 5 –2 –5。

表 5 –2 –5　　2013 年期货经营机构托管机房电力系统备份情况

	期货（1 307）	占比（%）
双路供电，有 UPS，有备用发电机	1 206	92.3
双路供电，有 UPS，无备用发电机	90	6.9
双路供电，无 UPS，有备用发电机	6	0.5
仅双路供电的	0	—
汇总 1	1 302	99.6
单路供电，有 UPS，有备用发电机	4	0.3
单路供电，有 UPS，无备用发电机	1	0.1
单路供电，无 UPS，有备用发电机	0	—
仅单路供电的	0	—
汇总 2	5	0.4

资料来源：证信办期货公司信息技术资源情况调查。

3. 机房监控

《证券期货业信息系统运维管理规范》明确规定“对证券期货机构应采取监控措施，配备监控和报警工具，对影响信息系统正常运行的关键对象，包括机房环境、网络、通信线路、主机、存储、数据库、核心交易业务相关的应用系统、安全设备等进行监控。报警方式可包括声光、电话、短信、邮件等”。2013 年大部分期货公司加大了对机房基础设施的监控力度，严格进行人员和设备出入控制。根据对期货公司信息技术资源情况表的统计，全行业 219 个总部自建机房中，196 个机房配备了机房视频监控设备，约占 89%；133 个机房安装了机房环境监控系统，约占 61%。

由于期货交易本身具有高实时性等的特点，因而核心交易系统的安全稳定运行重点受到各期货公司的加强。与此同时，2011 年发布的修订版《期货公司信息技术管理指引》也对二类以上（含）期货公司提出了明确的系统监控要求，即“交易期间应对核心系统和网络系统进行实时监控，并能及时、有效地报警”。

为了进一步加强对于交易核心系统的监控，行业内期货公司普遍使用了各类自动化监控软件，用于实时监控核心交易系统各个环节的运行情况，其中大多为系统软件开发商根据交易系统定制开发的监控软件，也有部分期货公司使用第三方监控软件对交易系统进行监控，第三方监控软件包括 Hostmonitor、Solarwinds、Mocha Software、Whatsup 以及 PRTG 等，从而有效地提高了日常运维工作的效率，并在此基础上为进一步开展精细化系统管理创造了条件。

在监控方式上，随着连续交易的开展，绝大多数期货公司采用人工值守和自动化工具相结合的方式对交易业务系统进行24小时监控。交易时段指定人员对交易业务系统进行监控，交易时段以外如无法做到人工监控，则开启自动监控系统和自动报警系统。从155家期货公司调查反馈的数据来看，行业里已没有了24小时既无人工监控也无软件监控的期货公司；能够实现24小时软件监控的公司约占86%；能够实现24小时人工监控的公司约占16%。期货经营机构重要交易系统监控情况详见表5－2－6。

表5－2－6　　2013年期货经营机构重要交易系统监控情况

监控情况	期货（155）	
	数量	占比（%）
交易时间人工监控的公司	155	100
24小时人工监控的公司	25	16
24小时软件监控的公司	133	86
无24小时人工和软件监控的公司	0	0

资料来源：证信办期货公司信息技术资源情况调查。

相对于人工监控方式来说，实时软件监控方式具有灵敏度更高、实时性更强、监控指标更明确等特点，且能够极大地缩短故障发现和处理时间，因而更具实用性、管理优势和发展潜力。

（二）IT投入

在期货市场大发展的背后，信息技术在期货公司运营中扮演的角色日渐重要。期货经营机构越来越重视信息系统建设，信息技术方面的资金投入与日俱增。2006—2012年期货经营机构IT投入年增长率均保持在14%以上，与此相比，2013年IT投入增幅有所减缓，达到126 099万元，较2012年增长了9.67%。IT投入占净利润比值为29.6%，IT投入占营业收入比值达到6.9%。期货经营机构IT投入情况详见表5－2－7。

表5－2－7　　2006—2013年期货经营机构IT投入情况

年度	IT投入（万元）	增长数（万元）	增长率（%）	净利润（万元）	IT投入占净利润比值（%）	营业收入（万元）	IT投入占营业收入比值（%）	安全投入（万元）	安全投入占IT投入比值（%）
2006	11 133	N/A	N/A	15 256	73.00	176 200	6.30	N/A	N/A
2007	34 093	22 960	206.23	78 389	43.50	421 232	8.10	N/A	N/A
2008	39 124	5 031	14.76	65 553	59.70	570 438	6.90	N/A	N/A
2009	51 445	12 321	31.49	166 437	30.90	823 494	6.20	2 939	5.70
2010	75 105	23 660	45.99	261 204	28.80	1 206 505	6.20	3 051	4.10

续表

年度	IT 投入（万元）	增长数（万元）	增长率（%）	净利润（万元）	IT 投入占净利润比值（%）	营业收入（万元）	IT 投入占营业收入比值（%）	安全投入（万元）	安全投入占 IT 投入比值（%）
2011	88 004	12 899	17. 17	223 663	39. 30	1 158 774	7. 60	2 834	3. 20
2012	111 954	23 950	27. 22	367 443	30. 50	1 680 775	6. 70	3 669	3. 30
2013	126 099	14 144	12. 63	425 930	29. 60	1 822 411	6. 90	3 830	3. 00

资料来源：证信办期货公司信息技术资源情况调查。

（三）通信链路

信息技术和网络通信技术高度集成是我国期货市场近年来发展过程中的一个显著特点。从投资者到期货公司，从期货公司到期货交易所，期货交易的各个环节都难以脱离网络与通信技术的运用。从近几年的统计数据来看，互联网交易方式已成为期货交易的主要渠道，在各类交易方式中占据绝对比重。随之而来的是期货行业对于网络与通信的安全性、稳定性和可靠性要求也不断提高。

2009 年以前，期货公司接入交易所的通信链路大多为单链路，因而在交易链路的各个环节均存在一定的单点故障隐患。近几年来，为了有效改善这一现状，实现交易链路的可靠、冗余接入，各期货交易所纷纷开始推动会员通信链路的建设工作。早在 2008 年，大连商品交易所曾为会员远程席位交易专线扩容提供支持，承担了所有会员单位 2M SDH 一年的使用费。2009 年，上海期货交易所又制定了《期货公司会员交易接入指引》，提出了“会员可靠接入交易所推荐模型”，要求会员交易专线由原来的低速 DDN 升级为 SDH，并承担了会员备份链路的通信费用。与此同时，郑州商品交易所和大连商品交易所还对两所之间的环网带宽进行了扩容，使三所环网的容量和可靠性得到了进一步提升。

交易所在实现双冗余交易链路的工作上主动承担了一部分的链路费用，绝大多数期货公司实现了交易通信链路的可靠接入和备份，有效地避免了通信链路的单点故障隐患，增强了通信链路的冗余能力，并缩短了故障响应时间和切换时间。

从具体的链路使用情况来看，近年来，行业内通信链路数量上升较快，但随着这一阶段的通信资源扩容工作后，2013 年的通信链路扩容力度较过去几年有所放缓。据统计，截至 2013 年底，期货公司的专线通信线路总量达到 4 850 条，带宽达 156 702M；互联网通信线路达到 2 002 条，带宽达 475 814M，通信链路总体情况详见表 5 - 2 - 8。期货公司与核心单位（交易所）连接的线路共 1 690 条；在与灾备机房的地面线路为 211 条；在与分支机构连接的地面线路 484 条；在与银行连接的线路为 1 355 条；在与网上信息系统托管机房线路为 218 条；与其他机构连接线路有 184 条；与网上信息系统互联网线路有 2 004 条，期货经营机构远程通信基本情况详见表 5 - 2 - 9。

表 5-2-8　　2013 年通信链路总体情况

专线通信情况		互联网通信情况		
线路总数量（条）	带宽（M）	线路总数量（条）	带宽（M）	具备流量清洗的线路占比（%）
4 850	156 702	2 002	475 814	3

资料来源：证信办期货公司信息技术资源情况调查。

表 5-2-9　　2013 年期货经营机构远程通信基本情况

与核心单位连接的地面线路情况		与灾备机房连接的地面线路情况		与分支机构连接的地面线路情况		与银行连接的地面线路情况	
线路数量（条）	带宽（M）	线路数量（条）	带宽（M）	线路数量（条）	带宽（M）	线路数量（条）	带宽（M）
1 690	3 494	211	27 272	484	12 841	1 355	2 627
与网上信息系统托管机房连接线路情况		与其他机构连接的线路情况		网上信息系统互联网线路情况		小计	
线路数量（条）	带宽（M）	线路数量（条）	带宽（M）	线路数量（条）	带宽（M）	线路数量（条）	带宽（M）
218	6 218	184	1 414	2 004	139 243	6 146	193 109

资料来源：证信办期货公司信息技术资源情况调查。

为了推动行业信息化基础设施建设，支持多层次金融市场发展，中国证监会证信办会同有关监管单位以及证联网各承建单位（包括深圳证券交易所、上海期货交易所、大连商品交易所、郑州商品交易所、中国金融期货交易所、中国证券登记结算公司、中国期货保证金监控中心公司、上海证券通信有限责任公司、深圳证券通信有限公司），成立了证联网建设项目办公室，按照“统一领导、统一规划、统筹协调、共建共享”的原则，组织开展了证联网建设工作。

证联网是行业新建的独立于现有通信交易网络、覆盖全行业的数据通信专网，将监管部门、资本市场各参与主体、银行等相关业务机构统一接入，具有“一点接入、多方通信”的特点。证联网建成后将是证监会新一代监管系统运行的关键通信网络，是行业业务创新的基础平台，能够提高市场效率、降低行业 IT 投入成本、加强信息安全保障水平。

证联网可以支持以下业务功能：一是支持监管数据、监察数据、统计数据和信息披露数据的传输；二是为场外市场提供数据传输服务；三是满足行业数据备份传输需求；四是实现与银行、保险、信托等境内机构的高效互联，传输业务数据；五是连接境外市场，为行业机构提供“一点式接入”服务；六是提供交易仿真测试，提高创新业务的联网测试效率；七是提供全行业视频会议和应急指挥系统；八是提供开户、投资者身份认证、会员服务等业务支持。

证联网是证券期货业关键的信息化公共基础设施。在证监会的统一领导和各承建单位的积极努力下，证联网建设工作取得了阶段性进展，已顺利完成了关键设备及通信线路的招标采购工作，标志着证联网项目正式进入建设实施阶段。

（四）托管机房

随着行业信息技术的不断发展，承载和运行着核心信息系统的机房安全性越来越引起期货公司和监管机构的重视，中国期货业协会公布的《期货公司信息技术管理指引》中对于期货公司机房安全提出了明确的要求，期货公司自建符合运行安全的机房存在着投入大、成本高、建设周期长等问题。托管业务在基础环境建设环节的优势突显，专业化的信息基础设施服务成为国内外信息技术发展的趋势。上海期货交易所子公司——上海期货信息技术公司为期货公司提供高等级的托管机房来满足期货公司业务发展的需要，以托管业务为主体将主机托管业务推入成熟期，机房托管业务逐渐被市场所认可并开始稳步发展。各核心机构纷纷推出机房托管业务，如大连商品交易所的飞创机房、郑州商品交易所的易盛机房、中国金融期货交易所的数讯机房。机房托管模式已成为行业期货公司的优先选择。

针对期货公司广泛使用托管机房的现状，为进一步提高期货行业托管机房的信息技术管理和运维保障水平，规范期货行业机房托管业务，促进期货行业机房的健康发展，在2011年中国期货业协会依据《中华人民共和国合同法》、《证券期货业信息系统安全等级保护基本要求》以及《期货公司信息技术管理指引》等法律法规和行业标准，起草了《期货行业托管机房指引》。《期货行业托管机房指引》对在期货行业提供租赁服务的数据中心，对提供租赁服务所涉及的计算机房、网络接入、机架布线和运行管理等方面进行了规范，提升期货行业内提供租赁服务的数据中心服务水平，提高服务质量，降低系统运行风险。

二、核心系统建设情况

核心交易系统的各类服务器和存储等设备是期货公司的核心与关键设备。随着行业的快速发展以及相关技术标准的出台，为保障核心交易系统的健壮稳定、高效运行，期货公司重视核心与关键设备的使用，在设备购置方面不断加大投入，已广泛采用高性能的服务器和存储设备，以提高系统的处理能力、可靠性以及扩展性。

在服务器设备的使用上，大部分期货公司倾向于选择国际知名品牌。2013年调查数据显示，行业内使用量排名居前三位的服务器品牌依次为HP、DELL和IBM。

由于SAN存储网络采用冗余设计，且具备高可靠性、稳定性以及可扩展性等特点，能够有效避免单点故障隐患，提高整体系统的读写效率，因此，以SAN网络结构的磁盘阵列存储设备成为行业主流。

行业对存储设备的选择以HP、EMC、IBM和DELL四个品牌为主。

（一）交易结算系统

1. 交易结算系统类别

期货行业的业务量近年来发展迅猛，对系统的性能和容量提出了更高的要求，交易结算系统平台也随之发生较大调整，系统架构也逐步出现高性能的内存数据库应用技术，各软件商也更新成熟技术，进行系统升级，以满足日益增长的业务量。目前期货行业内的期货交易结算系统有以下几种：上期技术综合交易平台系统、金仕达 V6 期货交易结算系统、恒生期货 06 版交易系统、金仕达 V8T 期货交易结算系统以及易盛系统等。

目前交易结算系统的主要平台采用 Redhat Linux 操作系统和 MS Windows 操作系统，主要使用的数据库平台有 Oracle、Sybase、MS SQL Server。成熟广泛使用的高可用数据库集群应用以及创新的高性能内存数据库技术也使各项性能指标和容量指标都有大幅的提高。系统架构上充分利用业务通讯平台、中间件服务器、小型机服务器集群等技术，使期货交易结算系统形成多层集群结构，通过多种手段扩展系统的处理能力，适应期货公司的业务发展。

目前各种交易结算系统的基本架构特点如下：

（1）上期技术综合交易平台系统

RHEL + Oracle RAC + 交易核心内存数据库 + UDP 广播机制

（2）金仕达 V6 期货交易结算系统

RHEL + Sybase + 中间件技术 + 数据推送机制

（3）恒生期货 06 版交易系统

RHEL + Oracle RAC + 中间件技术 + 数据推送机制

（4）金仕达 V8T 期货交易结算系统

RHEL + Oracle RAC + 交易核心内存数据库 + 数据推送机制

（5）易盛系统

Windows + MS SQL Server + 内存数据库

（6）飞创系统

Windows + MySQL + 内存数据库

（7）飞马系统

RHEL + Oracle + 内存数据库

2. 全面交易结算系统类别

中国金融期货交易所在制度设计中引入分级结算制度，以强化交易所的整体抗风险能力。在分级结算制度下，期货公司分为全面结算会员、结算会员和交易会员，只有具备一定条件的期货公司才能成为全面结算会员或结算会员，而交易会员必须通过全面结算会员进行结算，从而形成多层次的风险管理体系。

在引入分级结算制度后，期货公司信息技术系统不单需完成本单位的日常交易结算，全面结算会员还承载着为交易会员提供代理结算的重要业务内容。目前期货行业内使用较为广泛的具备提供代理结算功能的系统有：金仕达期货交易结算系统（V6 和 V8T）、恒生期货 06 版交易系统。两套交易结算系统在原有的基础上针对相关代理结算的业务特点及业务范围，新增了代理结算功能，最大限度地保证了代理结算业务的顺利开展。

3. 数据库系统

信息技术市场上数据库系统主要有 ORACLE、SYBASE、MS SQL SERVER 和自主开发内存数据库等几类。期货行业主要的几家业务应用系统开发商均有其固定使用的后台数据库系统，如上期技术综合交易平台系统结算后台和金仕达 V8T 交易系统结算后台使用的是 ORACLE 数据库，交易核心组件则采用的是自主开发的内存数据库；金仕达 V6 交易系统使用的是 SYBASE 数据库；恒生交易系统使用的是 ORACLE 数据库；易盛系统使用的是 MS SQL SERVER 数据库。

期货行业数据库系统的使用比例情况，基本与交易结算系统使用比例情况相符。其中，上期技术综合交易平台系统、恒生 2006 系统以及一定数量的金仕达 V8T 系统所占的市场份额总和较大，因此 ORACLE 数据库使用率最高。SYBASE 数据库的市场占有比例有所减少；使用较少的是易盛期货交易系统以及其他交易系统开发商所使用的微软 SQL SERVER 等数据库。

（二）行情系统

期货行情软件主要为投资者提供期货报价信息。期货行情软件是最基础的期货资讯软件，它只简单地将期货交易所行情数据通过报表及图形的形式表达出来传递给最终用户。期货分析软件是在期货行情软件的基础上增加一些分析功能（比如技术指标、买卖信号、画线分析等），以供期货投资者参考。

目前期货行业行情系统已从早期的提供基础行情资讯、即时行情发展到行情策略分析、行情程序化交易、深度行情数据挖掘等高端功能，进一步满足市场高速发展而带来各种多变的投资者需求。

期货市场行情系统提供商在 2013 年没有发生较大的变化，主要还是以文华、彭博、富远三家为主。为了满足投资者多样化需求，各期货公司仍然同时使用多套行情系统向投资者提供行情服务。截至 2013 年底，文华财经、彭博财经所提供的行情系统占市场份额最高，均占比 38% 左右，富远行情占比 11%。

随着移动互联网的普及，手机行情的发展迅速，各厂商竞相在市场上投放自己移动媒体的行情资讯和交易终端系统。

从目前期货公司使用网上行情系统的方式来看，相当一部分公司都采用了行情托管方式，即将行情资讯系统托管在行情提供商或电信 IDC 机房中。调查数据显示，2013 年期货公司放置网上行情系统的机房达到 1 449 个，网上行情站点数量达到 1 657 个。

（三）银期转账系统

银期转账系统是期货公司和银行合作推出的资金汇划系统。使用银期转账最大的优越性在于实现足不出户而资金能瞬间到账，只要有互联网接入，投资者就可以方便地将资金在期货保证金账户和银行活期账户之间调拨。

经中国证监会批准，具有期货保证金存管业务资格的银行包括中国工商银行、中国农业银行、中国银行、中国建设银行、交通银行五家银行。五家银行均已推出了全国集中式银期转账系统。为方便全国范围内投资者的资金划转，投资者可以自行选择一家或多家银行办理银期转账业务。

2013 年 8 月以来，国内四家期货交易所先后公布期货保证金存管业务管理办法。2013 年 11 月，浦发银行、兴业银行、光大银行、招商银行、民生银行、中信银行、汇丰银行（中国）共 7 家银行，成功通过申请材料审核、技术系统验收、现场业务检查以及中国期货保证金监控中心数据报送测试，取得了中国金融期货交易所期货保证金存管业务资格，成为行政审批取消后首批取得该资格的银行。12 月 26 日，浦发银行、兴业银行取得大连商品交易所期货保证金存管业务资格。

在市场化改革方向指引下，期货保证金存管银行扩容，改变了长期以来只有大型国有商业银行服务整个期货市场的格局。更多的商业银行参与期货保证金存管业务，不仅能更好地满足快速发展的期货市场需求，满足投资者不断提高的资金使用效率要求，还有助于建设多层次资本市场，加强期货市场与各类金融要素市场的相互融合。

（四）网上交易终端

2013 年，期货行业核心交易系统的发展继续秉承近年出现的新特点，如技术路线逐步一致、接口开放、小核心大外延、程序自定义开发等，此外系统安全性进一步受到各方的关注。

期货行业主要的几家核心交易系统开发商在推出高性能内存数据库的交易系统后，在2013 年开始集中技术力量进一步完善已有系统的各项功能。同时，配合《期货公司信息技术管理指引》对于核心系统的要求，进行系统安全方面的改进，例如增加网上交易系统对于多种身份认证方式的支持等等。在系统处理能力方面，根据调查，目前行业 158 家期货公司所使用的 394 套期货交易系统中，绝大部分系统的性能和容量均可承载目前的业务发展，仅有少量用于高频交易的交易系统的实际投资者数量、日处理委托笔数以及每秒处理委托笔数接近系统设计性能容量的 80%，期货经营机构系统处理能力情况详见表 5 -2 -10。

表 5 -2 -10　　2013 年期货经营机构系统处理能力情况

系统客户支持数实际使用与设计能力比值				本年度系统日处理委托笔数实际使用与设计能力比值				本年度系统每秒处理委托笔数实际使用与设计能力比值			
≤30%（含）	30% ~ 50%（含）	50% ~ 80%（含）	>80%	≤30%（含）	30% ~ 50%（含）	50% ~ 80%（含）	>80%	≤30%（含）	30% ~ 50%（含）	50% ~ 80%（含）	>80%
96%	3%	1%	0	100%	0	0	0	93%	5%	2%	0

资料来源：证信办期货公司信息技术资源情况调查。

在期货交易方式上，互联网交易由于其便捷、快速、易操作等特点，得到了蓬勃发展和广泛普及，并成为近几年来投资者参与期货交易的主要方式。当前，网上交易方式完成的成交量几乎占全部成交量的100%。2010年以来，部分期货公司开始尝试同时使用多种网上交易系统以及个性化定制程序，以满足不同投资者的差异化需求。总的来看，互联网交易系统的多样化以及定制化方式在2013年得到了进一步发展，特别是大力发展个性化定制交易终端已成为多数期货公司的共识。

在市场上出现交易终端程序自定义开发的方式后，投资者交易终端多样化，程序化交易被越来越多的投资者所青睐，量化交易、程序化交易发展迅猛，发展空间也在不断地扩大。期货市场对高端程序定制投资者的吸引，成为期货公司竞相追逐的新的业绩规模增长点。投资多样化以及对高频程序化交易的偏好，投资者对期货交易系统性能的要求达到了前所未有的高度，这使期货公司纷纷大力开展高性能交易系统的研究。

针对投资者提出的超低延迟、快速计算能力、健壮性、开发规范标准接口等需求，期货公司通过万兆全光纤网络，万兆高性能服务器等手段对交易系统进行全面优化，为程序化交易和高频交易客户提供快速交易解决方案。

在网上交易系统的规模上，2013年全行业共建有网上交易站点2 444个，能够支持的投资者数量共计约为1 214万人，与2012年有效投资者总数1 132万人相比，稳步增加了7.2%。在网上交易系统的处理能力上，目前绝大多数系统的实际投资者数量基本都低于系统设计能力的30%。由此可见，未来网上交易方式仍具有较大的发展潜力和发展空间，期货经营机构网上信息系统情况详见表5－2－11。

表5－2－11　　2012—2013年期货经营机构网上信息系统情况

年份	网上信息系统机房数量（个）	网上委托站点数量（个）	网上行情站点数量（个）	手机委托站点数量（个）	下单网页站点数量（个）	门户网站站点数量（个）
2011	1 037	1 740	1 332	145	3	158
2012	1 173	2 222	1 384	169	4	170
2013	1 449	2 444	1 657	181	2	165

资料来源：证信办期货公司信息技术资源情况调查。

在大力发展网上交易方式的同时，多数期货公司仍然保留了电话委托方式。一方面，考虑到照顾少数投资者的操作习惯；另一方面，在一定程度上可作为网上交易方式的备份。调查数据显示，行业内目前共有电话委托线路3 159条，电话委托签约投资者数量为77万人，每万名投资者配备电话线路数41条。由于电话委托方式操作步骤相对较多、速度明显慢于网上交易等，投资者实际使用情况非常少。近年手机交易发展迅速，2013年全市场采用手机方式交易金额占比达到0.9%。期货经营机构电话委托情况详见表5－2－12，期货经营机构交易金额情况详见表5－2－13。

表5－2－12　　2010—2013年期货经营机构电话委托情况

有效客户总数（万人）				电话委托线路总数（条）				每万名客户配备电话线路数（条）			
2010年	2011年	2012年	2013年	2010年	2011年	2012年	2013年	2010年	2011年	2012年	2013年
136	158	73	77	2 840	3 145	3 288	3 159	20.9	19.8	45.0	41.0

资料来源：证信办期货公司信息技术资源情况调查。

表5－2－13　　2007—2013年期货经营机构交易金额情况

年份	网上交易方式交易金额占比（%）	手机方式交易金额占比（%）	现场交易方式交易金额占比（%）
2007	100	—	—
2008	100	—	—
2009	99.92	0.08	—
2010	99.89	0.11	—
2011	95.51	0.34	4.14
2012	94.71	0.91	4.39
2013	97.03	0.90	2.06

资料来源：证信办期货公司信息技术资源情况调查。

针对期货交易系统安全控制，在网上交易安全方面，随着互联网交易方式在期货行业的普遍应用以及近年来频繁出现的网络钓鱼等安全事件，互联网交易身份认证问题开始受到各方关注。目前期货行业内主要的几家交易系统软件开发商已具备相关功能，完成对上海数字证书认证、科友令牌、林果令牌等多种认证方式的支持。从实际使用情况来看，2013年，22.4%的期货公司仍采用低强度身份认证方式，仅提供硬件证书身份认证的公司约占14.1%，仅提供动态口令认证方式的公司占比为9.6%（见表5－2－14）。

表5－2－14　　2013年期货经营机构网上交易身份认证情况

	期货（156）	
	数量	占比（%）
账号＋口令	156	100.0
随机验证码	136	87.2
通信码	13	8.3
密码图形键盘（软键盘）	131	84.0
客户端电脑或手机特征码绑定	16	10.3
软件证书	6	3.8

续表

	期货（156）	
	数量	占比（%）
短信口令	1	0.6
硬件证书（第1代）	18	11.5
硬件证书（第2代）	4	2.6
动态口令	15	9.6
弱口令检查机制	35	22.4

资料来源：证信办期货公司信息技术资源情况调查。

（五）呼叫中心系统

随着国内期货市场的快速发展，网上交易的高速增长、创新业务的不断推出和客户资源争夺的白热化，期货公司必须提供更多、更好、更及时的个性化服务，以适应市场环境的新要求。近年来，越来越多的期货公司已经将注意力集中到服务资源整合上，纷纷大力建设 CRM 系统，以有效地扩展服务能力，提升服务水平。呼叫中心作为 CRM 最主要的服务外延，也得到了进一步发展。期货公司也意识到客户关系管理的重要性和长期性，主要选择自建呼叫中心，自行管理，以保证在这方面的长期竞争力。

目前国内各大金融机构呼叫中心发展迅猛，其产业规模、人员数量、管理水平都已达到相当水平。金融业呼叫中心已经成为各家金融机构高效率、低成本服务与营销的重要渠道，其在金融业务中发挥了越来越重要的作用。与期货业发展的规模相比，现阶段期货行业对呼叫中心的应用还不广泛，投入相对较少，规模也比较小，发展空间还比较大。

截至 2013 年底，期货全行业有 67 家期货公司部署了呼叫中心系统。

三、信息技术管理情况

（一）《期货公司信息技术管理指引》检查分类情况

按照中国证监会要求，为了持续促进期货公司提高信息技术保障能力，满足期货公司技术评级升级需求，中国期货业协会组织开展了 2013 年期货公司信息技术检查、抽查工作（以下简称技术检查工作），即对申请《期货公司信息技术管理指引》（以下简称《指引》）技术升级的期货公司进行升级检查，对部分其他期货公司技术等级持续达标情况进行抽查。

检查情况如下。

1. 检查背景

2009 年 7 月，中国期货业协会发布了《期货公司信息技术管理指引》（并于 2011 年 1 月完成修订并发布），同时印发了《关于进一步加强期货公司信息技术管理工作的指导意见》（以下简称《指导意见》），将期货公司落实《指引》情况与金融期货业务资格的审核挂钩。根据《指导意见》的有关规定，取得金融期货全面结算业务资格的期货公司应不低于《指引》中的3类要求，取得金融期货交易结算业务资格的期货公司应不低于2类要求，其他期货公司应不低于1类要求。

2. 检查情况

为妥善落实2013年信息技术检查工作，中国期货业协会结合往年工作经验，设计了期货公司申请技术检查意愿的调查问卷，在检查前通过问卷调查了解期货公司申请技术检查的意愿。5月7日中国期货业协会下发《关于开展2013年期货公司信息系统检查评级工作的通知》，受理检查申请。按照要求，中国期货业协会工作组制定了检查工作总体方案和预算，并对全体检查人员进行了《指引》、检查工作要点及注意事项等内容的培训。

2013年8月6日，2013年度技术检查工作正式启动。根据工作安排，中国期货业协会组织开展20家期货公司信息技术升级检查和30家期货公司技术等级持续达标情况抽查工作，抽查名单由中国证监会期货二部确定。技术检查工作分现场检查、审核和评审三个环节开展。现场检查期间，继续沿用检查周报机制，于现场检查期间先后编制并上报了5期工作周报。截至11月中旬，现场检查、审核和评审工作顺利结束，共有44家公司达到相应类别技术等级要求，6家公司未达到相应类别技术等级要求。

截至2013年技术检查结束，全行业共有1家公司达到4类技术等级要求，59家公司达到3类技术等级要求，71家公司达到2类技术等级要求，22家公司达到1类技术等级要求，4家公司未达到1类技术等级要求。

3. 检查效果

在2013年度现场检查过程中发现，期货公司之间信息技术水平差距在逐步加大。从历年检查结果可以看到，期货公司技术等级逐步向两极分化，但总体呈提高态势。从现场抽查情况看，技术等级为高级别的公司整体投入、日常运维水平、安全防护等方面都更符合《指引》要求，同时，随着新业务的开展而不断改进和加强，但有的技术等级低的公司甚至在符合1类《指引》要求上都不能达标。

在检查过程中同时发现，部分申请升级的期货公司存在侥幸心理，在确定不能升级的情况下，仍未撤销技术检查申请，对技术检查工作不够重视，出现浪费监管资源等问题。中国期货业协会将会加大《指引》检查的监管力度，在落实《指引》检查过程中对期货公司更加高标准、严要求，切实提高信息技术运维管理水平。

自2009年《指引》发布实施后，行业监管部门进一步加大了对行业信息技术工作的监管力度，采取了将技术与业务挂钩这一创新举措督促公司提升技术管理水平。2009年中国期货业协会组织开展了落实《指引》的全行业大检查，2010—2013年又先后组织开展了4次《指引》检查工作。各期货公司纷纷以落实《指引》为契机，不断梳理日常运维中的薄弱环节，加大技术投入，完善基础设施建设，加强技术管理。随着监管部门对行业信息技术的大力支持，组织开展一系列卓有成效的工作，业内期货公司对于信息技术工作的重视程度持续增强，期货公司信息技术整体水平明显提高。

(二) 行业信息技术人员情况

行业期货公司不断加强信息系统运维管理工作，具体细化设置了系统管理、网络管理、安全管理、变更管理、机房管理以及数据库管理等岗位，并为关键岗位设置了备岗，有效地降低了人员岗位风险、人为操作风险，提高了信息系统的安全保障能力。期货公司信息技术管理力度不断加大、岗位日趋精细化。2013 年黄金、白银、有色金属连续交易的推出，部分期货公司也根据实际情况实施了三班两运转的值班制度。

截至 2013 年底，全行业 158 家期货公司共有信息技术人员 3 292 人，较 2012 年增长了 360 人，平均每家公司 20.8 人，信息技术人员数量占员工数量的比例平均达到 10.1%，期货公司 IT 人员情况见表 5-2-15。

表 5-2-15　　2006—2013 年期货公司 IT 人员情况

年度	IT 人数（人）	增长数（人）	增长率（%）	公司总人数（人）	IT 人员占全员比（%）
2006	713	—	—	—	—
2007	941	228	32.00	—	—
2008	1 331	618	65.70	—	—
2009	1 707	376	28.20	16 869	10.10
2010	2 117	410	24.00	23 724	8.90
2011	2 642	525	24.80	27 405	9.60
2012	2 932	290	11.0	30 866	9.5
2013	3 292	360	12.3	32 722	10.1

资料来源：证信办期货公司信息技术资源情况调查。

根据有关数据统计，30 岁以下的人员是构成目前行业信息技术从业人员的主要力量，约占全行业信息技术人员的 2/3，30～40 岁的信息技术人员约占 33.48%，40 岁以上人员仅占较少的比例。其中，期货公司总部具有信息技术相关专业大学本科以上学历的人员约占全部技术人员的 82.20%；从业年限达到 5 年以上的信息技术人员约占 19.05%。从上述统计数据来看，期货公司信息技术人员队伍相对年轻，未来行业信息技术人员在整体素质、从业经验等方面仍有待于进一步提高。

从岗位分布情况上看，期货公司信息技术人员从事系统运行保障岗位的比例约为 79.77%；技术管理人员约为 8.69%，期货公司一般采取软件外包开发，因此专职从事软件开发的岗位配备较少，只占 3.16% 左右，以上人员构成比例情况与 2012 年基本相同。具体期货公司信息技术人员情况见表 5-2-16。

表 5-2-16 2013 年期货公司 IT 人员情况

IT 人员总数（人）	总体情况		岗位情况			
	总部 IT 员工占比（%）	营业网点 IT 员工占比（%）	管理岗占比（%）	专职软件开发岗占比（%）	运维岗占比（%）	信息安全岗占总部 IT 人员比（%）
3 292	54.74	45.26	8.69	3.16	79.77	5.68

IT 人员总数（人）	年龄统计情况		从业年限统计情况	学历统计情况	职称统计情况
	30 岁以下人员占比（%）	30~40 岁人员占比（%）	从业 5 年以上人员占比（%）	本科学历以上人员占比（%）	高级职称以上人员占比（%）
3 292	61.18	33.48	19.05	82.20	0.73

资料来源：证信办期货公司信息技术资源情况调查。

在扩编技术人员的基础上，2013 年各期货公司纷纷结合自身信息技术发展情况，落实《期货公司信息技术管理指引》中关于人员培训的有关要求，包括针对公司实际情况制定相应的培训手册，对所有的信息技术人员进行上岗培训；制定信息技术人员年度培训计划，并按照计划开展各类培训工作；期货公司也继续安排技术人员参加中国期货业协会组织的行业信息技术人员培训等。

（三）数据备份能力建设情况

证券期货业信息化程度高，交易、结算业务依赖于信息系统，信息系统的安全稳定运行关系到证券期货市场的稳定健康发展。重要信息系统一旦无法正常运转，投资者将无法进行交易，造成经济损失。因此，建立完备的信息系统备份体系是保证“数据不丢，业务不断”的重要基础，是保障信息系统安全稳定运行的关键环节。

为了规范行业备份标准，强化备份能力，2011 年 4 月 15 日中国证监会发布了《证券期货经营机构信息系统备份能力标准》（以下简称《标准》），《标准》定义了数据备份能力、故障应对能力、灾难应对能力和重大灾难应对能力四种备份能力，分别提出了不同的指标要求。同时，《标准》提出分等级建设备份系统的思想，明确了等级划分标准，有利于行业各机构根据不同重要信息系统的特点，以及系统和数据的重要性、业务连续性的要求，确定备份系统的建设标准。备份能力共划分了 6 个等级，从 1 级到 6 级逐步提高要求。

《标准》发布后，在当地证监局和中国期货业协会的指导下，各期货公司积极推进贯彻落实《标准》。根据公司自身情况、按照标准要求定级、设计信息系统、分步稳步的实施，逐步满足故障应对能力、灾难应对能力和重大灾难应对能力的要求，力争在未来几年内，达到标准要求，增强期货公司应对技术故障、灾难灾害的能力，确保重要数据安全和重要信息系统的安全稳定运行。

根据2013年对期货公司重要业务系统数据离场备份情况的统计，具备同城数据备份的公司有154家，约占99%；所有公司均具备异地数据备份，备份频率实现每日至少一次；期货公司重要业务系统备份情况详见表5-2-17。从期货经营机构和分支机构通信备份情况来看，多线路双运营商通信备份的达到20.5%，多线路单运营商备份的达到0.8%，单线路的占比73.8%；期货经营机构和分支机构通信备份情况详见表5-2-18。

表5-2-17　　2013年期货公司重要业务系统备份情况

	备份频率（每天至少1次）		数据存放						有效性验证频率（每季度至少1次）	
			本地存放		同城存放		异地存放			
	公司数量（家）	占比（%）	公司数量（家）	占比（%）	公司数量（家）	占比（%）	公司数量（家）	占比（%）	公司数量（家）	占比（%）
期货(156)	156	100	156	100	154	99	156	100	156	100

资料来源：证信办期货公司信息技术资源情况调查。

表5-2-18　　2013年期货经营机构和分支机构通信备份情况

	多线路多运营商		多线路单运营商多介质		多线路单运营商单介质		单线路单运营商	
	数量（家）	占比（%）	数量（家）	占比（%）	数量（家）	占比（%）	数量（家）	占比（%）
期货（531）	109	20.5	4	0.8	26	4.9	392	73.8

资料来源：证信办期货公司信息技术资源情况调查。

在灾备系统建设方面，已有数据显示，2008年以前仅有极少数期货公司进行了灾备系统规划，但并无公司真正建成并启用了灾备系统。然而，随着行业的快速发展，市场对于技术系统的依赖程度迅速提高，投资者对于交易系统的要求更是从过去仅关注系统的处理能力、效率扩展到现在的业务连续性和系统高可靠性。近年来，行业内部分规模较大的期货公司未雨绸缪，在灾备系统建设方面进行了实际的建设投入。截至2013年底，全行业有81家期货公司完成建设灾备中心，并陆续投入使用，为未来行业全面开展灾备系统建设积累了宝贵的经验。具体期货公司灾难备份系统建设情况见表5-2-19。

表 5-2-19　　2013 年期货经营机构灾难备份系统建设情况

仅同城灾备（家）	仅异地灾备（家）	同城、异地灾备均有（家）	合计（家）
22	55	4	81

资料来源：证信办期货公司信息技术资源情况调查。

四、信息安全保障情况

2013 年，行业期货公司认真贯彻落实中国证监会和中国期货业协会关于敏感时期的安全保障工作要求，在"两会"维稳时期采取了一系列安全保障措施。

首先，在维稳前梳理运维流程，排查信息安全隐患，落实各项安全保障措施；其次，在维稳期间期货公司妥善安排人员值班，加大信息系统监控力度，冻结系统变更，同时按时上报网络与信息安全日报；最后，在维稳工作结束后及时总结维稳工作情况，并上报总结报告。

2013 年"两会"期间共 14 个报告日。据统计，协会 158 家期货公司会员应报信息安全日报 2 240 次，实报 1 774 次，报告率为 79.2%。其中，报告良好 1 772 次，报告出现问题 2 次。平均每个报告日有 126 家公司进行了填报，坚持每日按时填报的公司有 29 家。

2013 年，期货行业各类业务系统基本实现了稳定运行的目标，经受住了期货成交量持续放大的考验，未出现重大信息安全事故，行业信息系统抗风险能力总体得到了提高。

第三节　保证金监控中心信息技术发展概况

一、信息技术发展总体情况

（一）期货市场运行监测监控二期技术系统建设

经过 2013 年一系列优化改进，保证金监控中心建成了期货市场运行监测监控二期技术系统，开发完成报警系统、档案系统、风险监测系统和报表系统等四个二期功能模块开发，于 2013 年 5 月组织上线投入使用。2013 年 7 月，完成对连续交易合约实时监控的系统整体改造，对系统进行了进一步完善，在此期间对通信接口程序进行了优化改进，并向交易所公布。

（二）国债期货相关开户的技术工作

2013 年，保证金监控中心配合中国金融期货交易所完成了国债期货客户统一开户相关系统改造工作。在满足创新业务需求的前提下，最大限度地化解了关联各方紧急上线可能带来的技术系统风险。

（三）原油期货业务相关技术工作

2013 年，保证金监控中心积极推进原油期货业务统一开户、保证金监控等相关技术工作，重新设计并发布适合原油期货的数据接口，督促各方与保证金监控中心一同完成原油期货系统适应性改造。截至 2013 年底，已完成系统开发和内部测试工作。

（四）资产管理业务相关系统建设工作

根据资产管理业务工作指引，保证金监控中心在 2013 年启动了保证金监控系统和投资者查询服务系统的设计和改造，并于 2013 年 3 月正式上线。上线后，发布投资者查询服务系统资产管理业务操作指引，并每日更新资管类客户的相关数据，帮助期货公司解决交易系统暂时无法在报送的客户资料数据中标识出资管客户的问题。

2013 年，保证金监控中心牵头制定了期货交易所、监控中心和期货公司端系统的通信接口和系统需求和全新的数据通信接口，使统一开户系统能够实现既有客户和资管客户同时开户。

（五）连续交易制度下保证金监控系统改造和上线

2013 年，保证金监控中心完成了连续交易制度下保证金监控系统的改造工作，并与多家银行、期货公司和上期所就测试方案、应急演练和上线安排进行多次沟通。经过数月的多方联合测试，于 2013 年 6 月完成正式上线，实现连续交易制度下的保证金监控功能。

（六）开展期权业务相关技术工作

2013 年，保证金监控中心深入研究了各交易所关于期权业务的交易、结算、行权与履约、风险管理等业务规则。同时，与各交易所和期货公司软件商多次沟通，设计了各方报送数据的要求和查询系统结算单样式，并组织各方进行期货业务适应性系统改造。

（七）行业身份证验证系统相关工作

为整合系统资源，避免技术系统重复建设，保证金监控中心向中国证监会证信办争取承建行业身份证验证系统，利用现有统一开户身份证验证的资源和经验，搭建行业身份证验证平台，为证券、基金、期货等行业机构提供身份信息查询验证服务，截至 2013 年底已完成系统开发工作。

二、技术管理工作情况

（一）安全管理工作

1. 推进信息安全建设，夯实安全基础

2013 年保证金监控中心于 6 月底完成技术方面的安全风险评估；在管理方面，完成对安全管理制度、安全管理机构、人员安全管理、系统建设管理和系统运维管理五方面的风险评估。评估完成后，组织开展重点系统的修复工作，有效减少了保证金监控中心业务系统被攻击、数据被盗取的已知安全威胁。

2. 行业信息安全联合应急演练

2013 年 8 月，应中国证监会要求，保证金监控中心首次与其他市场核心机构一起，参加了由中国证监会组织的全行业信息安全联合应急演练，包括固定场景演练和更能考察真实安全防御能力和应急能力的预先不告知类科目。

3. 同城灾备系统建设

2013 年保证金监控中心完成了洋桥数据中心同城灾备系统硬件安装和数据库的数据同步项目。洋桥数据中心各应用系统服务器均通过双机集群或者负载均衡模式实现高可用，避免单点故障，系统上线前均需通过信息安全检测方可正式投入运行。从 2013 年 12 月起保证金监控中心各应用系统将陆续切换到洋桥数据中心运行，洋桥数据中心将成为主数据中心。

（二）运维管理工作

1. 基于虚拟化技术的专用仿真测试平台建设

2013 年保证金监控中心完成了基于虚拟化技术的供仿真和测试专用的系统平台建设。该平台可以提高仿真和测试系统响应效率，灵活应对不断变化的内外部需求，根据不同应用系统的业务负载大小，动态分配系统资源，提高资源利用率。

2. 现有业务系统的优化升级改造

为满足统一开户系统运行中新增的业务需求，2013 年保证金监控中心先后 11 次完成统一开户系统升级。为切实保护投资者信息安全，保证金监控中心对期货交易系统对接查询系统方案进行改进，提高调用查询系统的数据传输安全性，并对各对接方系统进行现场检查和安全评测，2013 年底进入全国推广升级阶段。

三、技术服务与支持工作

（一）制定统一开户数据接口行业标准

2013 年保证金监控中心参与了行业标准化工作，推进期货市场客户统一开户数据接口标准的制定和发布工作，完成了相关技术工作初稿。

（二）证联网网络方案设计和设备选型工作

在中国证监会证信办统一部署下，保证金监控中心参与了证联网技术方案的设计和证联网设备选型谈判等相关的技术工作。2013 年，由保证金监控中心提出的证联网网络架构，承载网的设计构想，证券、期货行业互备的双平面设计理念已被技术方案采纳。

（三）期货公司监管综合信息系统建设

2013 年保证金监控中心配合中国证监会，完成期货公司监管综合信息系统试运行组织协调和正式上线工作，实现“五位一体”数据统一报送及协同监管，并于 2013 年 8 月完成了全面功能开发并顺利验收。

第四节　中国期货业协会信息技术发展概况

一、技术管理工作情况

（一）综合信息管理系统建设工作

2012 年 12 月 21 日，中国期货业协会发布了《期货公司设立子公司开展以风险管理服务为主的业务试点工作指引》，期货公司可通过设立子公司的方式为实体企业提供仓单服务、合作套保、定价服务、基差交易等风险管理服务。

2013 年，中国期货业协会研究开发子公司综合信息管理系统，在需求分析和深入研究的基础上，提出了以管理、报表、查询和发布展示四大功能为核心的系统框架及其配套技术解决方案，为未来拓展子公司业务及其自律管理奠定了基础。

（二）信息技术境内外培训工作

2013 年 6 月，中国期货业协会分别于上海和长沙组织开展了期货公司信息化与信息安全培训班，围绕证券期货业信息化与信息安全工作总体战略、保障管理办法及行业信息技术法规体系、信息安全事件报告与调查处理办法、信息技术监管工作、信息安全等级保护工作等内容，对 300 名学员进行了培训和解读。

为适应期货市场创新发展新形势的要求，在 2012 年中国期货业协会成功组织首期赴美国高级研修班的基础上，中国期货业协会拟继续与美国相关机构合作，于 2013 年 7 月、8 月举办一期赴美国期货公司信息技术高级研修班，提升期货公司信息技术管理人员的专业素质和管理水平。

二、行业支持与服务工作情况

（一）组织编写《期货公司运维管理实践案例》

从 2006 年中国金融期货交易所成立开始，我国期货行业加速发展，业务创新不断。自 2010 年股指期货推出以来，期货公司的交易量成倍增长，而且客户的构成不断丰富。由于期货行业的快速发展，其在资本市场中的地位和作用不断提高，相应地，中国监管层和社会大环境对期货行业平稳运作的要求也越来越高，从 2008 年奥运会、2009 年新中国成立 60 周年，到 2011 年建党 90 周年、2012 年党的十八大，每年的“两会”维稳，都对期货公司的信息系统运维管理提出了很高的要求。

2013 年中国期货业协会对《期货公司信息技术管理指引》进行了修改完善，组织编写了《期货公司运维管理实践案例》，为会员运维管理提供指引和参考。

《期货公司运维管理实践案例》由中国证监会证信办和中国期货业协会组织编制，旨在指导期货公司如何执行《证券期货行业信息系统运维管理规范》。它通过总结行业信息技术水平较高的单位，如交易所、证券公司和技术实力较强的期货公司等的成功经验，结合期货公司实际运维管理现状，为期货公司提供了实践《证券期货行业信息系统运维管理规范》的示范案例。《期货公司运维管理实践案例》征求了众多期货公司的意见，并在部分期货公司进行了示范实施。

（二）组织修订《期货公司信息技术管理指引》

随着市场的快速发展，连续交易等新业务的不断推出，对信息系统的运维保障能力提出了新的要求。为解决新形势下信息系统运维保障过程中出现的新问题，持续提高行业信息系统运维保障水平，中国期货业协会分别于 2013 年 10 月 16 日、2013 年 11 月 15 日先后两次组织行业技术专家，就行业内对《期货公司信息技术管理指引》及细则内容修订进行了讨论，各期货公司认真研究，积极反馈。

（三）期货公司信息技术评级检查工作

受中国证监会委托，中国期货业协会继 2009 年组织开展落实《期货公司信息技术管理指引》的全行业大检查后，2010—2013 年，又委托中国期货业协会先后组织开展了 4 次《指引》检查工作。与此同时，业内期货公司对于信息技术工作的重视程度持续增强，主动提升技术等级的意愿日趋强烈。本次检查工作仍将采用现场查看和人员访谈两种方式，检查依据为《指引》及其检查细则。检查工作分三个阶段开展，即现场检查阶段、审核阶段以及评审阶段。

截至 2013 年底检查结束，全行业共有 1 家公司达到 4 类技术等级要求，59 家公司达到 3 类技术等级要求，71 家公司达到 2 类技术等级要求，22 家公司达到 1 类技术等级要求，4 家公司未达到 1 类技术等级要求。本年度期货公司达到《指引》3 类及以上要求的共计 60 家，占比 38.2%，较 2012 年增加 27.7%，较 2010 年底增加 215.8%，2 类和 1 类的达标公司均有所减少，较 2012 年分别减少 11.3% 和 33.3%，未达到 1 类要求的公司由 1 家增至 4 家，但就期货公司整体技术水平而言，技术实力明显增强，3 类公司占比越来越大，有效保障了期货市场总体安全平稳运行。

（四）修订证券期货科学技术奖励管理办法

为推动证券期货业科学技术发展，奖励证券期货业科学技术进步突出成果，在中国证监会的指导下，中国证券业协会、中国期货业协会、中国证券投资基金业协会共同修订完成了《证券期货科学技术奖励管理办法（试行）》，并于 2013 年 9 月 16 日起施行。行业科技奖办奖周期为两年一届，贯彻尊重知识、尊重人才的方针，遵循精神奖励与物质奖励相结合的原则，其申报、评审和授奖，实行“公开、公平、公正”的原则，确保行业科技奖工作的严肃性和权威性。

特别专题一

2013 年全球期货与其他衍生品行业发展报告

第一节　全球期货与其他衍生品市场交易概况

一、全球期货与其他场内衍生品市场总体发展概况

2012 年，全球期货与场内衍生品市场交易所成交量出现极大幅度的下滑，根据美国期货业协会（FIA）对全球 84 家交易所中期货与其他场内衍生品成交量统计结果，2012 年全球交易所内交易的期货及其他衍生品交易总量同比下降 15.3% 至 212 亿手；2013 年全球交易所合约成交量微弱反弹 2.1%，达到 216.43 亿手，仍未恢复到 2011 年及 2010 年的成交水平。其中，期货合约与期权合约成交情况较分化，2013 年全球期货成交量增长 10.3% 至 122.18 亿手，规模仅次于 2011 年的最高水平；而场内期权成交量规模则继续萎缩，2013 年录得 94.26 亿手，同比下降 6.8%。2004—2013 年全球交易所期货及期权成交量对比见图 1。

（一）全球期货及其他场内衍生品成交量地域分布

从全球期货与其他场内衍生品成交量地域分布来看，北美地区的成交量增长是 2013 年全球期货及其他场内衍生品成交量能够止跌进而实现微弱恢复的最重要因素。具体来看，芝加哥商业交易所集团（CME Group）利率期货期权的大幅度增长以及洲际交易所（ICE）能源掉期产品期货化，转移至交易所交易，大大改善了美

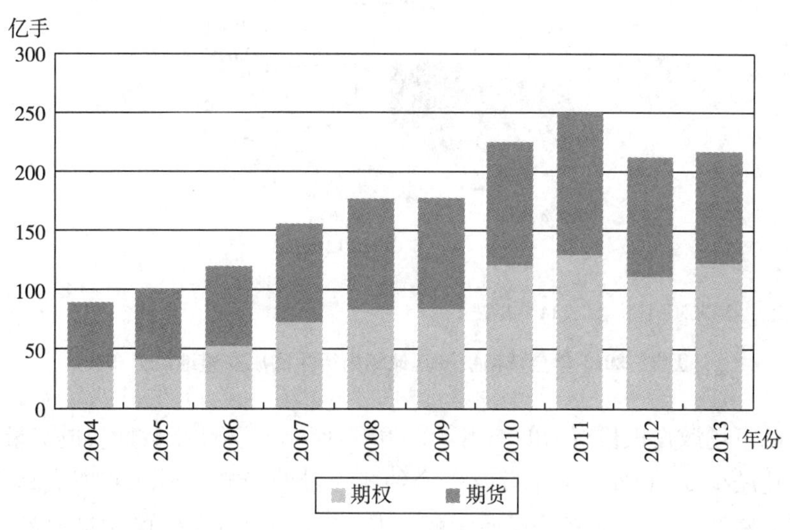

资料来源：美国期货业协会（FIA）相关资料。

图 1　2004—2013 年全球交易所期货及期权成交量对比

国地区场内期货、期权的成交情况。根据美国期货业协会公布的数据，2013 年北美地区成交量达到79.4 亿手，同比增长9.9%，是2013 年的几个主要统计地区中唯一实现成交量正增长的地区；相比较之下，亚太、欧洲以及拉美等地区的成交量均出现小幅下滑，因此，2013 年北美地区成交量在全球占比为 36.69%，超过亚太地区重夺领先地位（见表 1 和图 2）。

表 1　2011—2013 年全球期货与其他场内衍生品成交量分地区比较情况

地区	2011 年（手）	2012 年（手）	2013 年（手）	2013 年同比变化（%）
北美	8 185 544 285	7 226 899 794	7 940 222 591	9.9
亚太地区	9 825 053 798	7 526 362 180	7 291 409 895	-3.1
欧洲	5 017 124 049	4 389 386 969	4 351 305 986	-0.9
拉美	1 603 203 726	1 730 633 143	1 683 076 253	-2.7
其他地区	350 764 885	316 835 364	377 405 049	19.1
全球总量	24 981 682 743	21 190 117 450	21 643 419 774	2.1

注：交易所所在地按交易所注册地划分，其他地区包括迪拜、以色列、南非以及土耳其。

资料来源：美国期货业协会（FIA）相关资料。

值得注意的是，韩国交易所（Korea Exchange，KRX）上市交易的 Kospi 200 指数期权合约成交量收缩仍是影响亚太地区成交量变动的重要因素。自 2012 年 3 月开始，该期权合约的指数乘数放大至原来的 5 倍，同时在韩国监管机构有意打击各类

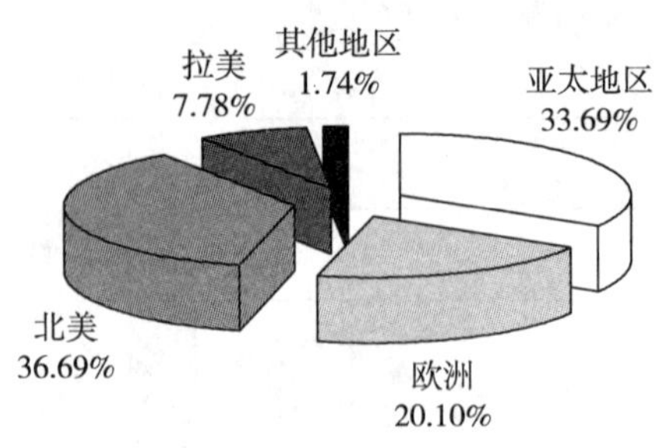

资料来源：美国期货业协会（FIA）相关资料。

图 2　2013 年全球期货及其他场内衍生品成交量地域分布

股票衍生品市场散户投机行为的作用下，2013 年 Kospi 200 指数期权成交量仅为 5.8 亿手，同比减少 65.15%。若剔除这一合约成交量的影响，2013 年亚太地区其他合约的总成交量非但没有下降，反而大幅增长 12.8%，而全球成交量增长比率也从 2.1% 提高至 7.4%，可见该合约成交量基数之大、影响之大。2013 年全球期货与其他场内衍生品成交量地域分布见图 2。

（二）全球各交易所期货及其他场内衍生品成交量概况

根据美国期货业协会（FIA）对 2013 年全球各交易所期货与其他衍生品交易/清算的合约数量排名，位列前三甲的分别是芝加哥商业交易所集团（CME Group）、洲际交易所集团（Intercontinental Exchange，ICE）与欧洲期货交易所集团（Eurex）。过去很长时间里成交量稳居榜首的韩国交易所自 2012 年成交量下降 53.3% 后，2013 年成交量继续大幅减少，全球排名从 2012 年第 5 名下滑至 2013 年第 9 名。

表 2　2013 年全球交易所/交易所集团成交量前 20 位排名

排名	交易所/交易所集团名称	成交量	同比变化（%）	未平仓头寸	同比变化（%）
1	芝加哥商业交易所集团（CME Group）	3 161 476 638	9.2	83 904 116	19.66
2	洲际交易所集团（ICE）	2 807 970 132	14.7	135 377 377	12.93
3	欧洲期货交易所集团（Eurex）	2 190 548 148	-4.4	77 090 544	-2.52
4	印度国家证券交易所（NSE）	2 135 637 457	6.2	7 786 961	-40.60
5	巴西证券期货交易所（BM&FBovespa）	1 603 600 651	-2.0	56 666 689	-11.10
6	芝加哥期权交易所集团（CBOE Holdings）	1 187 642 669	4.7	351 428	18.86
7	纳斯达克 OMX 集团（NASDAQ OMX）	1 142 955 206	2.5	7 196 312	6.61
8	莫斯科交易所（Moscow Exchange）	1 134 477 258	6.8	5 233 255	37.80
9	韩国交易所（KRX）	820 664 621	-55.3	2 683 821	5.11
10	印度大宗商品交易所集团（MCX）	794 001 650	-17.3	745 474	-68.47
11	大连商品交易所（DCE）	700 500 777	10.7	3 153 905	39.23
12	上海期货交易所（SHFE）	642 473 980	75.9	2 093 921	68.57

续表

排名	交易所/交易所集团名称	成交量	同比变化（%）	未平仓头寸	同比变化（%）
13	郑州商品交易所（ZCE）	525 299 023	51.3	1 998 727	74.99
14	日本交易所集团（JPX）	366 145 920	56.3	5 436 115	5.65
15	香港交易所集团（HKEx）	301 128 507	7.7	8 183 801	13.50
16	澳大利亚证券交易所集团（ASX Group）	261 790 908	0.7	13 956 878	-15.16
17	孟买证券交易所（BSE）	254 845 929	4.5	32 801	-52.02
18	南非约翰内斯堡证券交易所（JSE）	254 514 098	60.2	17 857 396	32.62
19	中国金融期货交易所（CFFE）	193 549 311	84.2	123 166	11.58
20	TMX 集团（TMX Group）	155 753 473	-25.6	4 329 062	2.30

资料来源：美国期货业协会（FIA）相关资料。

过去几年中，全球交易所间兼并收购不断进行，各交易所呈现抱团竞争的态势。2013 年并购潮仍在延续，并对全球交易所/交易所集团成交量排名也产生一定的影响。在全球期货与其他场内衍生品成交量排名前 20 位的交易所/交易所集团中，超过一半是通过重新组建而成。其中最令人瞩目的一宗并购案是洲际交易所对纽约—泛欧交易所的兼并，合并后洲际交易所集团 2013 年成交量超过欧洲期货交易所集团，居第 2 位，仅次于芝加哥商业交易所集团。日本交易所整合了原来的大阪证券交易所与东京证券交易所，2013 年成交量在全球交易所/交易所集团中列第 14 位。此外，紧随其后的香港交易所也在并购伦敦金属交易所后成交量排名跃升至第 15 位。2013 年各交易所集团旗下交易所成交概况见表 3。

表 3　2013 年各交易所集团旗下交易所成交概况

交易所	成交量（手）	同比变化（%）
澳大利亚证券交易所（Australian Stock Exchange）	139 899 562	-11.20
悉尼期货交易所（Sydney Futures Exchange）	121 891 346	18.90
澳大利亚证券交易所集团（ASX Group）	261 790 908	0.7
圣保罗证券交易所（Bolsa de Valores São Paulo）	910 894 138	-2.3
巴西商品期货交易所（Bolsa de Mercadorias & Futuros）	692 706 513	-1.6
巴西证券期货交易所（BM&FBovespa）	1 603 600 651	-2.0
芝加哥期权交易所（Chicago Board Options Exchange）	1 070 865 472	1.1
C2 期权交易所（C2 Exchange）	76 583 750	50.1
CBOE 期货交易所（CBOE Futures Exchange）	40 193 447	68.2
芝加哥期权交易所集团（CBOE Holdings）	1 187 642 669	4.7
芝加哥商业交易所（Chicago Mercantile Exchange）	1 551 802 526	8.50
芝加哥期货交易所（Chicago Board of Trade）	1 084 825 166	14.90

续表

交 易 所	成交量（手）	同比变化（%）
纽约商业交易所（New York Mercantile Exchange）	519 224 681	0. 53
堪萨斯城期货交易所（Kansas City Board of Trade）	5 624 265	4. 10
芝加哥商业交易所集团（CME Group）	3 161 476 638	9. 2
欧洲期货交易所（Eurex）	1 551 710 217	-6. 5
美国国际证券交易所（International Securities Exchange）	606 765 206	-4. 0
美国国际证券交易所 Gemini 分所（ISE Gemini）	32 072 725	N/A
欧洲期货交易所集团（Eurex）	2 190 548 148	-5. 2
伦敦金属交易所（London Metal Exchange）	171 099 643	7. 1
香港交易所（Hong Kong Exchanges & Clearing）	130 028 864	8. 5
香港交易所集团（Hong Kong Exchanges & Clearing）	301 128 507	7. 7
伦敦国际金融期货及期权交易所欧洲市场（NYSE Liffe Europe）	941 803 236	-1. 50
纽约证券交易所泛美期权市场（NYSE Amex Options）	549 050 523	-2. 80
洲际交易所美国期货分所（ICE Futures U. S. ）*	530 570 456	157. 01
纽约证券交易所高增长板期权市场（NYSE Arca Options）	451 427 061	9. 60
洲际交易所欧洲期货分所（ICE Futures Europe）*	315 484 099	11. 80
伦敦国际金融期货及期权交易所美国市场（NYSE Liffe U. S. ）	13 504 571	-28. 30
洲际交易所加拿大期货分所（ICE Futures Canada）	5 688 295	12. 90
新加坡商品交易所（Singapore Mercantile Exchange）	441 891	-79. 10
洲际交易所集团（Intercontinental Exchange Group，ICE）	2 807 970 132	14. 8
大阪证券交易所（Osaka Securities Exchange）	327 784 515	59. 80
东京证券交易所（Tokyo Stock Exchange）	38 361 405	31. 90
日本交易所集团（Japan Exchange Group）	366 145 920	56. 3
MCX 证券交易所（MCX - SX）	529 373 957	-7. 3
印度大宗商品交易所（Multi Commodity Exchange of India，MCX）	264 627 693	-31. 9
印度大宗商品交易所集团（MCX）	794 001 650	-17. 3
纳斯达克 OMX 费城股票交易所（Nasdaq OMX PHLX）	681 995 742	-13. 80
纳斯达克期权交易所（Nasdaq Options Market）	326 388 360	60. 40
纳斯达克 OMX 北欧交易所（Nasdaq OMX Nordic）	98 387 962	-6. 20
纳斯达克 OMX 波士顿期权交易所（Nasdaq OMX Boston）	35 334 377	147. 50
纳斯达克 OMX 商品交易所（Nasdaq OMX Commodities）	848 765	-3. 70
纳斯达克 OMX 集团（Nasdaq OMX Group）	1 142 955 206	2. 5
波士顿期权交易所（Boston Options Exchange）	89 546 651	-38. 2
蒙特利尔交易所（Montreal Exchange）	66 206 822	2. 9
TMX 集团（TMX Group）	155 753 473	-25. 6

注：*2013 年数据包含期货化掉期产品成交量。

资料来源：美国期货业协会（FIA）相关资料。

（三）全球期货及其他场内衍生品交易品种成交量分布

在各品种的表现方面，2013 年成交量情况继续呈现明显分化。其中，受益于洲际交易所能源掉期产品期货化，能源品种成交量增长幅度最大，同比增加 36.7% 至 12.66 亿手；美国利率市场前景改变的预期也在利率期货、期权等衍生品的成交量中有所反映，使 2013 年全球利率类场内衍生品成交量实现 13.6% 的同比增长；此外金属类合约也表现优异，贵金属合约与非贵金属合约成交量同比增长分别为 34.9% 和 16.6%；相比之下，股票指数类合约则表现惨淡，该类别合约 2013 年总成交量与 2012 年同期相比减少 11.2% 至 53.71 亿手。然而，若剔除 Kospi 200 指数期权成交量收缩 9.95 亿手的影响，其他股票指数类合约成交量则能够实现正增长，同比增长为 7.1%。金融类期货及其他场内衍生品仍是全球市场的主要产品，2013 年各品种成交量分布中，个股产品成交量占比为 29.6%，而股票指数产品占比虽较 2012 年有所下滑，仍以 24.8% 居第 2 位，第 3 位的利率产品市场份额则上升至 15.4%（见表 4、图 3 和图 4）。

表 4　　2012—2013 年各品种成交量情况对比

品种种类	2012 年（手）	2013 年（手）	同比变化（%）
个股	6 469 512 853	6 401 526 238	-1.1
股票指数	6 048 270 302	5 370 863 386	-11.2
利率	2 931 840 769	3 330 719 902	13.6
外汇	2 434 253 088	2 491 136 321	2.3
能源	925 590 232	1 265 568 992	36.7
农产品	1 254 415 510	1 213 244 969	-3.3
非贵金属	554 249 054	646 318 570	16.6
贵金属	319 298 665	430 681 757	34.9
其他	252 686 977	493 359 639	95.2
总计	21 190 117 450	21 643 419 774	2.1

资料来源：美国期货业协会（FIA）相关资料。

在股票指数期货、期权合约中，印度国家证券交易所上市的 CNX 精选指数期权 2013 年成交量同比增长 8.93%，超过 2012 年排在榜首的 Kospi 200 指数期权，成为成交量最大的股指类合约，成交量排名前 5 位的合约见表 5。此外，有两个指数衍生品的表现值得一提，虽然它们均不在前 5 位的榜单中。其一为日经 225 指数期货与期权，该指数合约主要在全球三家交易所上市交易，其中大阪证券交易所的迷你日经 225 指数期货与日经 225 指数期货在 2013 年成交量分别增长 79.3% 与 58.3%，至 2.34 亿手及 3 091 万手；在新加坡交易所（SGX）交易的日经 225 指数期货成交量增加 39.6% 达到 3 909 万手；该指数合约在芝加哥商业交易所中的表现也十分喜

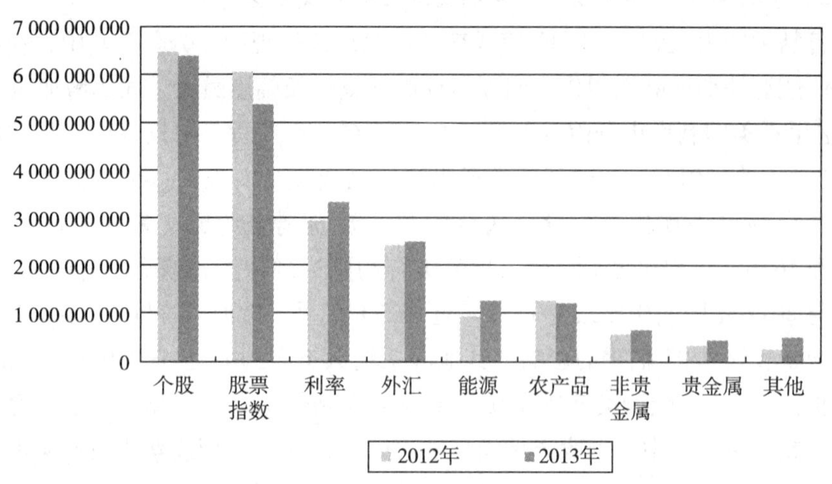

资料来源：美国期货业协会（FIA）相关资料。

图3　2012—2013 年全球期货及其他场内衍生品各品种成交量对比

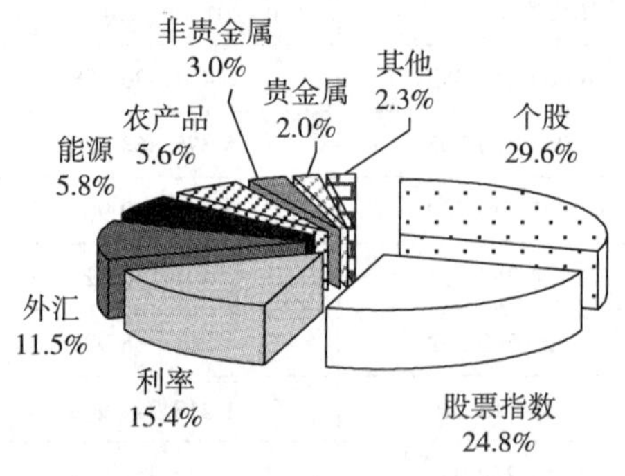

资料来源：美国期货业协会（FIA）相关资料。

图4　2013 年全球期货及其他场内衍生品各品种成交量分布

人，其中日元计价的日经 225 指数合约成交量翻番，增长 105. 1% 至 1 179 万手，美元计价的日经 225 指数期货成交量更是爆发式增长 176. 9% 至 468 万手；期权合约方面，大阪证券交易所日经 225 指数期权成交量为 5 727 万手，同比增长 17. 4%，新加坡交易所交易的该指数期权增长 131. 8% 至 1 018 万手。另一指数合约则是中国金融期货交易所上市的沪深 300 指数期货，该合约 2010 年上市以来成交量一直呈现跨越式增长，2013 年成交量同比增长 83. 9%，达到 1. 93 亿手，位列全球股指期货及期权成交量排名第 10 位。

在商品类别的合约中，中国市场表现尤其亮眼。2013 年全球农产品期货及期权成交量排名前 5 位合约由中国市场商品交易所包揽，菜粕期货在 2012 年 12 月上市交易，经过短短一年的发展成交量规模便攀升至全球农产品合约成交量第 2 位；此外，中国市场金属合约的表现也十分优异，2013 年全球金属期货及期权成交量排名前 3 位的合约均出自中国的交易所，其中位列榜首的螺纹钢期货 2013 年成交量增长 62.7%，达 2.94 亿手的历史高点；2012 年 5 月上市的白银期货 2013 年全年成交量攀升至 1.73 亿手，仅次于螺纹钢期货。

表 5　2013 年全球股票指数期货及期权成交量排名前 5 位合约

排名	交易品种及上市交易所	指数乘数	2012 年（手）	2013 年（手）	同比变化（%）
1	CNX 精选指数期权，印度国家证券交易所（NSE）	50 印度卢比	803 086 926	874 835 809	8.93
2	SPDR 标普 500ETF 期权*	N/A	585 945 819	596 304 426	1.77
3	Kospi200 指数期权，韩国交易所（KRX）**	500 000 韩元	1 575 394 249	580 460 364	-63.15
4	电子迷你标普 500 指数期货，芝加哥商业交易所（CME）	50 美元	474 278 939	452 291 450	-4.64
5	欧元 Stoxx50 指数期货，Eurex	10 欧元	315 179 597	268 495 189	-14.81

注：*美国多家期权交易所交易；**指数乘数从 2012 年 3 月开始从 100 000 韩元放大至 500 000 韩元。

资料来源：美国期货业协会（FIA）相关资料。

表 6　2013 年全球农产品期货及期权成交量排名前 5 位合约

排名	交易品种及上市交易所	交易单位	2012 年（手）	2013 年（手）	同比变化（%）
1	豆粕期货，大连商品交易所（DCE）	10 吨	325 876 653	265 357 592	-18.57
2	菜粕期货，郑州商品交易所（ZCE）*	10 吨	421 207	160 100 378	N/A
3	豆油期货，大连商品交易所（DCE）	10 吨	68 858 554	96 334 673	39.90
4	棕榈油期货，大连商品交易所（DCE）	10 吨	43 310 013	82 495 230	90.48
5	橡胶期货，上海期货交易所（SHFE）	5 吨	75 176 266	72 438 058	-3.64

注：*2012 年 12 月上市交易。

资料来源：美国期货业协会（FIA）相关资料。

表 7　　2013 年全球金属期货及期权成交量排名前 5 位合约

排名	交易品种及上市交易所	交易单位	2012 年（手）	2013 年（手）	同比变化（%）
1	螺纹钢期货，上海期货交易所（SHFE）	10 吨	180 562 480	293 728 929	62.7
2	白银期货，上海期货交易所（SHFE）*	15 千克	21 264 954	173 222 611	714.6
3	铜期货，上海期货交易所（SHFE）	5 吨	57 284 835	64 295 856	12.2
4	高级原铝期货，伦敦金属交易所（LME）	25 吨	59 123 583	63 767 903	7.9
5	SPDR 黄金 ETF 期权 **	N/A	54 567 743	49 003 859	-10.2

注：*2012 年 5 月上市交易；** 美国多家期权交易所交易。

资料来源：美国期货业协会（FIA）相关资料。

表 8　　2013 年全球利率期货及期权成交量排名前 5 位合约

排名	交易品种及上市交易所	交易单位	2012 年（手）	2013 年（手）	同比变化（%）
1	欧洲美元期货，芝加哥商业交易所（CME）	1 000 000 美元	426 438 437	517 250 183	21.3
2	一天期银行间存款期货，巴西证券期货交易所（BM&F）	100 000 巴西雷亚尔	340 800 485	394 055 420	15.6
3	十年期美国国债期货，芝加哥期货交易所（CBOT）	100 000 美元	264 997 089	325 928 194	23.0
4	三个月期欧元银行间同业拆借利率（Euribor）期货，伦敦国际金融期货交易所（LIFFE）	1 000 000 欧元	178 762 097	238 493 786	33.4
5	德国欧元长期债券期货，欧洲期货交易所（Eurex）	100 000 欧元	184 338 704	190 299 482	3.2

资料来源：美国期货业协会（FIA）相关资料。

表 9　　2013 年全球外汇期货及期权成交量排名前 5 位合约

排名	交易品种及上市交易所	交易单位	2012 年（手）	2013 年（手）	同比变化（%）
1	美元/印度卢比期货，印度国家证券交易所（NSE）	1 000 美元	620 215 043	566 399 936	-8.7
2	美元/印度卢比期货，MCX 证券交易所（MCX-SX）	1 000 美元	551 326 121	496 230 881	-10.0
3	美元/俄罗斯卢布期货，莫斯科交易所（Moscow Exchange）	1 000 美元	373 108 731	373 466 315	0.1
4	美元/印度卢比期权，印度国家证券交易所（NSE）	1 000 美元	237 062 966	252 398 423	6.5
5	美元期货，巴西证券期货交易所（BM&F）	50 000 美元	84 049 097	83 426 499	-0.7

资料来源：美国期货业协会（FIA）相关资料。

表 10　　2013 年全球能源期货及期权成交量排名前 5 位合约

排名	交易品种及上市交易所	交易单位	2012 年（手）	2013 年（手）	同比变化（%）
1	布伦特原油期货，洲际交易所欧洲期货分所（ICE Europe）	1 000 桶	147 385 858	159 093 303	7.9
2	轻质低硫原油期货，纽约商业交易所（NYMEX）	1 000 桶	140 531 588	147 690 593	5.1
3	亨利港天然气期货，纽约商业交易所（NYMEX）	10 000 百万英国热量单位（MMBTU）	94 799 542	84 282 495	-11.1
4	汽油期货，洲际交易所欧洲期货分所（ICE Europe）	100 吨	63 503 591	63 964 827	0.7
5	原油期货，印度大宗商品交易所（MCX）	100 桶	57 790 229	39 558 169	-31.5

资料来源：美国期货业协会（FIA）相关资料。

二、美国期货及其他场内衍生品市场发展概况

（一）美国期货及其他场内衍生品市场成交量概况

美国期货及其他场内衍生品市场是 2013 年各主要地区市场中唯一一个成交量收

获正增长的地区，是全球市场全年成交量止跌回升的最主要功臣。具体看来，美国市场中期货合约成交量的大幅增长是整个市场增长的主要力量，2013 年美国市场期货合约成交量为 31.70 亿手，同比增长 17.85%，期权成交 46.99 亿手，同比增加 5.17%，整个市场成交量合计 78.68 亿手，实现 9.93% 的同比增长。

表 11　　2012—2013 年美国期货及期权成交情况对比

交易品种	2012 年（手）	2013 年（手）	同比变化（%）
期权	4 467 734 920	4 698 544 452	5.17
期货	2 689 760 818	3 169 783 022	17.85
合计	7 157 495 738	7 868 327 474	9.93

资料来源：美国期货业协会（FIA）相关资料。

（二）美国期货及其他场内衍生品成交量在各交易所的分布情况

从美国期货及其他场内衍生品成交量在各交易所的分布情况来看，四大交易所集团是美国场内衍生品市场的绝对主力，分别为芝加哥期权交易所集团（CBOE Group）、芝加哥商业交易所集团（CME Group）、纳斯达克 OMX 集团（美国市场）及洲际交易所集团（Intercontinental Exchange Group）。

从美国交易所/交易所集团的成交量分布看，芝加哥商业交易所集团（CME Group）仍然占据着最主要地位，其成交量为美国各交易所总成交量的 40.2%，比例较 2012 年的 41% 稍微降低；该集团旗下的四家交易所——芝加哥商业交易所（CME）、芝加哥期货交易所（CBOT）、纽约商业交易所（Nymex）、堪萨斯城期货交易所（KCBOT）在 2013 年成交量均出现不同程度的增长，总成交量达到 31.61 亿手，同比攀升 9.2%；洲际交易所在收购纽约泛欧交易所后，该集团在美国市场的份额也一步跃至 19.6%，仅次于芝加哥商业交易所集团（见表 12 和图 5）。

表 12　　2013 年美国市场各主要交易所/交易所集团成交量对比

交易所/交易所集团	成交量（手）	同比变化（%）
芝加哥期权交易所（CBOE）	1 070 865 472	1.1
C2 期权交易所	76 583 750	50.1
CBOE 期货交易所（CFE）	40 193 447	68.2
芝加哥期权交易所集团（CBOE Group）	1 187 642 669	4.7
芝加哥商业交易所（CME）	1 551 802 526	8.50
芝加哥期货交易所（CBOT）	1 084 825 166	14.90
纽约商业交易所（Nymex）	519 224 681	0.53
堪萨斯城期货交易所（KCBOT）	5 624 265	4.10
芝加哥商业交易所集团（CME Group）	3 161 476 638	9.2

交易所/交易所集团	成交量（手）	同比变化（%）
纳斯达克 OMX 费城股票交易所（Nasdaq OMX PHLX）	681 995 742	-13.80
纳斯达克期权市场	326 388 360	60.40
纳斯达克 OMX 波士顿期权交易所	35 334 377	147.50
纳斯达克 OMX 集团美国市场	1 043 718 479	N/A
纽约证券交易所泛美期权市场（NYSE Amex Options）	549 050 523	-2.80
洲际交易所美国期货分所（ICE Futures U.S.）*	530 570 456	157.01
纽约证券交易所高增长板期权市场（NYSE Arca Options）	451 427 061	9.60
伦敦国际金融期货及期权交易所美国市场（NYSE Liffe U.S.）	13 504 571	-28.30
洲际交易所集团（Intercontinental Exchange Group，ICE）美国市场	1 544 552 611	N/A
美国国际证券交易所（ISE）**	638 837 931	N/A

注：*2013 年数据包含期货化掉期产品成交量；** 含 ISE Gemini 分所成交数据。

资料来源：美国期货业协会（FIA）相关资料。

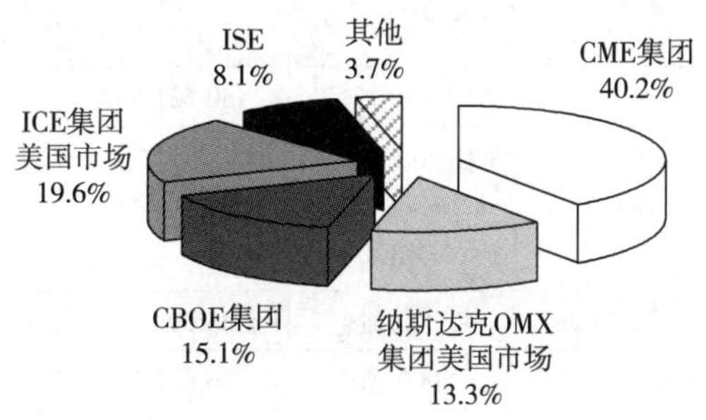

资料来源：美国期货业协会（FIA）相关资料。

图 5　2013 年美国各主要交易所/交易所集团成交量分布

（三）美国期货及其他场内衍生品市场主要品种合约成交概况

美国市场在全球期货及其他场内衍生品市场中表现一直都相对较强，其主要的品种合约成交量均能挤进各品种的全球前 20 位排名中。从各领先品种在全球的排名列表中可以看出，芝加哥商业交易所集团（CME Group）旗下的 3 家交易所：芝加哥商业交易所（CME）、芝加哥期货交易所（CBOT）以及纽约商业交易所（Nymex）占据了绝大部分的位置，各自分工定位相对明确。

其中农产品、利率期货、期权合约中，主要是由芝加哥期货交易所（CBOT）占据主导地位，能源期货、期权品种排名中，纽约商业交易所（Nymex）上市的品种合约领先，而芝加哥商业交易所（CME）则是美国外汇市场的龙头，在其上市的 5 个外汇品种进入全球前 20 位，占据绝对的领先地位。

表 13　　2012—2013 年美国农产品合约成交量排名进入全球前 20 位情况

排名	交易品种及上市交易所	交易单位	2012 年（手）	2013 年（手）	同比变化（%）
7	玉米期货，CBOT	5 000 蒲式耳	73 184 337	64 322 600	-12. 11
8	大豆期货，CBOT	5 000 蒲式耳	52 041 615	46 721 081	-10. 22
9	11 号白糖期货，ICE Futures U. S.	112 000 磅	27 126 728	29 813 680	9. 91
10	小麦期货，CBOT	5 000 蒲式耳	27 379 403	24 993 158	-8. 72
11	豆油期货，CBOT	60 000 磅	27 627 590	23 805 912	-13. 83
12	玉米期权，CBOT	5 000 蒲式耳	26 599 756	23 534 308	-11. 52
13	豆粕期货，CBOT	100 短吨	18 187 433	20 237 181	11. 27
14	大豆期权，CBOT	5 000 蒲式耳	18 402 208	14 760 704	-19. 79
16	活牛期货，CME	40 000 磅	13 985 374	12 463 043	-10. 89
18	瘦猪肉期货，CME	40 000 磅	11 461 892	11 277 038	-1. 61

资料来源：美国期货业协会（FIA）相关资料。

表 14　　2012—2013 年美国能源合约成交量排名进入全球前 20 位情况

排名	交易品种及上市交易所	交易单位	2012 年（手）	2013 年（手）	同比变化（%）
2	低硫轻质原油期货，Nymex	1 000 桶	140 531 588	147 690 593	5. 09
3	亨利港天然气期货，Nymex	10 000 百万英国热量单位（MMBTU）	94 799 542	84 282 495	-11. 09
7	纽约港 RBOB 汽油期货，Nymex	42 000 加仑	36 603 841	34 470 288	-5. 83
8	2 号取暖油期货，Nymex	42 000 加仑	36 087 707	32 749 553	-9. 25
9	原油期权，Nymex	1 000 桶	32 525 624	31 478 060	-3. 22
11	欧式天然气期权，Nymex	10 000 百万英国热量单位（MMBTU）	24 260 726	21 053 064	-13. 22
13	美国石油基金 ETF 期权*	N/A	21 348 808	16 557 758	-22. 44
14	亨利港天然气掉期期货，Nymex	2 500 百万英国热量单位（MMBTU）	18 156 113	11 459 837	-36. 88
16	原油最终交易日期货，Nymex	1 000 桶	1 161 113	9 214 951	693. 63
17	美国天然气基金 ETF 期权*	N/A	12 369 729	7 988 602	-35. 42
19	天然气倒数第二个交易日期满掉期期货，Nymex	2 500 百万英国热量单位（MMBTU）	7 945 695	6 418 797	-19. 22

注：*美国多家期权交易所交易。

资料来源：美国期货业协会（FIA）相关资料。

表 15　　2012—2013 年美国股指合约成交量排名进入全球前 20 位情况

排名	交易品种及上市交易所	指数乘数	2012 年（手）	2013 年（手）	同比变化（%）
2	SPDR 标普 500 ETF 期权*	N/A	585 945 819	596 304 426	1.77
4	电子迷你标普 500 指数期货，CME	50 美元	474 278 939	452 291 450	-4.64
9	标普 500 指数期权，CBOE	100 美元	174 457 138	207 488 939	18.93
11	波动率指数期权，CBOE	100 美元	110 739 796	142 999 960	29.13
13	安硕罗素 2000 指数 ETF 期权*	N/A	124 525 874	134 857 623	8.30
15	Powershares QQQ ETF 期权*	N/A	113 719 614	94 302 472	-17.07
17	iPath 标普 500 波动率指数短期期货 ETN 期权*	N/A	47 710 104	83 532 121	75.08
18	安硕 MSCI 新兴市场 ETF 期权*	N/A	64 284 148	82 452 022	28.26
20	电子迷你纳斯达克 100 指数期货，CME	20 美元	63 530 758	59 393 053	-6.51

注：*美国多家期权交易所交易。

资料来源：美国期货业协会（FIA）相关资料。

表 16　　2012—2013 年美国外汇合约成交量排名进入全球前 20 位情况

排名	交易品种及上市交易所	交易单位	2012 年（手）	2013 年（手）	同比变化（%）
6	欧元期货，CME	125 000 欧元	67 407 741	61 285 617	-9.08
12	日元期货，CME	12 500 000 日元	23 520 562	42 762 257	81.81
11	英镑期货，CME	62 500 英镑	26 166 290	29 237 763	11.74
10	澳元期货，CME	100 000 澳元	32 727 390	26 332 299	-19.54
19	加拿大元期货，CME	100 000 加拿大元	22 799 446	17 427 832	-23.56

资料来源：美国期货业协会（FIA）相关资料。

表 17　　2012—2013 年美国利率合约成交量排名进入全球前 20 位情况

排名	交易品种及上市交易所	交易单位	2012 年（手）	2013 年（手）	同比变化（%）
1	欧洲美元期货，CME	1 000 000 美元	426 438 437	517 250 183	21.30
3	十年期美国国债期货，CBOT	100 000 美元	264 997 089	325 928 194	22.99
6	五年期美国国债期货，CBOT	100 000 美元	133 342 429	175 328 163	31.49
12	欧洲美元中期利率期权，CME	1 000 000 美元	91 189 258	122 159 718	33.96
11	三十年期美国国债期货，CBOT	100 000 美元	91 745 232	97 963 266	6.78
14	十年期美国国债期权，CBOT	100 000 美元	56 070 376	90 401 169	61.23
15	二年期美国国债期货，CBOT	200 000 美元	55 108 651	57 815 900	4.91

资料来源：美国期货业协会（FIA）相关资料。

表 18　2012—2013 年美国金属合约成交量排名进入全球前 20 位情况

排名	交易品种及上市交易所	交易单位	2012 年（手）	2013 年（手）	同比变化（%）
5	SPDR 黄金 ETF 期权*	N/A	54 567 743	49 003 859	-10.20
6	黄金期货，Nymex	100 金衡盎司	43 893 311	47 294 551	7.75
10	安硕白银信托 ETF 期权*	N/A	35 963 367	29 722 604	-17.35
15	铜期货，Nymex	25 000 磅	16 158 815	17 127 383	5.99
18	白银期货，Nymex	5 000 盎司	13 315 679	14 475 593	8.71

注：* 美国多家期权交易所交易。

资料来源：美国期货业协会（FIA）相关资料。

三、欧洲期货及其他场内衍生品市场发展概况

（一）欧洲期货及其他场内衍生品市场成交量概况

欧洲期货及其他场内衍生品市场在经过 2012 年成交量大幅度下滑之后，2013 年总体成交量下降幅度有所放缓，虽然仍未能实现增长，但全年市场总成交量同比微弱减少 0.9% 至 43.51 亿手。2009—2013 年欧洲期货与其他场内衍生品市场成交量对比见图 6。

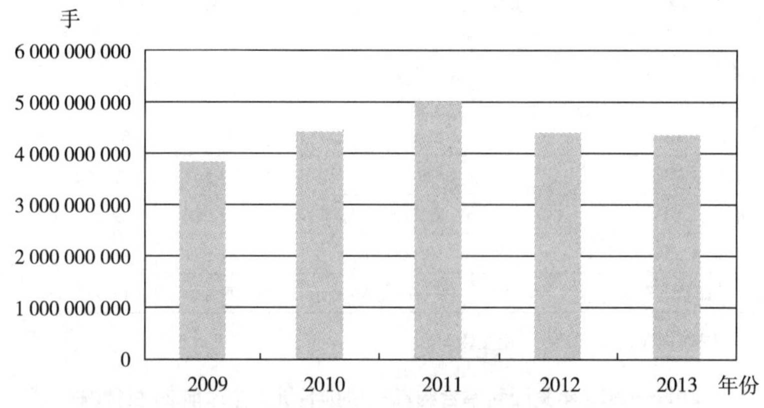

资料来源：美国期货业协会（FIA）相关资料。

图 6　2009—2013 年欧洲期货与其他场内衍生品市场成交量比较

（二）欧洲期货及其他场内衍生品成交量在各交易所的分布情况

欧洲市场主要的交易所/交易所集团分别为欧洲期货交易所（Eurex）、莫斯科交易所（Moscow Exchange）、伦敦金属交易所（LME）、纳斯达克 OMX 集团（欧洲市场）以及收购纽约—泛欧交易所后组成的洲际交易所集团（欧洲市场）等。

其中，欧洲期货交易所（Eurex）、洲际交易所集团欧洲市场部分、莫斯科交易所（Moscow Exchange）这三大交易所/交易所集团的成交量份额占据欧洲市场总成交量的 90.7%。成交量规模最大的为欧洲期货交易所，2013 年同比减少 6.5% 至

15.52 亿手，在欧洲市场中占比 35.7%，较 2012 年有所下降；洲际交易所集团欧洲市场以 12.57 亿手的成交量列第 2 位，占比 28.9%；而莫斯科交易所成交量则实现 6.8% 的增长至 11.34 亿手，占比 26.1%，列第 3 位。

2013 年欧洲主要交易所/交易所集团成交量情况见表 19。

表 19　　2013 年欧洲主要交易所/交易所集团成交量情况

交易所/交易所集团	成交量（手）	同比变化（%）
纳斯达克 OMX 北欧交易所（Nasdaq OMX Nordic）	98 387 962	-6.20
纳斯达克 OMX 商品交易所	848 765	-3.70
纳斯达克 OMX 集团欧洲市场	99 236 727	-6.19
伦敦金属交易所（LME）	171 099 643	7.1
莫斯科交易所（Moscow Exchange）	1 134 477 258	6.8
伦敦国际金融期货及期权交易所欧洲市场（NYSE Liffe Europe）	941 803 236	-1.50
洲际交易所欧洲期货分所（ICE Futures Europe）	315 484 099	11.80
洲际交易所集团（ICE）欧洲市场	1 257 287 335	N/A
欧洲期货交易所（Eurex）	1 551 710 217	-6.5

资料来源：美国期货业协会（FIA）相关资料。

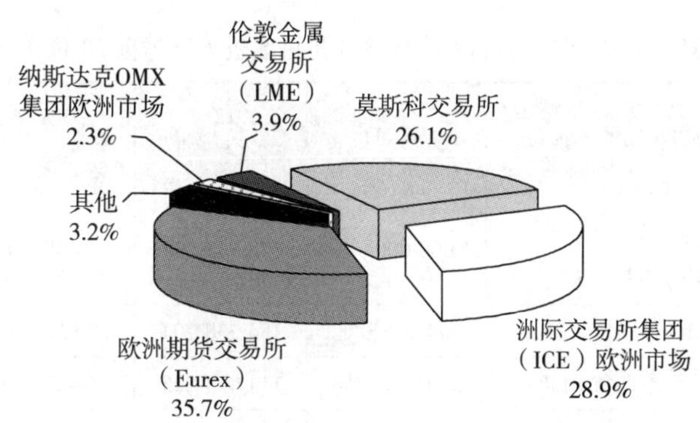

资料来源：美国期货业协会（FIA）相关资料。

图 7　2013 年欧洲主要交易所/交易所集团成交量分布

（三）欧洲期货及其他场内衍生品市场主要品种合约成交概况

2013 年欧洲市场各品种合约的表现基本延续了 2012 年的表现，除了农产品类合约外，其他各品种均有进入全球成交量前 20 名的合约，表 20、表 21、表 22、表 23 和表 24 依次列出了在股指类、金属类、利率类、能源类及外汇类品种成交量全球排名前 20 名中欧洲市场的情况。

表 20　　2012—2013 年欧洲股指合约成交量排名进入全球前 20 位情况

排名	交易品种及上市交易所	指数乘数	2012 年（手）	2013 年（手）	同比变化（%）
5	欧元 Stoxx50 指数期货，Eurex	10 欧元	315 179 597	268 495 189	-14.81
6	RTS 指数期货，莫斯科交易所	2 美元	321 031 540	266 131 127	-17.10
8	欧元 Stoxx50 指数期权，Eurex	10 欧元	280 610 954	225 105 846	-19.78

资料来源：美国期货业协会（FIA）相关资料。

表 21　　2012—2013 年欧洲金属合约成交量排名进入全球前 20 位情况

排名	交易品种及上市交易所	交易单位	2012 年（手）	2013 年（手）	同比变化（%）
4	高级原铝期货，LME	25 吨	59 123 583	63 767 903	7.86
7	A 级铜期货，LME	25 吨	35 874 789	40 486 017	12.85
9	特高级锌期货，LME	25 吨	29 559 338	30 270 370	2.41
16	黄金期货，莫斯科交易所	1 金衡盎司	8 156 949	15 892 846	94.84
19	原镍期货，LME	6 吨	11 164 449	13 678 490	22.52
20	标准铅期货，LME	25 吨	14 248 937	12 931 067	-9.25

资料来源：美国期货业协会（FIA）相关资料。

表 22　　2012—2013 年欧洲利率合约成交量排名进入全球前 20 位情况

排名	交易品种及上市交易所	交易单位	2012 年（手）	2013 年（手）	同比变化（%）
4	三个月期欧元同业拆借利率（Euribor）期货，Liffe	1 000 000 欧元	178 762 097	238 493 786	33.41
5	德国欧元长期债券期货，Eurex	100 000 欧元	184 338 704	190 299 482	3.23
7	三个月期英镑利率期货，Liffe	500 000 英镑	114 915 025	144 279 092	25.55
8	德国欧元中期债券期货，Eurex	100 000 欧元	107 645 238	129 530 977	20.33
11	德国欧元短期债券期货，Eurex	100 000 欧元	93 840 656	95 505 726	1.77
14	三个月期欧元同业拆借利率（Euribor）期权，Liffe	1 000 000 欧元	70 671 111	50 888 649	-27.99
16	英国政府长期债券期货，Liffe	100 000 英镑	37 777 306	42 299 274	11.97
19	德国欧元长期债券期权，Eurex	100 000 欧元	39 924 387	35 220 103	-11.78
20	三个月期欧元同业拆借利率（Euribor）中期期权，Liffe	1 000 000 欧元	10 504 341	29 825 751	183.94

资料来源：美国期货业协会（FIA）相关资料。

表 23　　2012—2013 年欧洲能源合约成交量排名进入全球前 20 位情况

排名	交易品种及上市交易所	交易单位	2012 年（手）	2013 年（手）	同比变化（%）
1	布伦特原油期货，ICE Futures Europe	1 000 桶	147 385 858	159 093 303	7.94
4	汽油期货，ICE Futures Europe	100 吨	63 503 591	63 964 827	0.73
6	西得克萨斯原油期货，ICE Futures Europe	1 000 桶	33 142 089	36 106 788	8.95
12	布伦特石油期货，莫斯科交易所	10 桶	11 952 101	18 170 809	52.03
15	布伦特原油期权，ICE Futures Europe	1 000 桶	8 908 862	9 675 876	8.61
18	欧洲排放指标期货，ICE Futures Europe	1 000 欧盟排放配额	6 465 262	7 260 390	12.30

资料来源：美国期货业协会（FIA）相关资料。

表 24　　2012—2013 年欧洲外汇合约成交量排名进入全球前 20 位情况

排名	交易品种及上市交易所	交易单位	2012 年（手）	2013 年（手）	同比变化（%）
3	美元/俄罗斯卢布期货，莫斯科交易所	1 000 美元	373 108 731	373 466 315	0.10
6	欧元/美元期货，莫斯科交易所	1 000 欧元	33 632 175	66 436 523	97.54

资料来源：美国期货业协会（FIA）相关资料。

欧洲股指类的品种成交量靠前的合约为欧洲期货交易所（Eurex）上市交易的欧元 Stoxx50 期货、期权和莫斯科交易所上市交易的 RTS 指数期货；金属类的合约主要出自伦敦金属交易所（LME），除了标准铅合约成交量同比回落 9.25% 外，其余合约均实现不同程度的增长。莫斯科交易所的黄金期货成交量同比增长 94.84% 至 1 589 万手，列全球金属类合约成交量第 16 位；在欧洲表现最好的利率期货、期权品种成交量排名中，伦敦国际金融期货市场英国分所（Liffe U. K.）及欧洲期货交易所平分秋色；洲际交易所欧洲期货分所上市交易的产品无疑仍是能源类的大赢家，依然在欧洲保持着强势领先地位；外汇品种中莫斯科交易所旗下的两个品种分列第 3 位与第 6 位。

四、亚洲期货及其他场内衍生品市场发展概况

（一）大中华地区（中国大陆、台湾地区、香港地区）

大中华地区期货及其他场内衍生品交易主要划分为三个市场：以商品期货交易为主，股指期货成交量涨势迅猛（股指期货2010年4月16日上市）的中国大陆地区和以金融期货、期权交易为主的香港地区和台湾地区。

中国大陆的三大商品交易所：大连商品交易所、上海期货交易所和郑州商品交易所在2013年全球交易所成交量排名中分别列第11位、第12位和第13位。其中，大连商品交易所成交量为7.01亿手，同比增长10.66%；上海期货交易所成交量为6.42亿手，同比大幅增长75.86%；郑州商品交易在2013年成交量为5.25亿手，同比增长51.34%；中国金融期货交易所上市品种沪深300指数期货，延续2012年的高速增长，录得1.94亿手的成交量，同比增长84.22%，是大中华地区成交量增长幅度最大的交易所。

香港交易所兼并伦敦金属交易所后，组成的交易所集团在2013年成交量合计3.01亿手，列全球第15位，香港交易所集团位于大中华地区的市场，即香港交易所，在2013年成交量为13亿手，同比增长8.54%；香港的另一家交易所香港商品交易所由于经营困难于2013年5月宣布停止交易，该交易所于2008年成立，2011年5月推出合约开始交易，上市品种为黄金期货与白银期货。

台湾期货交易所2013年成交量同比下降2.24%，减少至1.53亿手，在全球排名维持在2012年第21位。

表25　　2011—2013年大中华地区主要交易所成交量情况对比

交易所	2011年（手）	2012年（手）	2013年（手）	2013年同比变化（%）
大连商品交易所	289 047 000	633 042 976	700 500 777	10.66
上海期货交易所	308 239 140	365 329 379	642 473 980	75.86
郑州商品交易所	406 390 664	347 091 533	525 299 023	51.34
中国金融期货交易所	50 411 860	105 061 825	193 549 311	84.22
香港交易所	140 493 472	119 802 638	130 028 864	8.54
台湾期货交易所	182 995 171	156 731 912	153 225 238	-2.24
香港商品交易所*	801 527	1 442 705	156 351	-89.16

注：* 于2013年5月停止交易。

资料来源：美国期货业协会（FIA）相关资料，各交易所网站。

香港市场以股票、股指等金融类期货、期权产品为主，2013年成交量最大的前3个品种为股票期权、H股指数期货和恒生指数期货，成交量分别为0.61亿手、0.21亿手及0.20亿手，三品种合计占整个香港期货、期权成交量份额的77.8%。

表 26　　　　　2011—2013 年香港交易所主要上市品种成交量

合约品种	2011 年（手）	2012 年（手）	2013 年（手）	2013 年同比变化（%）
股票期权	74 325 068	56 081 545	60 827 975	8. 46
H 股指数期货	15 003 870	15 923 813	20 871 257	31. 07
恒生指数期货	23 085 833	20 353 069	19 580 330	-3. 80
恒生指数期权	10 667 426	9 230 145	8 601 509	-6. 81
H 股指数期权	3 771 799	6 300 889	8 027 274	27. 40
小型恒生指数期货	10 294 537	8 545 847	7 853 800	-8. 10
小型 H 股指数期货	1 845 116	1 560 515	2 252 621	44. 35
小型恒生指数期权	954 414	1 230 997	1 157 266	-5. 99

资料来源：香港交易所、美国期货业协会（FIA）相关资料。

表 27　　　　　2012—2013 年香港商品交易所上市品种成交量

合约品种	2012 年（手）	2013 年（手）	同比变化（%）
黄金期货	1 245 473	145 223	-88. 34
白银期货	197 232	11 128	-94. 36

注：香港商品交易所数据截至 2013 年 5 月。

资料来源：香港商品交易所、美国期货业协会（FIA）相关资料。

目前在台湾期货交易所上市交易的品种中，与香港市场相似，均是金融期货、期权占据绝大部分。从表 28 中可以看出，2013 年成交最活跃的仍是台指选择权，成交量为 1.09 亿手，同比小幅增加 0. 79%，在整个台湾市场成交量中占比 71. 34%，较 2012 年市场份额有所提高。

表 28　　　　　2011—2013 年台湾期货交易所主要上市品种成交量

合约品种	2011 年（手）	2012 年（手）	2013 年（手）	2013 年同比变化（%）
台指选择权（TXO）	125 767 624	108 458 103	109 311 515	0. 79
台股期货（TX）	30 611 932	24 642 382	22 693 270	-7. 91
小型台指期货（MTX）	19 128 802	15 980 510	13 093 325	-18. 07
股票期货（STF）	2 471 605	4 670 750	5 448 554	16. 65
金融期货（TF）	2 287 601	1 256 952	1 042 597	-17. 05
电子期货（TE）	1 552 291	1 036 915	931 196	-10. 2
金融选择权（TFO）	352 241	209 689	245 997	17. 32
电子选择权（TEO）	187 576	105 009	113 279	7. 88
非金电期货（XIF）	181 233	100 024	108 487	8. 46

注：台湾期货交易所所称“选择权”即中国内地交易所通用的“期权”。

资料来源：台湾期货交易所、美国期货业协会（FIA）相关资料。

（二）亚洲其他国家主要交易所成交量概况（印度、韩国、日本、澳大利亚、新加坡）

2013 年亚洲其他市场期货及其他场内衍生品市场中，韩国无疑是成交量下降幅度最大的市场；反观印度联合证券交易所成交量增速惊人，2013 年实现 406. 9% 的快速增长，达到 4 493 万手；日本交易所集团的成绩也十分乐观，2013 年总成交量为 3. 66 亿手，同比增加 56. 3%；增长紧随其后的是新加坡交易所，成交量同比攀升 39. 1% 至 1. 12 亿手。

表 29　　2013 年亚洲其他国家主要交易所/交易所集团成交量情况

所属国家	交易所/交易所集团	成交量（手）	同比变化（%）
印度	印度国家证券交易所（NSE）	2 135 637 457	6. 2
	印度大宗商品交易所（MCX）	794 001 650	-17. 3
	孟买证券交易所（BSE）	254 845 929	4. 5
	印度联合证券交易所（USE）	44 931 092	406. 9
韩国	韩国交易所（KRX）	820 664 621	-55. 3
日本	日本交易所集团（JPX）	366 145 920	56. 3
	东京金融交易所（TFX）	65 527 790	-2. 1
澳大利亚	澳大利亚证券交易所集团（ASX Group）	261 790 908	0. 7
新加坡	新加坡交易所（SGX）	112 077 267	39. 1

资料来源：美国期货业协会（FIA）相关资料。

2012 年韩国交易所成交量大幅度萎缩，排名从占据已久的榜首下降至第 5 位，2013 年更是进一步滑落至第 9 位。按交易品种分，其股票指数（Kospi200）期权成交量一直保持着极高的流动性，是韩国最重要的交易品种，2012 年 3 月起，该合约指数乘数由 100 000 韩元放大 5 倍至 500 000 韩元，效果立竿见影，2012 年全年成交量马上下降 53. 3%，2013 年成交量继续收缩 63. 15% 至 5. 8 亿手，该合约成交量痛失全球股指类合约成交量首位，排名降至第 3 位。

表 30　　2012—2013 年韩国合约成交量排名进入全球前 20 位情况

类别	排名	交易品种及上市交易所	2012 年（手）	2013 年（手）	同比变化（%）
股指	3	Kospi 200 期权，KRX*	1 575 394 249	580 460 364	-63. 15
外汇	8	美元期货，KRX	53 549 300	51 814 466	-3. 24

注：* 指数乘数于 2012 年 3 月开始从 100 000 韩元更改为 500 000 韩元。

资料来源：美国期货业协会（FIA）相关资料。

2013 年印度市场的成交量主要集中在三家交易所中，其中，印度国家证券交易所（NSE）成交量同比增长 6. 2%，达到 21. 36 亿手，在全球衍生品交易所/交易所集团成交量排名中列第4位；印度大宗商品交易所（MCX）成交量延续2012年的跌势，同比下降17.3%，减少为7.94亿手，在全球衍生品交易所/交易所集团成交量排名中列第10位；孟买证券交易所（BSE）凭借两个主要合约——标普孟买证券交易所100指数期权与标普孟买证券交易所敏感性指数期权，实现4.5%的年度增长，成交总量为2.55亿手，在全球衍生品交易所/交易所集团成交量排名中列第17位。在各类品种交易方面，印度各交易所在股指、能源、金属，特别是外汇等均有表现十分出彩的合约。

表31　2012—2013年印度合约成交量排名进入全球前20位情况

类别	排名	交易品种及上市交易所	2012年（手）	2013年（手）	同比变化（%）
股指	1	CNX精选指数期权，NSE	803 086 926	874 835 809	8.93
	12	标普孟买证券交易所100指数期权，BSE*	86 243 943	141 727 404	64.33
	14	标普孟买证券交易所敏感性指数期权，BSE	148 314 519	108 612 615	-26.77
	17	CNX精选指数期货，NSE	80 061 861	74 863 943	-6.49
能源	5	原油期货，MCX	57 790 229	39 558 169	-31.55
	10	天然气期货，MCX	27 886 670	23 828 800	-14.55
金属	8	微型白银期货（MIC），MCX	51 441 996	33 611 357	-34.66
	11	迷你白银期货（M），MCX	36 266 593	20 267 222	-44.12
	13	铜期货，MCX	32 520 309	19 758 713	-39.24
	14	微型黄金期货（Petal），MCX	36 004 247	19 021 199	-47.17
	17	迷你黄金期货（M），MCX	22 213 409	15 860 098	-28.60
外汇	1	美元/印度卢比期货，NSE	620 215 043	566 399 936	-8.68
	2	美元/印度卢比期货，MCX-SX	551 326 121	496 230 881	-9.99
	4	美元/印度卢比期权，NSE	237 062 966	252 398 423	6.47
	11	美元/印度卢比期权，USE	431 783	29 757 433	6 791.76
	16	欧元/印度卢比期货，NSE	5 770 205	16 984 993	194.36
	18	欧元/印度卢比期货，MCX-SX	10 496 445	14 409 559	37.28
	20	美元/印度卢比期货，USE	6 872 015	11 878 194	72.85

注：*于2012年8月上市交易。

资料来源：美国期货业协会（FIA）相关资料。

2013年日本市场的成交量总体表现不错，个别品种合约也在全球各品种成交量排名中保持较好成绩。大阪证券交易所迷你日经225指数期货同比增长79.28%至

2.34 亿手，在全球股票指数类排名第 7 位，较 2012 年第 10 名有所上升；东京金融交易所美元/日元期货在 2013 年成交量大幅增长 118.40% 至2 012 万手，在全球外汇类合约成交量排名中列第 14 位。

表 32　　2012—2013 年日本市场合约成交量排名进入全球前 20 位情况

类别	排名	品　种	2012 年（手）	2013 年（手）	同比变化（%）
股指	7	迷你日经 225 指数期货（OSE）	130 443 680	233 860 478	79.28
外汇	14	美元/日元期货（TFX）	9 212 876	20 120 943	118.40

资料来源：美国期货业协会（FIA）相关资料。

五、其他国家期货及其他场内衍生品市场发展概况

根据美国期货业协会（FIA）公布的 2013 年成交量数据，其他国家期货及其他场内衍生品市场（包括巴西、南非、以色列和阿根廷）的交易所成交量表现不一。其中巴西证券期货交易所（BM&FBovespa）2013 年成交量同比小幅下降 1.98% 至 16.04 亿手，在全球交易所成交量排名中列第 5 位；南非约翰内斯堡证券交易所（JSE）2013 年成交量则大幅增长 60.07% 至 2.55 亿手；以色列特拉维夫证券交易所（TASE）及阿根廷罗萨里奥期货交易所（Rofex）成交量则分别列第 25 位与第 28 位（见表 33）。

表 33　　2012—2013 年其他国家期货及其他场内衍生品交易所成交量

全球排名	交 易 所	2012 年（手）	2013 年（手）	同比变化（%）
5	巴西证券期货交易所（BM&FBovespa）	1 635 957 604	1 603 600 651	-1.98
18	南非约翰内斯堡证券交易所（JSE）	158 996 880	254 514 098	60.07
25	以色列特拉维夫证券交易所（TASE）	67 179 795	60 514 431	-9.92
28	阿根廷罗萨里奥期货交易所（Rofex）	51 071 227	51 176 700	0.21

资料来源：美国期货业协会（FIA）相关资料。

在交易品种方面，巴西证券期货交易所（BM&FBovespa）旗下的巴西期货交易所（BM&F）表现出色，在利率品种中，在该交易所上市交易的两个合约（一天期银行间存款期货和 IDI 指数期权），分别以 3.94 亿手及 0.41 亿手的成交量列全球利率品种成交量的第 2 位与第 17 位；同时，该交易所外汇合约中美元期货成交量较 2012 年回落 0.74%，以 0.83 亿手成绩仍列全球外汇类成交量排名的第 5 位；阿根廷罗萨里奥期货交易所（Rofex）上市交易的美元期货成交量基本上没有变动，以 0.5 亿手的成交量列全球外汇类成交量第 9 位。

表 34　　2012—2013 年其他国家市场合约成交量排名进入全球前 20 位情况

类别	排名	合约名称及其上市交易所	2012 年（手）	2013 年（手）	同比变化（%）
利率	2	一天期银行间存款期货，BM&F	340 800 485	394 055 420	15.63
	17	IDI 指数期权，BM&F	107 961 438	40 626 100	-62.37
外汇	5	美元期货，BM&F	84 049 097	83 426 499	-0.74
	9	美元期货，Rofex	50 359 614	50 360 076	0.00
	17	美元/南非兰特期货，JSE	8 516 917	16 348 258	91.95

资料来源：美国期货业协会（FIA）相关资料。

六、全球场外衍生品市场发展概况

场外衍生品市场是相对于场内衍生品市场而言的市场，是全球金融市场中十分重要的组成部分，因其合约制定及交易的灵活性受到广大投资者及投资机构的认可与欢迎。国际清算银行（Bank for International Settlements，BIS）收集全球各国央行关于场外衍生品市场交易的数据，每半年公布相关统计结果，旨在为市场持续提供较全面的关于场外衍生品市场规模及市场结构的信息。随着 2011 年底澳大利亚及西班牙央行的加入，现已有 13 个国家（G10、瑞士、澳大利亚、西班牙）央行向国际清算银行提供相关数据。

国际清算银行每半年公布的数据中包括场外衍生品市场未结算交易的合约面值及市场总值。其中，合约面值是指截至报告日已经发生但仍未到期结算的所有交易的合约总面值，通过合约面值的数据可以了解场外衍生品交易的市场规模；而合约市场总值则是所有开仓合约的绝对价值总和，即如果重新购买该合约需要付出的成本。

从表 35 中可以看出，截至 2013 年 6 月底，国际清算银行统计的全球场外衍生品市场未结算交易的合约面值为 692.9 万亿美元，比 2012 年 12 月底增加 9.54%，增长的部分原因是各市场在不断推进场外衍生品集中结算，通过中央对手方结算的交易，一份合约便被两个交易商同时向国际清算银行报告，因此所统计的合约数量会有所重复而导致合约面值增加。利率类场外衍生品仍是场外市场的最主要合约品种，截至 2013 年 6 月，场外利率合约未结算交易的合约面值为 561.3 万亿手，在整个场外衍生品市场中占比 81.01%（见表 35 和图 8）。

表 35　　2011—2013 年场外衍生品市场未结算交易合约面值

单位：10 亿美元

品种种类	2011 年 12 月	2012 年 6 月	2012 年 12 月	2013 年 6 月
利率	504 118	494 427	489 703	561 299
外汇	63 381	66 673	67 358	73 121

续表

品种种类	2011 年 12 月	2012 年 6 月	2012 年 12 月	2013 年 6 月
信用违约掉期	28 626	26 931	25 069	24 350
股票相关	5 982	6 313	6 251	6 821
商品	3 091	2 994	2 587	2 458
其他	42 613	42 059	41 611	24 860
合计	647 811	639 396	632 579	692 908

资料来源：国际清算银行（BIS）相关资料。

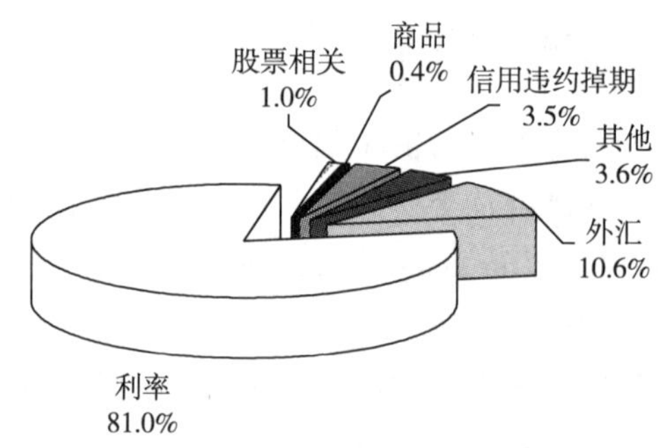

资料来源：国际清算银行（BIS）相关资料。

图 8　2013 年 6 月底场外衍生品市场各品种未结算交易合约面值分布

与未结算交易合约面值的变化趋势相反，2013 年 6 月底，场外衍生品市场未结算交易的合约总市值相对 2012 年 12 月底大幅下降 18.5%，为 20.16 万亿美元，约为合约总面值的 2.91%。

表 36　　2011—2013 年场外衍生品市场未结算交易合约总市值　　单位：10 亿美元

品种种类	2011 年 12 月	2012 年 6 月	2012 年 12 月	2013 年 6 月
利率	20 001	19 113	18 834	15 155
外汇	2 582	2 240	2 304	2 424
信用违约掉期	1 586	1 187	848	725
股票相关	679	645	605	693
商品	481	390	358	386
其他	1 978	1 842	1 793	775
合计	27 307	25 417	24 740	20 158

资料来源：国际清算银行（BIS）相关资料。

表 37　2011—2013 年利率类场外衍生品未结算交易合约面值细分情况　单位：10 亿美元

合约类型	2011 年 12 月	2012 年 6 月	2012 年 12 月	2013 年 6 月
利率掉期	50 595. 84	64 711. 34	71 352. 62	86 333. 84
远期利率协议（FRA）	402 610. 6	379 401. 2	369 998. 6	425 568. 7
期权	50 911. 05	50 314. 22	48 351. 38	49 396
报告交易商	157 348	139 146	116 896	104 225
其他金融机构	310 518	316 905	338 076	421 235
非金融机构	36 252	38 376	34 731	35 839
1 年以内*	199 363	207 236	190 672	219 237
1 ~5 年*	176 420	170 252	180 260	206 880
5 年以上*	128 334	116 938	118 771	135 182
美元	161 864	164 024	148 676	169 029
欧元	184 702	179 076	187 363	227 356
日元	66 819	60 092	54 812	55 071
英镑	43 367	39 913	42 244	46 334
瑞士法郎	5 395	5 494	5 357	5 583
加拿大元	6 397	7 380	7 507	9 333
瑞典克朗	5 844	6 994	6 193	5 906
其他	29 729	31 452	37 551	42 687
合计	504 118	494 427	489 703	561 299
交易所合约	53 298	55 580	48 551	62 177

注：＊合约剩余期限。

资料来源：国际清算银行（BIS）相关资料。

表 38　2011—2013 年外汇类场外衍生品未结算交易合约面值细分情况　单位：10 亿美元

合约类型	2011 年 12 月	2012 年 6 月	2012 年 12 月	2013 年 6 月
远期及外汇掉期	30 525. 72	31 394. 81	31 718. 02	34 420. 65
货币互换	22 791. 03	24 156. 11	25 420. 03	24 654. 19
期权	10 064. 66	11 121. 55	10 220. 36	14 045. 72
报告交易商	27 953	29 484	28 834	30 690
其他金融机构	25 916	27 538	28 831	31 757
非金融机构	9 512	9 651	9 693	10 674
1 年以内*	45 349	48 469	48 135	53 677
1 ~5 年*	12 769	12 854	13 728	13 802

续表

合约类型	2011 年 12 月	2012 年 6 月	2012 年 12 月	2013 年 6 月
5 年以上*	5 264	5 350	5 495	5 642
美元	54 087	57 375	57 599	64 309
欧元	23 238	24 293	23 796	24 399
日元	13 693	13 667	14 113	15 217
英镑	7 023	7 591	7 825	8 445
瑞士法郎	4 081	4 055	3 832	4 181
加拿大元	2 862	3 002	3 099	3 280
瑞典克朗	1 488	1 498	1 453	1 389
其他	20 289	21 863	22 999	25 021
合计	63 381.39	66 672.46	67 358.4	73 120.54
交易所合约	308	325	336	341

注：＊合约剩余期限。

资料来源：国际清算银行（BIS）相关资料。

表 39　2011—2013 年各类信用违约掉期场外衍生品未结算交易合约面值　单位：10 亿美元

合约类型	2011 年 12 月	2012 年 6 月	2012 年 12 月	2013 年 6 月
单一产品信用违约掉期	16 865	15 566	14 309	13 135
组合产品信用违约掉期	11 761	11 364	10 760	11 214
其中：指数产品	N/A	9 731	9 663	10 170
合计	28 626	26 930	25 069	24 350

资料来源：国际清算银行（BIS）相关资料。

表 40　2011—2013 年各交易主体信用违约掉期未结算交易合约面值　单位：10 亿美元

交易主体	2012 年 6 月	2012 年 12 月	2013 年 6 月
报告交易商	15 747	14 149	13 728
其他金融机构	10 997	10 720	10 429
其中：中央对手方	5 209	4 891	5 548
银行及证券公司	2 919	2 963	2 216
保险公司	278	258	230
特殊目的实体	458	587	372
对冲基金	1 008	957	1 076
其他金融客户	1 125	1 063	986
非金融机构	187	200	193
合计	26 930	25 069	24 350

资料来源：国际清算银行（BIS）相关资料。

第二节　全球期货与其他衍生品行业发展概况

一、全球期货与其他衍生品市场主体类别

在全球金融市场监管日益趋紧的环境下，衍生品行业市场主体的业务开展需要考虑更多监管因素，而业务创新也是2013年各市场主体重点关注的内容。针对美国《多德—弗兰克法案》对场外衍生品市场的加强监管，美国商品期货交易委员会增加掉期交易与结算等相关主体的注册与监管，各交易所则通过推出掉期相关期货产品、完善场外衍生品的结算制度等措施抢占已被场外衍生品监管收紧下的市场，并积极开拓新兴地区市场，加强其市场影响力。与此同时，各中介机构如期货佣金商在监管环境变化、合规成本不断增加的背景下，致力于寻找开展新业务的机会。总体来看，整个市场呈现挑战与机遇并存的态势。

鉴于美国衍生品市场是全球范围内历史较为悠久、发展相对成熟和开放的市场之一，参考美国市场主体的设置可以对全球衍生品行业机构的情况有基本了解。2008年国际金融危机发生后，美国不断加强对衍生品市场的监管。此前在美国商品期货交易委员会（CFTC）注册的市场主体主要为衍生品中介机构，其中包括：业务代理机构，如期货佣金商（FCM）、场内经纪商（FB）以及场内交易商（FT）；客户开发机构，如介绍经纪商（IB）和助理中介人（AP）；管理服务型中介机构，如商品交易顾问（CTA）以及商品基金经理（CPO）。2010年11月23日，美国商品期货交易委员会（CFTC）建议新增掉期交易商（SD）以及掉期交易大户（MSP）两项注册类别，以期加强对参与掉期交易相关机构的监管。随着《多德—弗兰克法案》的逐步实施，交易主体如指定合约交易市场（DCM）、掉期执行系统（SEF）与海外交易平台（FBOT）；结算主体如衍生品结算机构（DCO）、结算会员与系统重要性衍生品结算机构（SIDCO）；掉期数据库（SDR）等被逐步列为美国商品期货交易委员会的监管主体。

美国商品期货交易委员会（CFTC）《2012年财务信息汇报》中公布监管主体数据如表41所示。

表41　　美国商品期货交易委员会监管下市场主体注册数据

	数据截至2013年9月30日
交易主体	
指定合约交易市场（Designated Contract Market，DCM）	19
掉期执行系统（Swap Execution Facility，SEF）	17
海外交易平台（Foreign Board of Trade，FBOT）	1

续表

	数据截至2013年9月30日
结算主体	
衍生品结算机构（Derivatives Clearing Organization，DCO）	13
结算会员（Clearing Members）	191
系统重要性衍生品结算机构（Systemically Important DCO，SIDCO）	2
数据库	
掉期数据库（Swap Data Repository，SDR）	3
注册中介机构	
期货佣金商（FCM）	105
介绍经纪商（IB）	1 328
商品交易顾问（CTA）	2 636
商品基金经理（CPO）	1 811
场内经纪商（FB）	5 123
场内交易商（FT）	995
助理中介人（AP）	56 190
外汇零售商（RFED）	9
掉期交易商（SD）	82
掉期交易大户（MSP）	2

资料来源：美国商品期货交易委员会《2013年财务信息汇报》。

二、全球期货及其他衍生品交易所发展概况

（一）2013年全球衍生品交易所并购投资业务情况

1. 洲际交易所完成对纽约—泛欧交易所的收购，进一步加强市场影响力

2013年11月13日，洲际交易所（Intercontinental Exchange）完成对纽约—泛欧交易所（NYSE－Euronext）的收购，此举进一步扩大了洲际交易所的服务版图。纽约—泛欧交易所下属的伦敦国际金融期货交易所（the London International Financial Futures and Options Exchange，Liffe）在欧洲市场占据十分重要的地位，根据2013年美国期货业协会统计数据，该交易所欧洲分所成交量占欧洲成交总量的21.6%，洲际交易所成交量在欧洲占比为7.3%，并购一举增加其在欧洲市场的份额至28.9%，仅次于欧洲市场最大的交易所欧洲期货交易所，成为欧洲第二大交易所/交易所集团；此外，Liffe持有发行MSCI股指相关衍生产品的牌照，并将发行LIBOR相关衍生品，因此这对洲际交易所完善产品结构也有一定的作用。

截至2013年底，洲际交易所集团旗下运营了23家交易所及5家结算所。其中交易所包括洲际交易所在美国、加拿大、欧洲及亚洲的期货分所，Liffe期货交易所

在美国及欧洲的分所，纽约证券交易所（New York Stock Exchange，NYSE），泛欧交易所旗下的证券交易所，股票期权交易所以及场外能源、信用产品及股票产品交易市场等。结算所包括洲际交易所结算所在欧洲、美国、加拿大的分所，以及信用产品结算所和结算公司（the Clearing Corporation）。

2. 各大交易所积极参股新兴国家交易所，积极打开新市场

在洲际交易所展开重金并购的同时，欧美几家大型交易所则在不断增加对新兴国家交易所的参股比例，完善战略投资规划。在增加参股比例的同时，也提供交易、结算技术支持以及为推出新平台提出建议等。

2013年欧洲期货交易所决定购买台湾期货交易所5%的股权，推出台湾股指期货及期权，在台湾期货交易所非交易时段进行交易。纳斯达克—OMX集团准备购买土耳其的伊斯坦布尔交易所（Borsa Istanbul）5%的股权。此外芝加哥商业交易所集团在过去几年中，正逐步参股新兴国家交易所，参与新兴市场的快速发展，分享市场扩张带来的收益。

（二）亚洲各市场积极开展场外衍生品结算业务

随着各国各地区监管机构不断加强对场外衍生品的监管，各项监管规定逐步落实，场外衍生品集中结算业务也在积极展开。欧美国家交易所旗下主要的结算所包括，芝加哥商业交易所集团、洲际交易所集团、纳斯达克—OMX集团以及伦敦结算所（LCH Clearnet）旗下的场外衍生品结算平台等，均是欧美地区主要的场外衍生品结算平台，业务范围正逐步扩张到其他地区。与此同时，亚洲国家也开始涉足这一领域，增长势头强劲。

2009年于匹兹堡举行的G20峰会决定，在2012年底前，所有标准化的场外衍生品合约应在交易所或者电子交易平台交易，并通过中央对手方进行结算。欧美国家对此的监管规定引起了广泛的关注，日本则是最早对场外衍生品进行强制中央结算业务的国家。2010年5月，日本通过监管法律要求对场外衍生品进行中央结算。日本证券结算公司（Japan Securities Clearing Corporation，JSCC）于2011年7月正式推出信用违约掉期产品的结算服务，于2012年10月推出利率掉期的结算服务，并于2013年进一步扩大利率掉期结算品种的范围。2013年日本证券结算公司与日本政府债券结算公司合并，开始为日本国债场外交易进行结算。

新加坡交易所（Singapore Exchange，SGX）是亚洲唯一一个同时提供场外商品及金融衍生品结算的平台。自2013年2月起，国际客户的场外交易可在该交易所选择作为掉期或者期货合约进行结算，最初提供服务的品种为铁矿石、运费及石油等。该交易所对场外商品衍生品的结算业务在国际市场中占据十分重要的地位，其2013年年度报告（2012年7月至2013年6月财年）数据显示，该交易所场外商品衍生品结算量同比增长95%，场外铁矿石掉期结算量在全球结算总量中占比高达90%。

香港交易及结算所有限公司附属公司香港场外结算有限公司于2013年11月25日开始运作，提供场外衍生品结算服务，其中涵盖交易商之间以人民币、港元、美元和欧元计价的利率掉期合约，以及以人民币、新台币、韩元、印度卢比计价的不可交割远期外汇合约的结算服务。

三、期货佣金商（FCM）发展概况

（一）2013年主要期货佣金商客户权益情况对比

根据美国商品期货交易委员会（CFTC）公布的2013年12月31日FCM客户权益数据，排名前20位的期货佣金商与2012年进入榜单的机构完全一致，以相对优势稳居前列。主要期货佣金商仍是以综合性投资银行为主，如高盛、摩根大通、德意志银行等综合性跨国投资银行，这些机构资金实力雄厚，业务多元化，是全球金融市场的主要参与者。其中大多数机构既是美国商品期货交易委员会注册的期货佣金商，也是美国证券交易委员会注册的证券经纪商。2013年，美国商品期货交易委员会新增了掉期交易商的注册，高盛、摩根大通、美国新际、摩根士丹利、花旗及瑞穗证券美国公司等率先进行注册，展开掉期交易商的业务。在榜单中，专业型期货佣金商如美国爱德盟期货、杰富瑞贝奇有限公司、福四通期货、罗塞尔·科林斯集团等的客户权益排名也稳定地维持在较前梯队。

表42　2012—2013年美国期货佣金商客户权益排名前20位

2013年排名	期货佣金商（FCM）公司名称	注册类别	2013年客户权益（亿美元）①	2012年排名	2013年净资本（亿美元）	2012年客户权益（亿美元）①
1	高盛 Goldman Sachs & Co. ②	FCM BD SD	214.92	1	171.90	209.63
2	摩根大通证券 J. P. Morgan Securities LLC③	FCM BD SD	190.00	2	200.21	187.29
3	美国新际 Newedge USA, LLC	FCM BD SD	137.18	3	18.21	148.95
4	德意志银行证券 Deutsche Bank Securities Inc.	FCM BD	130.41	4	77.81	147.01
5	美林银行 Merrill Lynch Pierce Fenner & Smith④	FCM BD	121.57	8	121.17	76.87
6	摩根士丹利 Morgan Stanley & Co. LLC⑤	FCM BD SD	110.43	6	125.60	82.21
7	瑞士信贷集团美国公司 Credit Suisse Securities (USA) LLC	FCM BD	92.92	9	80.38	65.10
8	瑞银证券 UBS Securities LLC⑥	FCM BD	89.45	5	108.04	87.96

续表

2013年排名	期货佣金商（FCM）公司名称	注册类别	2013年客户权益（亿美元）①	2012年排名	2013年净资本（亿美元）	2012年客户权益（亿美元）①
9	巴克莱资本 Barclays Capital Inc.	FCM BD	66.59	10	58.69	62.04
10	花旗全球市场 Citigroup Global Markets Inc.	FCM BD SD	51.76	7	54.01	78.69
11	奥布莱恩联合经营 R. J. O'rien & Associates	FCM SD	38.19	11	1.97	38.72
12	法国巴黎银行机构经纪公司 BNP Paribas Prime Brokerage Inc.	FCM BD	33.52	16	46.15	19.72
13	美国爱德盟期货 ADM Investor Services, Inc.	FCM	31.77	12	2.74	28.95
14	盈透集团有限公司 Interactive Brokers LLC⑦	FCM BD	28.46	14	25.39	23.74
15	荷兰银行芝加哥结算公司 ABN AMRO Clearing Chicago LLC	FCM BD	25.37	13	4.97	24.79
16	瑞穗证券美国公司 Mizuho Securities USA Inc.	FCM BD SD	22.29	17	4.65	17.13
17	杰富瑞贝奇有限公司 Jefferies Bache LLC	FCM	20.32	15	1.92	22.95
18	苏格兰皇家银行证券 RBS Securities Inc.	FCM BD	16.15	20	34.50	15.22
19	福四通期货 FCStone LLC	FCM	16.06	19	1.07	15.51
20	罗塞尔·科林斯集团 Rosenthal Collins Group LLC	FCM	14.33	18	0.75	15.87

注：①客户权益是指客户在美国注册交易所进行交易时，FCM需要为客户持仓划分隔离开的资金，是所有账户的净流动资产总和，需要向美国商品期货交易委员会报告。②包括高盛公司及高盛结算有限公司。③此处数据还包括摩根大通结算公司及摩根大通证券公司。④此处数据还包括美林专业结算公司。⑤此处数据还包括摩根士丹利美邦公司。⑥此处数据还包括瑞银金融服务公司。⑦此处数据还包括 Timber Hill 公司。

资料来源：美国商品期货交易委员会（CFTC）相关资料、美国《期货杂志》。

（二）新监管环境下期货佣金商的经营概况

2008年国际金融危机后，经过5年的休整与探索《多德—弗兰克华尔街改革与消费者保护法案》的通过，促使各监管机构落实监管规定，完善对金融市场的监管与约束。2013年10月，美国商品期货交易委员会公布了留存权益规定（Residual

Interest Rule），要求期货佣金商把追加客户保证金的时间缩短至一天，并在五年内进一步缩短至次日早上，该规定在期货佣金商中引起了巨大的反响。

近年来，期货佣金商中客户权益总量维持在稳定水平，而期货佣金商的数量则呈现出不断减少的趋势（见图9）。根据美国商品期货交易委员会公布的数据，2013年底美国期货佣金商的数量减少至94家。期货佣金商的客户权益集中度则维持在高位，从图10可以看出。自国际金融危机爆发后，2008年客户权益排名前5位的期货佣金商市场份额急剧提升至59.28%，虽然近年来这比例在逐步回落，但仍维持在50%左右。在低利率环境，成交量不断下降以及各项经营成本如合规成本、技术

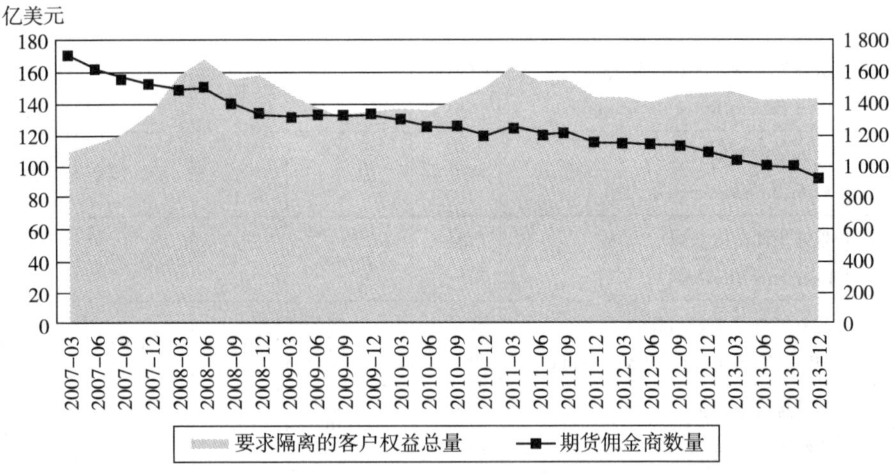

资料来源：美国商品期货交易委员会相关资料、美国《期货杂志》。

图9　2007—2013年美国期货佣金商数量及客户权益变动

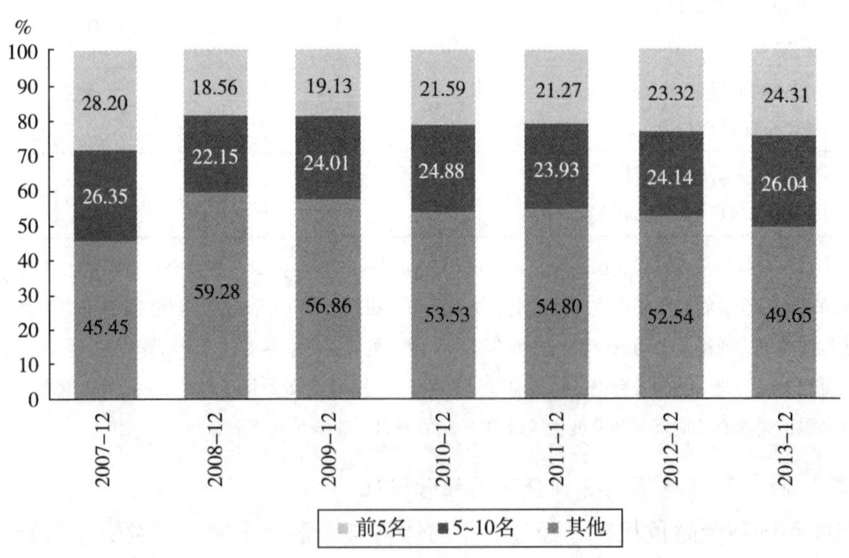

资料来源：美国商品期货交易委员会相关资料、美国《期货杂志》。

图10　2007—2013年美国期货佣金商中客户权益分布情况

成本日渐增加等因素的共同影响下，规模较小、资金实力相对薄弱的期货佣金商继续经营将会面临一定的困难。

与此同时，监管环境与经营环境的变化也为期货佣金商开展新业务带来了机会。各国关于场外衍生品集中结算的规定相继落地，这项规定为期货佣金商带来了相当大的业务机会。根据咨询公司塔布集团（TABB Group）的一份研究报告，场外掉期产品的中央结算将会给期货佣金商带来15%的营收增长。首批获得掉期交易商资格的期货佣金商，包括客户权益排名位于前列的高盛、摩根大通、美国新际等业务开展迅速的期货佣金商。美国新际表示，掉期产品期货化与场外衍生品的结算业务是该公司主要业绩增长动力。福四通期货也因其拥有大量客户参与掉期交易，公司的大宗交易得到显著增长。

塔布集团对期货佣金商进行的调查显示，90%的期货佣金商认为掉期产品将会为期货市场带来新增的流动性。该公司估计掉期期货产品的规模可能占据3%的掉期市场份额，考虑到掉期产品市场规模巨大，这对期货佣金商来说，将是极具增长潜力的业务。

四、全球期货及其他衍生品机构投资者发展概况

机构投资者是全球期货及其他场内衍生品市场的投资主力，一般来说，相对于个人投资者，机构投资者拥有更加雄厚的资金实力、丰富的投资经验以及研究实力，能够更加准确地把握市场脉搏。机构投资者按运作方式的不同主要分为管理期货基金、对冲基金、共同基金及养老基金等。但由于共同基金及养老基金一般不直接参与期货或其他衍生品的交易，而是通过前两种机构投资者进行投资，因此，投资期货及其他衍生品的基金主要集中在管理期货基金及对冲基金。

（一）管理期货基金（Managed Futures）

管理期货基金行业最初专注于投资商品期货领域，因此也称为商品交易顾问（Commodity Trading Advisor，CTA），随着市场衍生品的品种不断丰富，商品交易顾问的投资领域也不再局限在商品期货。管理期货基金需要在美国商品交易委员会及美国国家期货协会注册，定期向监管机构提交相关的数据与信息。管理期货基金为投资者，特别是高净值投资者提供投资传统品种以外领域的机会。根据巴克莱对冲对管理期货基金的跟踪统计，自2008年以来，管理期货行业的资产管理规模处于逐年上升的趋势，而近两年增长的速度明显放缓，2013年末全球资产管理规模为3 300亿美元，与2012年末的3 296亿美元基本持平（见图11）。

根据管理期货基金投资品种的不同，巴克莱对冲把管理期货基金细分为农产品类投资型、货币类投资型、金融/金属类投资型以及没有特定品种类型的分散化投资型，而根据管理期货基金做出投资决策的方式，巴克莱对冲把管理期货基金分为自主式投资型以及系统化投资型。对于各细分的基金类型，巴克莱对冲也进行了相关的跟踪与数据统计。

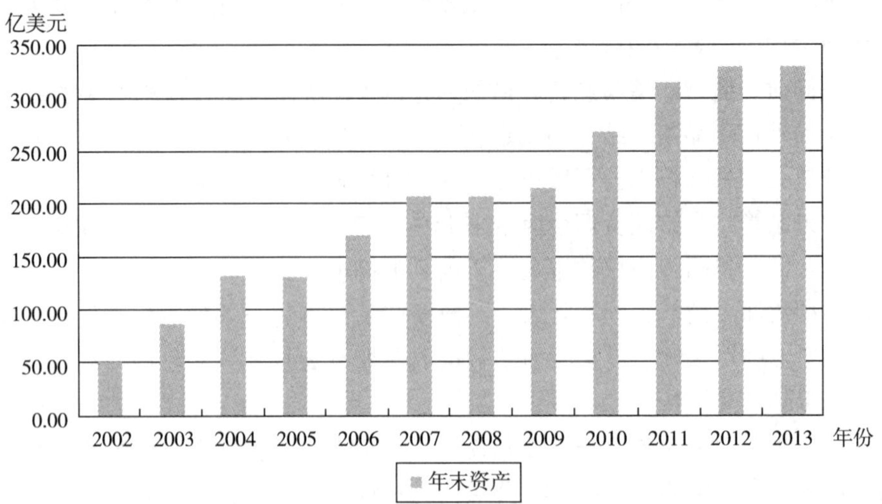

资料来源：巴克莱对冲（Barclay Hedge）。

图 11　2002—2013 年末管理期货基金资产管理规模

在 2013 年末各品种投资型的管理期货基金资产管理规模中，分散化的投资类型依然延续了过去几年的增长，实现资产逐年净流入，资产管理规模在 2013 年末达到 2 033.4 亿美元，同比上涨 7.33%；农产品类投资型基金虽然资产规模相对其他类型基金较少，2013 年底管理的资产只有 12.1 亿美元，但仍维持了 6.14% 的增长速度；金融/金属类投资型 2013 年末的管理资产规模同比增长 3.41%，达到 773.2 亿美元；货币类型管理期货基金的资产管理规模则连续第 2 年出现了回落，为 233.6 亿美元，同比下降 4.11%。

CTA 指数是衡量管理期货/CTA 行业表现的重要指标。巴克莱 CTA 指数是行业使用最久的一个衡量 CTA 业绩的指标。该公司于每年年初审查调整 CTA 的数目，该指数涵盖的 CTA 需要具备 4 年的历史业绩。同时，符合条件的 CTA 新推出的投资项目运行 2 年后才会加入指数的统计中，2013 年该指数已经涵盖了行业 582 个 CTA 的业绩。

近三年，巴克莱 CTA 指数表现均不尽如人意，在 2011 年录得巴克莱对冲公布数据以来最差的 CTA 指数为 -3.09%，2012 年则是首次出现连续 2 年负收益的情况，指数表现为 -1.70%，2013 年巴克莱对冲 CTA 指数仍未能转亏为盈，CTA 指数以 -1.46% 的成绩连续 3 年出现亏损，如图 13 所示。除了计算综合指数外，巴克莱对冲公司还计算各种投资领域的细分指数，其中包括农产品交易指数、货币交易指数、金融/金属交易指数、分散投资交易指数、自主型交易指数及系统化交易指数。从图 14 可以看出，2013 年，农产品、货币投资型延续 2012 年的正收益，但获利比例有所缩小；金融/金属投资型与分散化投资型仍是亏损，但亏损比例也有所减小，特别是金融/金属投资型指数，从 2012 年的 -3.09% 缩小至 -0.06%。

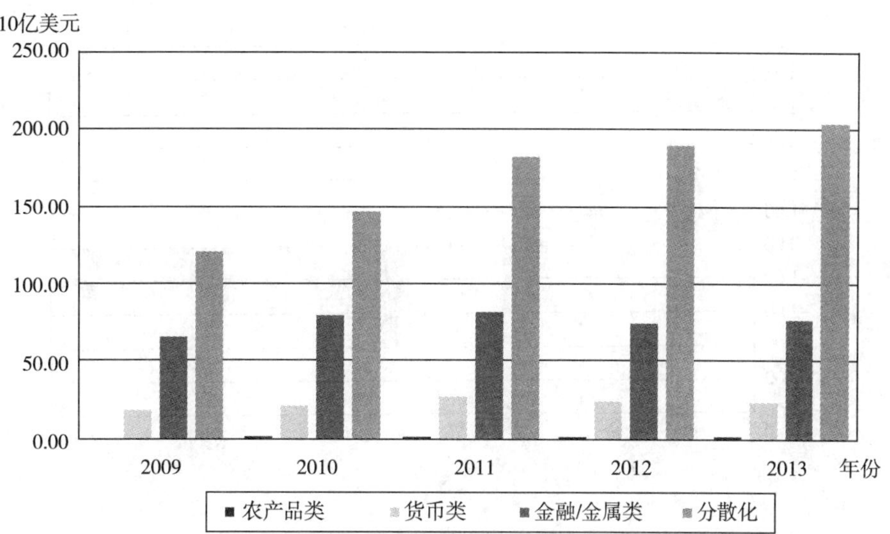

资料来源：巴克莱对冲（Barclay Hedge）。

图 12　2009—2013 年各品种类型管理资产规模对比

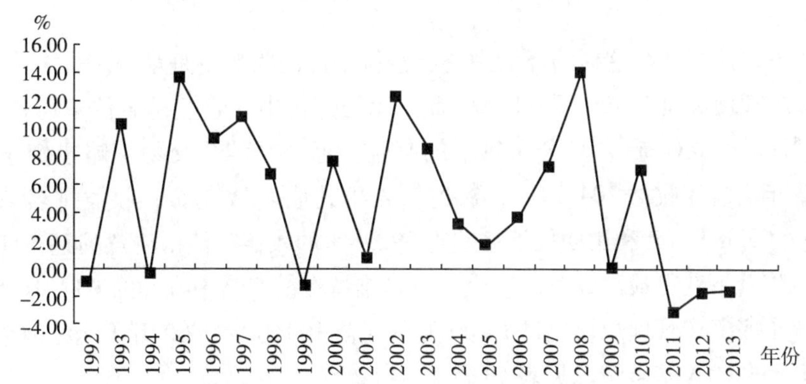

资料来源：巴克莱对冲（Barclay Hedge）。

图 13　1992—2013 年巴克莱 CTA 综合指数表现

同时，巴克莱对冲也为不同管理资产规模级别的 CTA 基金进行 2013 年的收益排名，在管理基金规模超过 1 000 万美元的阵营中，收益率领先的是 Opus Futures, LLC 公司旗下的基金，该基金以基本面分析、自主交易的策略投资农产品领域获得 50. 45% 的年收益；紧随其后的是 e360 Power Fund, LP 同样以基本面分析、自主交易的策略，投资能源领域，2013 年年收益为 47. 15%；收益排名 3 ~5 名均以系统化交易取胜，实现 40% 以上的年收益。其中 CenturionFx Ltd. 公司旗下投资货币领域的 CENTURIONFX －6X 基金，虽然 2013 年年收益排名为第 5 位，却是该阵营中唯一的连续三年年收益稳定在前 5 名的基金，考虑到最近三年 CTA 综合指数一直维持

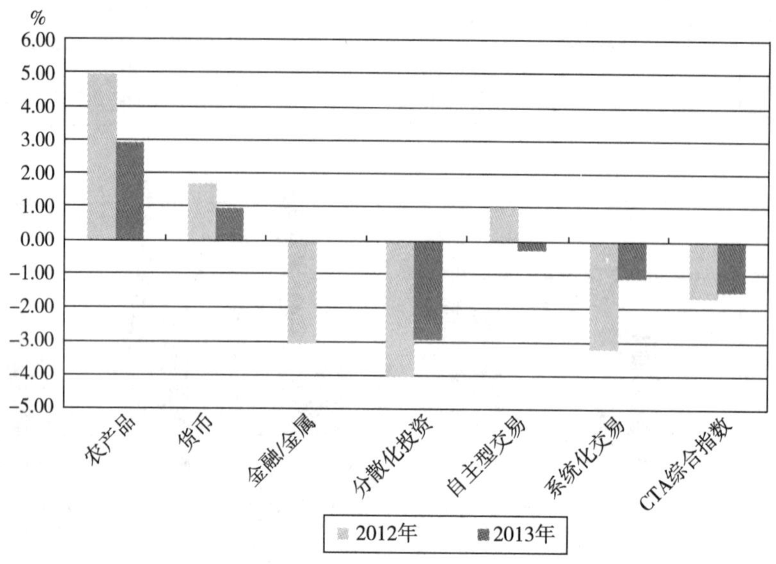

资料来源：巴克莱对冲（Barclay Hedge）。

图 14　2012—2013 年 CTA 综合指数及其细分指数表现

在亏损状态，该基金在这样的环境中还能获得如此高收益更是难得。

在资产管理规模在 100 万～1 000 万美元的阵营中，收益排名位于榜首的是 Investment Capital Advisors LLC 公司旗下的基金，通过系统化交易策略投资于货币市场，2013 年实现年收益 104.74%，遥遥领先于其他 CTA 基金；收益排名第 4 位的 Bayou City Capital，LP 利用期权策略获得 39.96% 的收益，值得注意的是，此基金是 2012 年该阵营下获得最高收益的基金，也是维持在前 5 名中唯一的 CTA 基金。

2013 年底资产管理规模超过 1 000 万美元及 100 万～1 000 万美元的两个阵营中收益前 5 名的 CTA 基金情况见表 43 及表 44。

表 43　2013 年底资产管理规模超过 1 000 万美元阵营中收益前 5 名的 CTA 基金

CTA 基金名称	收益率（%）	投资领域/策略	成立时间
Opus Futures，LLC（Trading Program）	50.45	农产品基本面；自主交易	2011 年 3 月
e360 Power Fund，LP	47.15	能源基本面；自主交易	2011 年 2 月
Mulvaney Capital Mgmt.（Global Markets Fund Ltd.（USD））	43.11	技术分散型；系统化交易	1999 年 5 月
Revolution Capital Mgmt LLC（Mosaic）	41.44	技术分散型；系统化交易	2006 年 10 月
CenturionFx Ltd.（CENTURIONFX - 6X）	40.63	货币技术面；系统化交易	2006 年 1 月

资料来源：巴克莱对冲（Barclay Hedge）。

表 44　　2013 年底资产管理规模在 100 万～1 000 万美元阵营中收益前 5 名的 CTA 基金

CTA 基金名称	收益率（%）	投资领域/策略	成立时间
Investment Capital Advisors LLC（ICA Managed Accounts）	104.74	货币技术面；系统化交易	2010 年 11 月
Fornex Ltd.（Foyle Capital Management）	43.55	货币技术面	2012 年 5 月
Option Capital Limited	40.49	期权策略	2011 年 6 月
Bayou City Capital，LP	39.96	期权策略	2001 年 1 月
LEH Advisor LLC（Break out Point）	39.10	金融/金属技术面；系统化交易	2009 年 5 月

资料来源：巴克莱对冲（Barclay Hedge）。

（二）对冲基金（Hedge Fund）

相对于管理期货行业的惨淡状况，对冲基金行业则是另外一番景象。根据巴克莱对冲公布的统计数据，2013 年全球对冲基金吸金能力较过去几年得到了显著提升，2013 年底对冲基金资产管理规模同比大幅增长 19.90%，达到 21 567 亿美元，创历史新高；而基金的基金资产管理规模为 4 736 亿美元，同比减少 5.54%。

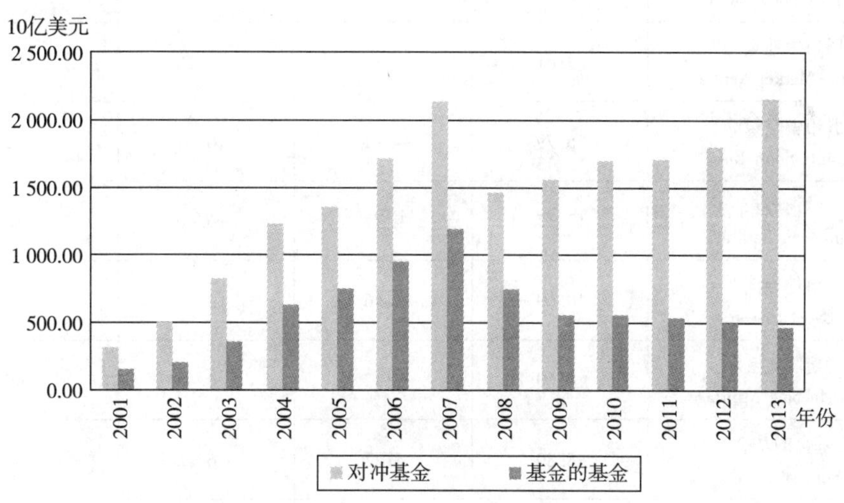

资料来源：巴克莱对冲（Barclay Hedge）。

图 15　2001—2013 年对冲基金资产规模

2011 年全球对冲基金业绩惨淡，2012 年业绩改善明显，在此基础上 2013 年对冲基金再接再厉，巴克莱对冲基金指数录得 11.11% 的收益。在各细分策略指数中，环太平洋股市策略指数以 22.57% 的收益率领先于其他策略指数，该指数主要统计 90% 的仓位专注投资在日本及澳大利亚市场的对冲基金；股市偏多策略指数主要涵盖投资组合中平均净多仓位占比超过 30% 的对冲基金，该指数在 2013 年也获得

21.36%的可喜成绩；在2012年表现最好的困境证券投资策略在2013年也延续了优异的指数表现，为16.83%，该指数涵盖的基金主要投资陷入财务困境或者已经濒临违约的公司股票或者债券（见表45）。

表45　　2011—2013年巴克莱对冲基金指数及其主要细分策略指数表现对比

指数类别	2013年指数表现（%）	2012年指数表现（%）	2011年指数表现（%）	收录基金数量
巴克莱对冲基金 Barclay Hedge Fund Index	11.11	8.25	-5.48	2915
可转换证券套利 Convertible Arbitrage	8.08	8.74	0.11	27
困境证券 Distressed Securities	16.83	12.22	-5.41	55
新兴市场 Emerging Markets	2.80	10.31	-13.63	502
股市偏多策略 Equity Long Bias	21.36	9.39	-9.03	352
股市多/空策略 Equity Long/Short	13.88	6.35	-4.58	469
股市中性策略 Equity Market Neutral	8.61	1.88	0.16	94
股市偏空策略 Equity Short Bias	-26.79	-24.12	6.64	2
欧洲股市 European Equities	13.15	9.71	-6.40	130
事件导向 Event Driven	10.69	8.46	-3.74	130
固定收益套利 Fixed Income Arbitrage	8.60	9.32	4.48	40
基金的基金 Fund of Funds	8.80	4.72	-6.22	1 107
全球宏观 Global Macro	4.87	2.59	-3.65	141
并购套利 Merger Arbitrage	3.87	3.82	3.80	32
综合策略 Multi Strategy	9.55	5.81	-2.29	83
环太平洋股市策略 Pacific Rim Equities	22.57	6.56	-7.69	58

资料来源：巴克莱对冲（Barclay Hedge）。

彭博资讯统计的2013年世界资金最雄厚的100家基金公司排名中，布里奇沃特投资公司（Bridgewater Associates）的绝对领先地位无法被撼动，连续5年名列首位，截至2013年10月31日，该公司管理资产规模为886亿美元，遥遥领先于其他对冲基金公司；摩根资产管理公司（JP Morgan Asset Management）2013年资产管理规模相对2012年净流入61亿美元，达到506亿美元，排在第2位；而2012年居第2位的曼氏集团的管理资产则大幅减少213亿美元，至387亿美元，排名跌落至第4位。

表46　　2013年资产规模排名前10位的对冲基金公司

排名	公司名称	管理资产规模（亿美元）	所在国家
1	布里奇沃特投资公司（Bridgewater Associates）	886	美国
2	摩根资产管理公司（JP Morgan Asset Management）	506	美国
3	布莱文－霍华德资产管理公司（Brevan Howard Asset Management）	400	英国
4	曼氏集团（Man Group）	387	英国
5	兰冠资本管理公司（Bluecrest Capital Management）	342	英国
6	奥氏资本管理集团（Och－Ziff Capital Management）	339	美国
7	德劭集团（D. E. Shaw & Co.）	320	美国
8	贝莱德顾问（Black Rock Advisors）	314	美国
9	鲍波斯特集团（Baupost Group）	290	美国
10	安杰洛戈登公司（Angelo，Gorden & Co.）	250	美国

注：数据截至2013年10月31日。

资料来源：彭博资讯（Bloomberg）。

2013年，大、中型对冲基金收益率排名前5位的两个阵营中，多/空投资策略无疑是市场的赢家。资产规模超过10亿美元的对冲基金中，排名前2位的对冲基金均采用多/空投资策略，其中格伦维尤资本管理公司旗下的格伦维尤资本机会斩获84.2%的收益，麦切克斯资本管理基金则实现56.0%的收益。在资产规模大于2 500万美元而小于10亿美元的对冲基金阵营中，多/空投资策略的优势更为明显，收益排名前5位中，有4只基金均是采用多/空投资策略，且收益均超过50%。大、中型对冲基金收益排名前5位见表47及表48。

表 47　　2013 年大型对冲基金收益前 5 位

基金名称及基金经理	所属基金公司	投资策略	资产规模（亿美元）	收益率（%）
Glenview Capital Opportunity, Larry Robbins	Glenview Capital Management, U. S.	多/空策略	18	84. 2
Matrix Capital Management, David Goel	Matrix Capital Management, U. S.	多/空策略	16	56. 0
Paulson Recovery, John Paulson	Paulson & Co. , U. S.	股市多头	24	45. 0
Lansdowne Developed Markets SIF, Stuart Roden, Peter Davies, Jonathon Regis	Lansdowne Partners, U. K.	股市偏多	15	44. 5
The Children's Investment, Christopher Hohn	The Children's Investment Fund Mgmt. , U. K.	激进策略	73	39. 7

注：①数据截至 2013 年 10 月 31 日。
②大型对冲基金指资产规模超过 10 亿美元的基金。
资料来源：彭博资讯（Bloomberg）。

表 48　　中型对冲基金收益前 5 位

基金名称及基金经理	所属基金公司	投资策略	资产规模（亿美元）	收益率（%）
Senvest Partners, Richard Mashaal	Rima Senvest Management, U. S.	多/空策略	4. 89	58. 8
Marlin, Michael Masters	Masters Capital Management, U. S.	多/空策略	4. 00	57. 8
SFP Value Realization, Team Managed	Symphony Financial Partners, Japan	事件驱动	2. 90	56. 5
Perceptive Life Sciences, Joseph Edelman	Perceptive Advisors, U. S.	多/空策略	9. 77	54. 6
Pegasus, David Yarrow, Angus Donaldson	Clareville Capital Partners, U. K.	多/空策略	2. 91	54. 1

注：①数据截至 2013 年 10 月 31 日。
②中型对冲基金指资产规模大于 2 500 万美元而小于 10 亿美元的对冲基金。
资料来源：彭博资讯（Bloomberg）。

第三节　全球期货与其他衍生品行业监管概况

后金融危机时代，各国把注意力集中在监管条例的制定方面，以期填补金融危机时暴露的监管漏洞，并制定预防性措施，从制度上防止类似事件的发生。金融危机过去了五年，各国有关组织相继达成了各种监管决定成立监管机构，并通过各项法规与实施截止时间，于是各种新监管名称赶着时间席卷全球金融市场，如美国的《多德—弗兰克华尔街改革与消费者保护法案》（*Dodd – Frank Wall Street Reform and Consumer Protection Act*，简称《多德—弗兰克法案》）、欧洲的《金融工具市场指引》（*The Market In Financial Instruments Directive*，MiFID）与《欧洲市场基础设施监管规定》（*European Market Infrastructure Regulation*，EMIR）等。相对过去几年金融监管各种法规制定的实施大动作频频出现，2013 年在全球期货与其他衍生品行业新监管法案与规定的出台节奏有所放缓，主要集中在对现有法规的解释、完善与加强实施等工作，同时应对行业新趋势与重大事件带来的监管挑战。

一、美国期货及其他衍生品行业监管概况

（一）加强投资者保护，重建投资者信心

过去两年，美国期货行业相继发生两起影响较大的破产案，首先是 2011 年大型专业期货经纪商曼氏全球破产，暴露其在自营过程中涉嫌挪用客户保证金的事实；2012 年美国百利金融集团申请破产保护，其中也存在该公司客户保证金存在短缺，公司长期侵吞客户资金。这两起事件导致行业出现了信用危机，极大地打击了投资者的信心。对此，美国监管机构与各行业自律组织出台相关的法规或规定，希望加强对投资者资金的保护，重建投资者对行业的信心。

2013 年 10 月 30 日，美国商品期货交易委员会在《多德—弗兰克法案》对投资者保障机制修改的基础上，通过最终条例，加强对期货佣金商中客户保证金隔离的监管。其中要求期货佣金商在客户账户权益中增加“留存权益”，即公司自身的资金，在特殊情况下需要向留存权益中注入更多的保证金并极大限制对该部分资金的提取。此外，对期货佣金商的交易、执行的报告要求、客户账户等相关的风险管理做出了多项规定。除期货佣金商外，其监管机构也需遵守更多监管要求如会计、审计等专业人士需满足新的资质要求等。

美国全国期货协会（NFA）加大对期货佣金商保证金隔离账号余额的审查频率。2012 年初，美国全国期货协会开始电子审查银行账目，从而发现了美国百利金融集团的违规行为。最初电子审查只在年检时进行，而现今通过开发新系统，可以实现对所有客户的隔离保证金余额进行每日审查，自动核对保证金存管中心的数据与期货佣金商每日提交的隔离报告中的数据，并在发现实质性差异时立即发出警告。

2013 年美国期货业协会（FIA）、美国全国期货协会（NFA）、金融市场学会（Institute for Financial Markets）以及芝加哥商业交易所集团（CME Group）就美国期货业推行保险机制进行可行性分析，并于 2013 年 11 月 15 日发布研究结果。虽然此份研究报告不具有法律强制执行性质，但对监管者的监管立法提供了重要的参考意见。

（二）对掉期执行平台（Swap Execution Facility，SEF）的监管规定

2013 年 5 月 16 日，美国商品期货交易委员会公布掉期执行平台监管的最终条例，包括：指定合约市场（designated contract market，DCM）或掉期执行平台在确定是否能够提供掉期产品交易时的相关要求，即交易实现规定（Make Available to Trade，MAT）；掉期执行平台的核心准则与其他要求；以及设定平台外执行的掉期交易与大宗交易的交易量门槛的程序。

其中，根据交易实现规定的要求，指定合约市场或掉期执行平台可确定其平台中交易的掉期产品，并向美国商品期货交易委员会提交《交易实现确认书》。一旦确认书获得批准，该掉期产品的所有交易必须在指定合约市场或掉期执行平台上执行，将不再允许该掉期产品的场外交易。指定合约市场或掉期执行平台，在确定是否提供某掉期产品的交易时，必须考虑并说明掉期产品买卖方的参与意愿、交易的活跃程度与合约大小、交易量规模、市场参与者的类型与数量等因素。首批《交易实现确认书》机制将在利率掉期与信用指数掉期中运用，这两类产品也是目前要求强制结算。

（三）加强中央结算的相关监管

2009 年 G20 峰会为标准化场外衍生品的集中交易与通过中央对手方结算设定最后限期，要求在 2012 年底完成相关的实施。2012 年 11 月，美国商品期货交易委员会制定最终条例，规定部分需要通过中央对手方结算的场外衍生品。随着场外衍生品中央结算的逐步开展，为了防范结算所这一中间机构可能出现的风险传导至其他市场参与方，2013 年，《多德—弗兰克法案》中关于加强系统重要性衍生品结算机构的风险管理规则最终条例得到通过，其中的监管规定包括结算机构管理、财务来源、系统安全保障、特殊违约规定以及揭露损失或短缺的程序、风险管理、额外披露要求、恢复及缓冲程序等大量的规定。

（四）对掉期交易商及其他中介机构的监管

继掉期产品交易、结算等监管规定逐步出台后，掉期市场的中介机构也开始纳入监管的范围内。2012 年 12 月，掉期交易商与掉期交易大户开始向监管机构注册。截至 2013 年 9 月底，美国商品期货交易委员会共有 82 位掉期交易商及 2 位掉期交易大户注册，其中包含了 16 家最大的衍生品交易商，也就是所谓的 G16 交易商。2012 年 12 月 8 日，针对掉期交易商与掉期交易大户的商业行为准则及档案记录要求等相关的最终条例获得通过；2013 年 7 月通过的最终条例规定，掉期交易商、掉期交易大户及其他于美国商品期货交易委员会注册的中介机构对与其相关的助理中介人（AP）的行为具有监督义务。

（五）《多德—弗兰克法案》的跨国实施指引

2013 年 7 月 12 日，美国商品期货交易委员会通过了关于《多德—弗兰克法案》跨国实施的最终指引，确定了 2012 年提出的跨国实施指引的征求意见稿中相关的规定。该指引的主要内容包括：对“美国个人”（US - person）与“非美国个人”

(non-US person)的定义，这是法案跨国实施框架的核心基础；明确非美国个人参与掉期交易时的交易量统计方式，以及非美国个人需要注册为掉期交易商或掉期交易大户的条件；以及跨国实施指引的范围分类与相关的描述等。

二、欧洲期货及其他衍生品行业监管概况

（一）《欧洲市场基础设施监管规定》实施进展

2012 年 8 月 16 日，《欧洲市场基础设施监管规定》正式生效，对欧洲市场场外衍生品的强制性中央结算与报告等方面进行监管。相关的监管技术标准于 2012 年 9 月由欧洲证券及市场管理局（European Securities and Markets Authority，ESMA）提交至欧洲议会审查，虽最初遭到了反对，但最终在 2013 年 2 月 9 日得到欧盟议会的同意。为了顺利通过，在监管技术标准中做了一定的让步，如对信用及权益类衍生品成交量低于 10 亿欧元及利率衍生品成交量低于 10 亿欧元的非金融企业作出了豁免规定等。从《欧洲市场基础设施监管规定》的生效至 2013 年底，多项重要的监管规定无法在其最后期限实现，其中包括：

- 2013 年 3 月 15 日，欧盟非金融企业对手方需要向相关监管机构报告企业衍生品成交量是否超过或达不到结算底线。
- 2013 年 9 月 15 日，所有对手方需要把处理衍生品组合的设施、程序准备就绪，并管理相关的风险等。

2013 年 11 月，欧洲证券及市场管理局批准了首批四家交易信息存储机构(Trade Repository)的注册，2014 年 2 月 12 日开始执行报告义务。注册的交易信息存储机构涵盖所有在交易所内外交易的衍生品资产类别。

（二）欧盟提出金融交易税实施建议细化方案

2013 年 2 月 14 日，欧洲委员会公布金融交易税实施建议细化方案，欧盟成员国就具体的内容进行研究讨论。11 个国家表示同意执行该税种的征收，其中包括德国、法国、意大利、西班牙、葡萄牙、希腊、比利时、奥地利、爱沙尼亚、斯洛文尼亚以及斯洛伐克等。方案建议，证券产品的应税金额为证券交易价格，税率为 0.1%，衍生品的应税金额为合约价值，税率为 0.01%。若交易满足以下任一条件，则需对交易缴纳金融交易税：（1）交易的任一方是在金融交易税征收国成立的企业，且无须考虑交易的发生地；（2）所交易的金融工具出自金融交易税征收国。

（三）德国《高频交易法案》生效，对算法交易及高频交易进行监管

2013 年 5 月 15 日，德国《高频交易法案》开始实施。根据该法案规定，在德国参与高频交易需要得到德国的监管许可，并对算法交易的机构参与者做出额外的规定。法案对交易参与者需要遵守的规定包括：维持合适的报单成交比率、进行报单标识以及禁止市场操纵的特别规定等。该法案把高频交易定义为：国内有组织的市场或多样化交易平台的直接或间接会员通过高频算法交易技术以自有账户进行的金融工具买卖，其中运用高频算法交易技术的特征包括但不限于：（1）使用相关设

备旨在最大可能降低延时;(2)交易中报单的发起到执行的过程不需要人力的干预,完全由系统确定并执行。

三、国际性监管机构对衍生品行业的监管概况

(一)国际证券委员会组织提出客户资产保障指引建议

2013年2月8日,国际证券委员会组织(International Organization of Securities Commission,IOSCO)提出八项原则性建议,为监管机构及中介机构关于客户资产保障提供指引,并指出,中介机构即经纪商有责任确保遵守相关规定,建立内控与合规制度,确保客户不因中介机构的破产遭受资产损失。原则内容包括:

- 要求中介机构维护客户资产的账户及记录,包括客户资产性质、数量、所在地以及用户状态等信息,以供审计;
- 向客户提供资产报表;
- 建立合理的安全保障制度,尽可能降低客户资产损失与被挪用的风险;
- 要求中介机构了解其存管在境外管辖范围的客户资产符合管辖地的法律法规要求;
- 保证客户资产保障机制及其相关风险的公开与透明;
- 确保客户对资产保障机制及免责内容的相关风险有全面深入的了解;
- 监管机构通过报告制度对中介机构的合规情况进行监管;
- 监管机构尽可能掌握存管于境外管辖地区的客户资产信息。

(二)巴塞尔银行监管委员会对衍生品相关的监管概况

2013年6月28日,巴塞尔银行监管委员会(Basel Committee on Banking Supervision)发布两份衍生品相关交易的资本要求征求意见稿,包括银行在中央对手方的风险敞口资本要求以及改进衍生品交易相关的对手方风险评估方法建议。其中,一份征求意见稿主要内容为银行在中央对手方的风险敞口资本要求计算,包括需要向违约基金与交易敞口账户投入的资本。巴塞尔委员会表示,提出相关建议是为了维持集中结算吸引力的同时确保结算敞口得到充足的资金保障。另一份关于对手方风险评估方法,建议对保证金交易与非保证金交易的风险进行区分。若该评估方法得以最终确定,将会替代当前的评估模型。

此外,2013年9月2日,巴塞尔银行监管委员会联合国际证券委员会组织发布了关于非中央结算衍生品的保证金要求,要求参与非中央结算衍生品交易的系统重要性非金融机构向对手方提交初始保证金及后续保证金,以降低场外衍生品市场的系统风险。相关的保证金收取实施将在4年内分期执行,较活跃的大型市场参与者将在2015年12月开始执行上述要求。

特别专题二

期货资产管理业务发展与监管专题报告

第一节　全球期货资产管理业务发展状况

一、管理期货发展概况

1949 年美国海登斯通证券公司的经纪人 Donchian 建立了第一只公开发售的期货投资基金。在欧美成熟期货市场上，期货资产管理业务已经有 60 多年的发展历史。作为一种独特的资产管理类别，期货资产管理业务得到越来越多投资者的青睐和认可。期货资产管理一般被表述为“管理期货”（managed futures），也称为“期货基金”（futures fund），是指由专业资产管理人运用客户委托资金自主决定投资于期货、期权及其他衍生品工具，以获取收益并收取管理费和分红的一种资产管理模式。管理期货属于另类投资工具的一种①（见图 1），通常与对冲基金、私有股权等并列。传统上，管理期货主要投资于交易所交易的期货和期权合约。2010 年 7 月 21 日，《多德—弗兰克华尔街改革与消费者保护法案》出台后，互换（Swap）产品作为一种新的投资标的，也被纳入管理期货的投资范围。

（一）管理期货的主要特点

与传统资产管理行业相比，管理期货虽然总体规模不大，但增长速度十分惊人，其主要特点如下。

① CME Group，Managed Futures：Portfolio Diversification Opportunities.

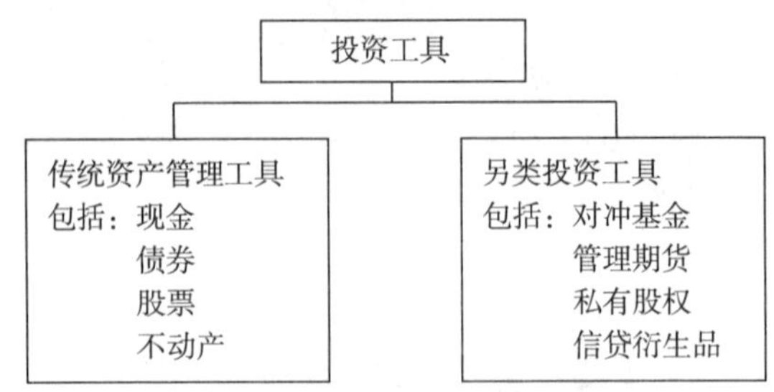

资料来源：CME Group。

图1　投资工具分类图

1. 总体规模增长迅速

近20年来，管理期货的资产管理规模的年均复合增长率接近15%，相当于每5年行业资产规模就能翻倍。截至2012年末，全球管理期货行业资产管理规模已经达3 296亿美元①，较2008年国际金融危机时的2 064亿美元大幅增长了60%。

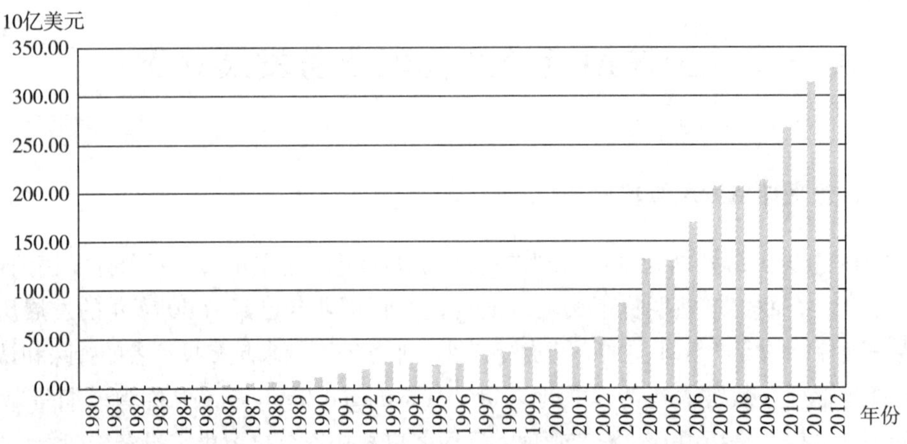

资料来源：Barclay Hedge。

图2　全球期货资产管理规模增长图

2. 相对规模仍然较小

无论从基金数量上还是管理规模上，管理期货均落后于对冲基金和共同基金。与对冲基金相比，从基金数量来看，据Barclay Hedge统计，截至2013年4月，

① 根据巴克莱对冲提供的数据统计。巴克莱对冲（Barclay Hedge）是一家在对冲基金和管理期货业绩表现和投资组合管理领域专门服务于世界范围内的机构客户的公司，该公司建立了巴克莱对冲数据库和巴克莱管理期货数据库。特别需要声明的是，该公司不是巴克莱银行（Barclays Bank）的所属机构，是一家在爱荷华州注册的私人公司。

全球共有 1 131 只期货基金和 4 960 只对冲基金，两者比例约为 1:4.4；从公司数量上看，全球有 625 家期货基金管理公司和 1 574 家对冲基金管理公司，两者比例约为 1:2.5。截至 2012 年末，全球对冲基金管理的资产规模达到 17 987 亿美元，是管理期货的 5 倍以上。与共同基金相比，根据美国投资公司协会（ICI）统计，截至 2012 年第四季度，全球共同基金数量为 73 243 只，总资产达 26.84 万亿美元。总体上看，管理期货基金的数量不及共同基金的 1.6%，管理的资金规模不及共同基金的 1.3%。但是 2008 年国际金融危机后，管理期货继续保持良好的发展势头，以至于传统投资为主的共同基金在进行资产配置时也比以前更多地考虑加入管理期货策略，以优化组合结构，对冲系统风险。

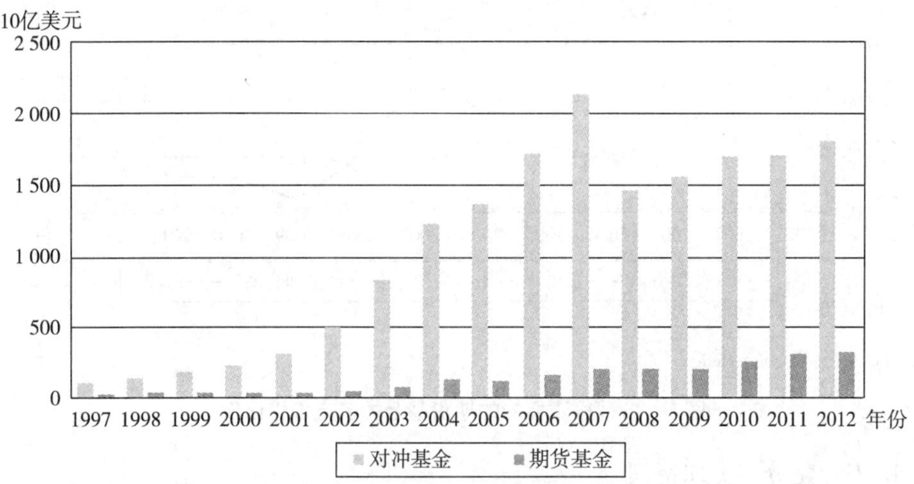

数据来源：Barclay Hedge。

图 3　管理期货和对冲基金规模对比

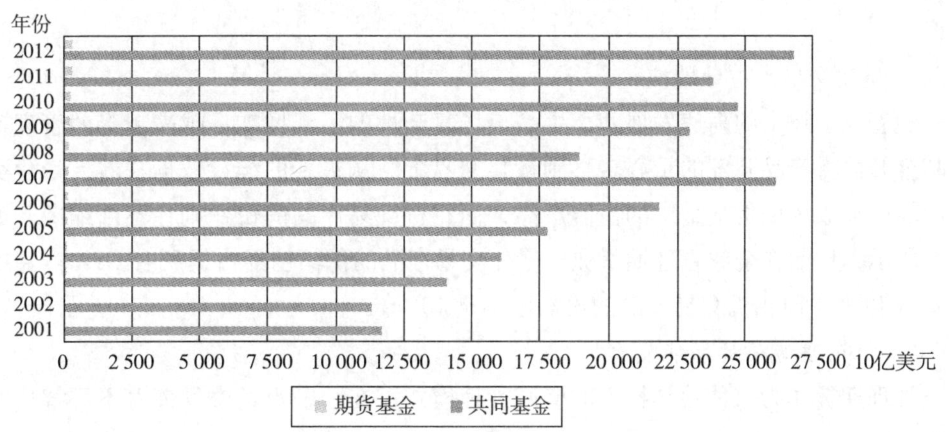

数据来源：Barclay Hedge。

图 4　管理期货和共同基金规模对比

3. 投资品种趋于多元化

根据 Barclay Hedge 的统计，投资于多品种的期货基金的资产规模从 2007 年开始加速上升，从 2008 年至今超过了所有投资于单一品种的期货基金的规模之和；其次是金融和金属期货基金，占所有期货基金规模的五分之一以上；农产品期货基金占比最小，不到 0.5%。

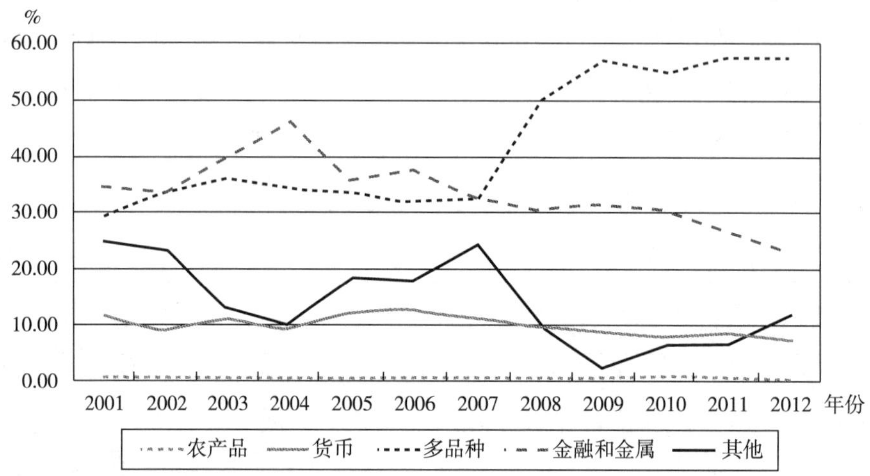

数据来源：Barclay Hedge。

图 5　各种投资标的的期货基金的资产规模比例

4. 专业化分工更加精细

随着专业化程度的提高，管理期货分工更加精细。除了传统的商品基金经理和商品交易顾问等角色外，在资金对账和业绩评估方面，成立了更多的独立第三方，如评级机构、投资顾问等参与进来，为投资者提供更权威和客观的评估结果和选择建议。

5. 量化交易占主导地位

随着电子技术的高速发展和衍生品市场复杂性的不断增加，越来越多的管理期货基金开始将产品开发的重心转移到量化交易上。从最新的统计数据来看，量化交易产品已经成为期货基金中的主流产品，而相机交易产品的份额则在不断缩减。如图 6 所示，目前在全球管理期货业，量化交易产品的份额已经占据所有 CTA 产品中的 80% 以上，而相机交易产品的份额已不足 10%。

（二）管理期货的功能发挥

管理期货作为一种独具特色的资产管理模式，在金融市场中发挥着不可替代的作用。

1. 管理期货有利于改善和优化投资组合、对冲系统性风险

管理期货与传统资产的相关度较低，使其能够增强投资组合的潜在回报而降低

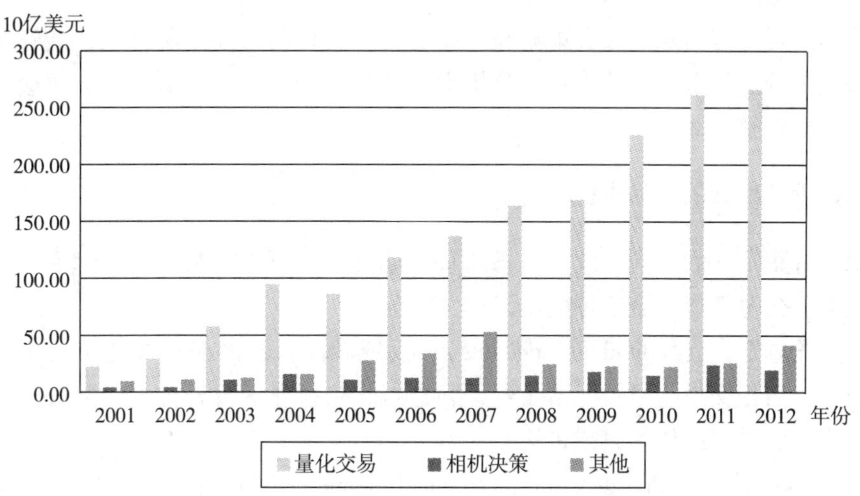

数据来源：Barclay Hedge。

图6　不同投资方式的期货基金规模

潜在风险。管理期货的交易策略高度灵活，既可做多也可做空，在牛熊市中均可获利。在一个投资组合当中，加入管理期货可以达到更低的组合风险，有机会获得更高的组合收益①。

表1　　管理期货和债券、股票的相关性

	管理期货	债券	股票
管理期货	1	0. 052	-0. 018
债券	0. 052	1	0. 201
股票	-0. 018	0. 201	1

数据来源：CME Group。

2. 管理期货可以满足多种投资者的金融需求

由于期货本身具有高杠杆性，与传统金融资产的相关度较低，因此在投资组合中期货投资的不同比例可以满足不同风险偏好投资者的要求。同时，个人管理账户、私募期货基金、公募期货基金等多种产品形式，也能够满足从机构投资者、高净值人群到中小投资者等各类投资者的需求。

3. 管理期货对于改善期货市场投资者结构具有重要意义

管理期货作为机构投资者，是欧美期货市场的中坚力量，并为套期保值的功能发挥提供了良好流动性和成熟对手方。

① Managed Futures：Portfolio Diversification Opportunities，CME Group，2012.

4. 管理期货能够促进期货市场的价格发现

管理期货具有明确的投资策略和严谨的资金管理与风险控制体系；能够持续不断地通过电脑交易系统监控市场，分析市场的价格变化所带来的风险与机会，并在恰当的时机调整头寸。

二、管理期货的产品类型

根据募集形式的不同，欧美市场的管理期货一般可以分为单一管理账户、私募期货基金、公募期货基金三种类型。

单一管理账户（Individual Accounts）。投资者以自己的名义在期货公司开设独立账户，然后把交易账号委托给投资顾问进行投资操作的投资方式，适合对衍生品市场不太了解的高净值个人或机构。

私募期货基金（Private Pools，Private Commodity Pools）。基金管理人向多个投资者募集资金，并将委托财产集合于特定账户，进行期货及其他衍生品投资活动的基金组织形式，是专门为富裕人群或者是富裕家庭提供理财服务的。

公募期货基金（Retail or Public Pools）。基金管理人向非特定投资者公开发行收益凭证，将募集到的资金进行期货、期权及其他衍生品投资活动的基金组织形式。它设置了较低的投资门槛，为小型投资者投资期货资产管理提供了途径。同时，由于近年来管理期货的快速发展，越来越多的共同基金管理者开始将管理期货策略运用到共同基金的投资组合构建，从而产生了一种新的基金类别——“管理期货共同基金”（Managed Futures Mutual Funds）。

三、管理期货的运作模式

管理期货的主要专业分工包括商品基金经理（Commodity Pool Operator，CPO）、商品交易顾问（Commodity Trading Advisor，CTA）、交易经理（Trade Manager，TM）、期货佣金商（Futures Commission Merchant，FCM）、托管人（Custodian）、投资顾问（Investment Consultants）。不同参与者有不同的角色定位，但也有可能同一个主体兼具不同的功能。各参与者之间的职责明确又分工协作。

商品基金经理为基金的主要管理人，是基金的设计者和运作决策者，负责选择基金的发行方式、召集基金主要成员、决定基金投资方向。

商品交易顾问受聘于 CPO，对基金进行具体的交易操作、决定投资期货或期权的策略。CTA 不能接受客户资金，客户资金必须以期货佣金商的名义存入客户账户。

交易经理，又称为产品经理，受雇于商品基金经理，主要职责是帮助基金经理挑选、管理 CTA。交易经理也可以同时拥有自己的投资产品或代理其他基金。

期货佣金商为 CPO、CTA 提供交易通道服务，并承担一定的监督职能。他们接受客户的指令进入交易所交易，管理期货头寸的保证金。实际上，国外的许多综合性期货佣金商同时也是 CPO、TM 和 CTA，向客户提供投资项目的业绩报告，也为客户提供投资期货投资基金的机会。

托管人一般是商业银行、储蓄银行、大型投资公司等独立金融机构，受基金管理公司委托而进行基金资产的保管和基金运作的监督工作。

投资顾问一般为第三方机构，负责向机构投资者推荐 CPO 和 CTA。

上述主要参与方的关系如图 7 所示。由于单一管理账户的运作方式略有不同，投资者会直接聘请专门的 CTA，将资金投资于期货、期权衍生品。因此，单一管理账户模式中 CPO 和 TM 是不存在的。

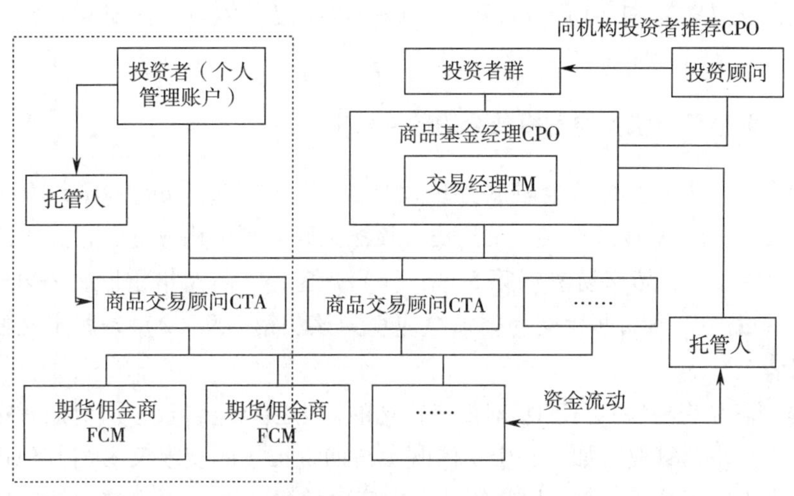

图 7 期货资产管理业务的主要参与者

>>> 第二节 美国期货资产管理行业的监管情况

一、健全的多层次的法律法规体系

对于期货资产管理业务，不同国家或地区的监管模式不尽相同，例如美国是在分业经营的基础上，采取机构监管与功能监管相结合的模式对期货资产管理业务进行监管，而欧洲则是在混业经营条件下，对所有从事投资管理业务的机构进行监管，并没有单独对期货资产管理业务的监管。我国期货行业的监管现状与美国有类似之处。

在美国，期货资产管理业务受多项法律或规章的约束，但最主要的依据是《商品交易法》。

首先，在国会立法层面，包括《商品交易法》、《证券交易法》、《投资公司法》、《投资顾问法》。另外，《美国信托法重述》、《统一商法典》和《统一审慎投资人法》等有关信托的法律法规对作为受托人的期货基金进行了必要法律补充。美国50个州制定各自的“蓝天法”（*Blue Sky Law*），对本州期货投资基金的相关当事人及其行为进行规范。这些法律构成了美国对期货资产管理业务进行规范的基本法律框架。

其次，在部门规章层面，美国商品期货交易委员会（CFTC）制定的《CFTC规章》专门对CPO和CTA的注册和日常监管进行了详细规定，并被纳入《联邦条例法典》第17章商品期货及证券交易第4部分。

最后，在自律规则层面，美国全国期货协会（NFA）作为法定授权的自律机构根据《商品交易法》和《CFTC规章》又进一步制定具体执行注册和日常监管的实施办法。

二、功能监管与机构监管相结合的监管架构

1999年11月通过的《金融服务现代化法案》（*Financial Service Modernization Act*）结束了美国金融业分业经营的历史，该法案确立了机构分立、相互协调的“功能监管”体系。《商品交易法》第5g条（b）规定，“在《格雷厄姆—里奇—比利雷法》第V编中，商品期货交易委员会应视为该法第509（2）条所定义的联邦功能性监管者”。

根据《商品交易法》，CFTC对期货市场的行为独享监管权，但对期货市场的参与实体并不独享监管权。如果一个实体既参与期货市场的交易又参与其他市场的交易的话，那么除了接受CFTC的监管外，它还要接受一个或更多其他功能监管机构的监管。例如，提供衍生品和证券交易经纪业务的金融公司除了接受CFTC的监管外还要接受SEC的监管。

在美国，与期货资产管理相关的监管机构主要有商品期货交易委员会（CFTC）、证券交易委员会（SEC）以及行业自律组织全国期货业协会（NFA）和金融业监管局（FINRA）。这几个机构在职能上各有侧重，互相补充，共同构建起对期货资产管理行业的监管框架。

就期货资产管理业务而言，主要由CFTC和NFA来监管。除了一些可以得到豁免的情况，《商品交易法》规定所有的CPO和CTA都必须接受CFTC的监管。NFA是由联邦监管机构授权的行业自律组织，所有的CPO和CTA必须在NFA登记注册成为其会员，并定期向NFA提交报告，进行信息披露，接受协会的审计和合规审查。由于公募期货基金出售给投资者的基金收益凭证被视为是一种证券，因此根据证券法律的要求，此类基金产品必须在SEC注册，接受SEC的监管①。SEC对公募期货基金产

① 《商品交易法》第4m条（2）规定：“任何人根据《1933年证券法》或《1934年证券交易法》中关于商品基金证券和从事该等证券交易的人的证券发行、发售、购买或销售的规定以及关于商品基金报告义务的规定而承担的义务和职责，并不因本法的任何规定而解除；证券交易委员会或任何私人当事人根据上述法律规定享有的权利或救济也不因本法的任何规定而受影响。”

品的监管需要 CFTC 和 NFA 的协助。同时，在 SEC 注册的投资公司或投资顾问，如果其产品或服务涉及衍生品交易，并达到注册的标准，也必须到 CFTC 注册，接受双重监管①。

三、以维护公共利益和保护投资者为核心的监管制度

美国对期货资产管理业务的核心监管制度包括注册制度、信息披露、记录保存等，同时根据不同的情况在注册和信息披露时给予一定的豁免或宽免。总的原则是凡涉及公众利益，特别是可能对市场价格产生重大影响，或以中小投资者为主要对象时，要从严监管。依据《商品交易法》，两类从事期货资产管理业务的主体必须接受监管，即商品基金经理（CPO）② 和商品交易顾问（CTA）③。

（一）注册制度

《商品交易法》认为，CPO 和 CTA 开展跨州的商业活动，关系到公共利益且影响重大。他们提供的交易建议和买卖操作服务等经营活动，关系到合约市场或衍生品交易执行设施上或按其规则买卖未来交割的商品的成交，且其交易数量对合约市场或衍生品交易执行设施的交易会产生重大影响，因此，应当依法进行注册。

《商品交易法》规定，除了一些可以得到豁免（或宽免）的情况，所有从事 CPO/CTA 业务的人，都必须接受 CFTC 的监管，并同时需要成为 NFA 的会员，在 NFA 注册登记。同时，CPO/CTA 的高级管理人员和关联人必须取得相应的资格并进行注册。

需要注册的 CPO/CTA 必须通过 NFA 在线注册系统（Online Registration System，ORS）提交相关文件；不需要注册的 CPO/CTA 必须通过该在线系统向 NFA 说明豁免注册的理由；所有 CPO/CTA，无论是否符合豁免的规定，都必须是 NFA 的会员。某些 CPO/CTA 的雇员或其受益者④被 CFTC 要求以高管人员或关联人员的身份予以注册并纳入监管。

---

① 《商品交易法》第 4m 条（3）规定：“如果商品交易顾问在证券交易委员会注册为并非以商品交易顾问业务为主营业务的投资顾问（定义见第 1a（6）条），并且，如果该商品交易顾问并不为以在合约市场或注册衍生品交易执行设施上或按其规则交易未来交割商品为主营业务的任何投资信托、辛迪加或类似形式的企业充当商品交易顾问，则本条第（1）子条并不适用于该商品交易顾问。”

② 《商品交易法》第 1a 条（5）定义“商品基金经理”是指：为了在任何合约市场或衍生品交易执行设施上交易或按其规则交易未来交割的商品而从事性质属于投资信托、辛迪加或类似形式企业的业务的人，且该人在前述业务中直接从他人处招揽、接受或者收取资金、证券或财产，或通过资本缴纳、卖出股票或其他形式的证券或通过其他方式从他人处招揽、接受或者收取资金、证券或财产。

③ 《商品交易法》第 1a 条（6）定义“商品交易顾问”是指除另有规定的情形外，任何为获取报酬或利润而从事顾问业务的人，包括直接为他人提供顾问服务或通过出版物、文章或电子媒介为他人提供顾问服务的人，且其服务内容涉及未来交割商品出售合约，且该合约已经或将在某一合约市场或某一衍生品交易执行设施上达成，包括商品期权、杠杆交易和互换交易。

④ 比如在典型的对冲基金构架中，CPO 通常是以有限责任公司的形式作为普通合伙人，普通合伙人的雇员和受益者要求注册为该 CPO 的主事人或该 CPO 的关联人。

（二）信息披露制度

信息披露制度作为金融市场监管的重要制度，为实现市场的公开透明，是金融市场的基础性制度之一，也是近年来全球金融监管制度建设的焦点和核心之一。

1. CPO 的信息披露

CPO 需要定期或不定期将所有可能对投资决策产生影响的相关信息向有关部门报告、接受监督，并向社会公开，以使投资者对其有充分的了解。这些信息包括：警示性陈述（Cautionary Statement）和风险提示，基金管理人的一般信息，基金管理人及其高管的基本情况、交易记录等信息，主要的投资方向、投资方法及风险因素等，基金管理人收取费用的方法，利益冲突，涉讼情况。

2. CTA 的信息披露

CFTC 要求 CTA 在进行客户开发或签署服务协议时，向每位潜在客户提供一份详细的披露文件。此外，CTA 必须获得一份由潜在客户签署名字和日期的已收取披露文件的声明。披露文件必须按照规定的格式制作，并包含特定的条款。NFA 负责对披露文件进行事前审查，CTA 必须将披露文件副本提交给 NFA，经 NFA 确认后方可使用，对披露文件进行修正程序同上。

3. 《多德—弗兰克法案》下的 CPO/CTA 的分级报告

分级报告制度是美国在 CPO/CTA 监管方面的最新进展，在《多德—弗兰克法案》的影响下，CFTC 不但废除了《CFTC 条例》4.13a（4）规定的豁免条款，将对冲基金管理者纳入 CFTC 的监管范围，而且对注册 CPO/CTA 提出了新的数据收集和风险报告的要求。CFTC 要求 CPO 按季度或年度分别递交 CPO－PQR 表①；CTA 按年度递交 CTA－PR 表。同时，CFTC 按照 CPO 管理资产规模的不同将 CPO 分为三个大中小不同级别。每个级别对应不同程度的揭示信息。这一制度旨在加强衍生品交易透明度，防范系统性风险，体现了在衍生品投资领域以机构监管为核心，同时强化功能监管的思路。

表 2　　　　CFTC CPO－PQR 表披露要求

管理资产规模（AUM）	PF	PQR－级别 A	PQR－级别 B	PQR－级别 C
双重注册私募基金（AUM >15 亿美元）	季度	季度		
双重注册私募基金（AUM <15 亿美元）	年度	年度		
大型 CPO（AUM >15 亿美元）		季度	季度	季度
中型 CPO（1.5 亿美元 < AUM < 15 亿美元）		季度	年度	
小型 CPO（AUM < 1.5 亿美元）		季度		

资料来源：CFTC。

① CFTC－PQR 表源于 NFA－PQR 表，现在两套表格系统已经合并处理，统一由 NFA 递交。

（三）记录保存要求

根据《商品交易法》① 的要求，CFTC 规定 CPO/CTA 必须保存相关记录。

1. CPO 的记录保存要求

CPO 必须保存以下记录：

一是关于资金池，包括逐笔记录的交易及相关详细信息，关于金钱、证券和财产支付收据的日志，每一个资金池参与者收到披露报告的确认书，每一位资金池参与者的姓名、住址以及资金池向该参与者收付的所有资金、证券和财产，调整的记录和其他原始记录或者他们等价的计算依据，所有资产、债务、资本、收入和开支细节的总账，每笔商品交易的确认书、买卖声明以及 FCM、RFED、SD 提供的月报，注销的支票、银行对账单、日志、总账、发票、计算机记录和其他资金池管理相关的记录、数据和备忘录，提交给现有或潜在资金池参与者的报告、广告、信函、通知等文件，财务状况报告，盈亏报告等。

二是关 CPO 的记录，包括对由 CPO 及其高管参与逐笔记录的交易及相关详细信息，每笔商品交易的确认书、买卖声明以及 FCM、RFED、SD 提供给 CPO 个人或高管人员的月报，资金池参与的其他所有交易的账册和记录，以及上述活动产生的注销的支票、银行对账单、日志、总账、发票、计算机记录、其他与资金池管理相关的记录、数据和备忘录。

2. CTA 的记录保存要求

CTA 必须保存以下记录：

一是关于客户的，包括客户姓名和地址，全权委托、顾问服务协议等授权文件或协议，CTA 管理的账号中每笔交易记录，每笔交易的确认书、买卖声明以及 FCM、RFED、SD 提供的交易月报，以及提交给现有或潜在客户的报告、广告、信函、通知等文件。

二是关于 CTA 的，包括 CTA 参与的逐笔记录的交易及相关细节，每笔交易的确认书、买卖声明以及 FCM、RFED、SD 提供给 CTA 个人或高管人员的交易月报，CTA 及其高管参与的所有其他商业交易的账册和记录（包括商品交易和现货市场交易）。

（四）豁免或宽免制度

1. CPO 的豁免或宽免

对于 CPO 的豁免或宽免 CFTC 作出了详细的规定。CFTC 规定的豁免（或宽免）

① 《商品交易法》第 4n 条（3）规定：“依本法注册的每一商品交易顾问和商品基金管理人均应留存账簿和记录，并按商品期货交易委员会规定的格式和方式提交该等报告。所有账簿和记录应至少保存三年，商品期货交易委员会指令保存三年以上时间的，应遵照执行，并可供商品期货交易委员会或司法部任何代表检查。经商品期货交易委员会要求，注册商品交易顾问或商品基金管理人应提供每一客户、用户或参与者的姓名和地址，并应提供向客户、用户、参与者或潜在客户、用户或参与者分发的所有报告、信件、说明书、备忘录、出版物、文章或其他文献或建议的样本或复件。”

条件综合来看主要体现了以下几个原则。

一是针对可能被其他监管机构监管的实体，比如依《1940年投资公司法》设立的投资公司，为避免双重监管，而予以此类实体豁免注册①；

二是从投资者保护的角度，将投资者按其资产状况、专业知识等分成不同的类别，予以合格、专业投资者参与的产品更多的豁免或宽免，以提高监管效率；

三是针对资金池对商品交易的介入程度，制定所谓的最低豁免条例；

四是针对其他某些特定的产品，对公众利益可能影响甚小，所以也予以豁免或宽免。

需要特别说明的是，对于投资公司是否符合豁免条件，主要有两个判断标准：一是如果资产组合中不符合真实目的对冲的商品期货、期权以及掉期的仓位，在考虑了未实现盈亏之后，建立上述仓位的加总初始保证金或权利金没有超过该合格实体资产组合清算价值的5%，那么这一资产组合就是符合真实对冲要求的；二是如果资产组合中不符合真实目的对冲仓位建立时的加总的名义净值没有超过资金池资产组合清算价值的100%，那么这一资产组合就是符合真实对冲要求的。

2. CTA的豁免或宽免

如果符合以下条件，可以豁免注册为CTA：

一是商品现货市场的交易商、经纪商和分销商、非盈利性的交易协会或农场组织；

二是在CFTC注册的CPO、豁免注册的CPO、注册的关联人、注册的IB、注册杠杆交易商、注册外汇零售交易商、注册掉期交易商；

三是SEC的注册投资顾问，其主营业务是提供证券和其他投资建议给合格实体、集合投资计划和商品资金池，商品交易建议只是偶尔为之，或者只是向境外商品资金池提供交易建议，同时该投资顾问不在公众面前自称CTA；

四是过去12个月，该人没有向超过15个人提供商品交易建议，并不在公众面前自称为CTA。

---

① 值得一提的是，针对投资公司的这条豁免规定经历了从严格到宽松再到严格的过程。2003年至2010年之间，已注册的投资公司已经完全被排除在CFTC监管之外。但2010年后CFTC又对法规进行补充，要求已经在SEC登记的投资公司在特定情况下也必须在CFTC进行登记。针对上述规定，美国部分行业机构向法院起诉CFTC违反了法律规定，但美国哥伦比亚特区联邦上诉法院在2013年6月25日的判决中支持了CFTC的这项规则，这项规则取消了CFTC之前给予此类投资公司更宽松的豁免政策，使之回到2003年之前的情况。CFTC取消这项豁免的主要原因在于：自2007年全球金融危机以来，国会意在建立一个更为严厉的监管框架；2010年通过的《多德—弗兰克法案》将互换增添到CFTC监管的范围之内，CFTC监管衍生品的范围扩大（此前并没有将互换置于CFTC的监管之下）；同时投资公司参与衍生品的交易行为较以前更多，需要对其进行监管。

第三节　我国期货资产管理业务发展状况

一、我国金融机构资产管理业务的发展状况

随着中国经济持续高速增长、城镇化速度迅速加快以及国民收入不断提高，居民投资意识不断增强，财富管理的需求不断增长。据不完全统计，截至2012年底我国金融机构资产管理规模达到44.29万亿元人民币，占当年GDP的85.29%；而2010年我国金融机构资产管理规模仅占当年GDP的44.19%①。不过总体来看，我国资产管理业务还有较大的发展空间，2013年我国金融机构管理资产总规模仅占全球资产管理规模62.4万亿美元②的11.29%。

我国金融机构资产管理行业发展起点不同，政策环境差异较大，整体发展也不平衡。总体上看，呈现出以下特点。

第一，银行业规模遥遥领先。综合来看，各类金融机构资产管理业务各具特色，投资标的以传统资产为主。其中，银行业2012年资产管理规模近24.71万亿元人民币，成为资产管理行业当之无愧的"领头羊"。其后依次为，信托业7.47万亿元，保险业7.35万亿元，基金业3.7万亿元，证券业1.89万亿元。

表3　　2012年金融机构资产管理规模

金融子行业	银行理财	保险	信托	基金公司	券商资管
资产管理规模（万亿元人民币）	24.71	7.35	7.47	2.87	1.89
机构数量	122	10	65	70	114

数据来源：wind资讯、银监会、保监会、证券业协会、信托业协会、普益财富相关资料。

第二，投资对象趋于多样化。原来的法规对金融机构资产管理业务的投资范围有不同程度的限制，而目前这些限制正在被监管机构逐步放开，投资范围变得更加宽泛。

① 本部分所指的金融机构包括银行、证券公司、基金公司、保险公司、信托公司，不包括期货公司。此处所列数据由银行、证券、基金、保险、信托公司资产管理业务规模加总而得，汇率按2012年12月31日计算。

② Global Asset Management 2013：Capitalizing on the Recovery，BCG，2013.

表 4　　各金融机构资产管理投资范围对比表

机构类型	投资范围
商业银行	债券类，信贷类，股票、基金、利率、大宗商品和汇率挂钩类，另类投资理财
保险公司	可投资信贷支持证券、保证收益理财产品、集合资金信托、有担保的集合资产管理产品，还可参与融资融券、境外货币市场、固定收益投资等
信托公司	基础产业、房地产、股票、基金、债券、金融机构、工商企业等
基金公司	特定资产管理业务的投资范围：现金、银行存款、股票、债券、证券投资基金、央行票据、非金融企业债务融资工具、资产支持证券、商品期货及其他金融衍生品；公募基金可以投资于股票、债券、货币市场工具等，但对投资比例有一定限制
证券公司	2013 年 6 月 26 日新修订的《证券公司客户资产管理业务管理办法》取消了对投资范围的限制
期货公司	期货、期权衍生品、股票、债券、基金、集合资产管理、央行票据、短期融资券、资产支持证券

资料来源：证监会网站、银监会网站、保监会网站。

不过在资产管理机构中，仅有保险和信托的资金可以配置到房地产等非证券资产上，公募基金可以进行境外投资，而对于绝大多数的资产管理机构，投资标的只能是国内证券类金融资产。这也导致了这些资产管理机构的投资标的逐渐趋同。

第三，产品类别多种多样。从募集范围来看，公开募集形式的产品包括公募基金和部分银行理财产品。其他类型的产品，如信托产品、证券公司资产管理、基金专户等均为非公开募集形式。近年来，银行理财的最低购买门槛一再降低，募集范围也大大超过 200 人的标准，因此它的部分产品应被视为公开募集形式。从投资类型来看，产品类型则更为多种多样。

表 5　　各金融机构产品类型对比表

机构类型	产品类型
商业银行	保本浮动收益、保本保证收益、非保本浮动收益
保险公司	传统险、分红险、万能险、投资连结险，受托企业年金等投资型保险产品
信托公司	集合类、单一类、财产管理类信托；融资类、投资类、事务管理类
基金公司	公募基金，一对一、一对多理财
证券公司	集合理财业务、定向理财业务和专项理财业务

资料来源：证监会网站、银监会网站、保监会网站。

第四，依托各自优势迅速发展。各金融机构资产管理业务发展充分借助了自身优势。例如，商业银行在渠道上具有独一无二的优势，在全国拥有 19.5 万个网点，密布城乡，银行理财很好地借助这一优势获得了迅速发展。信托投资范围相当广泛，监管比较宽松，与银行联系密切。信托产品依托这一优势为银行贷款、证券资管等提供通道业务，资产管理具有一定规模。

我国金融机构资产管理业务近年来发展迅速，但是仍然存在着盈利模式粗放、对冲工具利用不足、规范化程度不高、监管尺度不统一等问题，难以满足日益增长的居民理财的多样化需求。

二、我国期货资产管理业务发展的意义

随着我国居民财富的不断增长，对于多元化的财富管理需求越来越大，发展期货资产管理业务的迫切性不断增强。

第一，有利于改善期货市场的投资者结构。长期以来，我国期货市场投资者机构不合理，散户居多，机构投资者比例偏少。这一特征已经严重制约了我国期货市场的稳步发展。据统计，截至2012年底，国内期货市场投资者71.73万户，其中个人投资者69.74万户，占97%以上，法人客户1.99户，只占不到3%。2012年期货市场成交额34.17万亿元，法人客户的成交额仅占7.2%。散户居多的投资者结构使得期货市场发展较慢，规模偏小，套保企业很难找到交易对手；另一方面由于缺乏专业化的服务和进入渠道，很多有参与期货市场需求但不具备相应专业能力和人才的企业不能深入地参与期货市场。

发展期货资产管理业务可以有效改善这一情况。一方面，大多数中小投资者可以通过期货基金间接入市，可以将其零星投资转化为机构投资，形成稳定的投资主体；另一方面，一些有需要参与期货市场但不具备期货交易能力的生产、加工、贸易企业也可以通过期货投资基金间接入市，提高参与期货交易的专业化水平。

第二，有利于提高期货市场流动性。充足的流动性是期货市场功能充分发挥的基础。一个流动性充足的市场不仅要有相当可观的交易量，同时要有广泛的参与者。

在成熟期货市场上，投机者是市场流动性的主要提供者，投机者为了获取投机利润，会根据自己对市场的判断在市场上频繁交易，这样带来的结果就会促使市场交易量增加和买卖价差的缩小。但是，如果散户居多的话，就会导致两个结果：一是期货市场的规模很难获得较大发展；二是中小投资者的风险控制能力和承受能力比较薄弱，不利于市场稳定发展。

期货资产管理业务获得发展之后，一方面可以为期货市场提供充裕的流动性，带动市场规模迅速增长；另一方面机构投资者的市场行为更为理性，风险承受能力较强，有利于期货市场的稳定发展。

第三，有利于投资者规避市场风险。现阶段我国金融机构资产管理业务的投资标的高度集中于股票、债券等证券类资产，这些资产往往具有较高的相关性，同涨同跌，在发生系统性风险时无法规避和分散风险。期货资产管理与传统金融资产的相关性比较低，如果能够纳入其资产组合当中，可以更有效地规避系统性风险。

（一）我国期货资产管理业务发展的有利条件

期货市场是市场经济不可或缺的重要组成部分。期货行业正面临着良好的发展机遇。现阶段，我国稳步发展期货投资基金的条件已初步具备，主要体现在以下几个方面。

第一，不断增长的居民财富为期货资产管理业务发展提供了广阔的空间。近年来我国金融资产和居民财富迅速增长，受托理财的观念深入人心，机构投资者迎来前所未有的发展机遇。期货资产管理是机构投资者的一个重要类别，必然也会随着居民财富的增长，获得更加广阔的发展空间。随着受托理财的发展，公众对财富管理的需求也更加多样化。期货资产管理既有优化投资组合、规避系统性风险的作用，又有平均收益率较高的特点。多样化的财富管理需求也为期货资产管理提供了新的发展机遇。

第二，机构投资者的迅速发展为期货资产管理业务提供了良好契机。机构投资者的比例是衡量市场成熟度的一个指标。目前我国机构投资者资产绝大部分投资在传统金融资产领域，缺乏必要的风险管理工具。期货资产管理因其自身与传统金融类资产相关性较低的特点，可以帮助其他机构投资者规避系统性风险，优化投资组合。目前，我国期货市场机构投资者仅占有效客户总数的 2.73%，还有较大的发展空间。因此，机构投资者的迅速发展为期货资产管理业务发展提供了良好的发展契机。

第三，期货市场的创新发展为资产管理业务的产品开发和稳健运作提供了必要的条件。当前我国期货市场品种不断增加，影响力不断扩大，为期货资产管理的健康稳定发展奠定坚实基础。未来期权的上市和场外衍生品的活跃将为投资者提供更丰富的投资工具，境外期货的放开也将为国内企业利用国际市场规避风险提供了便利通道。这些都为期货资管的产品创新提供了广阔的发展空间。

（二）我国期货资产管理业务发展的不利条件

第一，社会对期货资产管理的认知程度低。我国期货行业发展时间短，衍生品工具还未被广泛应用。至今期货市场在许多投资者心中仍是一个风险高、亏损大的行业。现阶段我国受托理财发展时间不长，投资文化不够成熟；投资者不习惯专家理财，而受托者也不够勤勉敬业，资产管理者的社会声望并不高。期货资产管理作为资产管理行业的后起之秀，有两点导致其社会认知度较低：一是投资者缺乏对于期货本身的认识，二是期货资产管理缺乏长期稳定的市场业绩证明。

第二，投资工具单一、手段缺失。与国外相比，现阶段商品期货较多，金融期货较少，有期货没期权，场内多，场外少，国外投资通道尚未打通。我国现有期货品种还比较少，截至 2013 年底已经上市和批准上市的仅有 40 个期货品种；期权等关键性投资工具还没有上市。这些因素导致以衍生品为主要投资标的的期货资管业务缺乏必要的投资工具，这也限制了其更多功能的发挥。

第三，监管不统一，条块分割，存在监管空白。现阶段期货资产管理的监管主体仍是证监会期货监管部门，但其又属于非公开募集基金，按新《基金法》第九十五条的规定及基金业协会出台的《资产管理类特别会员入会工作指引》的规定，需要到基金业协会注册。当前具有资管业务资格的期货公司已经有15家在基金业协会注册备案。未来公募期货基金得到发展之后，期货资产管理业务又要受到证监会基金部的监管。因此监管条块分割，已经是迫切需要解决的现实问题。同时，大量未持牌的“期货私募基金”并没有在期货监管部门注册，这些又形成了监管空白。

第四，缺乏实践经验，人才储备不足。由于长期以来期货从业人员不允许进行期货交易，期货公司也不允许开展资产管理业务，期货从业人员普遍缺乏实践经验，资产管理人才储备不足。国内其他金融机构以前很少涉猎衍生品领域，相关人才更是不足。

第五，专业化程度不充分。美国期货资产管理业务分工十分明确，商品基金管理者、商品交易顾问、交易经理等各负其责。我国期货资产管理的所有业务，包括资金募集、资金管理、风险控制等等，都是由期货公司来完成的。虽然现在有外聘投资顾问的情况出现，但是尚属少数，而且没有合法地位。这种分工不够专业化的情况，也会阻碍期货资产管理的发展。

三、我国期货资产管理业务发展状况

（一）我国期货资产管理业务的参与主体

目前，我国期货资产管理业务的参与主体既有正式取得金融业务许可的金融机构，也有民间以投资公司、工作室等多种形式存在的所谓“私募期货基金”，为了较好地区分两类不同的参与者，本课题期货资产管理业务的参与主体划分为“持牌期货资产管理人”和“非持牌期货资产管理人”。

1. 持牌期货资产管理人

目前，持牌从事期货资产管理的金融机构主要有两类：一是期货公司，二是基金管理公司。2012年，证监会先后颁布了《期货公司资产管理业务试点办法》和《基金管理公司特定客户资产管理业务试点办法》，前者允许期货公司开展期货资产管理业务，后者允许基金管理公司以专户的形式参与期货资产管理。

截至2013年12月底，共有29家期货公司获准开展特定客户资产管理业务，又称“一对一”资产管理业务，即受托方接受单一客户委托，与客户签订合同，根据合同约定的方式、条件、要求及限制，通过客户的账户管理客户委托资产的活动，客户可以是自然人、法人或者依法成立的其他组织，委托资产以现金为主，或者中国证监会允许的其他金融资产。根据《期货公司资产管理业务试点办法》规定，期货公司资管业务可投资期货、期权及其他金融衍生品；股票、债券、证券投资基金、集合资产管理计划、央行票据、短期融资券、资产支持证券等。

相对于信托账户对商品期货投资的限制，以及期货公司资管通道“一对一”的限制，基金专户涉足期货资管业务成为各方青睐的对象，比如大部分期货私募阳光化都是借道基金专户实现。虽然颁布时间略微靠后，但其发行规模增长迅速。

2. 非持牌期货资产管理人

长期以来，而民间“期货私募基金”在期货资产管理行业扮演重要角色。“期货私募基金”起源于最初的个人账户管理，最初多以期货经纪人、期货工作室的形式存在，后来随着规模扩大和管理的规范，逐步发展成为有限责任公司或有限合伙基金的形式。他们大多数既负责资金的募集也负责期货投资的操作。

“期货居间人”原本是为期货公司介绍管户，提供投资者与期货公司的订约机会。但实际业务开展过程中，许多“居间人”又同时指导或代理客户进行交易。具体形包括两种：一是双方签订保本协议，盈利部分利润平均分配。在此方式下，分配结算的时间通常可以由双方直接商定——或是一笔交易完成后结算，或是以半年或一年的期限定期结算，或是按双方商定好收益率，达到收益率时结算。另一种方式是为投资者提供投资建议，决策由投资者自己做，“居间人”只是一个投资顾问的角色，一般从客户的盈利中分取20%～30%的利润。

“期货工作室”是一种介于个人和机构之间一种有组织的资产管理运作方式。一般而言，由工作室的投资经理个人吸引资金，与客户签订“代客理财”协议，这类“代客理财”协议并无明确的法律保障。但其优点在于成本低、负担小、灵活度高，没有太多经济负担，操盘手比较轻松。缺点在于缺乏团队成员间的相互配合以及发展的持续性。这些工作室大多通过挂靠期货公司，并以私人间合作的形式进行委托理财服务，承诺最低的投资回报率和相关收益风险承担方式，整个流程几乎与私募基金运作流程相同，资金规模从几十万元到上千万元不等。其客户类型包括个人和法人，一般个人资金在50万元、法人资金在1 000万元以上，合同有效期为一年或者半年。工作室除从期货公司获得佣金返还外，还有按约定的收益提成。

在有限责任公司的投资运作中，往往是客户提供账户，私募管理机构代为操作的专户管理模式。在有限合伙期货基金中，所有投资者都是有限合伙人，而投资经理（交易员）则作为普通合伙人，属于“合伙人开办的投资公司自营式的基金”。这种形式的合伙制公司，具有明确的法律地位，所进行管理的期货投资资金规模相当大，资金可以达到上亿元。目前他们主要向机构投资者提供投资管理服务，运作上类似私募基金，客户只承担所投入资金20%～30%的风险（一般作为合伙制退出机制执行），由资产管理公司统一进行操作，盈利部分公司按30%左右的比例收取费用，其余70%左右的收益由其他投资者分享。在操作过程中，公司通过成立风险控制委员会和投资决策委员会，实行三级风险控制，运作形式相对规范。

（二）期货资产管理业务的运行现状

目前基金期货专户和期货公司资产管理业务有相对公开的统计数据，而大量“期货私募”则很难考证其规模和数量。①

---

① 本部分数据来源于中国证监会、中国期货业协会的调查统计，部分数据引用了金融机构期货资管网的调查统计。更新数据截至2013年12月31日，由中国证监会提供。

1. 期货资管业务概况

（1）期货公司资产管理业务

根据中国期货业协会的统计，截至 2013 年 12 月 31 日，全国共有 29 家期货公司取得资产管理业务资格；期货公司资管业务签约客户个人客户 224 户，单位 33 户；全国期货公司资管账户受托资金余额 125 964 万元。其中单位客户受托资金余额 44 252 万元；个人客户受托资金余额 81 712 万元；全国期货公司资管账户期货净值有 133 212 万元，其中单位客户委托资产期货净值 45 629 万元，个人客户委托资产期货净值 87 582 万元。其中中国国际期货账户数量最多，有 37 户，永安期货受托资金余额最多，为 30 777 万元。

（2）基金专户期货资产管理业务

根据期货资管网从国投瑞银、汇添富基金、财通基金、诺德基金、长安基金等基金公司统计来看，通过公募专户发行的商品期货基金已经超过 20 亿元，最大的一只期货基金规模超过 2 亿元。国内期货资管通道募集的资金规模估计仅在 10 亿元左右，南华、永安、东航金戎、广州期货、银河期货、海通期货等期货公司，通过公募专户发行的产品规模均超期货资管产品规模。

2. 期货资管产品策略与类型

（1）期货公司资产管理产品

在期货公司资产管理业务试点启动之后，已有 14 家期货公司的资管产品正式开始交易。交易策略最多的是趋势跟踪和套利套保，分别为 24% 和 21%，其次是日内短线和波段交易，分别为 17% 和 13%；日内程序化交易最少，为 5%。

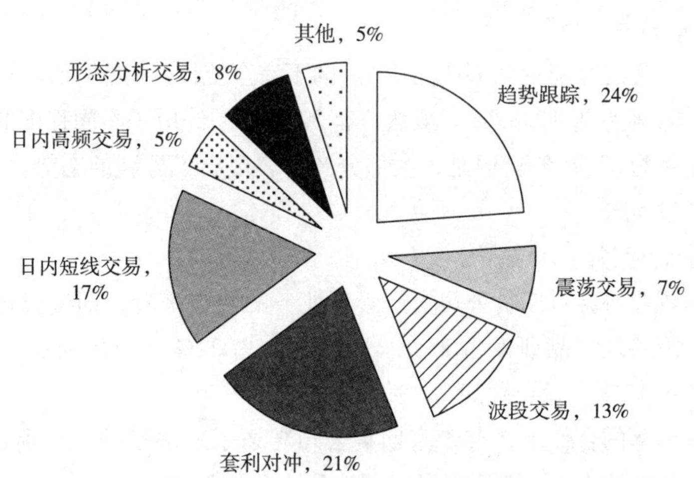

数据来源：中国期货业协会相关资料。

图 8　我国期货公司资产管理产品策略分布

在主动交易和程序化交易的选择上，除万达一半使用主动交易、一半使用程序化交易外，基本上分为以主动交易为主（主动交易超过70%）和以程序化交易为主（程序化交易占比超过70%）两种，其中永安、南华、中期、鲁证、东证、瑞达和大地以主动交易为主，其余以程序化交易为主。

（2）基金专户期货资产管理业务

从产品设计看，目前通过基金专户通道发行的期货资管产品大部分是结构化的，其劣后优先比例一般在1∶3到1∶4之间，分为保本分成型，保利息型，保息分成型。

从期货资管网较早（截至2013年5月）搜集的期货行业资金对接信息看，保利息型的期货结构化产品，其利息一般在6%～7%一年，加上基金通道费、银行托管费、销售费等，首次发行产品的成本8.5%左右。此种类型的产品，只要打通银行渠道，非常受欢迎。保息分成型，一般是保优先资金年利息3%～4%，劣后资金一般要求高分成比例，如三七分成或二八分成。保本分成型，一般劣后资金要求五五分成或四六分成。

3. 期货资管产品收益与风险

（1）期货公司资产管理产品

期货公司资产管理产品的年化收益率按管理账户资金规模加权平均计算，最高为145.5%，最低为-17.7%，仅1家出现亏损，其余13家均实现盈利。单一产品最高年化收益率为386.7%，最低年化收益率为-44.1%。最大回撤率按管理账户资金规模加权平均计算，最大为-8.1%，最小为-0.7%。单一产品最大回撤率为-21.7%。

（2）“期货私募产品”

根据期货资管网对期货私募产品业绩[①]的不完全统计，“期货私募机构”发行的98只产品平均收益率为12.89%。虽然，有37只产品经历了不同程度的亏损，数量占总产品的比例为37.76%。但是，大部分产品表现出了盈利的态势。前10名产品的收益率均超过50%。

4. 期货资管业务组织与结构

从中国期货业协会对期货公司资产管理业务的调查来看，期货公司资管业务的从业人员中，策略及产品研发占23%，投资经理占22%，交易人员占17%，资金募集和风控各占12%，投资顾问占7%，技术支持占7%。

在与期货私募的合作上，有3家期货公司聘请了外部投顾，分别是国投中谷3人、瑞达2人和大地1人。各部分的数量和所占比例见图9。

---

① 数据来源于期货资管网，http://www.qhziguan.com/content_1002.html#0-tsina-1-83693-397232819ff9a47a7b7e80a40613cfe1。

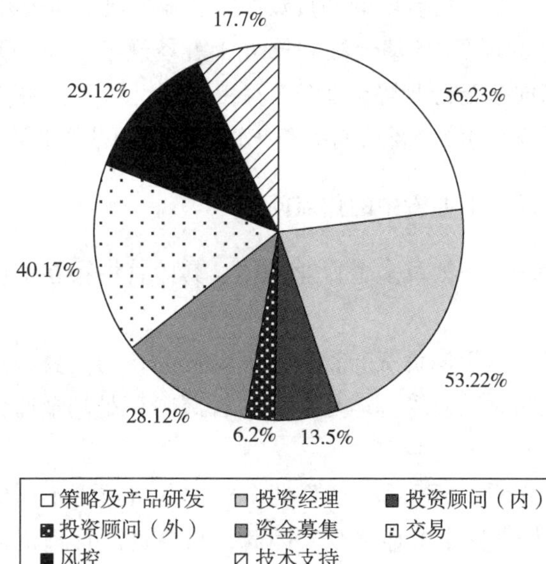

数据来源：中国期货业协会相关资料。

图 9　我国期货公司资产管理业务人员组成

第四节　我国期货资产管理业务的监管情况

未来期货资产管理业务发展必然要面对由谁来监管、如何解决监管不统一等监管制度方面的问题。监管制度是否合理，会对行业发展产生较大的影响。期货资产管理行业的监管应基于统一监管、适度监管和功能监管的原则，明确监管主体，建立监管机构之间的沟通协调机制，建立完善注册制度、信息披露制度等监管法律法规制度，实现机构监管与功能监管的结合，从而达到促进期货资产管理业务发展的目的。

一、期货资产管理业务的法律监管体系

目前，我国期货资产管理业务一方面要受到期货相关法规的规范，另一方面要受到基金相关法规的规范。但两套法律法规之间的衔接问题尚未得到较好的处理。

在期货法规方面。2007 年颁布的《期货交易管理条例》是约束期货交易行为的法律文件，期货资产管理业务的交易行为也要受此约束；《期货从业人员管理办法》是约束期货从业人员的法规，期货资产管理业务的从业人员也要遵循此办法。2012 年 7 月证监会颁布的《期货公司资产管理业务试点办法》，具体规定了期货公司资产管理业务的实施运作办法。

在基金法规方面。由于现阶段的期货资产管理业务属于非公开募集基金的范畴，它还受到《基金法》的规范。《基金法》第九十五条规定“非公开募集基金募集完毕，基金管理人应当向基金行业协会备案”。相应地，基金业协会出台了《资产管理类特别会员入会工作指引》，要求期货资产管理机构到基金业协会注册。

二、期货资产管理业务监管中的焦点问题

由于期货资产管理业务涉及多个行业主体，其监管中存在一些问题需要加以注意。

一是由谁来监管。由于期货资产管理业务的交易行为主要涉及期货市场，而业务主体又属于基金范畴，其监管主体是期货监管部门还是基金监管部门，是一个颇受争议的话题。

从美国监管经验来看，SEC 和 CFTC 两个机构各自监管不同的金融市场，立法赋予 CFTC 对期货市场的独享的监管权，因此，只要资产管理机构的期货等衍生品交易行为达到 CFTC 规定的标准就必须接受 CFTC 的监管。对于基金（在美国称为投资公司）的监管主要侧重于公开发行的基金，对于募集人数在 100 人以下的私募基金，小于一定规模是免予注册的。

因此从功能监管的角度，期货资产管理机构始终应被视为期货市场的一个主体，而不应被单纯视为脱离期货市场而存在的理财机构。从这个角度，期货监管部门应该是期货资产管理业务的监管主体，其他监管部门为辅。

二是如何解决监管尺度不统一的问题。期货公司资产管理“一对一”业务刚刚起步，但基金公司的特定资产管理业务本身既有“一对一”的专户理财，又有“一对多”的集合理财，这已经形成监管尺度不统一的现象。未来，各类金融机构都有可能参与期货资产管理，衍生品的种类也会越来越多。监管尺度不统一，轻则会使各资产管理机构发展不平衡，重则会产生监管套利等现象，影响市场的公正公开透明。因此监管尺度不统一是必须解决的问题。解决这个问题的办法就是建立机构间的沟通协调机制。

三是如何进行监管机构间协调。建立监管机构间协调机制，对于解决重复监管、监管套利等问题有着十分重要的意义。我们认为应从以下三点着手：首先，应建立高层的协调沟通机制。2013 年已成立的金融监管协调部际联席会议制度，可以起到部委间沟通协调的作用。其次，应建立监管资源共享机制。在不同监管机构对同一个监管对象有交叉监管的情况下，建立监管资源共享机制是解决重复监管的基础。最后，在具体业务监管上，与其他监管机构应有明确的分工和有效的协调制度。

三、期货资产管理业务监管原则

根据资本市场发展目标，期货资产管理业务应遵循统一监管、适度监管、功能监管的原则。

一是坚持统一监管。期货资产管理业务应由期货监管部门统一监管。从美国的发展经验来看，由于期货投资专业性强，期货市场向来由 CFTC 监管。随着机构投资者越来越多的参与期货等衍生品市场，出于风险控制的角度，最近 CFTC 加强了对投资公司类机构投资者的监管。可见，统一监管是衍生品市场监管的基本原则之一。

二是坚持适度监管。监管过度容易给市场主体增加过多的成本和约束，降低其参与市场的积极性。适度监管就是对某些市场主体予以豁免注册，或者豁免其中的某些内容和程序。这一点在美国《商品交易法》的豁免制度中也有所体现。

三是坚持功能监管。功能监管就是根据业务性质来划分监管边界。期货市场必须由专门机构进行监管的必要性，在 CFTC 成立时美国国会就已经进行了充分辩论，CFTC 被国会赋予了对期货市场专享的监管权。功能监管是我国金融市场监管的基本思想之一，实施功能监管，有助于对业务活动日渐丰富和复杂的衍生品市场实施有效的监管和管理。

四、监管建议

基于以上分析，课题组认为应该从加快监管立法和加强行业自律两个方面着手，构建适合我国国情的期货资产管理的监管体系；监管部门既要注重对监管主体的要求，又要放开对产品的管制，鼓励产品创新。同时，以专业化分工为导向促使期货资产管理从业人员向正规化、机构化的方向发展。

（一）加快监管立法制度建设，明确统一监管主体

2007 年制定的《期货交易管理条例》是期货行业现有的最高层级的法律，但尚不能给予期货投资基金（及其管理人）这一主体以足够的法律支持。因此，要从三个方面加强制度建设。

一是要加快《期货法》等相关法规的立法进程，明确界定“证券投资基金”和“期货投资基金”的法律适用范围。这对于规范期货资产管理行业具有重要意义。在新《基金法》中，有关公募基金的投资范围也未明确列出衍生品投资品种，其分类中也没有期货投资基金这种类型。虽然期货投资基金的法律定位尚未明确，但民间的私募期货投资基金长期以“地下”的方式存在；而公募基金方面也有证监会的政策性开口，允许基金专户从事商品期货交易。整合当前涉及期货投资基金的各类主体是期货资产管理行业规范、健康发展的重要起步。

由于期货投资具有很强的专业性，期货资产管理活动一般都由专门的期货监管部门进行监管，其监管主体着眼于期货资产管理人，对产品的监管是通过对资产管理人的要求间接实现的。从美国的期货监管经验看，只要金融机构从事的期货或其他衍生品投资在其资产池超过一定比例（比如 5% 的最低豁免准则），该机构就必须接受 CFTC 的监管。就我国期货资产管理业务而言，公开募集证券的期货基金可以按照《证券法》注册并由证监会基金部和基金业协会管理，但其资金池管理者应该

在证监会相关部门和中国期货业协会来注册、登记和接受监管；非公开募集的期货基金，如果资金达到一定规模（比如100万元人民币），其资金池管理者、投资顾问都需要在证监会相关部门和中国期货业协会来注册、登记和监管。

二是需要在期货投资基金这一主体下完善其相关法规制度，建立机构监管与功能监管相融合的监管模式。机构监管与功能监管相融合的关键点在于机构业务的边界划分和不同监管机构之间灵活有效的协调机制。比如美国SEC与CFTC经过多年的争论，基本认可这样的划分模式：交易的主要收益来源于哪个市场，则由该市场的监管机构监管。尽管如此，面对层出不穷的创新产品，美国监管部门对于监管边界的划分仍然存在争议。CFTC与其他监管机构之间存在一套较为有效的协调机制：符合一定条件的受其他监管机构监管的主体可以通过NFA的电子系统提交豁免申请；某些其他监管机构的报告文件也可作为CFTC报告文件的替代遵守。

三是为了充分高效地实现功能监管的目标，我们认为应对期货市场参与主体按专业分工（CPO/CTA/FCM等）建立注册、豁免、揭示、报告等制度，从事一定比例的期货活动的市场主体都应接受期货监管部门的监管。其中包括从事期货资产管理活动的期货公司、以前没有纳入监管的期货私募基金以及从事期货业务的其他金融机构，这些机构都应该到期货监管部门注册，并定期向监管部门提供年报、交易记录等信息披露文件。对于已经受其他监管部门监管的主体，符合一定条件的，可以申请免予注册。

由人民银行牵头的金融监管协调部际联席会议制度，负责货币政策与金融监管政策之间的协调等。联席会议成员单位包括银监会、证监会、保监会、外汇局以及改革委、财政部等。这一机制大大提升了监管机构之间的协调性。在当前大资管的背景下，期货资产管理客观上存在“多对多”的情况，即多种金融机构涉足期货资产管理业务，而期货公司资产管理业务也涉及多种类型的金融资产。期货监管部门应与其他监管机构协同，构建立期货资产管理业务的协调机制，共享监管资源，避免监管空白，防范监管套利，这是期货监管立法走向成熟的重要举措。

（二）加强行业自律监管，完善业务内控体系

从我国期货市场“五位一体”（证监会、派出机构、交易所、保证金监控中心和期货业协会）的监管实践中来看，自律监管也是行政监管必要和有益的补充。行政监管与自律监管相结合的关键点则在于对监管事项的授权程度。在欧美发达国家的金融监管体系中，行业组织既被监管部门赋予自律监管的权力和义务，同时也能与时俱进地向监管部门反映一些最新的监管需求。美国的CFTC通常将日常具体事务性监管（比如注册申请、豁免申请）授予NFA行业自律组织，而行政监管则侧重于监管执法，并由CFTC和NFA分工或共同执行。同时NFA也可以根据情况灵活制定会员必须遵守的规章制度，CFTC可视其需要，将NFA的规章制度上升到CFTC立法的层面，比如CFTC对注册CPO的定期报告要求CPO－PQR表就脱胎于之前的NFA－PQR表。

在建立健全的法律法规之下，为充分高效地实现既定的监管的目标，我国监管部门和行业自律组织应根据目前期货资产管理业务的发展现状，借鉴发达国家监管经验，尽快制定有针对性、可操作的监管落实措施，规范开展期货资产管理业务的相关信息披露、利益冲突披露、资金划转监控、经营记录保存等制度；并且通过一整套完善的制度和流程将监管措施落实到业务部门的内部控制体系中，逐级逐层覆盖业务开展中可能存在的风险点，从而达到从源头上有效防范风险的目的。

同时，监管部门和行业自律组织应建设和倡导公开透明的机构信息披露机制和社会化的基金评价机制。一方面，期货资产管理机构应对资金操作、分配、安全、投资方向等事项进行信息的公开披露，对投资相应的风险进行事前、事中和事后的披露，规范机构操作与运行。另一方面，有公信力的基金评级机制的建立是完善资产管理业务的重要平台。

（三）积极放开集合产品，逐步允许自营参与

监管部门应该顺应资产管理业务放松管制的趋势，在资管产品设计方面，逐步增加产品类型，推进“一对多”形式的集合产品，逐步允许自有资金参与，并且允许发行结构化产品。证券公司集合理财规定，单个客户参与金额不低于100万元，客户人数在200人以下；期货公司的集合产品可按类似的框架建立。证券公司集合理财允许自营资金参与，但同时对参与份额和期限有所限制。《证券公司集合资产管理实施细则》规定，证券公司自营资金参与份额不得超过单一集合计划份额的20%。并对持有期限、参与和退出有详细规定。在期货资管业务发展初期，允许期货公司自营资金参与集合理财，对于提高期货公司资信水平有着重要作用。鉴于期货交易的高杠杆性，期货公司自营资金参与份额可设定为不得超过单一集合计划份额的10%。

近年来，银行、券商、基金、信托、私募等金融机构纷纷开发出投资于股票、债券、外汇、期货等市场的结构化产品；结构化产品已成为传统资产管理业务的重要发展方向。在收益率稳定的情况下，结构化产品既可以满足劣后资金能承受高风险又期望高收益的要求，也可以满足优先资金的固定收益要求，所以有很大的市场需求。为了提升期货资管产品的资信水平、增强期货资管产品的市场影响力、扩大期货资管产品的发行规模，结构化产品是期货资管业务成熟发展的必经之路。

（四）加强从业人员资质管理，推动专业化分工

美国的管理期货业务之所以可以稳健地发展下去，因为其是一个完整的体系和系统，各组成部分各司其职，共同保障着管理期货业务的正常有效运转。目前，我国资产管理业务还处于发展初期，CTA人员或机构作为资产管理业务的关键环节，对这个群体如何选拔、评价和培育，应逐步建立起相应的体系和规范。

对CTA选拔问题，可在有经验、具备投资咨询资格的经纪人、私募基金交易员中，通过资格、资质、资信审查，初步选拔出有经验的交易员；然后，通过结算系统调出上述选拔出来的交易员的历史账单、数据，并对这些交易业绩记录进行分析

和诊断，从而考察出该交易员的专业知识和专业技巧，判断出其所隶属的交易风格和特点，如该交易员是以风险大收益也大的单边投机为主要交易策略，还是以风险小收益稳健的套利交易为主要交易策略，并对其综合能力进行评价。在上述基础上，组成不同的期货资产管理交易员团队库供选用。最后，根据客户的不同投资偏好和收益要求，匹配合适的 CTA 交易员为客户进行投资服务。

鉴于我国目前还没有 CTA 评价机制，也没有相应的评价机构，为推动 CTA 交易员备选库的建设，可鼓励成立类似于美国评价机构的 CTA 认证机构。譬如，由中国期货业协会牵头，建立中国 CTA 认证机构和评价体系，要求 CTA 人员进行资格认证考试，取得相关的从业资格，并对相关人员的从业资格进行后续管理。这样，使我国的投资者，无论是个人投资者还是机构投资者，都可以在客观、开放、透明的环境下，根据自身的风险偏好和收益预期，选择合适、满意的 CTA 为自己的投资提供适合的服务。

附　录

1. 2013 年中国期货市场大事记

1 月 7 日　中国证监会对外公布了《证券期货业统计指标标准指引》，自 2013 年 5 月 1 日起施行。

2 月 21 日　中国证监会公布《期货公司风险监管指标管理办法》（以下简称《办法》）及《关于期货公司风险资本准备计算标准的规定》。自 2013 年 7 月 1 日起施行。本次《办法》修订的内容主要包括，一是适应期货公司创新业务发展需要，建立风险资本准备概念。二是在风险可控的前提下放松对期货公司的资本管制。三是体现扶优限劣政策导向，以净资本为核心的风险监管指标与公司分类评价结果挂钩。

3 月 22 日　大连商品交易所上市焦煤期货。

3 月 25 日　中国期货业协会公布了首批 8 家完成开展风险管理服务子公司业务试点备案的期货公司，此后又分 4 批公布了 12 家完成备案的期货公司。这标志着继经纪、投资咨询、资产管理业务之后，期货公司又一支柱业务进入实际运营阶段，市场服务能力进一步提高，收入渠道进一步拓宽。

4 月 12 日及 4 月 15 日　国际黄金和白银市场价格出现大跌，此轮下跌达到近 30 年以来的最大跌幅。

4 月 12—13 日　第七届中国期货分析师论坛在杭州举行。本届论坛的主题是“新平台 · 新机遇——期货分析师的转型”。

7 月 1 日　“第二届‘期望杯’高校期货论文大奖赛”正式启动。大奖赛的举办是中国期货业协会加强后备人才培养工作的重要举措之一，吸引了更多高校相关专业学生关注期货、研究期货。

7 月 5 日　中国证监会修改并重新发布了《关于建立金融期货投资者适当性制度的规定》。

7 月 5 日 21 时　上海期货交易所黄金、白银期货连续交易上线交易。连续交易是在交易日周一到周五的工作日交易时间外，增加 21 时到次日凌晨的交易时段。

7 月 25 日　广发证券发布公告，广发期货全资子公司广发期货（香港）有限公司，收购了法国外贸银行所持英国 NCM 期货公司的 100% 股权，初步对价为 3 614. 21 万美元。这是中资背景期货公司海外并购的第一单。

8 月 16 日 11 时 05 分　光大证券在进行 ETF 申赎套利交易时发生“乌龙”事件，光大证券高管层紧急商定卖空股指期货合约、转换并卖出 ETF 对冲风险。从公司高管层决策后到信息披露前，光大证券卖空 IF1309、IF1312 股指期货合约共 6 240 手，同时转换并卖出 180ETF 基金 2. 63 亿份、50ETF 基金 6. 89 亿份。中国证监会认定，光大证券此举已构成内幕交易行为，据此没收光大证券违法所得并处以 5 倍罚款，并对相关责任人采取终身证券及期货市场禁入措施。

8 月 29 日　国家主席习近平视察大连商品交易所。习近平寄语大商所，要脚踏实地，大胆探索，努力走出一条成功之路。

9 月 6 日　中国金融期货交易所上市 5 年期国债期货。国债期货将成为推动利率市场化、人民币国际化与改善债券市场流动性的重要衍生品。

9 月 26 日　郑州商品交易所上市动力煤期货。

9 月 27 日　中国（上海）自由贸易试验区正式揭牌。当日，中国证监会公布《资本市场支持促进中国（上海）自由贸易试验区若干政策措施》，国际原油期货平台建设、证券期货市场双向开放以及场外衍生品市场建设在列。

10 月初　郑州商品交易所面向市场开展白糖期货和期权的仿真交易竞赛。

10 月 9 日　上海期货交易所上市石油沥青期货。

10 月 18 日　大连商品交易所上市铁矿石期货。

10 月 21 日　大连商品交易所发布了《关于面向全市场开展期权仿真交易的通知》，开始进行期权仿真交易，仿真品种为豆粕期权。

11 月 8 日　中国金融期货交易所开始面向全市场开展股指期权仿真交易。

11 月 8 日　大连商品交易所上市鸡蛋期货，成为我国首个畜牧期货品种。

11 月　浦发银行、兴业银行、光大银行、招商银行、民生银行、中信银行、汇丰银行（中国）取得中金所期货保证金存管业务资格，成为行政审批取消后首批取得该资格的银行。

11 月 18 日　郑州商品交易所上市粳稻期货。

11 月 19 日　上海期货交易所开展铜期货期权和黄金期货期权仿真交易。

11 月 22 日　上海国际能源交易中心股份有限公司在上海自贸区正式挂牌。作为继郑州商品交易所、大连商品交易所、上海期货交易所和中国金融期货交易所之后的第五家全国性期货交易所，上海国际能源交易中心也是中国第一家期货国际交易平台。

11 月 30 日 十二届全国人大常委会立法规划对外公布，《期货法》被列为需要抓紧工作、条件成熟时提请审议的立法项目。

12 月 3—4 日 “第九届中国（深圳）国际期货大会”在深圳举行。本届大会以“开放创新·合作共赢”为主题，大会设有包括中外期货行业高峰论坛、期货资产管理论坛、期货行业 IT 发展论坛、风险管理服务论坛、金融衍生品与利率市场化论坛在内的 5 个分论坛与境内交易所专场活动和其他议程。在大会上，全国人大常委、全国人大财经委员会副主任委员吴晓灵在作主题演讲时表示，我国制定《期货法》的条件已基本成熟。

12 月 6 日 大连商品交易所上市胶合板期货和纤维板期货。

12 月 10 日 全国人大财经委成立证券法（修改）和期货法起草组，再次启动《期货法》立法工作。《期货法》立法是资本市场重要的基础性制度建设，是期货行业走向成熟的重要标志和条件。

12 月 20 日 上海期货交易所铜、铝、锌、铅期货连续交易上线交易。

12 月 26 日 浦发银行、兴业银行取得大连商品交易所期货保证金存管业务资格。

12 月 26 日 上海证券交易所 2013 年 12 月 26 日推出个股期权全真模拟交易。

3 月至 8 月 证监会先后核准了长江期货收购湘财祈年期货、弘业期货收购华证期货、格林期货吸收合并大华期货、北京中期期货吸收合并方正期货的申请。12 月 31 日，方正期货的客户持仓整体转移至存续公司北京中期期货有限公司。

自 2010 年 12 月 1 日至 2013 年 12 月 31 日 为适应市场发展和监管转型的需要，结合行政审批制度改革的要求，根据《规章制定程序条例》的规定，中国证监会对自成立以来至 2013 年 12 月 31 日期间公布的证券期货类规章进行了多次清理。其中，应予废止的规章 22 件，已经明令废止的规章 55 件，共 77 件规章。

2. 中国上市期货品种一览

品　　种	交易所	代码	上市时间
铜	上海期货交易所（SHFE）	CU	1991
铝	上海期货交易所（SHFE）	AL	1991
锌	上海期货交易所（SHFE）	ZN	2007－03－26
天然橡胶	上海期货交易所（SHFE）	RU	1991
燃料油	上海期货交易所（SHFE）	FU	2004－08－25
黄金	上海期货交易所（SHFE）	AU	2008－01－09
螺纹钢	上海期货交易所（SHFE）	RB	2009－03－27
线材	上海期货交易所（SHFE）	WR	2009－03－27
铅	上海期货交易所（SHFE）	PB	2011－03－24

续表

品　种	交易所	代码	上市时间
白银	上海期货交易所（SHFE）	AG	2012-05-10
石油沥青	上海期货交易所（SHFE）	BU	2013-10-09
黄大豆一号	大连商品交易所（DCE）	A	1993-02-28
黄大豆二号	大连商品交易所（DCE）	B	2004-12-22
豆粕	大连商品交易所（DCE）	M	2000-07-17
豆油	大连商品交易所（DCE）	Y	2006-01-09
玉米	大连商品交易所（DCE）	C	2004-09-21
线型低密度聚乙烯（LLDPE）	大连商品交易所（DCE）	L	2007-07-31
棕榈油	大连商品交易所（DCE）	P	2007-10-29
聚氯乙烯（PVC）	大连商品交易所（DCE）	V	2009-05-25
焦炭	大连商品交易所（DCE）	J	2011-04-15
胶合板	大连商品交易所（DCE）	BB	2013-12-06
纤维板	大连商品交易所（DCE）	FB	2013-12-06
铁矿石	大连商品交易所（DCE）	I	2013-10-18
鸡蛋	大连商品交易所（DCE）	JD	2013-11-08
焦煤	大连商品交易所（DCE）	JM	2013-03-22
白糖	郑州商品交易所（CZCE）	SR	2006-01-06
棉花一号	郑州商品交易所（CZCE）	CF	2004-06-01
强麦	郑州商品交易所（CZCE）	WH	1998-11-27
普麦	郑州商品交易所（CZCE）	PM	2012-01-17
精对苯二甲酸（PTA）	郑州商品交易所（CZCE）	TA	2006-12-18
菜籽油	郑州商品交易所（CZCE）	RO	2007-06-08
早籼稻	郑州商品交易所（CZCE）	ER	2009-04-20
甲醇	郑州商品交易所（CZCE）	ME	2011-10-08
玻璃	郑州商品交易所（CZCE）	FG	2012-12-03
油菜籽	郑州商品交易所（CZCE）	OI	2012-12-28
菜籽粕	郑州商品交易所（CZCE）	RM	2012-12-28
动力煤	郑州商品交易所（CZCE）	TC	2013-09-26
粳稻	郑州商品交易所（CZCE）	JR	2013-11-18
沪深300股指期货	中国金融期货交易所	IF	2010-04-16
5年期国债期货	中国金融期货交易所	TF	2013-09-06

注：铜、铝期货最早是在深圳有色金属期货交易所交易，上海期货交易所自1992年开始交易。2012年郑州商品交易所硬麦合约改为普麦合约。

3. 2013年中国期货市场成交情况统计

交易所名称	品种名称	2013年累计成交总量（手）	2012年累计成交总量（手）	同比增减（%）	2013年累计成交总量占全国份额（%）	2013年累计成交总额（亿元）	2012年累计成交总额（亿元）	同比增减（%）	2013年累计成交总额占全国份额（%）
上海期货交易所	铜	64 295 856	57 284 835	12.24	3.12	167 323.62	163 744.71	2.19	6.26
	铝	3 305 575	3 942 680	-16.16	0.16	2 407.32	3 094.90	-22.22	0.09
	锌	12 083 166	21 100 924	-42.74	0.59	9 040.92	16 131.88	-43.96	0.34
	铅	172 759	68 646	151.67	0.01	246.28	265.01	-7.07	0.01
	黄金	20 087 824	5 916 745	239.51	0.97	53 545.31	20 182.19	165.31	2.00
	白银	173 222 611	21 264 954	714.59	8.40	115 554.86	20 654.30	459.47	4.32
	天然橡胶	72 438 058	75 176 266	-3.64	3.51	145 267.78	154 493.48	-5.97	5.43
	燃料油	1 039	9 132	-88.62	0.00	2.51	23.71	-89.41	0.00
	石油沥青	3 134 301	—	—	0.15	1 370.53	—	—	0.05
	螺纹钢	293 728 929	180 562 480	62.67	14.25	109 407.13	67 385.62	62.36	4.09
	线材	3 862	2 717	42.14	0.00	1.46	1.06	37.05	0.00
	总　额	642 473 980	365 329 379	75.86	31.16	604 167.73	445 976.86	35.47	22.59
郑州商品交易所	一号棉	7 452 068	21 016 438	-64.54	0.36	7 405.90	20 927.96	-64.61	0.28
	早籼稻	872 946	3 838 320	-77.26	0.04	354.28	1 043.99	-66.07	0.01
	甲醇	3 497 627	3 797 412	-7.89	0.17	5 551.77	5 384.98	3.10	0.21
	菜籽油	12 699 869	6 248 568	103.24	0.62	9 551.82	3 187.29	199.68	0.36
	油菜籽	1 172 724	137 084	755.48	0.06	633.59	72.30	776.33	0.02
	菜籽粕	160 100 373	421 207	37 909.90	7.77	39 194.20	99.96	39 111.84	1.47
	白糖	69 788 050	148 278 025	-52.93	3.38	36 305.78	84 087.50	-56.82	1.36
	PTA	76 257 667	121 245 610	-37.10	3.70	30 318.66	47 972.94	-36.80	1.13
	普麦	1 894	6 262	-69.75	0.00	2.35	7.12	-67.06	0.00
	强麦	2 903 378	25 802 102	-88.75	0.14	1 293.12	6 535.23	-80.21	0.05
	玻璃	186 104 877	16 136 920	1 053.29	9.03	53 390.93	4 295.48	1 142.96	2.00
	动力煤	4 357 234	—	—	0.21	4 951.12	—	—	0.19
	粳稻	40 480	—	—	0.00	24.83	—	—	0.00
	总　额	525 249 187	347 028 203	51.36	25.48	188 978.31	173 636.50	8.84	7.07

续表

交易所名称	品种名称	2013年累计成交总量（手）	2012年累计成交总量（手）	同比增减（%）	2013年累计成交总量占全国份额（%）	2013年累计成交总额（亿元）	2012年累计成交总额（亿元）	同比增减（%）	2013年累计成交总额占全国份额（%）
大连商品交易所	黄大豆一号	10 993 500	45 475 425	-75.83	0.53	5 062.50	21 451.63	-76.40	0.19
	黄大豆二号	7 236	10 400	-30.42	0.00	3.06	4.94	-38.07	0.00
	胶合板	1 988 112	—	—	0.10	1 305.14	—	—	0.05
	玉米	13 313 633	37 824 356	-64.80	0.65	3 174.63	9 059.27	-64.96	0.12
	纤维板	2 374 759	—	—	0.12	874.01	—	—	0.03
	铁矿石	2 189 215	—	—	0.11	2 044.32	—	—	0.08
	焦炭	115 306 637	32 915 885	250.31	5.59	184 249.76	51 348.71	258.82	6.89
	鸡蛋	1 951 323	—	—	0.09	798.38	—	—	0.03
	焦煤	34 259 550	—	—	1.66	23 317.07	—	—	0.87
	聚乙烯	72 142 084	71 871 537	0.38	3.50	38 648.32	36 425.50	6.10	1.44
	豆粕	265 357 592	325 876 653	-18.57	12.87	88 418.63	115 866.82	-23.69	3.31
	棕榈油	82 495 230	43 310 013	90.48	4.00	50 846.34	32 414.47	56.86	1.90
	聚氯乙烯	1 787 233	6 900 153	-74.10	0.09	593.21	2 332.40	-74.57	0.02
	豆油	96 334 673	68 858 554	39.90	4.67	72 191.89	64 307.44	12.26	2.70
	总　额	700 500 777	633 042 976	10.66	33.98	471 527.27	333 211.17	41.51	17.63
中国金融期货交易所	沪深300股指	193 220 516	105 061 825	83.91	9.37	1 407 002.32	758 406.78	85.52	52.60
	5年期国债期货	328 795	—	—	0.02	3 063.89	—	—	0.11
	总　额	193 549 311	105 061 825	84.22	9.39	1 410 066.21	758 406.78	85.92	52.72

注：①本表根据上海期货交易所、郑州商品交易所、大连商品交易所和中国金融期货交易所提供数据计算；②表中数据均为单边计算；③表中数据均不含期转现数据；④2013年7月5日上海期货交易所的黄金和白银期货连续交易正式启动，连续交易的时间设在北京时间21：00到次日凌晨2：30；⑤2013年12月20日，上海期货交易所铜、铝、锌、铅期货连续上线交易。

4. 中国期货经营机构名录

机构名称	联系地址	邮编
安徽		
徽商期货有限责任公司	合肥市芜湖路258号3号楼6－7层、6号楼1－2层	230061
华安期货有限责任公司	合肥市长江中路419号	230061
安粮期货有限公司	合肥市芜湖路168号同济大厦10－11层	230001
北京		
北京中期期货有限公司	北京朝阳区东三环北路38号院1号楼泰康金融大厦22层2201	100026
金鹏期货经纪有限公司	北京市西城区金融大街27号投资广场B座九层	100033
国都期货有限公司	北京市东城区东直门南大街3号国华投资大厦8层、10层	100007
中粮期货有限公司	北京市东城区东直门南大街5号中青旅大厦15层1501－1506；1509－1518；3层311－313室	100007
北京首创期货有限责任公司	北京市西城区闹市口大街1号院长安兴融中心4号楼11层	100031
宏源期货有限公司	北京市西城区太平桥大街19号4层4B	100033
第一创业期货有限责任公司	北京市西城区平安里西大街26号新时代大厦四层南侧	100034
冠通期货有限公司	北京市朝阳区朝阳门外大街甲6号万通中心D座20层	100020
国元期货有限公司	北京市东城区东直门外大街46号1号楼19层1901室	100089
经易期货经纪有限公司	北京市西城区百万庄北街6号	100037
京都期货有限公司	北京市西城区德胜门外大街115号德胜尚城E座1层A区	100088
中衍期货有限公司	北京市朝阳区光华路15号院泰达时代中心1号楼1804－1807	100026
中钢期货有限公司	北京市海淀区海淀大街8号A座19层	100080
民生期货有限公司	北京市东城区建国门内大街28号民生金融中心A座16层	100005
银河期货有限公司	北京西城区复兴门外大街A2号中化大厦八层	100045

续表

机构名称	联系地址	邮编
中国国际期货有限公司	北京市朝阳区建国门外光华路14号1幢1层、2层、9层、11层、12层	116001
英大期货有限公司	北京市朝阳区呼家楼京广中心3层301室	100005
格林大华期货有限公司	北京市西城区金融大街35号1号楼803－812	100033
银建期货经纪有限责任公司	北京市丰台区方庄芳古园一区29号楼3层	100078
安信期货有限责任公司	北京市东城区北三环东路36号A26	100013
大连		
大连良运期货经纪有限公司	大连市沙河口区会展路129号大连期货大厦37层3701－3706室	116023
天风期货有限公司	大连市沙河口区中山路478号华邦上都A座三楼	116021
渤海期货有限公司	大连市中山区玉光街11号远洋大厦B座写字间1单元9层	116001
国富期货有限公司	大连市沙河口区会展路129号大连国际金融中心A座－大连期货大厦2808室	116023
福建		
兴证期货有限公司	福州市鼓楼区温泉街道湖东路268号6层（兴业证券大厦）	350001
金友期货经纪有限责任公司	福州市鼓楼区华林路93号6层	350003
鑫鼎盛期货有限公司	福州市鼓楼区水部街道福新路239号吉翔双子星大厦1#－2#楼连体5层01商场	350001
甘肃		
华龙期货有限公司	兰州市城关区静宁路308号4楼	730000
广东		
江南期货经纪有限公司	东莞市南城区体育路2号鸿禧中心六层B11、B12室	523009
华联期货有限公司	东莞市城区可园南路1号金源中心16层	523009
广发期货有限公司	广州市天河区体育西路57号红盾大厦9楼、14楼、15楼	510620
华南期货经纪有限公司	广州市天河区体育西路111号建和中心大厦15楼	510620
新晟期货有限公司	广州市海珠区新港东路1000号801、802、813、814、902、913房	510308
集成期货有限公司	广州市天河区珠江新城华夏路10号富力中心11层03、04单元	510623

续表

机构名称	联系地址	邮编
摩根大通期货有限公司	中山市东区中山四路盛景园三期 A2 幢 8 层 6 卡	528403
华泰长城期货有限公司	广州市越秀区先烈中路 65 号东山广场东楼 5 层、11 层、12 层	510095
广永期货有限公司	广州市体育西路 57 号 10 层、12 层	510620
盛达期货有限公司	杭州市萧山区宁围镇宁泰路 27 号江宁大厦 2 幢第8 - 9 层	310000
广州期货有限公司	广州市天河区临江大道 5 号第 20 层 06 单元、第 21 层 04、05、06 单元	510623
海南		
金元期货经纪有限公司	海口市南宝路 36 号证券大厦 1 楼、5 楼	570206
华融期货有限责任公司	海口市龙昆北路 53 - 1 号三楼	570105
海南金海岸期货经纪有限公司	海口市国贸路 45 号银通国际中心 20 层	570125
中银国际期货有限责任公司	海南省海口市蓝天路 33 号京航大厦 17 楼	570203
河北		
河北恒银期货经纪有限公司	石家庄市槐安东路 90 号国富大厦三层	050011
河南		
万达期货有限公司	郑州市郑东新区商务内环路 27 号楼 1 单元 3 层 01 号、2 单元 3 层 02 号	450016
国信期货有限责任公司	上海市虹口区广纪路 738 号 1 幢 118 室	200434
中原期货有限公司	河南省郑州市郑东新区商务外环路 10 号中原广发金融大厦四楼	450046
黑龙江		
黑龙江三力期货经纪有限责任公司	哈尔滨市道里区中央大街 185 号金谷大厦五楼	150010
大通期货经纪有限公司	哈尔滨市南岗区西大直街 118 号 1 号楼 6 层	150001
黑龙江时代期货经纪有限公司	哈尔滨市香坊区中山路 93 号保利大厦 401 室	150036
湖北		
美尔雅期货经纪有限公司	湖北省武汉市江汉区新华路 218 号（浦发银行大厦）9 层 1 室、10 层 1 室	430022
长江期货有限公司	武汉市汉口新华路特 8 号长江证券大厦 8 楼	430015
湖南		
金信期货有限公司	长沙市车站北路 459 号证券大厦 5 楼	410001

续表

机构名称	联系地址	邮编
大有期货有限公司	长沙市开福区芙蓉中路一段478号运达国际广场写字楼21楼	410011
德盛期货有限公司	长沙市五一西路2号第一大道14楼	410005
吉林		
天富期货有限公司	长春市长春大街500号吉信大厦写字楼东侧1－3层	130041
中融汇信期货有限公司	长春市人民大街4848号华贸国际2604－2605室	130022
东方汇金期货有限公司	长春市西安大路2128号绿地·蓝海5A第二十层	130061
江苏		
江苏东华期货有限公司	江苏省南京市王府大街63号5层	210004
国联期货有限责任公司	无锡市人民中路97号10楼	214002
创元期货有限公司	苏州市三香路120号万盛大厦2楼、3楼	215004
东海期货有限责任公司	江苏省常州市延陵西路23、25、27、29号	213003
新纪元期货有限公司	江苏省徐州市淮海东路153号	221005
弘业期货股份有限公司	南京市中华路50号弘业大厦	210001
文峰期货有限公司	江苏省南通市环城南路128号飞马大厦三层	226001
锦泰期货有限公司	江苏省南京市中央路258－28号锦盈大厦	210009
南证期货有限责任公司	南京市秦淮区长乐路226号长乐花园01幢1号－41号－71号－8	210006
道通期货经纪有限公司	江苏省南京市鼓楼区广州路188号苏宁环球大厦5层02座	210024
江西		
江西瑞奇期货经纪有限公司	江西省南昌市广场南路333号恒茂国际中心16号楼A座6楼	330003
辽宁		
华海期货有限公司	北京市海淀区西直门北大街甲43号1号楼1－26－1418号	100044
江海汇鑫期货有限公司	辽宁省沈阳市沈河区青年大街51－2号12层	110014
江信国盛期货有限责任公司	辽宁省鞍山市铁东区新华街35栋－4号2层、3层	114010
宁波		
宁波杉立期货经纪有限公司	宁波市中山东路796号东航大厦11楼1－8室	315040
青海		
财富期货有限公司	青海省西宁市城中区西大街18号12层	810000

续表

机构名称	联系地址	邮编
山东		
鲁证期货股份有限公司	济南市市中区经七路86号15、16层	250001
招金期货有限公司	山东省淄博市张店区柳泉路45号甲3号5层	255039
中州期货有限公司	山东省烟台市莱山区迎春大街133-1科技创业大厦	264003
山西		
山西三立期货经纪有限公司	山西省太原市府西街69号1幢东塔楼16层	030002
和合期货经纪有限公司	山西省太原市菜园东街2号	030012
晟鑫期货经纪有限公司	山西省阳泉市德胜东街23号	045000
中辉期货经纪有限公司	山西省太原市新建路39号乡海大厦16层	030002
陕西		
西部期货有限公司	西安市东新街232号陕西信托大厦三层、九层	710004
长安期货有限公司	西安市和平路99号金鑫国际大厦七层707	710001
迈科期货经纪有限公司	陕西省西安市高新区唐延路33号迈科国际大厦22层	710075
上海		
国泰君安期货有限公司	上海市静安区延平路121号26层、28层、31层及6F室、10A室、10F室	200042
天鸿期货经纪有限公司	上海市东大名路1080号21层01、02、03室	130021
海通期货有限公司	上海市浦东新区世纪大道1589号17楼、6楼01-04单元、25楼	200122
华鑫期货有限公司	上海市黄浦区宁海东路200号申鑫大厦27楼、28楼	200021
光大期货有限公司	上海市福山路458号303、601-602、1104-1106、1301-1303、1309A、1311-1312室	200040
上海金源期货有限公司	上海市浦东新区源深路273号（1、2楼）	200135
恒泰期货有限公司	上海市浦东新区峨山路91弄120号2层201单元	200127
国投中谷期货有限公司	上海市虹口区东大名路638号五层	200080
上海良茂期货经纪有限公司	上海市卢湾区打浦路198号	200040
上海东亚期货有限公司	上海市松林路300号2202-2205室	200122
上海东方期货经纪有限责任公司	上海市浦东松林路300号1603室	200122
上海大陆期货有限公司	上海市凯旋路3131号明申中心大厦25、26楼	200030
东航期货有限责任公司	上海市吴中路686弄3号D幢16楼	201103

续表

机构名称	联系地址	邮编
上海中财期货有限公司	上海市浦东新区陆家嘴环路958号23楼，2402室	200120
上海浙石期货经纪有限公司	上海市浦东新区浦电路438号	200122
上海普民期货经纪有限公司	上海市普陀区古浪路391弄27号	200063
上海通联期货有限公司	上海市浦东陆家嘴环路958号7楼	200120
上海东证期货有限公司	上海市浦电路500号上海期货大厦14层	200122
海证期货有限公司	上海市临平北路19号3楼	200086
上海中期期货有限公司	上海市浦东新区浦电路500号11楼	200122
中信新际期货有限公司	上海市浦东大道1085号C座401室	200135
同信久恒期货有限责任公司	上海市浦东新区世纪大道1500号12楼北座	200122
新湖期货有限公司	上海市裕通路100号36层	200070
华闻期货经纪有限公司	上海市浦东新区浦东大道720号国际航运金融大厦22楼ABCDMN室	200120
申银万国期货有限公司	上海市东方路800号7、8、10楼	200122
东兴期货有限责任公司	上海市杨树浦路248号22层	200082
东吴期货有限公司	上海市西藏南路1208号6楼、10楼EFGH	200011
深圳		
深圳瑞龙期货有限公司	深圳市福田区福中三路诺德金融中心主楼33D	518026
中投天琪期货有限公司	深圳市福田区深南大道4009号投资大厦3楼01、04区、13楼E1－E3区、E4－1区	518048
广东鸿海期货有限公司	深圳市福田区深南大道与金田路交界西南深圳国际交易广场2612－2616室	528200
中航期货经纪有限公司	深圳市福田区深南大道2008号中国凤凰大厦2栋5层512、513、501室	518026
中信期货有限公司	深圳市福田区中心三路8号卓越时代广场（二期）北座13层1303－1305室、14层	518048
五矿期货有限公司	深圳市福田区益田路西福中路北新世界商务中心4801－A、4802－B、4803、4804	518026
招商期货有限公司	深圳福田区福华一路免税商务大厦9层9－15单元及5层2、3、4、5、A单元	518048
深圳金汇期货经纪有限公司	深圳市福田区深南大道6013号有色大厦18楼	518040
乾坤期货有限公司	广东省深圳市福田区深南大道4009号投资大厦二楼01区03A区	518048
海航东银期货有限公司	深圳市福田区深南中路华能大厦中区18层	518031

续表

机构名称	联系地址	邮编
神华期货经纪有限公司	广东省深圳市福田区深南大道6008号特区报业大厦西区29F	518009
金瑞期货有限公司	广东省深圳市福田区彩田路东方新天地广场A座3101、3102、3103、3104、3105、3106、3201、3202室	518040
平安期货有限公司	深圳市福田区中心区东南部时代财富大厦26B、26C、26D、26E、26F房	518026
四川		
华西期货有限责任公司	成都市青羊区通惠门路3号	610015
国金期货有限责任公司	成都市锦江区东大街芷泉段229号1栋2单元28层	610061
成都倍特期货经纪有限公司	成都市高新区锦城大道539号盈创动力大厦A座四楼406号	610041
天津		
一德期货有限公司	天津市和平区解放北路188号信达广场14层（标识16层）	300042
金谷期货有限公司	天津市和平区荣业大街80号2层、3层	300021
财达期货有限公司	天津市和平区君隆广场1，2号楼西安道2号501－503室	300041
象屿期货有限责任公司	天津开发区广场东路20号E4—C—5层西侧	300457
和融期货经纪有限责任公司	天津市和平区郑州道18号港澳大厦103，201－1，201－2，302－1，302－2	300050
津投期货经纪有限公司	天津市河西区马场道59号国际经济贸易中心A座9层	300203
厦门		
国贸期货经纪有限公司	福建省厦门市湖滨南路国贸大厦11层、2层A1单元、5层B1单元、27层B单元	361004
瑞达期货经纪有限公司	福建省厦门市思明区塔埔东路169号13层	361001
新疆		
新疆天利期货经纪有限公司	乌鲁木齐市人民路33号瑞达国际大厦七楼	830002
金石期货有限公司	新疆乌鲁木齐市解放北路90号天际大厦三楼	830002
云南		
红塔期货有限责任公司	昆明市北辰财富中心商住楼A幢28楼（0801－AB-CD）	650224
云晨期货有限责任公司	云南省昆明市人民东路111号	650051

续表

机构名称	联系地址	邮编
浙江		
浙江中大期货有限公司	浙江省杭州市中山北路310号3层12层东	310003
浙江新世纪期货有限公司	浙江省杭州市体育场路335号	310006
宝城期货有限责任公司	杭州市求是路8号公元大厦南裙1－301、1－501室，北楼301、302、303室	310013
大地期货有限公司	浙江省杭州市延安路511号元通大厦12楼	310006
浙商期货有限公司	杭州市庆春路173号8－10层	310000
大越期货有限公司	浙江省绍兴市解放北路186号	312000
信达期货有限公司	杭州市文晖路108号浙江出版物资大楼12、16层	310004
南华期货股份有限公司	杭州市西湖大道193号二层、三层	310002
国海良时期货有限公司	杭州市河东路91号	310014
永安期货股份有限公司	杭州市潮王路208号浙江协作大厦3、6－10楼	310005
重庆		
西南期货经纪有限公司	重庆市渝中区中山三路168号中安大厦9楼	400015
中信建投期货有限公司	重庆市渝中区中山三路107号上站大楼平街11—B名义层11－A，8－B4 9－B、C	400014
中电投先融期货有限公司	重庆市渝中区邹容路邹容广场A座14楼	400010
华创期货有限责任公司	重庆市渝中区中山三路131号希尔顿商务大厦13楼	400015

注：2013年，全国有4家期货公司因吸收合并而被注销，注销的期货公司是湘财祈年期货经纪有限公司、华证期货有限公司、方正期货有限公司和大华期货有限公司。

2013年度更名的期货公司共有9家。

附表　　2013年期货公司更名一览表

序号	辖区	现用名	曾用名
1	北京	国元期货有限公司	国元海勤期货有限公司
2	浙江	大越期货有限公司	浙江大越期货经纪有限责任公司
3	重庆	中信建投期货有限公司	中信建投期货经纪有限公司
4	上海	上海中期期货有限公司	上海中期期货经纪有限公司
5	福建	兴证期货有限公司	兴业期货有限公司
6	江苏	创元期货有限公司	创元期货经纪有限公司
7	北京	格林大华期货有限公司	格林期货有限公司
8	河南	万达期货股份有限公司	万达期货有限公司
9	深圳	中信期货有限公司	中证期货有限公司

注：截至2013年12月31日，全国共有156家期货公司。

资料来源：中国期货业协会相关资料。

5. 中国地方期货自律组织名录

组织名称	联系地址	邮编
北京期货商会	北京市海淀区紫竹院路31号华澳中心嘉慧苑1216室	100089
天津市期货业协会	天津市河东区十一经路61号人保大厦310室	300171
黑龙江省期货业协会	哈尔滨市南岗区西大直接118号一号楼六层	150001
上海市期货同业公会	上海浦东新区浦电路500号上海期货大厦2201A	200122
江苏省期货业协会	中山东路90号华泰证券大厦17层	210002
深圳市期货同业协会	深圳市福田区中心三路8号卓越时代广场二期1306室	518048
河北省期货业联席会	河北省石家庄市友谊北大街71号	050081
大连市证券期货业协会	大连市中山区中山路136号希望大厦1505室	116001
辽宁期货业协会	辽宁省沈阳市和平区十一纬路12号	110003
浙江期货行业协会	杭州市湖墅南路395号广通大厦8楼	310005
宁波市证券期货业协会	宁波市海曙区中山西路2号恒隆中心24楼	315000
安徽省证券期货业协会	安徽省合肥市蒙城路109号地税大厦17楼	230061
山东省期货业协会	济南市市中区经七路86号证券大厦11楼1103室	250001
河南省证券期货业协会	郑州市郑东新区商务外环路7号（商务外环路与西三街交叉口）立基上东国际大厦8层808室	450008
江西省证券期货业协会	江西省南昌市东湖区紫金城紫金大厦4楼	330006
广东证券期货业协会	广州市天河区临江大道3号发展中心17楼C单元	510623
广西证券期货业协会	南宁市金湖路52－1号东方曼哈顿大厦20楼2011	530028
福建省证券期货业协会	福州市铜盘路软件大道89号福州软件园10号楼华兴创业中心201室	350003
厦门证券期货业协会	厦门市湖滨南路388号国贸大厦6楼602室	361004
四川省证券期货业协会	成都市洗面桥街39号十楼	610000
重庆市证券期货业协会	重庆市渝中区临江支路2号合景大厦15楼	400010
甘肃证券期货业协会	甘肃省兰州市张掖路延寿巷8号基隆大厦9层001室	730000
新疆证券期货业协会	新疆乌鲁木齐金银路53号金融大厦1806室	830001

续表

组织名称	联系地址	邮编
海南证券业协会	海南省海口市南宝路 36 号证券大厦 7 楼	570206
云南省证券业协会	昆明市北京路 577 号 210 室	650051
陕西证券期货业协会	陕西西安高新四路高科广场 A 座 2309 室	710075
青岛证券期货业协会	青岛市市南区东海西路 28 号龙翔广场一号楼一楼	266071
吉林省证券业协会	长春市西安大路 699 号中银大厦 B 座 702 室	130061
宁夏证券期货业协会	银川市北京东路 379 号金源大厦 11 楼 1110 室	750004
贵州证券业协会	贵阳市中华北路 18 号银海大厦北楼 4 层	550001
湖南省期货业协会	长沙市车站北路 459 号证券大厦 1202	410001
湖北省期货业协会	湖北省武汉市洪山区珞瑜路 540 号	430079
内蒙古证券期货业协会	呼和浩特市赛罕区新华东街 78 号华门世家大厦 1 单元 20 楼 2001	10010
山西省期货业协会	山西省太原市平阳路 101 号国瑞大厦 13 层	030006

资料来源：中国期货业协会相关资料。

6. 2013 年全球交易所（交易所集团）成交量排名（前 20 名）

单位：手

排名	期货交易所	成交量	同比变化（%）	持仓量	同比变化（%）
1	芝加哥商业交易所集团（CME Group），包括 CME、CBOT 和 NYMEX	3 161 476 638	9.2	83 904 116	19.66
2	洲际交易所（ICE）	2 807 970 132	14.7	135 377 377	12.93
3	欧洲期货交易所（Eurex），包括 Eurex 和国际证券交易所（ISE）	2 190 548 148	-4.4	77 090 544	-2.52
4	印度国家证券交易所（NSE）	2 135 637 457	6.2	7 786 961	-40.60

续表

排名	期货交易所	成交量	同比变化（%）	持仓量	同比变化（%）
5	巴西证券期货交易所（BM&BOVESPA）	1 603 600 651	-2.0	56 666 689	-11.10
6	芝加哥期权交易所集团（CBOE Group）包括CBOE、CBOE期货交易所（CFE）及C2	1 187 642 669	4.7	351 428	18.86
7	纳斯达克—OMX集团（NASDAQ OMX），包括欧盟和美国分所	1 142 955 206	2.5	7 196 312	6.61
8	莫斯科交易所（ME），包括俄罗斯银行间外汇交易市场Micex和俄罗斯交易系统RTS	1 134 477 258	6.8	5 233 255	37.80
9	韩国交易所（KRX）	820 664 621	-55.3	2 683 821	5.11
10	印度大宗商品交易所（MCX）包括MCX-SX	794 001 650	-17.3	745 474	-68.47
11	大连商品交易所（DCE）	700 500 777	10.7	3 153 905	39.23
12	上海期货交易所（SHFE）	642 473 980	75.9	2 093 921	68.57
13	郑州商品交易所（ZCE）	525 299 023	51.3	1 998 727	74.99
14	日本交易所集团（JPX）	366 145 920	56.3	5 436 115	5.65
15	香港交易所集团（HKEx）	301 128 507	7.7	8 183 801	13.50
16	澳大利亚证券交易所集团（ASX Group）包括ASX及ASX24	261 790 908	0.7	13 956 878	-15.16
17	印度孟买证券交易所（BSE）	254 845 929	4.5	32 801	-52.02
18	南非约翰内斯堡证券交易所（JSE）	254 514 098	60.2	17 857 396	32.62
19	中国金融期货交易所（CFFE）	193 549 311	84.2	123 166	11.58
20	TMX集团（TMX Group）	155 753 473	-25.6	4 329 062	2.30

数据来源：FIA相关资料。

7. 2013 年全球期货和期权合约成交量排名

7-1 全球农产品期货和期权合约成交量排名（前 20 名）

单位：手

排名	合　约	交易所	2012 年	2013 年	变化率（%）
1	豆粕期货 Soy Meal Futures	大连商品交易所 DCE	325 876 653	265 357 592	-18.57
2	菜籽粕期货* Rapeseed Meal Futures	郑州商品交易所 ZCE	421 207	160 100 378	N/A
3	豆油期货 Soy Oil Futures	大连商品交易所 DCE	68 858 554	96 334 673	39.9
4	棕榈油期货 Palm Oil Futures	大连商品交易所 DCE	43 310 013	82 495 230	90.48
5	天然橡胶期货 Rubber Futures	上海期货交易所 SHFE	75 176 266	72 438 058	-3.64
6	白糖期货 White Sugar Futures	郑州商品交易所 ZCE	148 290 190	69 794 046	-52.93
7	玉米期货 Corn Futures	芝加哥商业交易所集团 CME（CBOT）	73 184 337	64 322 600	-12.11
8	大豆期货 Soy Futures	芝加哥商业交易所集团 CME（CBOT）	52 041 615	46 721 081	-10.22
9	11 号白糖期货 Sugar #11 Futures	洲际交易所 ICE	27 126 728	29 813 680	9.91
10	小麦期货 Wheat Futures	芝加哥商业交易所集团 CME（CBOT）	27 379 403	24 993 158	-8.72
11	豆油期货 Soybean Oil Futures	芝加哥商业交易所集团 CME（CBOT）	27 627 590	23 805 912	-13.83
12	玉米期货期权 Corn Options on Futures	芝加哥商业交易所集团 CME（CBOT）	26 599 756	23 534 308	-11.52
13	豆粕期货 Soybean Meal Futures	芝加哥商业交易所集团 CME（CBOT）	18 187 433	20 237 181	11.27
14	大豆期货期权 Soybean Options on Futures	芝加哥商业交易所集团 CME（CBOT）	18 402 208	14 760 704	-19.79
15	玉米期货 Corn Futures	大连商品交易所 DCE	37 824 356	13 313 633	-64.80

续表

排名	合　约	交易所	2012 年	2013 年	变化率（%）
16	活牛期货 Live Cattle Futures	芝加哥商业交易所集团 CME	13 985 374	12 463 043	-10.89
17	菜籽油期货* Rapeseed Oil Futures	郑州商品交易所 ZCE	2 021	11 853 858	N/A
18	瘦猪肉期货 Lean Hogs Futures	芝加哥商业交易所集团 CME	11 461 892	11 277 038	-1.61
19	大豆 1 号期货 No. 1 Soybeans Futures	大连商品交易所 DCE	45 475 425	10 993 500	-75.83
20	棕榈油期货（FCPO）Futures	马来西亚衍生品交易所 MDEX	7 443 143	7 966 096	7.03

注：*菜籽粕和菜籽油期货于 2012 年 12 月上市交易。

7-2　全球能源期货和期权合约成交量排名（前 20 名）

单位：手

排名	合　约	交易所	2012 年	2013 年	变化率（%）
1	布伦特原油期货 Brent Crude Oil Futures	ICE 欧洲期货交易所 ICE	147 385 858	159 093 303	7.9
2	轻质低硫原油期货 Light Sweet Crude Oil Futures	纽约商业交易所 NY-MEX	140 531 588	147 690 593	5.1
3	亨利港天然气期货 Henry Hub Natural Gas Futures	纽约商业交易所 NY-MEX	94 799 542	84 282 495	-11.1
4	汽油期货 Gasoil Futures	ICE 欧洲期货交易所 ICE	63 503 591	63 964 827	0.7
5	原油期货 Crude Oil Futures	印度大宗商品交易所 MCX	57 790 229	39 558 169	-31.5
6	西得克萨斯原油期货 WTI Crude Futures	ICE 欧洲期货交易所 ICE	33 142 089	36 106 788	8.9
7	纽约港 RBOB 汽油期货 NY Harbor RBOB Gasoline Futures	纽约商业交易所 NY-MEX	36 603 841	34 470 288	-5.8

续表

排名	合　约	交易所	2012 年	2013 年	变化率（%）
8	2 号取暖油期货 No. 2 Heating Oil Futures	纽约商业交易所 NYMEX	36 087 707	32 749 553	-9.3
9	轻质原油期货期权 Light Sweet Crude Oil Options	纽约商业交易所 NYMEX	32 525 624	31 478 060	-3.2
10	天然气期货 Natural Gas Futures	印度大宗商品交易所 MCX	27 886 670	23 828 800	-14.6
11	欧式天然气期货期权 Natural Gas European - Style Option on Futures	纽约商业交易所 NYMEX	24 260 726	21 053 064	-13.2
12	布伦特原油期货 Brent Crude Oil Futures	莫斯科交易所 ME	11 952 101	18 170 809	52
13	美国石油基金 ETF 期权* U. S. Oil Fund ETF Options	*	21 348 808	16 557 758	-22.4
14	亨利港天然气掉期期货 Henry HubNatural Gas swap Futures	纽约商业交易所 NYMEX	18 156 113	11 459 837	-12.8
15	布伦特原油期权 Brent Crude Oil Options	ICE 欧洲期货交易所 ICE	8 908 862	9 675 876	8.6
16	布伦特原油最后交易日期货 Brent Crude Oil Last Day Futures	纽约商业交易所 NYMEX	1 161 113	9 214 951	693.6
17	美国天然气基金 ETF 期权* U. S. Natural Gas Fund ETF Options	*	12 369 729	7 988 602	-35.4
18	EUA 期货 EUA Futures	ICE 欧洲期货交易所 ICE	6 465 262	7 260 390	12.3
19	天然气倒数第二个交易日期满掉期期货 Natural Gaspenultimate Swap Futures	纽约商业交易所 NYMEX	7 945 695	6 418 797	-19.2
20	动力煤期货** Thermal Coal Futures	郑州商品交易所 ZCE	N/A	4 357 384	N/A

注：* 表示同时在美国多个期权交易所交易，** 动力煤期货自 2013 年 9 月开始上市交易。

7-3 全球金属及贵金属期货和期权合约成交量排名（前20名）

单位：手

排名	合　约	交易所	2012年	2013年	变化率（%）
1	螺纹钢期货 Steel Rebar Futures	上海期货交易所 SHFE	180 562 480	293 728 929	62.7
2	白银期货* Silver Futures	上海期货交易所 SHFE	21 264 954	173 222 611	714.6
3	铜期货 Copper Futures	上海期货交易所 SHFE	57 284 835	64 295 856	12.2
4	高级原铝期货 High Grade Primary Aluminum Futures	伦敦金属交易所 LME	59 123 583	63 767 903	7.9
5	SPDR 黄金 ETF 期权** SPDR Gold Shares ETF Options	*	54 567 743	49 003 859	-10.2
6	COMEX 黄金期货 Comex Gold Futures	纽约商业交易所 NYMEX	43 893 311	47 294 551	7.7
7	A 级铜期货 Copper Grade A Futures	伦敦金属交易所 LME	35 874 789	40 486 017	12.9
8	微型白银期货 Silver MIC Futures	印度大宗商品交易所 MCX	51 441 996	33 611 357	-34.7
9	特高级锌期货 Special High Grade Zinc Futures	伦敦金属交易所 LME	29 559 338	30 270 370	2.4
10	iShares 银信托 ETF 期权** iShares Silver Trust ETF Options	*	35 963 367	29 722 604	-17.4
11	迷你白银期货 Silver M Futures	印度大宗商品交易所 MCX	36 266 593	20 267 222	-44.1
12	黄金期货 Gold Futures	上海期货交易所 SHFE	5 916 745	20 087 824	239.5
13	铜期货 Copper Futures	印度大宗商品交易所 MCX	32 520 309	19 758 713	-39.2
14	微型黄金期货 Gold Petal Futures, MCX**	印度大宗商品交易所 MCX	36 004 247	19 021 199	-47.2
15	COMEX 铜期货 Comex Copper Futures	纽约商业交易所 NYMEX	16 158 815	17 127 383	6.0
16	黄金期货 Gold Futures	莫斯科交易所 Moscow Exchange	8 156 949	15 892 846	94.8

续表

排名	合　约	交易所	2012 年	2013 年	变化率（%）
17	迷你黄金期货 Gold M Futures	印度大宗商品交易所 MCX	22 213 409	15 860 098	-28.6
18	COMEX 白银期货 Comex Silver Futures	纽约商业交易所 NY-MEX	13 315 679	14 475 593	8.7
19	原料镍期货 Primary Nickel Futures	伦敦金属交易所 LME	11 164 449	13 678 490	22.5
20	标准铅期货 Standard Lead Futures	伦敦金属交易所 LME	14 248 937	12 931 067	-9.2

注：* 白银期货于 2012 年 5 月上市交易。** 表示同时在美国多个期权交易所交易。

7-4　全球股指期货和期权合约成交量排名（前 20 名）

单位：手

排名	合　约	交易所	2012 年	2013 年	变化率（%）
1	标普 CNX 精选指数期权 S&P 500 CNX Nifty Index Options	印度国家证券交易所 NSE India	803 086 926	874 835 809	8.93
2	SPDR 标普 500ETF 期权* SP-DR S&P 500 ETF Options	*	585 945 819	596 304 426	1.77
3	Kospi 200 指数期权** Kospi 200 Options	韩国交易所 KRX	1 575 394 249	580 460 364	-63.15
4	电子迷你标普 500 指数期货 E-Mini S&P 500 Index Futures	芝加哥商业交易所集团 CME	474 278 939	452 291 450	-4.64
5	欧洲 Stoxx 50 指数期货 Euro Stoxx 50 Futures	欧洲期权与期货交易所 EUREX	315 179 587	268 495 189	-14.81
6	RTS 指数期货 RTS Index Futures	莫斯科交易所	321 031 540	266 131 127	-17.10
7	迷你日经 225 指数期货 Nikkei 225 Mini Futures	大阪证券交易所 OSE	130 443 680	233 860 478	79.28
8	欧洲 Stoxx 50 指数期权 Euro Stoxx 50 Index Options	欧洲期权与期货交易所 EUREX	280 610 954	225 105 846	-19.78

续表

排名	合　约	交易所	2012 年	2013 年	变化率（%）
9	标普 500 指数期权 S&P Options	芝加哥期权交易所 CBOE	174 457 138	207 488 939	18.93
10	沪深 300 指数期货 CSI 300 Futures	中国金融期货交易所 CFFEX	105 061 825	193 220 516	83.91
11	波动率指数期权 VIX Options	芝加哥期权交易所 CBOE	110 739 796	142 999 960	29.13
12	S&P BSE 100 指数期权*** S&P BSE 100 Options	孟买股票交易所 BSE	86 243 943	141 727 404	64.33
13	安硕罗素 2000 指数* ETF 期权 IShares Russell 2000 ETF Options	*	124 525 874	134 857 623	8.3
14	孟买交易所 S&P 敏感性指数期权 S&P Sensex India Options	印度孟买证券交易所 BSE	148 314 519	108 612 615	-26.77
15	Powershares QQQETF 期权* Powershares QQQ ETF Options	*	113 719 614	94 302 472	-17.07
16	Taiex 期权 Taiex Options	台湾期货交易所 TAIFEX	108 458 103	93 452 362	9.14
17	Ipath S&P500 波动率指数短期期货 ETN 期权* Ipath S&P500 VIX Short Term Futures ETN Options	*	47 710 104	85 532 121	75.08
18	安硕高盛新兴市场 ETF 期权* IShares MSCI Emerging Markets ETF Options	*	64 284 148	82 452 022	28.26
19	标普 CNX 精选指数期货 S&P CNX Nifty Index Futures	印度国家证券交易所 NSE India	80 061 861	74 863 943	-6.49
20	电子迷你纳斯达克 100 指数期货 E-Mini Nasdaq 100 Futures	芝加哥商业交易所 CME	63 530 758	59 393 053	-6.51

注：*表示同时在美国多个期权交易所交易。**与 2012 年 3 月时相比，乘数从 100 000 调整为 500 000。*** BSE 100 指数期权自 2012 年 8 月起上市交易。

7－5　全球利率期货和期权合约成交量排名（前20名）

单位：手

排名	合　约	交易所	2012年	2013年	变化率（%）
1	欧洲美元期货 Eurodollar Futures	芝加哥商业交易所 CME	426 438 437	517 250 183	21.3
2	一天银行间存款期货 One Day Inter－Bank Deposit Futures	巴西期货交易所 BM&F	340 800 485	394 055 420	15.6
3	十年期美国国债期货 10 Year Treasury Note Futures	芝加哥期货交易所 CBOT	264 997 089	325 928 194	23
4	三个月期欧元同业拆借利率（Euribor）期货 3 Month Euribor Futures	纽约泛欧交易所集团 Liffe UK	178 762 097	238 493 786	33.4
5	德国欧元长期债券期货 Euro－Bund Futures	欧洲期权与期货交易所 EUREX	184 338 704	190 299 482	3.2
6	五年期美国国债期货 5 Year Treasury Note Futures	芝加哥期货交易所 CBOT	133 342 429	175 328 163	31.5
7	三个月期英镑利率期货 3 Month Sterling Futures	纽约泛欧交易所集团 Liffe UK	114 915 025	144 279 092	25.6
8	德国欧元中期债券期货 Euro－Bobl Futures	欧洲期权与期货交易所 EUREX	107 645 238	129 530 977	20.3
9	欧洲美元中期利率期货期权 Eurodollar Mid－Curve Options On Futures	芝加哥商业交易所 CME	91 189 258	122 159 718	34.0
10	三十年期美国国债期货 30 Year Treasury Bond Futures	芝加哥期货交易所 CBOT	91 745 232	97 963 266	6.8
11	德国欧元短期债券期货 Euro－Schatz Futures	欧洲期权与期货交易所 EUREX	93 840 656	95 505 726	1.8
12	十年期美国国债期货期权 10 Year Treasury Note Options On Futures	芝加哥期货交易所 CBOT	56 070 376	90 401 169	61.2
13	二年期美国国债期货 2 Year Treasury Note Futures	芝加哥期货交易所 CBOT	55 108 651	57 815 900	4.9

续表

排名	合　约	交易所	2012 年	2013 年	变化率（%）
14	三个月期欧元同业拆借利率期货期权 3 Month Euribor Options	纽约泛欧交易所集团 Liffe UK	70 671 111	50 888 649	-28.0
15	3 年期国债期货 3 Year Treasury Bond Futures	澳大利亚证券交易所 ASX	44 003 411	48 978 355	11.3
16	英国政府长期债券期货 Long Gilt Futures	纽约泛欧交易所集团 Liffe UK	37 777 306	42 299 274	12.0
17	IDI 指数期权 IDI Index Options	巴西期货交易所-圣保罗证券交易所 BM&F	107 961 438	40 626 100	-62.4
18	ID x U. S. Dollar 价差期货利率互换协议 FRA onID x U. S. Dollar Spread Futures	巴西期货交易所-圣保罗证券交易所 BM&F	34 986 267	36 458 503	4.2
19	德国欧元长期债券期权 Euro-Bund Options	欧洲期权与期货交易所 EUREX	39 924 387	35 220 103	4.6
20	三个月期欧元同业拆借利率中期曲线期权 3 Month Euribor Mid Curve Option	纽约泛欧交易所集团 Liffe	10 504 341	29 825 751	183.9

7-6 全球外汇期货和期权合约成交量排名（前 20 名）

单位：手

排名	合　约	交易所	2012 年	2013 年	变化率（%）
1	美元/印度卢比期货 U. S. Dollar /Indian Rupee Futures	印度证券交易所 NSE India	620 215 043	566 399 936	-8.7
2	美元/印度卢比期货 U. S. Dollar /Indian Rupee Futures	印度大宗商品交易所 MCX-SX	551 326 121	496 230 881	-10.0

续表

排名	合　约	交易所	2012 年	2013 年	变化率（%）
3	美元/卢布期货 U. S. Dollar/Russian Ruble Futures	莫斯科交易所 Moscow Exchange	373 108 731	373 466 315	0. 1
4	美元/印度卢比期权 U. S. Dollar/Indian Rupee Options **	印度证券交易所 NSE India	237 062 966	252 398 423	6. 5
5	美元期货 U. S. Dollar Futures	巴西期货交易所－圣保罗证券交易所 BM&F	84 049 097	83 426 499	－0. 7
6	欧元/美元期货 Euro/U. S. Dollar Futures	莫斯科交易所 Moscow Exchange	33 632 175	66 436 523	97. 5
7	欧元期货 Euro FX Futures	芝加哥商业交易所 CME	67 407 741	61 285 617	－9. 1
8	美元期货 U. S. Dollar Futures	韩国交易所 KRX	53 549 300	51 814 466	－3. 2
9	美元期货 U. S. Dollar Futures	阿根廷罗萨里奥交易所 ROFEX	50 359 614	50 360 076	0. 0
10	日元期货 Japanese Yen Futures	芝加哥商业交易所 CME	23 520 562	42 762 257	81. 8
11	美元/印度卢比期权 U. S. Dollar/Indian Rupee Option	印度联合证券交易所 USE	431 783	29 757 433	6 791. 8
12	英镑期货 British Pound Futures	芝加哥商业交易所 CME	26 166 290	29 237 763	11. 7
13	澳元期货 Australian Dollar Futures	芝加哥商业交易所 CME	32 727 390	26 332 299	－19. 5
14	澳元/日元期货 U. S. Dollar /Japanese Yen Futures	东京金融期货交易所 TFX	9 212 876	20 120 943	118. 4
15	加元期货 Canadian Dollar Futures	芝加哥商业交易所 CME	22 799 446	17 427 832	－23. 6
16	欧元/印度卢比期货 Euro/Indian Rupee Futures	印度证券交易所 NSE India	5 770 205	16 984 993	194. 4

续表

排名	合　约	交易所	2012 年	2013 年	变化率（%）
17	美元/南非兰特期货	南非约翰内斯堡证券交易所 JSE	8 516 917	16 348 258	92.0
18	欧元/印度卢比期货 Euro/Indian Rupee Futures	印度大宗商品交易所 MCX - SX	10 496 445	14 409 559	37.3
19	墨西哥比索/美元期货 Mexican Peso / U. S. Dollar Futures	墨西哥衍生品交易所 Mexder	9 827 086	13 535 162	37.7
20	美元/印度卢比期权 U. S. Dollar/Indian Rupee Option	印度联合证券交易所 USE	6 872 015	11 878 194	72.8

数据来源：FIA 相关资料。

8. 美国注册期货佣金商客户权益排名（前 20 名）

2013 年排名	期货佣金商（FCM）公司名称	注册类别	2013 年客户权益（亿美元）①	2012 年排名	2013 年净资本（亿美元）	2012 年客户权益（亿美元）①
1	高盛 Goldman Sachs & Co. ②	FCM BD SD	214.92	1	171.90	209.63
2	摩根大通证券 J. P. Morgan Securities LLC③	FCM BD SD	190.00	2	200.21	187.29
3	美国新际 Newedge USA，LLC	FCM BD SD	137.18	3	18.21	148.95
4	德意志银行证券 Deutsche Bank Securities Inc.	FCM BD	130.41	4	77.81	147.01
5	美林银行 Merrill Lynch Pierce Fenner & Smith④	FCM BD	121.57	8	121.17	76.87
6	摩根士丹利 Morgan Stanley & Co. LLC⑤	FCM BD SD	110.43	6	125.60	82.21
7	瑞士信贷集团美国公司 Credit Suisse Securities（USA）LLC	FCM BD	92.92	9	80.38	65.10

续表

2013 年排名	期货佣金商（FCM）公司名称	注册类别	2013 年客户权益（亿美元）①	2012 年排名	2013 年净资本（亿美元）	2012 年客户权益（亿美元）①
8	瑞银证券 UBS Securities LLC⑥	FCM BD	89.45	5	108.04	87.96
9	巴克莱资本 Barclays Capital Inc.	FCM BD	66.59	10	58.69	62.04
10	花旗全球市场 Citigroup Global Markets Inc.	FCM BD SD	51.76	7	54.01	78.69
11	奥布莱恩联合经营 R. J. O'rien & Associates	FCM SD	38.19	11	1.97	38.72
12	法国巴黎银行机构经纪公司 BNP Paribas Prime Brokerage Inc.	FCM BD	33.52	16	46.15	19.72
13	美国爱德盟期货 ADM Investor Services, Inc.	FCM	31.77	12	2.74	28.95
14	盈透集团有限公司 Interactive Brokers LLC⑦	FCM BD	28.46	14	25.39	23.74
15	荷兰银行芝加哥结算公司 ABN AMRO Clearing Chicago LLC	FCM BD	25.37	13	4.97	24.79
16	瑞穗证券美国公司 Mizuho Securities USA Inc.	FCM BD SD	22.29	17	4.65	17.13
17	杰富瑞贝奇有限公司 Jefferies Bache LLC	FCM	20.32	15	1.92	22.95
18	苏格兰皇家银行证券 RBS Securities Inc.	FCM BD	16.15	20	34.50	15.22
19	福四通期货 FCStone LLC	FCM	16.06	19	1.07	15.51
20	罗塞尔·科林斯集团 Rosenthal Collins Group LLC	FCM	14.33	18	0.75	15.87

注：①客户权益是指客户在美国注册交易所进行交易时，FCM 需要为客户持仓划分隔离开的资金，是所有账户的净流动资产总和，需要向美国商品期货交易委员会报告。②包括高盛公司及高盛结算有限公司。③此处数据还包括摩根大通结算公司及摩根大通证券公司。④此处数据还包括瑞银金融服务公司。⑤此处数据还包括摩根士丹利美邦公司。⑥此处数据还包括美林专业结算公司。⑦此处数据还包括 Timber Hill 公司。

资料来源：美国商品期货交易委员会（CFTC）相关资料、美国《期货杂志》。

9. 中英期货词汇对照表

英　文	中　文
A	
Agriculture Futures	农产品期货
Aluminum Futures	铝期货
American Option	美式期权
American Stock Exchange（Amex）	美国证券交易所
Arbitrage	套利；套汇
Arbitrage – free Interval	无套利区间
Ask Price	卖出价
Asset swap	资产掉期；资产互换
Athens Derivatives Exchange	雅典衍生工具交易所
At – the – money Option	平值期权
Auction Market	竞价市场
Australian Options Market	澳大利亚期权交易所
Australian Securities Exchange	澳大利亚证券交易所
Australian Stock Exchange（ASX）	澳大利亚证券交易所
B	
Basis	基差
Bear Market	熊市
Bear Spread	熊市套利
Bias	乖离率
Bibor	布鲁塞尔银行间拆借利率
Bid Price	买入价
Bid Volumes	申买量
Binomial Model	二项式期权定价模型
Black – Scholes Option Price Model	布莱克—斯科尔斯期权定价模型
BM&F Exchange	巴西证券期货交易所
Boston Options Exchange	波士顿期权交易所
Bourse de Montreal	加拿大蒙特利尔交易所
Brokerage Business Person	经纪业务联系人
Budapest Stock Exchange	布达佩斯证券交易所

续表

英　文	中　文
Bull Market	牛市
Bull Spread	牛市套利
Business of Broker	经纪业务
Butterfly Spread	蝶式套利
C	
Calendar Spread	跨期套利
Chicago Board Options Exchange（CBOE）	芝加哥期权交易所
Call Option	看涨期权
Cash and Carry Arbitrage	正向套利
Cash Settlement	现金结算
Cash Delivery	现金交割
Central Japan Commodity Exchange	日本中部商品交易所
Certificate of Deposit（CD）	可转让定期存单
CFFEX	中国金融期货交易所
CFTC	美国商品期货交易委员会
Chicago Board of Trade（CBOT）	芝加哥期货交易所
Chicago Board Options Exchange（CBOE）	芝加哥期权交易所
Chicago Mercantile Exchange Group（CME）	芝加哥商业交易所集团
Clearing House	结算所
Clearing Member	结算会员
Climate Exchange（includes ECX and CCFE）*	气候交易所
Close Price	收盘价
Coke Futures	焦炭期货
Commission	手续费
Commodity Pool	期货投资基金
Computer Matching Transactions	计算机撮合成交
Continuous Auction System	连续竞价制度
Contract Underlying Asset	合约标的
Contract Month	合约月份
Contract Multiple	合约乘数
Contract Size	合约价值
Conversion Factor	转换因子
Copper Futures	铜期货
Corn Futures Contract	玉米期货
Cost of Carry	持有成本

续表

英　文	中　文
Cotton Futures Contract	棉花期货
CSI 300 Stock Index Futures	沪深300股指期货
Custodian Bank	期货保证金存管银行
D	
Daily Price Limited	每日价格波动幅度限制
Dalian Commodity Exchange	大连商品交易所
Dealing Price	成交价
Deep In – the – money Option	极度实值期权
Deep Out – of – the – money Option	极度虚值期权
Deliverable Grades	交割等级
Delivery	交割
Delivery Date	交割日
Delivery Fee	交割手续费
Delivery Month	交割月份
Delivery Price	交割价
Delivery Point	交割地点
Delivery Warehouse	交割仓库
DJ Euro STOXX 50	道琼斯欧洲STOXX50
DJCA	道琼斯综合平均指数
DJIA	道琼斯工业平均值数
DJTA	道琼斯运输业平均指数
DJUA	道琼斯公用事业平均指数
Dubai Mercantile Exchange	迪拜商品期货交易所
E	
Early Rice Futures	早籼稻期货
Energy and Chemical Industry Futures	能源化工期货
EUREX Group	欧洲期货交易所
EURIBOR	欧元利率
Euro – BOBL	中期欧元债券期货
Euro – BOND	长期欧元债券期货
Eurodollar	欧洲美元
Eurodollar Certificate of Deposit	欧洲美元存单
Euronext	泛欧交易所
Euronext – Liffe	伦敦国际金融期货交易所
European Interbank Offered Rate	欧洲银行间欧元利率

续表

英　文	中　文
European Options	欧式期权
Euro - SCHATZ	短期欧元债券期货
Exchange - traded Market	场内交易市场
Excise Price	执行价格
Executive Officer	交易主持
Expiration Date	到期日
Extend a Time Limit	展期
Extrinsic Value	外含价值
F	
Factory Delivery	厂库交割
FIA	美国期货业协会
Fibor	法兰克福银行间拆借利率
Floating Profit/Loss	浮动盈亏
Floor Trader	出市代表
Foreign Exchange Futures	外汇期货
FTSE 100	金融时报 100 指数期货
Fuel Oil Futures	燃料油期货
Futures	期货
Futures Contract	期货合约
Futures Exchange	期货交易所
G	
General Clearing Member	全面结算会员
Gold Futures	黄金期货
Golden Ratio Theory	黄金分割理论
GNMA	政府国民抵押协会抵押凭证
H	
Hedging	套期保值
Hedge Fund	对冲基金
Highest Bid Price	最高买价
High Frequency Trading	高频交易
HKFE	香港期货交易所
Hong Kong Exchanges & Clearing	香港交易所
I	
IBEX 35	西班牙 35 指数
IMM	国际货币市场

续表

英　　文	中　　文
Implied Volatility	隐含波动率
Individual investor	个人投资者
Initial Margin	初始保证金
Institutional Investor	机构投资者
Intrinsic Value	内在价值
Intercontinental Exchange（ICE）	洲际交易所
Inter – Exchange Spread	跨市套利
In – the – money Option	实值期权
Interest Rate Futures	利率期货
Introducing Broker	介绍经纪商
Inverted Market	反向市场
Investment Consulting Business	投资咨询业务
Italian Derivatives Exchange	意大利衍生品交易所
J	
Johannesburg Stock Exchange（JSE South Africa）	南非约翰内斯堡证券交易所
K	
Kansai Commodities Exchange	关西商品交易所
Kansas City Board of Trade（KCBT）	（美国）堪萨斯商品交易所
Korea Exchange	韩国交易所
Korea Stock Exchange（KSE）	韩国证券交易所
L	
Last Delivery Day	最后交割日
Last Trading Day	最后交易日
Lead Futures	铅期货
Last Price	最新价
LIBOR	伦敦银行间同业拆放利率
London International Financial Futures and Options Exchange (Liffe)	伦敦国际金融期货期权交易所
Limit Orders	限价指令
London Metal Exchange（LME）	伦敦金属交易所
Long Call	买进看涨期权
Long Put	买进看跌期权
Low Implied Volatility	隐含价格波动率低
Lowest Ask Price	最低卖价
LSE Group	伦敦证券交易所集团

续表

英　文	中　文
M	
Matching	撮合成交
Maintenance Margin	维持保证金
Malaysia Derivatives Exchange	马来西亚衍生工具交易所
Market Maker	做市商
Market Orders	市价指令
Mercado a Termino de Buenos Aires	阿根廷商品期货交易所
Mercado a Termino de Rosario	（阿根廷）罗萨里奥期货交易所
Member Settlement System	会员结算制度
Metal Futures	金属期货
Metal Spot Price	金属现货价格
Methyl Alcohol Futures	甲醇期货
Mexican Derivatives Exchange	墨西哥衍生工具交易所
Minimum Price Movement	最小变动价位
Minneapolis Grain Exchange	明尼阿波利斯谷物交易所
MMI	主要市场指数
Moscow Interbank Currency Exchange	莫斯科银行间货币交易所
Moving Average	均价
Multi Commodity Exchange of India	印度大宗商品交易所
N	
National Futures Association（NFA）	美国全国期货协会
Nasdaq OMX Group	纳斯达克—OMX 集团（由纳斯达克证券交易所并购瑞典 OMX 集团而成）
National Commodity & Derivatives Exchange	（印度）国家商品及衍生工具交易所
National Stock Exchange of India（NSE）	印度国家证券交易所
Natural Rubber Futures	天然橡胶期货
New Contract Benchmark Price	新上市合约挂盘基准价
New York Mercantile Exchange（NYMEX）	纽约商业交易所
New York Stock Exchange（NYSE）	纽约期货交易所
New Zealand Futures Exchange	新西兰期货交易所
Normal Market	正向市场
NYSE Euronext	纽约泛欧交易所集团
O	
Offer Volumes	申卖量
Offset/Close Out	平仓

续表

英　文	中　文
One Chicago	第一芝加哥交易所
Open Interest	持仓量
Open Outcry/Double Auction System	公开喊价制度
Open Price	开盘价
Options	期权
Orders	交易指令
Osaka Securities Exchange	大阪证券交易所
Oslo Stock Exchange	奥斯陆证券交易所
Out – of – the – money Option	虚值期权
Over – the – counter Market	场外交易市场
Overvalued	高估
P	
Palm Oil Futures	棕榈油期货
Physical Delivery	实物交割
Pibor	马德里银行间同业拆借利率
Polyethylene Futures	乙烯期货
Position	头寸
Premium	权利金
Price Change	涨跌
Price Limits	涨跌停板
Program Trading	程序化交易
Proprietary Trading	自营业务
Pure Terephthalic Acid Futures	精对苯二甲酸期货
Put Option	看跌期权
Quantitative Investment	量化投资
R	
Rapeseed Oil Futures	菜籽油期货
Rebar Futures	螺纹钢期货
Reversal Arbitrage	反向套利
Risk – free Interest Rate	无风险利率
Russian Trading Systems Stock Exchange（RTS）	俄罗斯交易系统证券交易所
S	
S&P	标准普尔
Scroll Delivery	滚动交割
Seat	席位

续表

英　　文	中　　文
SEC	美国证券交易委员会
Settling	结算
Settlement Bank	结算银行
Settlement Clerk	结算交割员
Settlement Price	结算价
Settlement Statement	结算单
SFE	悉尼期货交易所
Shanghai Futures Exchange	上海期货交易所
Shanghai and Shenzhen Stock Price	沪深市场股票价格
Shifting Position	移仓
Short Call	卖出看涨期权
Short Put	卖出看跌期权
SIMEX	新加坡国际金融交易所
Singapore Exchange	新加坡交易所
Single Stock Future	个股期货
Silver Futures	白银期货
Soybean Futures	黄大豆期货
Soybean Meal Futures	豆粕期货
Soybean Oil Futures	豆油期货
Special Clearing Member	特别结算会员
Spot Price	现货价格
Spread Trading	价差交易
Standard & Poor's	美国标准普尔公司
Stock Price	股票价格
Stock Index Futures	股指期货
Stop – Loss Orders	止损指令
Straddle	鞍式
Strike Price	执行价格
Sugar Futures	白糖期货
T	
Taiwan Futures Exchange	台湾期货交易所
Take Position	开仓
Take – Profit Orders	止盈指令
T – bills	短期国库券
T – bonds	长期国债

续表

英　文	中　文
Tel – Aviv Stock Exchange（TASE）	特拉维夫证券交易所
Thailand Futures Exchange（TFEX）	泰国期货交易所
The price of agriculture products	农产品价格
The price of energy and chemical industry products	能源化工品价格
The Minimum Trading Margin	最低交易保证金
Theoretical Price	理论价格
Tick Size	最小变动价位
Ticker Symbols	代码
Time Value	时间价值
Time Present Arbitrage	期现套利
T – notes	中期国债
Tokyo Commodity Exchange	东京商品交易所
Tokyo Financial Exchange	东京金融交易所
Tokyo Financial Exchange（TFX）	东京金融期货交易所
Tokyo Grain Exchange	东京谷物交易所
Tokyo Stock Exchange	东京证券交易所
Tracking Error	模拟误差，跟踪误差
Trading and Clearing Member	交易结算会员
Trading Hours	交易时间
Trading Floor	交易大厅
Trading Member	交易会员
Transaction Code	交易编码
Turdex	土耳其衍生品交易所
Turkish Derivatives Exchange	土耳其金融衍生工具交易所
U	
Ucerlying Asset	基础资产
Undervalued	低估
US Futures Exchange	美国期货交易所
USF	全球性股票期货
V	
Volume	成交量
W	
Warehouse Receipt	仓单
Wheat Futures	小麦期货

续表

英　文	中　文
Wiener Boerse	维也纳交易所
Wire Rod Futures	线材期货
Z	
Zinc Futures	锌期货
Zhengzhou Commodity Exchange	郑州商品交易所

后　　记

经过半年的努力，《中国期货业发展报告（2013 年度）》终于完成定稿。报告从筹备、编写到出版倾注了全体编写人员的心血，得到了众多业内人士的关心和支持。

本报告编写组由中国证监会、中国期货业协会、交易所和期货公司等相关人员组成。其中，第一部分“2013 年中国期货业发展总报告”由中国国际期货有限公司编写；第二部分“2013 年中国期货市场品种运行报告”由上海期货交易所、郑州商品交易所、大连商品交易所和中国金融期货交易所编写，由郑州商品交易所统撰；第三部分“2013 年中国期货中介机构发展报告”由宏源期货有限公司和中国期货业协会会员部编写；第四部分“2013 年中国期货业法制监管与自律管理报告”由中国证监会期货部、机构部和经易期货经纪有限公司及中国期货业协会办公室编写；第五部分“2013 年中国期货业信息技术发展报告”由中国证监会信息中心、广发期货有限公司和中国期货业协会信息技术部编写；特别专题一“2013 年全球期货与其他衍生品行业发展报告”由华泰长城期货有限公司编写；特别专题二“期货资产管理业务发展与监管专题报告”由中国期货业协会研究部编写；附录由经易期货经纪有限公司编写。本报告的统稿工作由统稿组负责。

本报告的编写工作自始至终得到了中国证监会有关领导的关心和支

持，期货监管部、证券基金机构监管部和信息中心为本报告提出了许多宝贵的修改意见。本报告在数据和稿件的征集过程中，还得到了中国期货保证金监控中心、各期货交易所、地方协会及期货公司的热情参与和大力支持。

在此，我们对所有关心和支持本报告编写工作的领导、专家、业内机构及编写人员致以诚挚的谢意。特别感谢在统稿过程中给予有力支持的郑州商品交易所和郑州易盛信息技术有限公司，以及付出辛勤劳动对本书作出卓越贡献的统稿组组长张宜生先生和统稿组副组长海洋女士。同时，也希望广大读者能够继续关注和支持我们的工作，对报告的编写提出宝贵意见。

《中国期货业发展报告（2013 年度）》
编写组
2014 年 7 月